규남 하백원의
실학사상연구

전남대학교 호남문화연구소
호남문화연구총서 12집

규남 하백원의
실학사상연구

圭南 河百源의 實學思想研究

규남실학사상연구회 편

景仁文化社

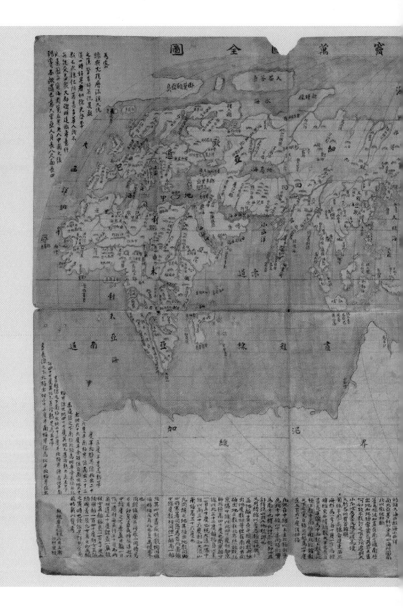

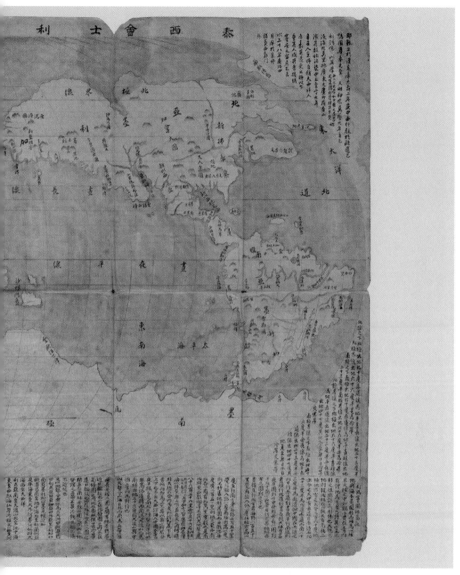

하백원, 만국전도, 1821년 모사. 이 지도는「泰西會士利瑪竇萬國全圖」란 이름 때문에 예수회 소속 이탈리아인 선교사 마테오 리치(Matteo Ricci, 利瑪竇, 1552~1610)가 그린「坤輿萬國全圖」의 필사본을 모사한 것으로 알려 졌으나 양보경 교수의 연구로 이탈리아 출신의 예수회 선교사 알레니(Giulio Aleni, 艾儒略, 1582~1649)가 1623년에 간행한「職方外紀」에 실린「萬國全圖」를 바탕으로 하여 그린 지도로 조사되었다.

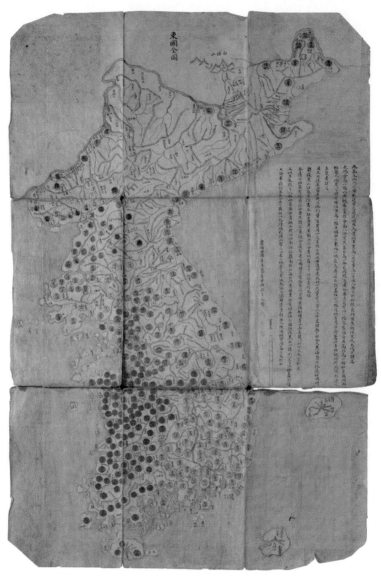

하백원, 동국전도, 1811년

동국지도 표지

하백원, 동국지도 함경도 지도, 1811년

하백원, 동국지도 함경도 지도, 1811년

하백원, 동국지도 평안도 지도, 1811년

하백원, 동국지도 황해도 지도, 1811년

하백원, 동국지도 강원도 지도, 1811년

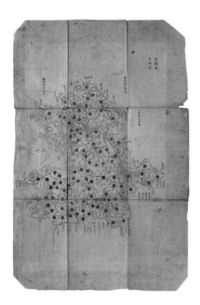

하백원, 동국지도 경기도충청도 지도, 1811년

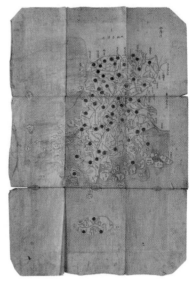

하백원, 동국지도 전라도 지도, 1811년

하백원, 동국지도 경상도 지도, 1811년

하백원, 「까치매화도」, 종이에 수묵,
33x43.3cm, 하씨가소장

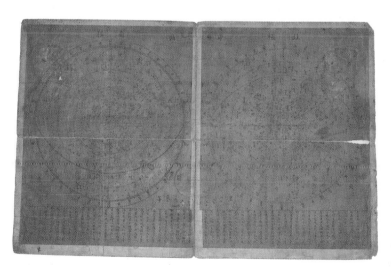

천문도

하백원, 자승차도해

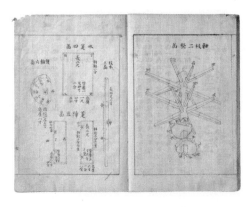

하백원, 자승차도해에 실린 수차의 설계도 '偃槽二圖'

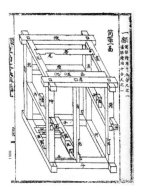

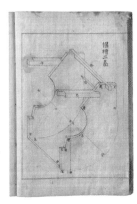

국립중앙과학관 과학기술사 연구실 연구팀이
규남 하백원의 자승차를 복원한 모형

'서호기관', 종이에 묵서(『해유시화』 중)

충청도 수사 영내에 있는 영보정(『해유시화』 중)

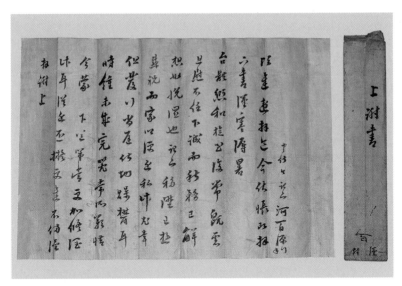

간찰 1 : 어떤 대감에게 하백원이 보낸 답장인데 자명종을 제작한 사실을 증명해주는 내용이
들어있다.(時鍾, 未成完器, 常所歎惜, 今蒙下送, 第當更加修潤計耳)(간찰 320)

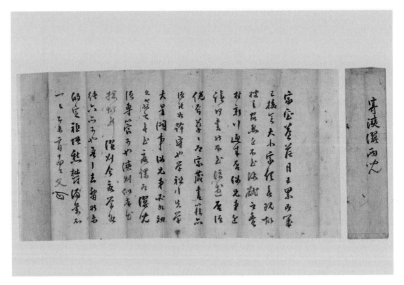

간찰 2 : 을미년(1835)에 두 아들(석, 익)에게 보낸 것으로, 창릉 참봉으로 재직하던 규남이, 家
藏 서적을 잘 간수하도록 명하고 학문의 방향을 지시해주는 내용이 있다.(간찰 250)

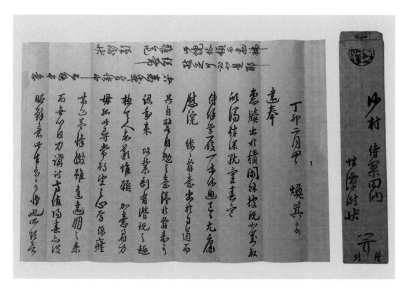

간찰 3 : 정묘년(1807)에 스승 송환기가 제자 하백원에게 학문에 매진하여 기대를 저버리지 말기를 당부한 편지(간찰 68)

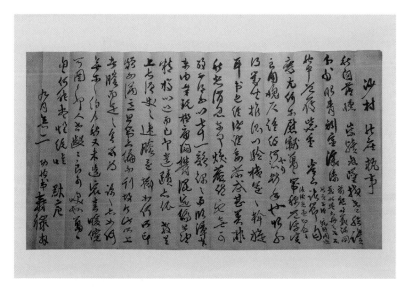

간찰 4 : 동문 五峰 安壽祿이 규남에게 보낸 편지. 자명종 제작의 진행정도를 묻고, 안방준의 저술인 혼정편록과 기묘유적을 보낸다는 내용(鍾役, 何間可以斷手也, 恨不得對坐推測以驗機運之斡旋耳)(간찰 166)

xiii

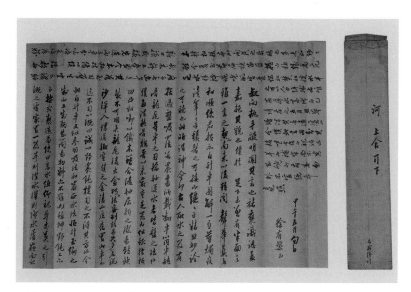

간찰 5 : 전라감사 서유거가 「자승차도해」를 보고 규남선생에게 보낸 간찰, 갑오년,
1834년(간찰880)

하백원, 「묵매화병풍」 종이에 수묵, 각 폭 28.5x97.5cm, 개인소장

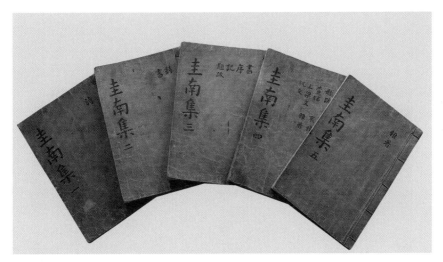

정서본 규남집

인 장

규남 하백원선생 태생 마을인 화순군 이서면 야사리, 당시 동복현 외서면 야사리 전경

규남 하백원선생 실학사상 학술대회,
2004.12.10, 화순군민회관

하백원선생 묘소, 선생은 무등산 규봉의 남쪽
에서 태어나 규남이란 호를 썼다(광주 동구 월
남동 산77번지 내)

서 문

　금년 2007년은 존재 위백규, 이재 황석윤과 더불어 호남의 "經國三才"로 알려졌던 규남 하백원 선생의 『圭南文集』이 영인본으로 출간된 지 30주년을 맞는 해이다. 이 해에 하백원 선생의 학문과 행적을 각기 다른 각도에서 연구한 논문 9편을 選集 형식으로 휘집한 『圭南 河百源의 實學思想研究』 1집 [전남대학교 호남문화연구소 학술총서]을 간행하게 됨을 크게 반기는 바이다.

　일찍이 조선후기에 산 호남과 실학자들을 세상에 드러내고자 의도하여, 여러 해를 두고 『存齋全書』, 『頤齋全書』, 『旅菴全書』를 영인 간행해 온 규남선생의 6대손인 국문학자 河聲來 선생이 3책으로 된 家藏의 '石版本 圭南文集'을 대본으로 삼고, '석판본 규남문집'에서 누락되었던 「泰西會士利瑪竇萬國全圖」와 『東國地圖』, 『海遊詩畵』를 첨부하여 1977년 단권으로 『圭南文集』을 영인 간행하였었다. 이 영인본 간행은 연구자들이 좀처럼 접하기 어려운 家藏 문집을 영인 간행 반포한 것이기 때문에 圭南선생에 대한 연구 계기를 부여하였다.

　새로 영인 간행된 『규남문집』에는 규남선생의 생애와 그의 학문 그리고 이용후생의 실학활동을 소개하고 있는 수준 높은 글이 「解題」로 수록되어 있어 주목을 받았다. 그 해제는 사학자 李鉉淙 선생(당시 國史編纂委員會 編史室長, 1929~1984)의 글로, 단순한 도서 해제의 글이 아니라, 體用俱全의 폭넓은 학문과 利用厚生의 창작활동에 정진하며 호남에 은거하던 규남선생 연구를 위한 입문론의 가치를 지닌 연구논문이라 할 수 있는 글이었다. 그 해제를 읽으면 규남선생에 대한 기본 지식을 얻을 수 있으며, 나아가 다양한 내용을 지닌 규남학에 대한 연구의욕을 돋우어 주는 글이기도 했다.

규남학 연구의 입문론적 글인 「해제」를 곁들여 『규남문집』을 영인 간행할 당시 주동 역할을 담당했던 하성래 교수는 그 문집 후미에 붙인 跋文에서 "선생의 학문과 업적에 관해 앞으로 더욱 연구될 터"라고 전망하기를 서슴지 않았다. 그러나 그 전망과는 달리 규남선생에 관한 연구가 단기일에 급진전 된 것은 아니었다. 연구 결과가 창출되어 세상에 발표되기까지는 시간이 필요했던 것이다. 이러한 연구에 앞서 규남선생을 호남의 隱士적 실학자로 다룬 계몽적인 글이 더러 신문에 소개된 일은 있었으나, 학문적으로 규남 선생을 연구한 논문이 세상에 발표된 것은 1980년대에 들어서의 일이었다.

한국사상사 연구에 관심을 지니고 『규남문집』을 통독 분석하며 연구에 나선 이들은 주로 호남의 동양철학 교수들이었다. 그 중 효시적 논문은 1983년 발간된 『전남(호남)지방의 인물사연구』에 실린 안진오 교수의 「규남 하백원의 생애와 사상」과 1996년에 발간된 『湖南儒學의 探求』에 수록된 안진오 교수의 「圭南의 性理學과 實學思想」으로 알려져 있다. 그 후 이른바 湖南學 연구가 다양하게 추진되면서, 규남선생에 대한 연구도 진전되어 유학사적 연구와 더불어 역사학이나 과학기술의 측면에서도 규남의 학문과 실학에 초점을 맞춘 연구가 추진되어 귀한 연구 성과가 세상에 알려지게 되었다. 연구 성과가 쌓이면서 이러한 연구를 한자리에서 발표하고 공동으로 의견을 교환하려는 학술회의가 열리게 되었다. 2004년 12월에 全南史學會가 주최하고 圭南 河百源 先生記念事業會가 주관한 "圭南 河百源先生實學思想學術大會"가 그것이다. 이 학술대회에서는 모두 다섯 편의 논문이 발표되었다. 곧 「규남 하백원의 학문관과 실학정신」(안동교), 「조선후기 同福지방 晉陽 河氏家의 학문과 전승」(이종범), 「自升車의 復元 및 실험연구」(전동찬 외), 「규남 하백원의 '萬國全圖'와 '東國地圖'」(양보경)와 「규남 하백원의 태생지에 대한 지리와 지도 활용 방안」(김경수) 등이 발표되었다. 이 학술대회는 규남 선생에 대한 호남지방 학계의 인식과 세인의 관심이 제고되는 기회가 되었던 것이다. 이때 발표된 다섯 편의 논문 가운데 세 편이 全南史學會의 학회지인 『全南史學』 24집에 「규남 하백원선생의 실학사상」 특집으로 일괄 수록 발표됨으로써 규남 선생의 학문과 이용후생의 실학사상과 그 업적이 전국적으로 널리 알려지게 되었다.

이 학술대회에서 발표된 논문 가운데 안동교와 이종범 교수의 두 편 논문은 접근 각도는 다르나, 규남 가문 3대의 학문을 논하고, 그 가학전통의 연장선상에 규남 선생의 체용구전의 학문과 이용후생의 실학적 활동이 전개되었음을 연구한 논문이었다. 다른 두 편은 이용후생을 의도한 과학 기술적 활동의 성과물 가운데서 가장 주목되는 자승차의 제작과 서학적 세계지도를 토대로 한, 당시로는 보기 드문 세계지도인 「만국전도」제작과 국토의식 제고를 위해 새로 제작된 「동국지도」제작에 초점을 맞춘 연구였다.

규남선생의 학문은 다방면에 걸쳐 이루어졌다. 한편으로는 천지운회·성신·전도·후종·수차·율력·산수에 이르렀고, 다른 한편으로는 篆隷·도장·조각·회화 등 예술활동에 이르기까지 다양하였다. 자승차의 발명 외에도 자명종을 제작 실용하였고, 홍흡기·방적기와 와륜 등 실용과학 기술에 대한 문제에까지 연구의 손길이 미쳐갔었다.

앞에서 언급한 학술대회는 규남선생의 학문 전체를 조명하기에는 한계성을 지니고 있었으나, 규남선생과 규남학에 대한 다각적 연구를 유발하는 계기를 조성하게 된 출발점이었다는 점에서 높이 평가될 학술회의였다. 그 후로 규남선생의 학문과 실학활동 및 문예활동에 관한 연구를 시도하는 연구자들이 생겨나게 되었다. 그들 연구자의 노력으로 귀하게 작성된 논문이 여러 학회지나 논문집 등을 통해 세상에 발표되었다. 이런 발표는 분산적으로, 전문지나 학회에서 발표되는 것이기에 새로운 연구 논문을 하나하나 추적 입수하여 통람하기란 쉽지 않다.

이런 실정을 감안하여 본 논문집은 관심 있는 유지와 연구자들에게 학문적 편의를 드리는 동시에, 규남선생에 관한 연구 성과를 일괄 통람할 수 있는 연구논집을 제공하기 위하여 기획하게 된 것이다. 그 간 30년을 두고 발표된 논문 가운데 9편의 연구물을 가려 한권의 논문집으로 발간하기로 합의하여 그 간 휘집작업을 추진하였고, 논문 선집 형식의 『圭南 河百源의 實學思想硏究』1집을 간행하게 된 것이다.

본서에 수록된 논문 9편 가운데 안진오, 안동교, 이종범 교수 등 3편의 논문은 규남선생의 학문과 실학사상을 조명하고, 선대로부터 이어 내려온 가학적 학문전통과 그 학문의 후대로의 전승관계를 밝히기에 힘써 온 논문들이다. 이는 앞으로의 연구를 위해 규남선생의 학문과 실학정신 및 실학적 활동을 연구함에 필요한, 학문적 안내를 위한 조치로 생각된다. 뒤이어 규남선생의 실학적 제작활동에 관한 논문들을 수록하였다. 먼저 규남 선생의 실학적 노력의 가장 두드러진 업적으로 알려져 있는『자승차도해』에 관한 기술적 검토와 제작 실험까지 실시한 두 편의 논문을 싣고, 다음에는 명·청기에 중국에서 선교활동에 종사하던 예수회 선교사들이 제작한 "西學地圖"를 참용하여 규남 선생이 작도한 「만국전도」를 면밀하게 비교 분석하여 규남선생이 제작한 세계지도의 역사성을 밝히는 한편, 정항령, 김정호 등이 제작한 「조선지도」의 특성을 밝혀 규남이 제작한 「동국지도」의 조선 지도제작사 상의 위치를 논한 지도학자 양보경 교수의 논문을 수록했다.

이상 6편의 논문은 그간 학회지나 논문집에 일찍이 발표된 논문들인 데 반해, 규남선생문집에 수록되어 있는 154題 201首의 漢詩를 규남선생이 산 시대와 그의 삶의 변천에 따른 情懷를 추적한 박명희 교수의 한문학 관계 논문과 규남선생의 예술적 재예를 회화와 전각에 초점 맞추어 논한 이영숙 교수의 연구 논문을 수록하여 규남학 이해의 폭을 넓히도록 조치했다.

마지막에 수록된 이해준 교수의 글은 규남 연구논문이라기보다는, 규남학과 실학활동의 현장이었던 동복의 규남 관계 유적의 교육과 문화관광적 활용을 모색한 글로, 규남선생 현창과 그의 학문과 실학활동의 현대계승의 문제를 다룬 논고라고 할 수 있는 글이다.

본서는 '규남실학사상연구회'가 중심이 되어 규남 하백원 선생에 대한 학문적 논문만을 수록한 논문집으로 공간되는 것이다. 규남선생은 짧은 기간 仕宦한 바도 있었으나, 그보다는 동복 땅에 세거하던 은수학자 가문의, 다량의 장서를 소장하고 있음으로써 '萬卷宅'으로 불리던 장서가 집안의 후손이며, 선대로부터의 가학을 전승했던 多才多藝한 학자였다. 이 논문집 공간을 통해 규남 하백원 선생의 생애와 학문, 그리고 실학적 제작 활동과 문예 활동에 접할 수 있을 것으로 기대된다.

끝으로, 바라는 일은 이 논문집을 디딤돌 삼아, 규남선생 연구가 더욱 활발하고 다면적으로 진전되어, 멀지 않은 날에 『규남 하백원의 실학사상연구』 2집이 출간되기를 기대해 마지않는다.

2007. 12. 15.
서울대학교 명예교수
전 국사편찬위원회 위원장
平村　李元淳　識

<목 차>

圭南의 성리학과 실학사상

안 진 오*

〈논문요약〉

圭南 河百源(1781~1844)은 조선조 말기 순조 때의 실학자의 한사람으로, 旅庵 申景濬, 存齋 魏伯珪, 頤齋 黃胤錫과 함께 호남실학 4대가로 일컬어지기도 한다. 그의 학문은 義理學에 그치지 않고 천문·지리·律曆·산수·候鍾·自升車·서화·도장 등 여러 분야를 백과전서적으로 광범위하게 망라하고 있다.

조선조 후기 성리학자들의 학문적 성향에서 볼 수 있듯이, 규남의 학문은 성리학적 입장을 견지하고 있으면서 현실적 관심은 이용후생 등의 실학적 경향을 나타내고 있다. 그는 『중용』에서 말한 尊德性과 道問學을 병행시키는 주자학적 학문태도로 일관하였고, 주자의 학문과정처럼 도문학을 존덕성의 방편으로 생각하는 한편, 가학으로 전승된 실학의 연구에 주력하여 학문의 '실천성' 내지 '실용성'을 중시하였다. 단적으로 말하면 그의 사상은 성리학적인 면과 실학적인 면을 겸비하고 있으면서 그 가운데서도 인간의 도덕적 실천을 지향하는 성리학적인

---

* 전남대학교 철학과 명예교수

사상을 근간으로 하였으며, 이와 아울러 自升車나 自鳴鍾의 발명과 『東國地圖』의 제작 등 실학 연구상의 많은 업적을 남겼던 것이다.

또 규남의 학문경향을 성리학의 主理·主氣的 관점에서 본다면 그는 영남학파의 주리설보다 경험중시적인 기호학파의 주기적 경향에 가깝다고 할 수 있으며, 한 걸음 더 나아가 경험적인 특징을 띤 실학에로 기울었다고 할 수 있다. 그의 사상은 성리학과 실학을 겸했다는 점에서 조선조 유학사상 약간 색다른 위치를 차지하고 있을 뿐만 아니라, 사상의 내용면에서 명분위주의 성리학적인 것과 실질위주의 실학적인 것을 함께 지니는 포괄적 성격을 갖는다.

1. 머리말

이 글은 圭南 河百源의 학문과 사상적 특징을 밝히는 것을 목적으로 서술한 것이다. 그의 학문을 한마디로 말하기는 어려운 면이 있지만 조선조의 후기 성리학자들의 학문적 성향에서 볼 수 있듯이 규남에 있어서는 그의 학문적 기초가 성리학적 입장을 견지하고 있으면서 현실적 관심은 이용후생 등의 실학적 경향을 나타내고 있다. 그러므로 성리학적 경향을 지니면서도 실제생활의 유용성을 강조하고 창의력을 발휘한 면을 높이 치지 않을 수 없다. 이러한 점에서 그의 학문적 관심과 만년에 보여준 관로의 치적을 중심으로 그의 성리학 연구와 실학적 업적을 고찰하기로 한다.

圭南 河百源(1781~1844)은 조선조 말기 순조 때의 실학자의 한사람으로 알려져 있으며, 旅庵 申景濬(1712~1781, 淳昌)·存齋 魏伯珪(1727~1798, 長興)·頤齋 黃胤錫(1729~1970, 高敞)과 함께 호남실학 四大家로 일컬어지기도 한다. 그의 학문이 義理之學에 그치지 않고 天文·地理·律曆·算數·候鍾·自升車·書畵·圖章 등 제 분야를 백과전서적으로 광범위하게 망라하고 있을 뿐만 아니라, 특히 自升車의 발명, 『東國地圖』의 제작 등, 실학자로서의 학문적 업적을 남겼기 때문이다.

그가 과학의 원리를 응용하여 水田의 灌漑에 이용하기 위한 自升車(揚水機)를 발명하고, 石塘 羅景績이 제작한 自鳴鍾(時計)의 미비점을 보완하여 試用해 본 점 등은 그의 근대적 과학정신을 보여준 것이요, 9폭의 『東國地圖』(朝鮮全圖와 8道의 지도)를 제작하고 우리나라에서 처음으로 「萬國全圖」(세계지도)를 모사하여 소개한 점 등은 우리의 문화와 사상의 연구에 대한 자각을 불러일으킨 실학적 학풍을 잘 드러낸 것이라고 할 수 있다.

그러나 그의 학문은 그의 수학과정이나 학문내용을 살펴볼 때는 실학이라는 한 국면에 한정되어 있다고 할 수 없으며, 오히려 성리학적인 義理之學과 실용 실증적인 實學을 함께 포함하고 있다고 볼 수 있다. 왜냐하면 그는 약관의 나이에 율곡·우암의 학통을 계승한 性潭 宋煥箕의 문하에서 주자학을 배워 의리실천을 그의 학문정신으로 삼았고 그의 7대조인 錦沙 河潤九로부터 증조인 屏巖 河永淸에 걸쳐 형성된 家學을 계승하였다는 점에서 여러 대를 이어 온 학문적 배경은 영정시대의 실학사상과 그 맥을 같이하고 있기 때문이다.

그런데, 성리학적 유학(程朱學)은 유학의 修己 治人 양면 중에서 修己의 學에 대한 이론적 탐구에 치중한 면이 강하다는 점에 비하여, 조선조 후기 영정시대의 실학은 治人의 學으로서의 經世學에 역점을 둔 것이라고 할 수 있다. 이렇게 본다면 규남은 유학의 양면인 수기와 치인 어느 한쪽도 소홀히 하지 않는 학문적 입장을 취했다고 볼 수 있다.

이 글에서는 그의 이러한 학문적 입장을 중심으로 그의 생애와 사상을 살펴봄으로써 성리학적인 학풍과 실증 실용적인 실학을 추구한 그의 사상적 특색을 들추어보려고 한다.

2. 학문적 성장과 발전

圭南은 서기 1781년에 출생하여 1844년에 64세의 일생을 마쳤는데, 그의 생애는 크게 나누어 修學期, 學問의 發展期, 仕宦期의 3기로 나누어 살펴볼 수 있다.

1) 수학기

규남은 정조 5년(1781) 1월 11일에 福川의 野沙村(지금의 全南 和順

郡 二西面 野沙里)에서 河鎭星과 長澤高氏 夫人 사이의 二男中 장남으로 태어났다. 본관은 晋州 河氏로 高麗 名臣인 晋州府院君 河楫의 후예이며, 복천(同福縣)은 13대조 進士 河治 이래의 世居地였다. 그의 字는 穉行인데 瑞石山 圭峯의 남쪽에 살았으므로 南服人士들이 圭南先生이라 불렀다.

그는 타고난 재질이 粹美하고 안광과 용모가 명철 방정하였으며, 일찍이 글을 읽기 시작하여 6세에 벌써 봉선화에 대한 시 '照水水欲醉의 句'를 읊어 선배 長老들을 놀라게 하였고, 장노들은 그 때부터 그의 化平 溫厚한 기상을 기이하게 여겼다. 7, 8세 때 악성 종기를 앓아 여러 달 동안의 鍼灸의 치료를 받으면서도 독서의 일과를 거르지 않을 만큼 학구에의 정열이 대단하였으며, 이 무렵 松沙 鄭在勉은 그를 한번 보고서 그가 원대한 그릇이 될 것이라고 칭찬하였다고 한다.

그의 학업은 일취월장하여 12, 13세에 周·張·程·朱의 四子書를 다 읽었으며 시문에 능숙하여 늘 사람들의 경탄을 받았고, 15, 16세에 이르러서는 文詞로써 그에 앞설만한 사람이 없었다 한다.

19세에 아버지의 상을 당하여 전통적 家禮에 의한 居喪의 모범을 보였는데 이는 그가 이미 예학에 밝았음을 보여준다. 3년상을 마치자 그는 아버지의 遺命에 따라 우암 송시열의 학통을 이은 성담 송환기의 문하에 가서 수학하였다. 그는 경서와 예학에 관한 질의에서 번번이 송선생의 인가를 받았으며, 송선생은 늘 그를 세상에서 드물게 보는 영재라고 칭찬하였다고 한다.

송선생의 문하에 내왕한지 2·3년만인 23세 때(순조 3년, 1803) 그는 주변 측근인들의 강권에 의해 增廣試에 응시하여 급제하였는데 이 때 동료들은 그가 장차 대성하리라고 기대했다 한다.

이상은 주로 家狀[1]의 기록에 의거하여 살펴본 것이거니와 이 기술만으로는 이 수학기에 있어서의 수학의 정도나 범위가 어느 정도였는지, 또 그의 학문적 관심이나 방향이 어떠했는지 자세히 알 수 없다. 그러나 그의 문집에 실려있는 그 자신의 글들을 살펴보면 그의 학문수련의 면모를 좀 더 구체적으로 엿볼 수 있다.

우선 그가 20세 전후에 쓴 두 편의 글, '養正齋上樑文'[2](17세)과 '道源書院 重修上樑文'[3](21세)을 보면 이 때 그는 이미 수학의 정도가 상당한 수준에 있었음을 알 수 있다. 왜냐하면, 그는 이 두 상량문에서 論·孟·詩·書·禮의 文은 물론이요 易의 蒙·大壯卦까지 원용하고 있기 때문이다.

22세 때 그는 송선생 문하로부터 일시 귀향하여 학구생활을 계속하였는데, 이 때 그는 송선생에게 올린 글(上心齋宋先生)에서 아래와 같이 말하고 있다.

> 선생님을 모시고 있을 때에는 날로 선생님의 德容을 친히 대하고 조리있는 강론을 들음으로 해서 驚醒해 분발함이 있었는데, 지금 늙은 아버지를 모시는 처지에서 멀리 선생님 문하에 나아갈 수 없으니 고루함이 날로 더해만 갑니다. 앞날에 어떠한 위인이 되고 말 것인지 심히 염려스럽습니다. 그리고 심신을 돌아 보면 實地上의 공부에서는 도시 기질과 물욕의 주장에 끌리어 털끝만치도 着力할 수 없고, 매양 분발심을 激仰하여 舊習을 제거하고자 하나 타고난 바탕이 昏惰하여 그저 그런대로 하루하루를 보내면서 과감한 결단을 내려 일보도 향상 진보를 꾀하지 못합니다.
> 혹 때로는 책상을 대하고 정좌하여 소리내어 글을 읽은 다음 다시 책을 덮어 놓고 茫然히 방금 읽은 글이 무슨 뜻이었는가를 생각해 보기도 하지만 도무지 그 참 뜻을 알 수가 없습니다. 평일의 독서가 다만 과거를 위한 것이어서 많은 것을 탐내어 얻고자 한 탓으로 자세히 玩索할 겨를이 없었기 때문이었나 봅니다. 대개 독서 궁리란 남의 것을

---

1) 河百源『圭南文集』, 卷7, 附錄 家狀.
2) 前揭書, 卷7, 養正齋上樑文.
3) 前揭書, 卷7, 道源書院 重修上樑文.

모방하여 흉내내는 데 전념하면 실효를 얻을 수 없고, 自得하는 데만
힘쓰면 병통을 낳기가 쉬우므로 반드시 이 두 가지를 서로 병행시킨
연후에 아마 실지로 얻는 바가 있을 것으로 생각되오나, 저와 같이 頓
拙怠嬾한 사람은 이 두 가지 중의 어느 것에도 미치지 못합니다. 또
吾儒의 法門은 家務를 謝絶하고 外事에 관여함이 없이 杜門 深居하
여 심성의 본체만을 비추어 보려고 하는 불가의 공부와는 다른 줄 압니
다.4)

여기에서 우리는 그의 학문에 대한 뜨거운 정열과 義理之學의 성취
를 갈망한 그의 학문적 목표를 충분히 엿볼 수 있다. 그리고 이러한 점
으로 미루어 볼 때 그의 수학기에 修治한 학문은 어디까지나 名利를
얻기 위한 科擧之學이나 詞章之學이 아니라 오직 유학의 본령인 의리
지학의 탐구와 그 실천에 있었음을 알 수 있다.

2) 학문적 성장

이러한 규남의 학문은 進士試에 급제한 23세로부터 仕宦의 길에 오
르기 전인 53세까지의 사이에 내실있는 발전을 거듭하였다. 이 30여 년
동안에 그의 학문은 후인이 말한 바와 같이 그야말로 博聞廣閱하고 貫
徹古수하는 道程을 걸었기 때문이다. 다시 말하면 그는 위로 유가의 古
經典으로부터 아래로 子書·史書에 이르기까지 회통하지 못한 것이 없
었고, 그 박학함은 百家書·外書·衆技의 文까지 두루 섭렵하였으며,5)
다른 한편으로는 조선조 후기의 새로운 학풍인 영정시대의 실학을 가
학으로 이어 받아 우리나라의 지리·역사에 대한 탐구와 실증적, 실용적
인 실학의 연구에 열중하였다.

그의 가장에서는 이 때의 환경을 "그는 祖母 李氏夫人이 80노령에

---

4) 前揭書, 卷2, 上心齋先生書(一).
5) 前揭書, 卷7, 附錄 家狀, 圭南集序.

달하여 承重孫으로서 멀리 떠날 수 없었으므로 십수 년간 京師의 科試에 응시할 수 없었다."고 하였다. 그러나 그가 벼슬하지 않았던 이유는 그의 학문적 관심이 仕宦의 길을 구하는 데 있지 않았기 때문이었던 것 같다.

27세 때에는 성담 송환기의 스승인 雲坪 宋能相이 무고를 당하여 削逸의 화를 입게 되었다. 이 때 규남은 對辨文字 屢千言을 저술하여 士友間에 널리 알리었고, 이로 인하여 조정 大臣들이 獻議하여 운평은 復逸의 恩典을 입게 되었는데, 이는 규남의 명백한 변설에 힘입은 것이었다 한다.

31세 때 조모 이씨부인의 상을 당하였고, 33세 때 母夫人 李氏의 服을 거듭 입게 되었다. 이 두 번의 喪葬祭奠에서 그는 情과 文을 극진히 하였을 뿐만아니라 朱子家禮와 喪禮備要 등의 禮書에 의한 예법대로 致喪하였다.

脫服한 후 가족과 친지들은 그에게 太學에 들어가기를 권했으나 향촌에서 학구에만 전념하였다. 이 무렵에 老洲 吳熙常·淵泉 洪奭周·復元齋 兪星柱 등과 종유하면서 경서와 예서에 관하여 토론하였는데 그들은 다같이 규남을 大儒로 推尊하였다.[6]

이 시기는 순조조 세도정치기로서 戚族에 의한 변칙적인 정치형태로 인하여 기강은 날로 더욱 문란해지고 관료체제의 기본이 되었던 과거제도는 賄賂에 의해 합격증이 남발되는 등 타락일로에 있었을 뿐아니라, 權貴者에게 班緣이 없고 아부하지 않는 士類들은 從政의 관료로 진출하기 어려운 상황이었다. 더욱이 붕괴기에 들어선 봉건체제를 우려하고 국가와 민생의 험난한 현실을 구제하려고 노력한 실학자들의 의견은 도리어 정치세력의 변동에 따라 박해만을 받기 일쑤였다. 이러한

---

6) 前揭書, 卷7, 附錄 家狀.

시대적, 사회적 여건이 그로 하여금 학문에 더욱 몰입하게 했을 것으로
보인다. 이와 같은 시대적 사회적 환경에 처하여 官路나 정계에서 소외
된 사류들이 오로지 순수한 학문에 주력했던 것은, 물론 규남의 경우에
국한되었던 것은 아니었다. 그러나 그가 골똘히 학문에만 매진했던 것
은 그러한 시대적, 사회적 환경에 처해 있었기 때문이라 하겠고, 보다
근원적으로는 立身行道가 어려울 때는 물러 앉아 獨善其身한다는 儒士
의 전통적 정신에서 유래한 것이라고 할 것이다.

  그런데 家狀의 기록자는 규남의 실학연구에 대해서는 조금도 언급
하지 않았다. 이는 아마 기록자의 학문적 세계가 성리학의 울타리를 벗
어나지 못한데서 연유했을 수도 있겠지만, 그보다는 당시의 봉건체제가
주자학의 이념에 의해 유지되고 있었기 때문에 새로운 사상의 조류인
실학에 대해서는 의도적으로 언급을 회피하였는지 모를 일이다. 그러나
우리는 그의 학문적 성격을 이해함에 있어서 그의 실학사상에 관한 부
분을 빼놓을 수 없다. 왜냐하면 그의 학문과 저술은 성리학적 의리지학
에 그치는 것이 아니라 실용적이고 실증적인 실학의 연구에 많은 업적
을 남겼기 때문이다.

  당시 사회의 통념으로 볼 때는 17세기 후반 영정시대를 거쳐 규남이
살던 시기에 이르기까지, 당면한 국 가사회의 현실문제를 해결하기 위
해 실용·실증의 학문을 제창한 소위 실학사상은 당시 집권자들에 의하
여 받아들여지는 일이 거의 없었다. 그러나 이 기간에 磻溪 柳馨遠
(1622〜1673)을 필두로 많은 실학자들이 대두하였고, 燕京을 왕래하는
使節들에 의하여 새로이 소개된 청조의 학술 내지 서구문물의 영향을
받아 실학의 연구는 한참 무르익어가고 있었다. 규남은 이러한 실학의
조류와 교유를 가졌던 선대의 실용적 학문경향[7]을 이어받아 국가적으

---

7) 前揭書, 跋文(河聲來) 參照.

로 당면한 현실문제의 해결을 지향하는 실용적, 실증적인 실학연구에
몰두했던 것이다.

그리하여 그는 30세 때(1810) 물의 역학을 이용한 自升車(揚水機)를
새로이 발명 제작하였다. 그와 동시대의 五洲 李圭景도 「五洲衍文長箋
散稿」에서 自升車의 제작법을 논하였고, 뒷날(규남 54세 때) 전라감사
로 부임한 徐有榘는 규남의 自升車 발명에 대하여 감탄하고 그 제작을
서둘러서 農政과 水利에 이용케 하려고 하였으나 뜻을 이루지 못했다
고 한다.[8]

31세 때(1811)에는 우리나라 지도인 『東國地圖』를 제작하였으며, 남
극 북극과 星座까지 자세하게 나타난 天文圖를 그리기도 하였다. 그뿐
아니라 自鳴鍾, 戒盈盃, 缸吸器, 紡績機, 臥輪 등을 연구 제작하였고,
심지어 고려청자에까지 연구의 손길을 뻗치었다. 그 중 자명종은 洪大
容·羅景績 등이 제작했던 것의 미비점을 보완한 것이었고, 계영배는 수
압을 이용한 일종의 정교한 조각품이었다.[9]

이러한 발명 또는 제작품들로 미루어 볼 때 규남의 박학함은 말할
나위도 없거니와, 특히 실학의 연구에 있어 그는 남달리 과학적 사고에
의한 창의적 발명과 함께 예술적 재능까지도 발휘했음을 알 수 있다.

그러나 그의 학문의 발전기라고 할 30여 년간에 있어서의 그의 학구
생활은 퍽이나 고독한 길이었던 것 같다. 그는 선배 동료들과의 왕복서
에서 이 시기의 학구생활이 고독했음을 "나는 窮鄕에서 生長하여 답답
한 환경에서 지냈고, 일찍이 부모의 가르침을 잃은 데다가 師友의 補益
도 별로 없으니 고루함이 날로 심하여 君子人에 비슷하게 되기도 어렵
다."[10] 自嘆하고 있다.

---

8) 前揭書, 解題(李鉉淙).
9) 前揭書, 上同.
10) 前揭書, 卷2, 上洪叅判書.

이러한 述懷는 窮居寒士의 몸으로 독자적인 학문연찬에 매진하여 학문을 발전시켜 가는 그의 외로운 학문과정을 말해주는 것으로 여겨지며, 다른 한편으로는 그에게 입신출세하여 충효를 다한다는 전통적인 관념으로 인한 내적인 갈등도 전혀 없지는 않았던 것임을 엿볼 수 있다. 왜냐하면 그가 학문적인 大成을 눈앞에 둔 만년에 사환의 길에 나선 점으로 보아 그러한 추측도 가능하기 때문이다.

3. 仕宦期의 관심과 治績

그는 51세 때(1831) 처음으로 明經과 行修로 觀察使의 추천을 받았고, 54세 때(순조 末年, 1834) 理才로써 被薦되어 昌陵 叅奉에 임명된다. 이때 詮衡을 맡은 홍석주는 初仕의 추천을 理才로써 한 것에 대하여 道伯에게 편지를 보내어 힐문하기를, 이 사람(규남)은 百里의 고을을 맡을 인재도 넘는데 어찌하여 明經 行修로써 추천하지 않았느냐고 했다. 도백이 답하기를, 그 사람은 경학으로써 추천을 받으면 출사하지 않을 것 아서 그의 需用할 뜻을 고려하여 그렇게 하였다고 답하였다. 그리하여 홍석주는 그 薦目이 어울리지 않은 줄 알면서도 결국 蔭補의 예로써 창릉 참봉에 임명하게 했다 한다. 이에 대하여 그는 恩命을 함부로 거역하는 것은 沽名索價하는 것과 같다고 생각하여 하는 수 없이 그 직에 취임하게 되었다. 그러나 그는 아무데도 왕래하지 아니하고 늘 直齋에 나가 謹愼 誠敬으로 操身하였으며, 틈틈이 隣僚들과 학문을 講磨하고 自省 閑靜하는 즐거움으로 지냈다.

56세 때(1836) 禁府都事로 전임되었는데, 이 때는 土賊들이 곳곳에서 일어나고 있던 시기였다. 그는 이들을 붙잡아 조사하는 과정에서 한 대목도 사실에 어긋나는 일이 없게 하였으므로 委官들은 그 대화의 재능이 뛰어남에 감탄했다. 그 이듬해 順陵 直長으로 전임되었다가, 그 다음 해(58세)에 司饔院 主簿를 거쳐 刑曹 佐郎으로 승진되었다. 이 任職은 內司中에서 중요한 직책인데 그는 사리를 따져 들음이 자세하고 밝으며 訟獄을 처리함이 공평하였으므로 長官이 판결에 어려움이 있으면 언제나 그에게 문의했으며, 한편 部民이나 廛商들이 訴冤할 때 모두 河佐郎에게 就訟하기를 원했다. 또 이 때는 西學이 京鄕各地에 만연되고 있던 때라, 여기에 연루되어 체포된 사람이 감옥에 꽉 차 있었다. 그는 邪敎를 배척함이 매우 엄했으나 혐의자가 잘못 誅戮의 형에 처해질까 염려하여 상세하게 조사하고 의리로써 깨우치며 回惑할 점이 없게 된 후에 비로소 국법을 사용하였다. 그 결과 형벌이 남용되지 않고 邪說이 종식되었다.

60세 때(1840) 宗廟令을 거쳐 慶基殿令으로 전임되었는데, 이는 그가 중앙직에 머무른 수년 동안에 요직을 싫어하고 한직을 바랐기 때문이요, 또 朱子가 학구생활을 위해 祠官을 청한 고사에 의한 것이었다.

그 다음 해(61세)에 그는 石城縣監을 제수받았다. 그 고을은 피폐하고 풍속이 고루하여 이전부터 다스리기 어렵기로 소문난 곳으로, 수년간 체납된 公納穀 數百結이 관용으로 사용된양 되어 있었다. 그는 當年의 執災分俵中에서 곡식을 옮겨다가 縣民에게 고루 나누어 주고, 結米中 吏胥들이 정액보다 올려 받은 백여 석을 査出하여 救弊의 資粮을 보충하였다. 이렇게 하여 부임한지 오래지 아니하여 그 고을 백성들이 거의 회생하게 되고 巡察使 金英淳은 그의 善政을 포상하였다.

그런데 그 지방의 土豪 尹某라는 湖右의 한 强族이 토지의 경계를 함부로 침범해 마지 않다가 河縣監의 秉直守正함을 보고 고개를 움츠리고 꼬리를 감추었다. 그러다가 그 이듬해에 尹의 척분인 鄭基世가 윤과 모의하여 허위 사실을 날조한 후 論啓하였다. 그리하여 그는 어처구니 없이 조정의 엄명에 의해 保寧縣으로 귀양의 길을 떠나게 되었다.

그러나 그는 謫所에서도 더욱 독서를 즐기며 論·學·庸의 三書를 손수
베껴서 날마다 이를 읽고 朱色으로 會意點을 쳐 가면서 沈潛 玩索에
열중하였다. 이를 알고 원근으로부터 從遊와 學業을 청해오는 인사들
이 그의 門庭에 줄을 이었고, 이로 인하여 湖海地方에서는 그의 가르침
에 힘입은 사람이 많았다고 한다.

그 이듬해 그는 특사로 석방되어 향리로 돌아와 그 해 8월 17일에
沙村의 舊家에서 64세로 세상을 떠났다. 죽음에 임하여 그는 조금도 두
려워 함이 없이 태연하게 웃으며 '병화의 재촉이 어찌 이리도 급한가'
하고 正席 就枕한 후 숨을 거두었다 한다.[11]

이와 같이 사환기에 그는 형조좌랑이라는 사법부의 관직과 석성현
감과 같은 지방관을 지내면서 공평무사하게 법을 집행하고 이서들의
농민 수탈 등을 막음으로써 관의 기강을 세우고 安民의 행정력을 발휘
하였다. 그뿐아니라, 또 한편으로는 전라감사인 서유구에게 스스로 발
명한 自升車(揚水機)를 수리와 농정에 활용하도록 건의함으로써(54세
때) 한해에 시달리는 농민의 고통을 덜고 나아가 농정을 일으키는 방안
으로 할 것을 제시하기도 하였다.

그러나 그 이전의 실학자들 (소위 經世致用學派와 일부의 利用厚生
學派)에게서 나타나고 있는 제도·정책면의 개혁이론이나 重農 또는 重
商的 利用厚生의 방안에 관한 이론은 별로 보이지 않는다. 이런 점으로
미루어 보면 사환기의 그의 활동은 그가 그동안 쌓아온 학문적 연구와
수행으로 얻어진 경륜의 일단을 관료의 위치에서 실제로 운용했던 것
이라 할 수 있다.

---

11) 前揭書, 卷7, 附錄 家狀.

4. 학문태도와 학문정신

규남의 사상은 앞에서 말한 바와 같이 性理學과 實學의 양면을 포함
하고 있다. 그것은 그가 성리학과 실학을 아울러 탐구한 결과이기도 하
지만, 그 보다는 앞서 그의 학문적 관심과 태도가 이 양면을 겸비하고
있었기 때문이라고 할 수 있다. 그러므로 여기에서는 그의 사상을 고찰
하기에 앞서 우선 그의 학문태도를 살펴 학문정신을 밝히기로 한다.

규남의 다음과 같은 말은 그의 학문관의 핵심을 잘 드러내 준다.

> 학문의 공은 오로지 端居靜坐하여 독서하고 궁리하는 데만 달려있
> 는 것이 아니라 실지의 일에 用工하는 데 있다. 그리고 士子가 학문하
> 는 데는 다만 자기의 뜻이 독실하지 못함을 걱정할 것이요, 뜻만 독실
> 하다면 餘力이 없음을 근심할 것이 없을 것이다. 일상생활에서 항상
> 應事接物하는 가운데 학문 아닌 것이 없다. 근세 口耳之學은 記誦詞
> 章의 習과 다를 것이 없으니 이것이 내가 '學問'이라고 하는 것이 아니
> 다. 子思(中庸에서)는 '尊德性而道問學'이라 하였으니 이는 先本原하
> 고 後講習할 것을 말한 것이요, 공자의 博文約禮는 강습에 의해 본원
> 을 밝힐 것을 말한 것으로서, 이 두 가지는 어느 하나도 버릴 수 없는
> 것이다. 우리 儒者의 家法은 본래부터 이와 같다. 그러므로 주자는 일
> 생 동안 학문의 공을 오로지 이 두 가지에 주력하면서 어느 한 쪽에
> 편중한 적이 없었다. 이에 반하여 금세의 俗學은 강설에만 힘써 口耳
> 에서 들고나므로 강론은 공허하고 언설은 아무리 오묘하더라도 실제의
> 일에는 도무지 쓸모가 없다.12)

규남에 의하면 학문하는 일은 독서 궁리하는 데만 달려있는 것이 아
니라 일상생활의 실천 속에 있으며, 학문하는 사람은 덕성을 함양하는
일(尊德性)과 典籍을 강습하는 일(道問學)의 어느 한 가지도 소홀히 해

---

12) 前揭書, 卷2, 與兪金化書(一).

서는 안 된다는 것이다. 그리고 근래 俗學들처럼 강습에만 매달려 口耳의 강설에 골몰하는 학문은 그 강론이 아무리 오묘하고 현학적이더라도 내실이 없는 학문이라는 것이요, 일상생활상의 실제에 있어서 올바른 실천의 내실을 갖추어야 참 학문이라는 것이다.

그는 또 士者의 학문은 본래 본원을 함양하는 일을 우선으로 하고 이를 위한 강습의 공부도 빼놓을 수 없는 것이지만, 反躬 實踐이 없는 글공부는 쓸모가 없다고 역설한다.

> 이른바 경전을 강습하는 사람이 문자 언어에서 벗어나지 못하고 자신을 반성할 줄 모르면 끝내 유익함이 없을 것이다. 금세의 讀書之士들이 강습하는 뜻은 무엇이며 학습하는 일은 무엇인지 알 수 없다. 만일 자기의 행실을 예법대로 할 수 없고, 일의 처리를 의리에 맞게 할 수 없으며, 처세함이 語默動靜의 법도를 잃고, 임금을 섬김에 있어 진퇴의 절도에 昧惑되며, 관료로서 四民을 다스릴 경륜이 없어 一世를 다스릴 수 없다면 그가 평일에 강습한 것을 알 만하다.[13]

다른 한편 그는 자신의 수학과정을 회고 반성하면서 항상 자신의 학문 태도를 다짐하기도 하였다.

> 나는 어려서부터 문자나 句讀를 익히는데 종사하여 오로지 잘된 글을 표절하고 糟粕을 주워모아 과거에 응시할 계산이었다. 그러다가 중년이래로 궁리공부에 유념하였지만 역시 訓詁나 同異를 考究하는 데 지나지 않을 뿐, 反躬 實踐의 공부에 있어서는 아무런 내실이 없었다. 그렇기 때문에 일에 대해서는 私意를 견제하지 못하고, 사물을 대할 때면 희노의 감정이 절도에 맞지 못했다. 가정을 통솔함에 威儀가 전혀 없었고, 친구를 대할 적에 성실과 신의를 결하기도 하였다. 그리고 일상생활의 언행에서 경중과 취사의 當宜를 잃음이 이루 말할 수 없었다. 그리하여 일이 지난 뒤에 후회하고 번민한 적이 십중칠팔이었다. 一身

---

13) 前揭書, 上同.

의 행함이 이러한데 시골구석에서 남이 독서인이라고 지목할 때 어찌
內省하고 부끄러워하지 않겠는가. 게다가 才力이 미치지 못한다고 스
스로 생각하면서도 어리석은 생각만이 자라나서 우주내에 널려 있는
허다한 사물의 이치가 모두 나의 도량 안에 들어 온 뒤에라야 나의 하
는 일이 다 끝난다 하고, 마음을 쓸데 없는 곳에 놀리며 세월을 허송한
지 오래였다. 이를 悔悟한 뒤에 일생의 망상이 모두 다 없어졌으나 회
고해 보니 진실로 가소롭다. 이제부터 허다한 번뇌를 쓸어 버리고 허다
한 閒說을 물리치며, 꼭 本原을 함양하는 일을 爲先으로 하여 語默動
靜하고 應事接物할 적에 의리에 맞는가 안맞는가를 잘 살필 것이다.
아울러 성현의 격언을 취하여 절대로 문의에 얽매임이 없이 활짝 열린
마음으로 완미하고 내 자신에다 驗證하여 그 내실을 실천할 것이다. 그
리고 이에 곁들여 史傳을 읽어 치란흥망의 史跡을 상고하여 그들이 어
떻게 실행했는가를 생각할 것이다. 그렇게 한다면 博文과 約禮의 두
가지를 진취시키는 공부에 다소라도 유익함이 있으리라.[14]

이 글은 규남이 나이 49세 때 유성주에게 보낸 글이다. 이는 그의
修學道程에 대한 切切實實한 반성과 함께 일상의 실천을 지향하는 학
문태도의 확립이 얼마나 어려운 것인가를 보여 준 것이라고 하겠다.
　그는 다시 주자의 학문태도를 들고서 반궁 실천과 학문의 실용성을
다음과 같이 강조했다.

　　후세학자들은 다만 주자가 경전을 훈고 주석하는 데 고심한 일면만
을 보고 吾儒의 法門이 오로지 여기에 달려 있다고 하여 스스로 句讀
行默之間에 골몰하는데, 주자가 경전의 훈고 주석에 힘쓴 것은 실은
사람들로 하여금 의리를 강명하여 그 덕성을 높이기 위함이었다.[15]

　　주자는 평생 학문함에 있어 두 가지(存德性과 道問學)를 兼用할 따
름이었다. 문자를 가지고 고구한 면에서 본다면 주자는 問學上의 用工
이 비교적 많았지만 실은 다 存德性하기 위한 것이었다. 이 점이야말

---

14) 前揭書, 上同.
15) 前揭書, 卷3, 答朴丈(宗悅)書.

로 주자의 학문이 내외가 相資하고 체용이 全備한 까닭으로서 육상산
(九淵, 1139~1192)의 頓悟之說과 같지 않다. 내가 근래 학자들을 가
만히 보면 소위 道問學 일변에 빠져 다시 自己分上의 공부에 붙이지
않고 거의가 口耳訓詁의 학에 몰입하고 있으니, 그들이 비록 性命의
이치를 고원하게 말하고 경서를 두루 해석하지만 단지 고인의 糟粕에
구구하게 매달리는 것을 볼 뿐이요, 본원상의 공부, 즉 절실한 자신의
내실에 힘쓰고 義와 理를 변별해야 할 곳에 이르러서는 아무것도 볼
만한 것이 없다. 그리하여 그들은 '性'이니, '理'니 하여 천언만어를 말
하더라도 종신토록 끝내 실용이 없다. 설사 경전의 奧義와 性理 名目
에 대하여 전인이 찾아내지 못한 한두 구를 발명한다고 하더라도 반궁
실천할 수 없다면 自己分上에 무슨 실익이 있겠는가?[16]

　이상으로 미루어 보면 규남의 학문태도는 "朱子書의 연구에 더욱 주
력하여 그것을 일생동안 학문의 기준으로 삼았다."[17]고 한 그의 家狀에
기록된 것처럼 주자와 같이 尊德性과 道問學을 相須 並行시키고, 그 중
에서도 尊德性에 치중하는 성리학적 학문태도를 지니고 있었다고 하겠
다. 그러나 그가 실천을 역설하면서 일상생활에 있어서의 내실을 강조
한 것은 이론적 탐구에 치중한 성리학자들과 다른 면이 있는 것이며,
그와 같은 내실 또는 실질 위주의 학문태도는 실학적 태도라고 할 수
있다.

　그런데 그의 실학적 태도는 무엇보다 그의 선대의 학문경향의 전승
이라는 맥락 속에서 찾아 볼 수 있다. 그것은 전술한 바와 같이 7대조인
潤九로부터 증조인 永淸에 걸쳐 당시 실학자들의 학문조류와의 교유속
에서 형성된 것이었다. 윤구는 당시 북경에 사신으로 가서 自鳴鍾·千里
鏡·「萬國全圖」 등을 얻어 온 鄭斗源과 친교가 두터웠고, 영청은 신경
준·황윤석·홍대용·나경적 등 당대의 실학자들과 교유가 깊었다고 한

16) 前揭書, 卷3, 答安尊湖(壽麟)書.
17) 前揭書, 卷7, 附錄 家狀.

다.[18] 그러나 실학으로서의 선대의 학풍이나 그 내용을 알아 볼 수 있는 자료는 거의 찾아 볼 수 없다. 다만 규남의 선조들이 대대로 그들 실학자들과 교유하는 동안에 실학에 대한 관심과 연구가 깊어졌고 그것이 가학처럼 이어졌으리라는 것을 짐작할 수 있을 뿐이다.

따라서 이와 같은 선대의 실용적 학문경향이 그의 학문태도의 형성에 영향을 주었으리라는 점에 유의하여 그의 학문적 학문태도의 한 단면을 간략히 살펴보기로 하겠다.

학문과 독서와의 관계에 대한 그의 견해는 아래의 글에 나타나 있다.

> 가만히 스스로 생각해 보건데 옛날의 이른바 학문이란 반드시 독서함을 가리킨 것이 아니었다. 農·工·商·賈가 다 학문 아닌 것이 없었다. 그러므로 선비가 농정에 나서면 우리 俊士의 詩를 훈훈하게 하며, 工匠의 일에도 지극한 이치가 없을 수 없었다. 선비의 학문함은 반드시 오로지 독서에만 있는 것이 아니지만 독서하지 않으면 根基를 세우고 율령을 정할 수 없게 되므로 일상생활에서 일을 잘 풀어 나가지 못하기도 하고 의리를 분별해야 할 자리에서 감정대로 直行하기 쉬운 것이다. 선비가 독서를 귀히 여기는 것은 바로 이 때문이다.[19]

> 요컨대, 경서를 궁구하며 그 근기를 확립하고, 史傳을 閱讀하여 그 득실을 고구하며, 몸소 이를 체험할 것이다. 그리하여 옛 성현의 一言 一句와 역대 이래의 一政一事가 다 나의 度量 안에 있게 된 후에 어떤 일, 어떤 경우의 온갖 변화에 應酬하여 어리둥절하지 않게 될 것이다.[20]

규남에 의하면 爲學之方은 독서에만 있는 것이 아니라 일상생활의 실천 속에 있다. 다만 선비에게 經書와 史傳에 대한 학문적 연구가 필

---

18) 前揭書, 跋文(河聲來).
19) 前揭書, 卷3, 答李士剛書.
20) 前揭書, 卷3, 答李聚五書.

요한 것은 일상생활에서 도덕적 실천의 기반을 세우고 역사적 사회적 실천의 득실을 알기 위함이라는 것이다. 그 뿐아니라 그에 있어서는 '農工商賈가 無非學也'라는 말이 단적으로 드러내주고 있듯이 실생활에 있어서의 실용성이 강조되고 있으며, 또 경사에 담긴 뜻을 몸소 체험하는, 실험적이고 실증적인 학문이 중시되고 있다. 이러한 그의 학문태도야말로 다분히 실학적 성향을 띤 것이라고 할 수 있을 것이다.

그런데 규남의 실학을 보다 확실하게 알아 보기 위해서는 그의 실학연구상의 업적을 살펴보아야 할 것이다. 왜냐하면 그는 自升車(揚水機)를 발명한 것을 비롯하여 우리나라 지도인 『東國地圖』와 自鳴鍾 방적기 와륜 등을 연구 제작하는 따위의 실학연구상의 업적을 남겼기 때문이다. 이에 대하여는 다음 장에서 자세히 고찰하게 될 것이다.

이상의 학문태도에서 본 바와 같이 규남은 성리학과 실학을 아울러 탐구하려는 학문정신을 지니고 있었다. 그리고 그와 같은 그의 학문정신은 그로 하여금 성리학적 의리지학의 탐구를 위주로 하면서, 다른 한편으로는 전통적인 성리학의 경향을 넘어서 실용적이고 실증적인 실학의 연구에까지 나아가게 했다. 따라서 여기에서는 그의 사상을 성리학적 사상과 실학적인 사상으로 나누어 살펴 보기로 하겠다.

5. 성리학과 大學經義의 이해

1) 성리학

규남의 성리학적 견해는 대체로 주자의 설에서 출발하여 율곡·우암의 입장을 존중하고 있는 것으로 보인다. 그러나 조선조 성리학의 중심 과제인 이기심성에 관한 그의 입장을 폭넓게 살펴 볼 수 있는 자료는 별로 없다. 아마 그가 이기심성에 관한 논의를 즐겨하지 않았거나 그와 학문적 교유를 한 학자들이 그러한 문제들에 대하여 관심을 갖지 않았기 때문이 아닌가 싶다. 단지 人物性의 同異에 관한 의견이 그의 현존 문집의 왕복서에 보일 뿐이다. 그러므로 여기에서는 그의 인물성동이에 관한 의견을 중심으로 하여 그의 이기심성에 관한 대체적인 입장을 살펴보고자 한다.

人物性의 同異에 관한 본격적인 논의는 18세기초에 율곡과 우암의 학통을 이은 遂庵 權尙夏(1641~1721)의 문도인 南塘 韓元震(1682~1751)과 巍岩 李柬(1677~1727) 사이에서 시작되었다. 남당은 人性과 物性이 서로 다르다고 주장한 湖論이요, 외암은 인성과 물성이 서로 같다고 한 洛論이다. 호론에서는 一源으로서의 理가 개체 안에 내재한 본연지성을 위주로 하여 인성과 물성이 다르다고 주장한데 반하여, 낙론에서는 一源으로서의 理가 개체를 초월해 있는 본연지성에 치중하여 인성과 물성이 같다고 역설하므로써, 그 후 100여 년간이나 양학파간에 논쟁이 계속되었던 것이다.

규남은 이 湖·洛 양론에 대하여 아래와 같은 견해를 피력하였다.

> 가만히 생각해 보건대 理와 氣는 마땅히 떼어서도 보고 합쳐서도 보아야 한다. (理와 氣를) 떼어서 볼 때 그 理를 가리킨다면 人의 性과 物의 性이 같다고 함이 옳을 것이요, 합쳐서 볼 때 그 氣를 포함해서 가리킨다면 人의 性과 物의 性은 같지 않다고 함이 좋을 것이다. (理와 氣를) 합쳐서 볼 적에는 비록 조금의 구분이 없을지라도 기질을 인정하면서 大本이라 해서는 안 될 것이요, 떼어서 볼 적에는 비록 철저히 구분을 짓더라도 꼭 선악을 섞어서 본체를 논하지 못할 것이니, 어찌하여 서로 비방하여 이단을 공격하고 물리치듯이 하는 지경에 이르렀을까? …21)

---

21) 前揭書, 卷2, 與兪金化書(一).

　인물성동이논변에 관한 규남의 이 같은 입장은 그의 이기관을 잘 드
러낸 것으로서, 그는 어디까지나 理와 氣는 不相離하면서 不相雜한다
는 주자의 이기관에 근거하고 있음을 알 수 있다. 따라서 그는 적어도
이기관에 있어서는 주리적인 영남학파나 주기적인 기호학파의 어디에
도 치우치지 않고 '理氣當離合看'이라는 주자의 이기관의 기본적 입장
만을 고수했다고 볼 수 있으며, 이는 또한 주자의 이기철학을 이해하는
열쇠라고 할 수 있는 '理氣離合'의 사유방식을 제대로 터득한 것이라고
하겠다.

　요컨데 규남은 '理氣當離合看'의 입장에서 일응 人性과 物性의 相
同을 주장하는 洛論과 인성과 물성의 相異를 주장하는 湖論을 다같이
일면의 진리로서 받아들인 것이다. 그러나 한편, 그는 호·낙 양론에 대
하여 그것은 원래 文字句語의 講辨에서 비롯한 것이라 하기도 하고,[22]
근일의 호·낙 양론은 실로 크게 한심할 자라고[23]도 하면서, 양론의 편
집적인 주장에 대하여 매우 비판적인 입장을 취하였다.

> 　一言而斷之하면, 호론의 입장에서 보더라도 낙론을 옹호하는 사람
> 들이 반드시 다 그른 것은 아니며, 낙론의 입장에서 보더라도 호론을
> 지지하는 사람들이 다 그른 것은 아니다. 저쪽과 이쪽의 어느 한 쪽만
> 이 반드시 다 옳거나 반드시 다 그른 것은 아니다. …[24]

　이와 같이 규남에 의하면 호·낙 양론은 어느 한 쪽에서 상대방의 견
해를 보더라도 그것이 전적으로 모두 틀렸다고 할 수 없는 것으로서,
어느 한 쪽이 반드시 모두 옳은 것이요, 다른 한쪽이 모두 그르다고 말
할 수 없다는 것이다.

---

22) 前揭書, 卷4, 四學儒生疏辨.
23) 前揭書, 卷2, 與兪金化書(一).
24) 前揭書, 卷4, 四學儒生疏辨.

따라서 그에 있어서는 인물성 동이에 관한 호·낙 논쟁은 결국 학파적 견해의 대립에 의한 文字句語上의 講辨에 불과한 것이 되는 것이다.

사실 湖·洛양파의 인성론상의 의의를 고려할 때 이들 양파의 견해 차이는 결국 이기론적 관점의 선택에 다름이 있을 뿐이요, 인간의 본연성이 지닌 도덕적 가치의 추구에는 다름이 없다고 할 것이다. 왜냐하면 洛論의 이면에는 본연성이 지닌 선의 본래적 절대성을 강조함으로써 인간성의 권위를 확립하려는 의도가 있고, 湖論의 이면에도 본연성이 지닌 선의 특별한 고귀성을 강조함으로써 인간성의 권위를 확립하려는 의도가 있다고 볼 수 있기 때문이다. 즉 인성과 물성의 同異를 깨달음에 있어 인간만이 본래적으로 지니고 있는 人性의 선하고 고귀한 가치를 보전하며 그것을 발현함으로써 만물 중에서 인간의 靈長的인 생활을 충실히 하려고 한 점에 있어서는 호·낙 양론이 모두 똑같은 의의를 지니고 있는 것이다.25)

한편 湖·洛 양론을 이기론상에서 보면 낙론은 명분을 위주로 한 주리적 입장이요, 호론은 실질을 중요시한 주기적 입장이라고 볼 수 있다. 따라서 이러한 견지에서는 규남의 인물성동이에 관한 '理氣當離合看'의 견해는 주리적인 洛論과 주기적인 湖論과의 평행적 대립을 극복 지양한 차원에서 인간 존재의 고귀성의 명분과 내실을 兼攝한 견해라고 할 수 있을 것이다.

2) 大學 經義의 이해

규남의 大學經說은 대체로 주자학적 해석에 근거하고 있다. 그는 주자의 大學章句에 대해 그와 다른 주석을 시도한 일은 거의 없고, 다만

---

25) 尹絲淳, 「人性物性의 同異論辨에 대한 硏究」『哲學』제18집, 15쪽. 韓國哲學會(1982.가을)

대학경의에 대한 그 나름대로의 연구를 토대로 하여 동료들의 질문에 답한 것이 있을 뿐이다. 그럼에도 불구하고 그의 대학경의에 대한 이해에는 주자학적 해석을 다소 비판적이고 독자적으로 이해해 보려는 경향이 보인다. 이것은 물론 그의 실학적 학문태도와도 연관이 있다.

이제 大學經義의 이해에 나타난 그의 사상내용을 그가 질문받은 항목에 따라 몇 개만 살펴보기로 한다.

주지하는 바와 같이 주자(1130~1200)는 『大學』의 舊本(古本大學)에 錯簡과 闕文·誤字가 있다는 程伊川의 설을 계승하여, 이를 다시 자기의 사상적 입장에 따라 그 본문의 선후를 바꾸고 또 格物致知補傳을 지어 『대학』의 전문을 經 1章과 傳 10章으로 나눈 소위 『章句本』에 의하여 舊本의 면목을 改新하였다. 그리고 대학 전문을 3강령(明明德·新民·止於至善)과 8조목(格物·致知·誠意·正心·修身·齊家·治國·平天下)의 구조로 분석 해석하였다. 그런데 주자 이후 대학경의에 대한 비판적 또는 반주자적 입장에서는 일차적으로 3강령과 8조목에 대하여 의문을 제기하기도 하고 다른 해석을 시도하기도 하였다.[26]

규남의 大學經義에 대한 연구는 위에서 말한 바와 같이 전적으로 주자학적 입장에 의존하고 있다. 그러나 그는 주자의 3강령·8조목의 체계에 대해서는 그 나름의 견해를 가지고 있었다.

대학의 3강령 중 明明德과 新民에는 각각 그것들에 해당하는 조목(格·致·誠·正·修와 齊·治·平)이 있는데 止於至善에만 그에 해당하는 조목이 없는 것은 무슨 까닭이냐는 질문에 대하여, 그는 이렇게 답한다.

---

26) 程·朱의 錯簡·闕文說을 부정하고 舊本을 정본으로 하는 명대의 王守仁(1472 ~1528)은 물론이요, 우리나라의 尹鑴(1617~1680)·朴世堂(1629~1703)과 실학의 집대성자 丁若鏞(1762~1836)등은 그 대표적인 분이다.

明明德·新民은 이른바 (해야 할) 공부요 止於至善은 이른바 공부의
표준이다. 그러므로 주자는 明明德 가운데도 至善이 있고 新民 가운데
도 至善이 있다고 하였으며, 율곡은 格物上에는 至善이 있지 않음이
없으니 이것이 바로 止於至善에다 따로 조목을 세우지 않은 까닭이라
고 했다. 그런즉 大學 一書는 止於至善의 조목 아님이 없는 것이다.
朱子語類를 상고해 본다면 君仁·臣忠·父慈·朋友之信은 止於至善의
조목이다. 우리나라의 선배들이 이를 다만 傳寫의 잘못이라 하여 先儒
中에는 '知止 … 能得'의 一節을 止於至善의 條目으로 삼는 이도 있
었는데, 주자가 일찌기 이를 功效의 次序로 삼아 공부의 節目이 아니
라고 했다면 누가 감히 주자의 정론에 異說을 세울 것인가.27)

또, 明明德은 修己의 일이요 新民은 治人의 일이다. 8조목이 다 명
명덕과 신민의 조목이라면 명명덕과 친민의 두 가지로 족할 것인데 꼭
止於至善을 함께 말하여 3강령으로 한 것은 무슨 까닭이냐는 물음에
대하여, 규남은 아래와 같이 답하고 있다.

『大學』 一書는 요컨데 수기와 치인의 일에 지나지 않는다. 그러므
로 먼저 明明德과 新民을 든 것이요, 止於至善은 주자의 이른바 명명
덕과 신민의 표적(가치의 기준)이기 때문에 章句에서 명명덕과 신민은
마땅히 지선한 곳에서 벗어나지 않는 데 이르러야 한다고 한 것이다.
지금 만약 단지 명명덕과 신민만을 설명하고 止於至善을 말하지 않는
다면 활쏘는 사람에게 과녁이 없는 것과 같은 것이다. 대저 止於至善
을 단독으로 말하면 강령 중의 조목이요, 명명덕과 신민에 대비해서 말
한다면 강령 중의 대강령이라 할 것이다. …28)

그런데 止於至善을 삼강령에 포함시키는데 대한 의문은 규남 이전
부터 제기되어 온 문제였다. 특히, 실학적 경학관을 가진 西溪 朴世堂
(1629~1703) 같은 이는 止於至善이 강령이 될 수 없음을 주장하였다.

---

27) 前揭書, 卷3, 答尹和順(一) 大學問目.
28) 前揭書, 上同.

西溪에 의하면 주자 자신의 주해에서도 明明德과 新民은 모두 至善에
머물러야 한다고 하였으므로 止於至善은 명명덕·신민과 대등한 독립된
강령일 수 없으며, 게다가 止於至善에 조목이 없는 것으로 보더라도 止
於至善은 강령이 아님이 분명하다[29]는 것이다.

　이와 같이 규남은 止於至善을 明明德·新民과 함께 3강령으로 삼는
주자의 해석에 불합리함이 있음을 인식한 것이다. 그러나 그는 주자의
해석에 감히 반기를 들 수 없기 때문에 표면상 止於至善을 3강령의 하
나로 다루는 주자의 해석을 따르면서 이를 강령 중의 조목이니, 강령
중의 대강령이니 하여 강령과 조목의 구분을 흐려 놓음으로써 止於至
善이 명명덕·신민과 대등한 강령이 될 수 없음을 은영중에 표시한 것이
아닌가 한다. 뿐만아니라 규남이 止於至善을 강령중의 대강령이라고
한 것은 그것이 명명덕·신민의 실천적 목표라는 것을 강조한 것으로서
이는 그의 실학적 경향의 표현이라고 할 수도 있을 것이다.

　주자의 大學章句本에는 格物·致知·誠意·正心·修身을 明明德의 조목
에, 齊家·治國·平天下를 新民의 조목에 배속시키고, 이 조목들을 明明德
과 新民이 至善에 머무르도록 하는 爲學의 次序인 것처럼 취급하였다.
따라서 주자의 大學經說에서는 格物·致知하여 誠意하고, 성의하여 正心
하고, 정심하여 修身함으로써 齊家 → 治國 → 平天下를 차례로 이루게
된다고 보는 것이다. 그리고 그 8조목 중의 첫단계인 格物·致知條는 주
자의 章句本에서 그 補傳이 만들어지리만큼 주자의 사상(性卽理)에서
매우 중요한 위치를 차지한다. 大學經說에 있어서 똑같은 심성론적인
입장의 해석을 취하면서도 격물·치지에 대하여 주자와 아주 다른 해석
을 한 王陽明의 大學理解를 비롯하여 주자의 해석에 대한 비판적 입장
(尹鑴 朴世堂 등의 경우)이나 실천윤리학적 입장(丁若鏞의 경우)의 해

---

29) 尹絲淳,「朴世堂의 實學思想에 관한 硏究」『韓國儒學論究』, 서울: 玄岩社,
　　1980, 260쪽.

석이 나오는 것도 그 때문이다. 그런데 규남의 격물·치지에 대한 견해
를 고찰하기 위해서는 주자의 격물치지설의 철학적 근거와 함께 그의
格物致知補傳의 내용을 예비적으로 언급해 둘 필요가 있다.

주자는 大學章句의 格物致知補傳에서 이렇게 말한다.

> 대저 人心은 虛靈하여 앎이 없을 수 없고 천하의 사물에는 이치가
> 없을 수 없다. 오직 이치를 채 궁구치 못한 것이 있기 때문에 그 앎이
> 극진한 데 이르지 못한다. 그러므로 大學의 가르침에서 반드시 배우는
> 자로 하여금 천하의 모든 사물에 대해 이미 알고 있는 이치를 토대로
> 더욱 궁구하여 그 극치에 이르도록 한다. 이와 같이 노력하기를 오래하
> 면 하루아침에 활연관통하게 되어, 모든 사물의 表裡精粗의 이치에 도
> 달하지 않음이 없게 되고 내 마음의 全體大用이 밝아지지 않음이 없을
> 것이다.30)

주자에 의하면 만물은 각각 一理를 갖추고 있고 그 만물의 理는 다
같이 太極의 一源으로부터 나온 것이며, 인간의 心知는 一源인 태극의
이를 천부적으로 갖추고 있으므로 萬理에 통할 수 있다고 한다. 그리고
그가 格物致知補傳에서 말한 격물의 '物'은 맹자가 말한 人倫庶物을
가리키며, '格物'(事物의 理에 窮至함)이란 사물이 인간과의 관계에 있
어서 그렇게 있어야 할 법칙 내지 조리(所當然之則)와 사물이 왜 그렇
게 있지 않으면 안되는가의 이유 내지 근거(所以然之理)를 궁구하는 것
이 된다. 주자는 또 格物과 致知, 또는 物格과 知至를 物理(事物의 理)
와 心知의 상응관계로 말한다. 그가 격물보전에서 사물의 이치를 궁구
한다고 한 것은 사물을 대상화하여 그 사물상의 이치 내지 그것과의 관
계를 분별지(인식능력)에 의해 밝히는 것을 말함이요, 하루 아침에 豁然
貫通한다고 한 것은 對象知가 아닌 悟覺知(直覺)에 의하여 吾心의 知가

---

30) 朱熹, 『大學章句』 傳5章 格物致知補傳.

사물(존재)의 근원에 도달함을 말한 것이다.[31]

尹和順은 규남에게 다음과 같이 질문한다. "格致章에서 表裡精粗無不到라 함은 格物을 가지고 말한 것이요, 全體大用無不明이라 함은 知至를 가지고 말한 것이라고 한다면 表裡精粗에 각각 그 極處가 있는 것인가, 아니면 裡는 表의 極處이고 精은 粗의 極處인가? 이른바 全體란 무엇이고 大用이란 무엇이며, 이 마음의 具理應事를 體用으로 삼은 것인가, 단지 (知至의) '知' 한 자를 가지고 그 體用을 말한 것인가?"

이에 대한 규남의 답변은 다음과 같다.

朱子語類를 상고해보면 (事物의) 이치에는 본래부터 表裡精粗가 다 갖추어져 있는데 格物致知란 그 이치를 더욱 궁구하여 거기에 통함이라 하였으며, 大學講義에서는 천하사물의 이치에 대하여 그 表裡精粗의 지극한 것을 궁구함이 있다고 하였다. 이 몇 가지 설을 자세히 음미해 보면 表裡精粗에 각각 그 極處가 있는 것은 분명하다. 대체로 이 네 자를 합쳐서 말하면 一物 가운데 이 네 자가 있고, 나누어 말하면 모든 사물 가운데 각각 그 하나가 있다 …. 吾心의 全體大用에 있어서 具理應事를 가지고 말하면, 萬理가 마음 가운데 갖추어 있음이 瑩然하여 圓融하지 않음이 없을 것이니 곧 全體가 밝음이요, 또 萬事에 부딪쳐 應酬함이 判然하여 분별되지 않음이 없을 것이니 곧 大用이 밝음이다. 明(밝음)이라는 한 자를 知(앎)로써 말한다면 내 마음의 體用 밖에 어찌 이른바 知(앎)의 체용이 있을 것인가.[32]

규남의 이 말과 주자의 格物致知補傳의 말을 대비해 보면 다같이 격물·치지는 대학의 가르침에서 배우는 공부요, 물격·지지는 배움의 공효로서 나타나는 결과이다. 다시 말하면 격물·치지는 주자의 경우에 있어서나 규남의 경우에 있어서나 다같이 主客二分의 분별지에서 주객합

31) 友枝龍太郎, 『朱子의 思想形成』(改訂版), 「知識과 實踐의 問題」 第一節 格物致知說, 東京: 春秋社, pp.348~356.
32) 前揭書, 卷3, 答尹和順(二) 大學問目.

일의 悟覺知에 이르려고 하는 공부요, 物格·知至는 다같이 공부의 공
효에 의하여 吾心이 衆物의 表裡精粗에 無不到하고 吾心의 全體大用
이 無不明하게 되는 悟覺知에 도달함이다. 따라서 공부의 공효로 이루
어지는 활연관통한 悟覺知의 단계에서는 萬理를 具有한 吾心의 전체와
대용이 함께 밝아지는 것이므로 知(앎)에 있어서 주객이나 체용이 있을
수 없다는 것이다.

또 "章句의 해석에서 격물의 뜻을 物理의 極處에 도달하지 않음이
없다 하였으니, 이는 내 마음이 物理의 極處에 도달한다는 것인가 아니
면 物理가 스스로 극처에 이른다는 것인가?"라는 윤화순의 질문에 대하
여 규남은 아래와 같이 답변하였다.

> 대저 物理는 본래 極處에 있어 窮格을 기다린 후에 비로소 極處에
> 도달하는 것이 아니다. 다만 나의 궁구함이 도달하고 도달하지 못함이
> 있기 때문에 理에 도달함과 도달하지 못함이 있는 것이다. 理가 어찌
> 스스로 蠢動하여 極處에 도달할 수 있겠는가 …. 선반 위에 있는 책과
> 횃대에 걸린 옷의 비유를 가지고 말한 율곡의 설은 이를 가장 분명하게
> 밝혀주고 있다. (율곡에 의하면) 저 암실 속에서 책이 선반에 놓여 있고
> 옷이 횃대에 걸려 있더라도 방이 어두워서 볼 수 없을 때에는 책과 옷
> 이 어디에 있다고 말할 수 없으나, 등불로 비추어 똑똑히 볼 수 있게
> 된 뒤에는 책과 옷이 선반과 횃대 위에 있음을 알게 된다는 것이다.[33]

규남의 이러한 견해는 格物하여 致知하는 공부를 분별지의 治用과
사물의 대상화에 두는 주자의 입장에 충실한 해석으로서, 주자가 밖으
로 天地一源 一草一木의 존재방식으로부터 안으로 인간의 행동방식과
그 심정의 끊임없는 움직임에 이르기까지 분별지를 가지고 그것들을
대상적으로 추구 발명하여, 거기에서 所當然의 법칙 내지 조리를 발견

---

33) 前揭書, 卷3, 答尹和順(一).

하려고 한 것과 다름이 없다고 하겠다.

　규남은 大學經文의 '致知在格物'의 句와 '物格而后知至'의 句와의
차이에 대해서도 근본적으로 주자의 입장을 따르고 있다.

> 致知와 格物은 단지 한 개의 구분에 불과한 것이다. 物理로부터 말
> 하면 格物이요 吾心으로 말하면 致知이다. 그러나 物理에 窮至한 뒤
> 에 나의 知가 밝아지는 것이므로 여기에는 (物格과 知至 사이) 약간의
> 次序가 있다. 그러므로 '物格而后에 知至'라고 한 것이다.[34]

　위의 인용문 역시 大學經文의 接續貫通과 深淺始終을 주자학적 입
장에서 깊이 이해한 것으로서, 격물을 떠나서 치지가 있을 수 없으므로
'致知在格物'이라 하고, 物格한 뒤에 知至가 되므로 '物格而后知至'라
했다는 것이다.

　이상에서 본 바와 같이 규남의 격물치지설에 대한 견해는 주자의 격
물치지설의 진수를 깊이 터득한 것이라고 할 만하다.

　이 밖에도 규남의 大學經義에 대한 견해를 살펴볼 수 있는 항목들은
그와 학우간의 왕복서에 많이 보인다. 대학에 나오는 '新'字·'敬'字·
'獨'字 등등에 대한 문답이 그것이다. 그러나 大學에 관한 해석이나 이
론구성의 주자학적 특색은 역시 3강령 8조목설과 격물치지설에 있으므
로 규남의 대학경의에 대한 고찰은 이 정도에서 그치기로 하겠다.

6. 실학사상과 창의성

　규남은 근래에 호남 4대 실학자의 한 사람으로 손꼽히기도 하거니
와, 그가 실학자로 불리는 것은 실학에 관한 거창한 이론을 주장하고

---

34) 前揭書, 卷3, 上同(一). 朱熹『大學章句』, 經1章 致知在格物 및 物格而后知至
　　句의 註 參照.

전개한 때문이 아니라 실학의 어느 영역에서 독자적인 연구업적을 남겼다는 사실 때문이다. 따라서 그의 실학적 사상에 대한 본고의 고찰은 자연히 그가 남긴 실학연구상의 업적을 중심으로 고찰할 수밖에 없다.

李佑成 교수의 주장에 의하면 조선조 후기의 실학은 영정시대를 전후한 18세기에서 19세기 전반 사이에 3개의 학파가 형성되었다 한다. 즉 ① 18세기 전반에 성호 이익을 대종으로 하여 형성된 經世致用學派, ② 18세기 후반에 燕岩 朴趾源을 중심으로 형성을 본 利用厚生學派, ③ 19세기 전반 阮堂 金正喜에 이르러 一家를 이루게 된 實事求是學派가 그것이다.35) 경세치용학파는 정치·행정·법률·경제·교육·군사 등 제도의 개혁과 산업발전에 관한 책략—소위 경세학—과 자아각성에 의한 자국의 지리·역사·풍속 등에 관한 연구에 치중하여 그것을 개발하는 결과를 낳았으며, 이용후생학파는 특히 상공업의 유통과 생산기구 일반 및 기술의 혁신을 지표로 하여 소위 실용·실증의 학풍을 일으켜 과학기술의 발달을 가져오게 하였다. 그리고 실사구시학파는 현실의 개혁을 추진하기 보다는 순수히 학문자체에 주력하여 문헌고증적 자아비판적 학풍을 일으켰고, 또 우리나라의 역사·지리·언어·지도제작 등등에 대한 과학적 연구의 성과를 거두게 하였다.36)

그런데 규남은 위 3개의 어느 유파에도 속하지 않으면서 실학적 성격을 지닌 그의 家學을 계승하여 성리학적 의리지학과 함께 실학의 연구에도 힘을 기울였던 것이다. 그러므로 그의 실학사상은 우선 그의 가학의 형성과정과의 관련하에서 살피지 않을 수 없다. 그의 7대조 윤구와 친교가 두터웠던 정두원은 당시 북경에 사신으로 갔다가 서양의 과

---

35) 李佑成, 「實學研究序說」歷史學會 編, 『實學研究入門』, 서울: 一潮閣, 1973, 6쪽.
36) 尹絲淳, 「朴世堂의 實學思想에 관한 研究」『韓國儒學論究』, 서울: 玄岩社, 1980, 192쪽.

학기술의 산물인 自鳴鍾·千里鏡과 새로운 지도의 제작기술에 의하여 제작된 만국전도 등을 얻어 왔으며, 증조인 영청과 교유가 깊었던 신경준,[37] 황윤석,[38] 홍대용[39] 등은 우리나라의 언어·지리·역사·풍속에 대한 학문적 연구와 당시 청국을 통하여 유입된 서양의 과학기술의 영향을 받은 천문학·수학 등의 연구에서 업적을 남긴 실학자들이었다. 이러한 사실들로 미루어 볼 때 그가 선대로부터 전승받은 가학의 내용이 어떠한 것이었는가를 대략 짐작할 수 있거니와, 규남 자신이 실학연구에서 남긴 업적 또한 그러한 가학의 범위에서 크게 벗어나지 않았던 것 같다.

규남의 실학연구 업적으로는 과학적 지식을 활용하여 새로 발명한 自升車(양수기)와 과학적 원리를 이용하여 개량한 자명종의 제작을 들 수 있고, 다음으로는 기하학적 지식을 토대로 尺度圖法 등의 새로운 지도제작법을 사용해서 만든 『東國地圖』를 손꼽을 수 있다.

그러면 먼저 규남의 과학적 발명품이라고 할 수 있는 自升車는 어떤 것일까?

---

37) 申景濬은 실학자로서 학문적 자질과 해박한 지식을 지녔고, 내 나라의 언어·지리 등을 연구해야 한다는 투철한 사명감을 가지고 訓民正音韻解·道路考 등의 저술을 통하여 치밀한 연구 업적을 이루었다 ….(『韓國學大百科事典』②, 乙酉文化社, 1972, 450쪽)

38) 黃胤錫은 성리학은 물론 數學·言語學 등에 조예가 깊어 여러 저술을 남겼다. 그의 문집에 들어 있는 華音方言字義解와 子母辨은 오늘날 국어연구에 좋은 자료가 되고 있다.(상동, 572쪽)

39) 洪大容은 일찍부터 經國濟民에 관한 학문에 뜻을 두어 …. 1765년(영조 41년)에 書狀官의 임무를 맡고 청국에 使行간 숙부 洪檍의 子弟軍官으로 수행하여…. 뒷 날 북학파로 알려진 朴趾源·朴齊家·李德懋·柳得恭 등과 선배격으로 사귀면서 그들에게 선구자로서의 영향을 미쳤으며 …. 정치·경제·교육·언론·인재등용 등등에 대한 개혁방안을 제시 주장하였다. 또 渾天儀를 제작하여 그의 저택에 籠水閣이라는 집을 지어 그것을 보존하고 연구했으며, 천문학과 관계가 깊은 數學에도 조예가 깊어 저술까지 남겼다.(상동. 737쪽)

옛날부터 水車를 제작한 일은 많이 있었으나 우리의 것은 서구의 수
차보다 졸렬하여 쓸모가 없었다. 그러기 때문에 규남은 서구의 과학적
원리와 다름없는 원리를 이용하여 자동양수기라고 할 수 있는 自升車
를 발명한 것이다.

그는 自升車를 제작한 의도를 이렇게 말하고 있다.

> 우리나라는 沃野膏壤의 토지를 가지고서도 지세가 높아 십일만 가
> 물면 백성들은 失農할까 염려하여 탄식을 한다. 나는 이를 안타까이 여
> 겨 여러가지 서적을 참고해 가지고 自升車를 발명한 것이다.[40]

이 自升車에 대해서는 그의 문집의 自升車圖解說과 自升車圖解에
상세히 기술되어 있는데 그것은 方筒과 水輪과 架의 3부분으로 이루어
져 있다. 이를 구조상으로 보면 ① 平槽·偃槽 등을 설치하여 수로의 물
을 낭비 없이 이용할 수 있고, ② 종전 물레방아의 단순한 원운동을 齒
車로 연결하여 왕복운동으로 전환함으로써 계속적 자동운동으로 바꾸
었고, ③ 지금의 밸브 역할을 하는 舌을 설치하여 前筒과 後筒의 물을
연속적으로 흡입 배출하도록 하였다.[41] 이를 원리상으로 보면 ① 무리
없는 이용이 가능하고, ② 특수한 지경(한국의 산촌)에 이용할 수 있으
나, ③ 물의 양과 물을 올릴 수 있는 높이에 대해서는 설계도면을 참조
한 물리학적인 계산이 있었다. ④ 자연의 힘, 즉 물의 위치에너지를 이
용하여 이 에너지의 일부를 물을 끌어올리는데 활용하려고 한 것은 제
작재료상의 문제는 있지만 원리상으로 볼 때 서구의 과학기술에 못지
않은 발명품이라 할 만하다.

당시 오주 이규경은 「五洲衍文長箋散稿」에서 自升車의 제조법을

---

40) 前揭書, 卷5, 自升車圖解說.
41) 前揭書, 卷5, 自升車圖解.

논하고, 규남의 건의를 받은 전라감사 서유구는 그의 自升車의 발명에 감탄하여 그것을 농정과 수리에 서둘러서 이용하려고 할만큼 하였다[42]고 했다.

自鳴鍾은 처음에 중국 사신으로 갔던 정두원이 북경에서 가지고 왔으나 그 제작법과 용법을 잘 알 수 없었다. 그 뒤 여러 실학자들에 의해 그 제작법과 용법이 연구되어 오다가 홍대용과 나경적·安處仁 등의 연구에 의하여 제작에 착수되었으며, 그 미비점이 보완되어 실용의 단계에 이른 것은 규남에서부터였다고 한다.[43]

마지막으로 규남이 그린 『東國地圖』는 9폭으로 되어 있는데 한 장은 우리나라 전도이고 나머지 8장은 8道의 지도를 따로따로 그린 것이다. 이 지도는 百里尺의 縮尺法과 같은 새로운 지도 제작법을 활용한 것으로서, 산하와 교통로의 표시 등이 오늘날의 지도와 거의 같을 만큼 자세하게 그려져 있다. 이것도 규남문집에 그대로 실려 있다.[44]

지도 제작의 역사를 살펴보면 農圃 鄭尙驥(1678~1752)의 『東國地圖』가 시초이기는 하지만, 규남의 것은 古山子 金正浩의 『大東輿地圖』보다 51년이나 앞선 것으로서[45] 그의 지도 제작상의 노고와 기술의 수준이 탁월했음을 엿볼 수 있다.

7. 맺음말

규남은 조선조의 사상계를 주도해 온 성리학이 再燃한 시기에 태어나 만년의 10년 동안의 仕宦期를 제외하고는 학문연구의 생활로 일관

---

42) 前揭書, 解題(李鉉淙).
43) 前揭書, 上同.
44) 前揭書, 卷7, 附錄 東國全圖外 8枚.
45) 前揭書, 解題(李鉉淙).

하였다. 더욱이 그의 학구생활은 송성담 문하에서의 생활을 빼면 사우
들과의 활발한 교류나 학파적 관련 속에서 진행된 것이 아니라 고독한
窮居寒士의 생활 속에서 근근이 꾸려간 독자적인 研鑽과 독실한 躬行
그것이었다.

그는 시종 中庸에서 말한 尊德性과 道問學을 相須並行시키는 주자
학적 학문태도로 일관하였고, 주자의 학문과정에서와 같이 도문학을 존
덕성의 방편으로 생각하는 한편, 家學으로 전승된 실학의 연구에 주력
하여 학문의 '실천성' 내지 '실용성'을 중시하였다. 단적으로 말하면 그
는 조선조 중기의 이른바 신유학으로서의 성리학과 조선조 후기의 이
른바 개신유학으로서의 실학을 아울러 탐구했던 것이다.

그의 사상은 성리학적인 면과 실학적인 면을 겸비하고 있으면서 그
가운데서도 인간의 도덕적 실천을 지향하는 성리학적인 사상을 근간으
로 하였으며, 이와 아울러 自升車나 自鳴鍾의 발명과 東國地圖의 제작
등 실학 연구상의 많은 업적을 남겼다.

그는 大學經說에서 주자의 3강령설에 대한 비판적인 견해를 나타냈
으며, 주자의 格致說의 체계에 대한 깊은 이론을 터득 전개하였다. 그
리고 인성과 물성의 동이에 관한 호락론을 '理氣當離合看'의 입장에서
비판하고, 이들 호락양파의 논쟁을 언어 문자에 집착한 口耳의 강변에
불과하다고 보았다. 그러면서도 그는 한편으로 인간의 도덕적 가치의
정립을 위한 인성론의 의의를 인정하여 호락양론을 다같이 일면의 진
리로 받아들이고 그들의 주리적 또는 주기적 偏執을 극복 지양하였다.

또 그는 당시 청의 燕京을 거쳐 유입된 서양의 과학문물의 영향을
받아 自升車 및 自鳴鍾을 발명 제작하였고, 민족적 자아의 각성에 의한
새로운 학풍의 영향하에 새로이 『東國地圖』를 제작하였다. 自升車는
일종의 자동양수기라고 할 수 있는 것으로서 구조상으로든 원리상으로
든 당시 우리의 과학기술의 수준으로 보아 매우 선진된 것이었고, 自鳴

鍾은 홍대용·나경적·안처인 등이 제작한 것의 미비점을 보완하여 실용의 단계에까지 도달케 한 과학적 발명품이라고 할만한 것이었다. 그리고 東國地圖는 尺度圖法(百里尺)을 사용하여 지세·지형·교통로 등을 정확하게 표시한 것으로서 김정호의 『大東輿地圖』보다 51년이나 앞선 것이요, 오늘날의 지도와 거의 같을 정도의 우수한 제작품이라고 할 수 있다.

요컨대 규남은 주자학의 이념에 의한 봉건체제가 붕괴되어 가는 조선조 말기에 태어나 조선조 중기에 이미 난숙한 성리학적인 유학과 조선조 후기에 새로운 학풍으로 대두한 실학을 겸수하여, 한편으로는 자기완성적 修己에 치중한 성리학에 정통하였고, 다른 한편으로는 경세적 利用厚生에 역점을 둔 실학상의 업적을 남겼다.

또 규남의 학문경향을 성리학의 주리·주기적 관점에서 본다면 그는 영남학파의 주리설보다 경험중시적인 기호학파(율곡·우암 등)의 주기적 경향에 가깝다고 할 수 있으며, 한걸음 더 나아가 경험적인 특징을 띤 실학에로 기울었다고 할 수 있다.[46] 그의 사상은 성리학과 실학을 겸수했다는 점에서 조선조 유학사상 약간 색다른 위치를 차지하고 있을 뿐만아니라, 사상의 내용면에서 명분위주의 성리학적인 것과 실질위주의 실학적인 것을 함께 지니는 포괄적 성격을 갖는다. 이와 같이 그의 사상은 성리학과 실학의 양면성을 포괄하고 있다는 점에서 名과 實, 또는 명분과 실질의 합일을 추구하는 사상으로 간주할 수 있을 것이며, 이러한 점에서 사상적 생명력을 오래도록 지닐 수 있을 것으로 생각된다.

---

46) 尹絲淳, "主氣哲學의 現代的 展望" 한국동양철학회 학술발표회, 『韓國近世儒學의 發展Ⅱ』 發表要旨, 韓國東洋哲學會, (1983.11.19, 延世大)

〈참고문헌〉

『圭南文集』(河百源), 서울: 경인문화사, 1977.
『錦沙屛巖遺集』(河潤九·河永淸), 서울: 경인문화사, 1977.

금장태, 『한국실학사상연구』, 서울: 집문당, 1987.
민준식, 『實學論叢』(이을호 박사 정년기념), 광주: 전남대학교 출판부, 1975.
안재순, 「조선 후기 실학의 주체성 문제」『동양철학연구』제40집, 동양철학연구
　　회, 2004.
友枝龍太郎, 『朱子의 思想形成』(改訂版), 東京: 春秋社, .
尹絲淳, 「朴世堂의 實學思想에 관한 硏究」『韓國儒學論究』, 서울 : 玄岩社,
　　1980.
尹絲淳, 「人性物性의 同異論辨에 대한 硏究」『哲學』제18집, 韓國哲學會,
　　1982.가을.
이병도, 『韓國儒學史略』, 서울: 아세아문화사, 1986.
李佑成, 「實學硏究序說」歷史學會 編, 『實學硏究入門』서울 : 一潮閣, 1973.
李鉉淙, (규남문집)解題, 『圭南文集』, 서울: 경인문화사, 1977.

※출전 : 『전남(호남)지방의 인물사연구』-유학자를 중심으로-, 전남지역개발협의회, 1983 ;『호
　　남유학의 탐구』, 이회문화사, 1996.

圭南 河百源의 학문관과 실학정신

안 동 교*

〈논문요약〉

이 글은 규남 하백원(1781~1845)의 학문관에 나타난 실학정신을 다각도로 탐색해본 것이다. 일반적으로 하백원은 조선조 후기의 호남유학사에서 위백규·황윤석과 더불어 실학적 색채가 짙은 유학자로 평가를 받아왔는데, 그의 사상에서 가장 주목할만한 점은 학문 일반에 대한 심각한 반성과 체계적 해명을 시도한 부분이다.

하백원은 주자학적 학문체계가 왜곡·변질되어 모순이 첨예화하던 시대에 유학적 지식인으로서의 양심을 발휘하여 학문의 본질과 목적을 명확히 인식하고, 그 방법적 전환을 모색함으로써 실천성과 실용성을 표방하는 실학정신을 강조했다. 그는 농업·공업·상업·경제·군사 문제까지도 실용적인 측면에서 유학자의 학문의 구성요소로 받아들였을 뿐 아니라, 自升車·自鳴鐘·東國地圖 등 실생활에 유용한 과학적 기기를 발명하거나 제작하여 '利用厚生'의 유학사상을 구현하고자 노력했다.

하백원이 과학적 도구를 충분히 활용하여 생활의 편리함과 풍요로

---

* 전남대학교 철학연구교육센터 전임연구원

움을 성취하려고 했던 근본이유는 유학이 지향하는 도덕과 의리의 순수성을 확보·실현하려는 열망 때문이었다. 따라서 하백원의 실학정신 속에는 당시 홍대용·박지원·서유구 등의 북학사상과도 연결되는 지대가 놓여있다. 그는 결국 도덕과 의리의 실현을 위하여 생활의 실용성과 효용성을 증대시키려는 입장을 밝힘으로써, 그의 '실학적 유학'이 지향하는 이념의 구체적인 방법을 제시했다고 본다.

주제어: 학문관, 실학정신, 도덕, 실용성, 이용후생.

1. 머리말

중국 송대에 주로 정주계열에서 쓰여지기 시작한 실학이라는 용어
는 당시 강력한 사상체계였던 도교와 불교의 虛無/空寂性을 비판하기
위해 설정된 개념이다. 이러한 실학으로서의 성리학이 우리나라에서 제
대로 기능을 발휘한 것은 고려 말이었고, 이 성리학의 이념은 고려의
사상 체계와 사회경제적 체계를 개혁하는 이데올로기로 수용되었으며,
그것은 조선의 건국으로 이어졌다. 성리학이 기존의 모순을 해결하기
위한 실학으로 출발했지만, 조선조 중엽 이후로는 성리학이 본래의 의
미를 충분히 발휘하지 못하여 空論化하는 경우가 많았다. 실천성이 결
여된 이론으로서의 성리학은 '無實'의 병폐를 낳고, 아울러 현실감각이
둔화되어 이미 실학으로서의 의미를 잃어가고 있었다. 여기에서 조선
후기의 실학이 출발한다.[1]

조선 후기의 실학은 영조·정조·순조 시대를 거치면서 近畿지역과
호남지역을 중심으로 다양한 학파와 사상을 양산하게 된다. 이 논문에
서 다루고자 하는 圭南 河百源(1781~1844)은 정조 때 태어나 순조 시
대에 호남을 지역적 기반으로 삼아 치열한 현실인식을 통해 실학적 대
응논리를 제시한 인물이다. 그의 사상과 행적을 총괄한 세간의 평론이
그의 문집 서두에 실려있어 우리의 눈길을 끈다. "옛날에 魏存齋·黃頤
齋가 공과 더불어 앞뒤로 호남에서 태어났는데, 대체로 모두 국가를 경

---

[1] 조선 후기 실학이 출발하게된 역사적인 배경에 대해서는 안재순의 「조선 후기
실학의 주체성 문제」『동양철학연구』제40집, 71~72쪽을 참고했다. 이 논문에
서 안재순은 실학이라는 학문의 개념적 성격을 "오늘의 현실에 맞지 않는 허학=
기존의 사상체계를 개혁한다는 의미를 갖고 있으며, 그런 의미에서 실학이란 치
열한 현실인식을 바탕으로 그에 걸맞은 대응논리를 전개하는 학문"이라 규정하
고 있다. (같은 논문, 72쪽)

룰할만한 인재였다. … 그러나 그들은 때를 얻지 못하여 한번도 시험해
보지 못한 채 그 재능을 묵혔으니 안타까움을 이루 말할 수 없다."[2] 이
평론을 그대로 따른다면, 하백원은 적어도 위백규(1727~1798), 황윤석
(1729~1791)과 같은 실학적 색채가 짙은 걸출한 유학자와 동렬에 서있
고, 그만큼 그의 사상과 행적이 조선조 후기의 호남유학사에서 차지하
는 비중도 높아진다고 볼 수 있다.

그러나 세간의 평론과는 달리 기존의 학계에서 보여준 하백원에 대
한 소개와 연구는 전무하거나 극히 미미한 수준이다. 하백원은 비교적
초기에 쓰여진 유학사에서 철저히 배제되었고,[3] 실학자들을 소개한 책
에도 들지 못했을 뿐 아니라,[4] 그의 사상과 행적을 학술적으로 연구한
논문도 한두 편에 지나지 않는다.[5] 이처럼 하백원이 학계와 연구자들로
부터 주목과 조명을 받지 못한 이유는 무엇보다도 그의 문집이 너무 늦
게 세상에 유포되었다는 점[6]과 다른 유학자에 비해 사상적으로 체계를
갖춘 저술이 소략하다는 점에 있다. 따라서 아직까지도 하백원은 우리

---

2) 『圭南文集』, 「서문」(河謙鎭 지음), 3쪽 : 舊時有魏存齋黃頤齋 與公後先 生于
湖南 蓋皆經國才也 … 其他不得於時 一無所試 以枉其才者 可勝道哉. 하겸진
(1870~1946)은 1937년에 『규남문집』의 이 서문을 쓰면서 자신이 '어려서부터
익히 들어왔음'을 내세워 위백규·황윤석·하백원을 호남이 배출한 '經國之才'로
손꼽고 있는데, 이러한 말을 근거로 삼아 '호남실학의 三傑'(하성래, 『存齋全書』
解題, 2쪽)이란 표현을 만들어낸 것으로 보인다.
3) 장지연의 『朝鮮儒敎淵源』, 이병도의 『韓國儒學史略』, 현상윤의 『朝鮮儒學史』
에서 하백원을 소개한 구절은 눈에 띠지 않는다.
4) 1975년 전남대학교 출판부에서 발간한 이을호 박사 정년기념 『實學論叢』에도
하백원을 소개한 항목은 없다.
5) 안진오의 「圭南의 성리학과 실학사상」 『호남유학의 탐구』, 서울: 이회문화사,
1996과 문중양의 「조선후기의 水車」 『한국문화』 15호, 서울대학교 한국문화연
구소, 1994 속에 '河百源의 自升車'라는 節이 있다.
6) 하백원의 문집은 사후에 5책으로 정리되어 여러 대를 전해오다가, 1943~1946년
사이에 비로소 5대손 泰永이 3책으로 刪定하여 石版本으로 간행했고, 이를 다시
1977년에 경인문화사에서 영인하여 널리 배포하게 되었다.

에게 낯선 이방인이요, '평범한' 재야 유학적 지식인으로 다가온다.

하백원이 남긴 글을 읽어가다 보면, 우리는 그의 문집을 관통하는 사상적인 주류가 기존의 틀에 박힌 학문관을 획기적으로 전환시키는 일이었음을 알게 된다. 교조화·고착화되어 가는 당시의 주자학적 사유를 반성적으로 검토하여 새롭고 간결한 사유범형을 제시하는 작업이 그가 일생을 헌신했던 분야이며, 동시대의 학자들에게 누누이 강조했던 내용이기도 하다. 그는 스스로 체득한 하나의 유학적 지식을 근거로 사회생활 속에서 유학 본래의 실제적 학문을 '비범한' 방식으로 실천하고자 했다. 이 논문에서는 하백원의 자연과학 사상보다는 인문·사회 사상에 집중하여, 그의 학문관을 통해 발휘된 실학정신의 면모를 살펴보려고 한다. 하백원은 학문관만을 집중적으로 그리고 포괄적으로 다룬 저술을 남기지 않았으므로, 여기서는 그의 단편적인 저술 속에 흩어져있는 사상들을 모아 정리할 것이다.

2. 體用俱全의 학문관

일반적으로 학문의 본질·목적·방법 등에 대한 관점을 학문관이라 말한다. 따라서 학문관은 지식학이나 인식론과 불가분의 관계를 갖는다. 『중용』에서 "널리 배우고 자세히 물어야 한다 [博學審問]"고 말하는 것처럼, 학문은 무엇보다 이치를 따지는 행위이고, 무엇이든지 회의하며 다시 검토하는 데서 시작된다. 학문은 일체의 독단적인 선입견과 상식을 정답으로 인정하지 않고 그 근거를 파헤치므로 학문 자체에 대한 재검토는 학문활동의 필수적인 선결 과제이다.

대저 학문이란 무엇인가, 한 걸음 더 나아가 학문은 무엇이어야만 하는가? 이러한 물음에 하백원은 "만일 자신의 眞知와 正見이 없이 기존에 들었던 것을 높이기만 일삼는다면, 是非가 전도되어 그릇될 것"[7)]
이라고 답한다. 그의 이러한 답변에는 과거를 그대로 답습하고 낡은 가
치를 비판 없이 계승하는 것에 반발하면서 새로운 시각으로 학문적 지
향을 모색하는 참신한 사고가 돋보인다. 지식을 획득하고 진리를 깨우
치기 위한 실천적 노력의 과정이 학문이라 할 수 있는데, 여기에는 일
상적 삶 속에서 견지하고 있는 모든 상식과 편견으로부터 벗어나야 한
다는 전제가 깔려있다. 그래야만 '참되고' '올바른' 지식과 진리를 체득
할 수 있고, '옳고 그름'을 명확히 변별하여 일상생활에 적용할 수 있
다. 여기에서 학문의 필요성이 제기되는 것이다.

그러나 하백원의 진단에 따르면 당대의 현실은 학문의 본질과 동떨
어진 공허하고 피폐한 상황이었다. 하백원은 그 원인을 "인간의 마음이
공정하기 어렵고 사견에 빠지기 쉬움은 예로부터 걱정하던 것인데, 우
리나라는 더욱 심하니 대개 학문적인 기풍에 얽매인 때문이요, 당론이
생긴 이후 위로는 조정의 관료로부터 아래로는 일반 선비에 이르기까
지 각각 당론에 따른 주의·주장만을 내세우기 때문"[8)]이라고 분석한다.
그는 학문하는 사람의 의식이 객관성 [公]을 담보하지 못하고 주관성
[私]에 매몰되어버린 현실을 지적하고, 학문을 탐구하는 기본적인 태
도를 새롭게 정립할 것을 요구하고 있다. 또한 지식이나 진리는 검증
가능한 객관적 사실에 근거를 두어야하므로, 개인이나 집단적인 확신의
표명에 지나지 않는 주장이나 객관적인 타당성이 입증되기 어려운 이
념은 당연히 배제되어야 함을 주장한다.

그렇다면 하백원이 생각한 학문의 본질은 무엇이었는가. 하백원은

---

7) 『圭南文集』권2, 書, 「與兪金化」, 128쪽 : 苟無眞知正見 而只以尊所聞爲事
   則是非幾何其不顚倒而謬戾乎.
8) 위와 같은 곳 : 人心之難公而易私 從古所患 而吾東方爲尤甚 蓋亦風氣所囿耳
   自有黨論以來 上自朝紳 下至韋布 無不各立標榜.

"本原을 버리고 末務를 쫓거나 實體에 어둡고 虛言을 지껄이는 것은 내가 말한 有用한 학문이 아니다"⁹⁾고 말하여, 학문의 본질을 궁극적으로 유용한 학문 곧 '쓸모 있는' 학문에 둔다. 그리고 末/虛의 측면을 철저히 배제하고 本 / 實의 경지를 궁극적으로 지향하는 입장에서 그가 구상한 학문의 본질적인 내용을 확인할 수 있다. 이는 사물의 근본 이치를 파악하여 그 사물의 진실한 바탕을 밝혀나가는 데서 학문의 실제적 의미와 합리적 가치가 확보되며, 이를 근거로 삼을 때만 학문의 유용한 힘이 현실생활에 발현될 수 있음을 시사한다.

本原과 實體를 명징하게 인식해야만 유용한 학문이 된다는 하백원의 주장은 매우 확고하여 다음과 같이 진술하기에 이른다.

> 유학자의 학문은 어떻게 하는 것인가? 이치를 탐구하고 자신을 수양하여 이를 가정과 국가로 확장해가니, 이로 해서 본체와 운용이 온전하게 갖추어진 학문이 된다. 그런데 근세 이래로는 格物致知한다고 명목을 꾸며놓고 오로지 듣고 외우는 일에만 종사하여 理니 氣니 心이니 性이니 갈피를 잡을 수 없을 만큼 번다하게 설명하지만, 결코 자기의 본분으로 해야할 실제적인 일에는 관여하지 않는다. 심지어 함양하고 성찰하는 공부를 한쪽으로 밀쳐두니, 나는 그들이 격물치지한 것이 과연 무엇이고, 장차 어떻게 쓰임을 이루려는[致用] 것인지 모르겠다.¹⁰⁾

여기에서 학문의 본질은 좀더 명백하게 제시되고 있는데, 그것은 본체와 운용이 완벽하게 일치된 '體用俱全之學'이다. 학문의 본질은 사물의 이치를 탐구하여 자신에게서 증험하는 본체의 공부와 이를 확장하

---

9) 『圭南文集』 권3, 書, 「答李聚五奎東」, 197쪽 : 舍本原而趨末務 昧實體而送虛言 非吾所謂有用之學.
10) 『圭南文集』 권3, 書, 「答李士剛遇正」, 185~186쪽 : 士之學問 何爲哉 窮理修身 推之家國 是爲體用俱全之學 而近世以來 冒名於格致 專事乎口耳 曰理曰氣 說心說性 支離破碎 都不干自家本分上事 至於涵養省察之工 倚閣一邊 吾未知所格所致者 果是甚箇 而將何所致用耶.

여 가정과 국가라는 현실사회에서 실천하는 운용의 공부가 동일한 지평에서 실용적인 기능을 발휘할 때에 비로소 의미를 지니게 된다. 다시 말하면 본체에 대한 이론적 인식과 현실에 대한 실용적 적용을 하나로 통일시킨 학문이 바로 '體用俱全之學'이요, 그 학문적 지향점은 실천성·실효성·실용성에 있다. 학문을 이렇게 인식하지 않고 당시의 주자학자들처럼 듣고 외우는 일에만 치중한다든지, 理·氣·心·性의 문제를 이론적으로만 분석하는 데 열중한다면, 이는 고답적인 사변에 빠져 현실과 실천을 떠난 무용한 학문일 뿐 아니라, 학문의 본질을 망각한 虛言임을 경계하고 있다.

이를 토대로 하백원은 "유학자가 학문하는 것은 장차 군주를 섬기고 도를 행하려는 데 있다"[11]거나 "군자가 어려서 학문하는 것은 장성하여 이를 실행하기 위함"[12]이라고 말하여, 학문의 목적은 유학의 진리를 밝혀 개인적 자아의 성숙을 넘어서 사회적 구원과 교화의 역할까지 포괄하고 있음을 천명한다.

따라서 그는 유학자가 관직에 나아가는 것을 의술을 펼치는 행위와 동일시하면서 "우리의 학술이 밝아지지 않으면 백성을 사랑과 생명의 땅으로 이끌 수 없다"[13]고 강조하고, "관직에 임명된 유학자가 참으로

---

11) 위와 같은 편지, 187쪽 : 士之爲學 將以事君行道.

12) 『圭南文集』 권3, 書, 「答李季問學在」, 177쪽 : 君子幼而學之 欲壯而行之.

13) 『圭南文集』 권6, 序, 「送吳大彥夏哲入洛序」, 350쪽 : 苟吾術之不明 無以濟衆生於仁壽之域. 하백원은 강한 行道의식을 소유하고 있었으나 관직과는 별 인연이 없었던 것 같다. 23세 무렵에 進士 시험에 합격했지만 이후 가정형편으로 大科에 응시할 기회를 잡지 못하다가, 54세에 음직으로 昌陵 叅奉에 임명되고 56세에는 禁府都事, 57세에는 順陵 直長, 58세에는 사옹원주부와 형조좌랑, 60세에는 종묘령과 경기전령을 역임했다. 61세에는 石城縣監에 임명되어 토호와 아전들의 세금포탈과 착취를 바로잡고 아전들이 착취한 100석의 곡식을 백성들에게 다시 나눠주는 선정을 베풀기도 했으나, 결국 토호들의 사주와 모함 때문에 보령으로 유배되는 불운을 겪는다.

백성을 사랑하는 데 마음을 둔다면 사람을 반드시 구제하게 된다"[14]고 주장한다. 그는 분명 학문의 목적을 단순히 자아실현의 차원으로만 생각하지 않고 사회적 차원으로 확장시키고 있지만, 다시 "유학자가 이 세상에 태어나 최상으로 여기는 것은 立德이요, 그 다음은 立功이요 그 다음은 立言이다"[15]고 말함으로서, 어디까지나 인의를 핵심으로 하는 도덕적 가치와 도덕적 인격주체의 확립을 우선시하는 입장을 견지한다. 인간의 도덕성을 강력히 촉구함으로써 현실사회의 문제를 근본적으로 해결하고자 했던 만큼 그의 학문의 궁극적 목적은 도덕성을 지향한다고 볼 수 있다.

나아가 하백원은 이러한 학문의 목적을 달성하기 위해서는 행동과 실천이 필연적으로 요청됨을 밝히고 있다. 그가 "유학의 종지는 知行을 함께 추구해 나감을 귀하게 여기니 알고도 행하지 않는 것은 길에서 듣고 길에서 말하는 것과 같다"[16]고 말한 점이 이를 입증한다. 말과 행동, 지식과 행위의 연관성은 유학의 근본문제의 하나인데, 행동과 실천을 떠난 진리는 이미 진리로서의 의미를 잃는다. 진리에서 행동이 나오는 것을 강조하기 보다 행동에서 진리가 실현될 수 있다는 것을 강조하는 데서도 하백원의 실천적 학문 방법은 잘 드러난다. 그러나 그의 학문 방법론은 당시 주자학파의 병폐를 반성적으로 검토함으로써 이를 획기적으로 전환시키는 데서 명확해질 것이다.

---

14) 『圭南文集』 권3, 書, 「答李季問學在」, 177쪽 : 一命之士 苟存心於愛物 則於人必有所濟.

15) 『圭南文集』 권6, 序, 「送遷窩金丈通海序」, 348쪽 : 士生斯世 太上立德 其次立功 其次立言.

16) 『圭南文集』 권3, 書, 「答趙舜元允榮」, 201쪽 : 吾儒法門 貴知行並進 知而不行 猶道聽而塗說也.

3. 當代 주자학적 사유의 반성적 검토

1) 성리설과 인물성동이론에 대한 이해

조선조의 유학자 가운데 주자학의 經學的 철학체계에 훈련되지 않은 사람은 없을 것이다. 하백원의 학문활동도 큰 틀에서 보면 유학의 영역 속에서 이루어지고, 그것도 조선조 학문의 주류인 주자학의 범주 속에서 운용되고 있다. 그의 아들 河瀷이 기록한 「家狀」에서 "(부군은) 주자의 글에 더욱 힘을 쏟아 마음을 가라앉히고 연구하여 한평생 학문의 준칙으로 삼았다"[17]고 말하는 것처럼, 주자학은 하백원에게도 일종의 학문적 지표였음을 확인할 수 있다.

하백원은 약관의 나이에 부친의 명을 따라 性潭 宋煥箕(1728~1807)의 제자가 되는데, 송환기는 바로 李珥의 학통을 계승한 宋時烈의 5대손이므로 하백원은 결국 이이-송시열의 기호학맥을 이은 셈이다.[18] 당시 송환기의 문하에는 노성한 학자들이 많았으나, 경전과 禮書의 해석에 발군의 재능을 보인 하백원을 스승은 '세상에 드문 英才'라고 칭찬했다. 그러나 하백원은 스승에게 보낸 편지에서 "몸과 마음을 되돌아

---

17) 『圭南文集』 권7, 附錄, 「家狀」, 455쪽 : 尤用力於朱子書 潛心硏究 爲一生準的.
18) 송환기의 학맥은 이이-김장생-송시열-권상하-한원진-宋能相-宋煥箕로 이어지는 湖論系 학맥으로 분류된다. (조성산, 「18세기 湖洛論爭과 노론 사상계의 분화」 『한국사상사학』 제8집, 한국사상사학회, 1997, 90쪽) 「家狀」(448쪽)에서는 하백원이 부친 河鎭星의 遺命에 따라 송환기의 문하를 찾은 것으로 기록하고 있지만, 아마도 당시 승주 牛山里 木美菴에서 강학하고 있었던 동문 선배 安壽麟(1763~1807)의 주선이 크게 작용한 것으로 생각된다. 하백원은 일찍 세상을 뜬 안수린을 위해 哀辭를 지었는데, 그 글 중에서 "공은 나를 어리석다 여기지 않고 반드시 일마다 이끌어주고 가르쳐주었으며, 이로 해서 함께 性潭(송환기의 호)을 찾아가 스승으로 섬겼다"(「尊湖安公哀辭」, 422쪽)고 회고하였다. 이외에 하백원의 고조 河聖龜가 송시열과 김창협의 문하에서 수학했던 가학적 전통도 영향을 미쳤을 것으로 본다.

보니 모두 氣質과 物欲이 주인이 되어 實地 측면의 공부에는 조금도 노력을 기울이지 못하고, 늘 분발하는 마음을 내어 해묵은 습성을 제거하려 하지만, 타고난 바탕이 어둡고 게을러 끝내 과감한 결단으로 앞을 향하여 한 걸음도 옮길 수 없다"[19]고 말하여, 오히려 자신의 공부가 미진함을 고백하는 내용으로 채우고 있다. 여기에서 우리는 진실한 마음으로 실질적인 공부에 전념하여 순수한 인간의 도덕성을 갖춘 도덕적 주체로 거듭나고자 분발한 하백원의 성실함을 엿볼 수 있다.

하백원은 이이-송시열의 학맥을 이은 엄연한 주자학자이지만, 정작 그의 문집에서 性理說과 관련된 체계적인 이론과 내용을 찾아보기는 쉽지 않다. 다음에 인용한 구절을 분석해보면 하백원의 성리설에 대한 기본적인 사고와 성리설에 관한 발언을 절제할 수밖에 없었던 이유를 이해할 수 있다.

> 유학자라면 理氣의 근원과 心性의 형태를 밝히지 않을 수 없었으므로, 예로부터 성현들이 모두 여기에 뜻을 두었다. 송나라의 정자와 주자가 이를 명석하게 변증함으로써 밝히지 못한 이치가 거의 없게 되었는데, 그들이 자신을 반성하고 실천하여 자연의 이치를 밝히고 인간의 마음을 바르게 한 것은 실제적인 일[實事]일 뿐 빈말[空言]로 한 적이 없다. 우리들은 다행히 정자와 주자의 뒤에 태어나 이기와 심성을 밝히지 못할까 염려하지 않아도 되니, 들은 것을 존중하고 안 것을 행하기만 한다면 과오를 적게 할 수 있으리라.[20]

---

19) 『圭南文集』 권2, 書, 「上心齋宋先生」, 99쪽. 하백원의 문집에는 스승에게 올린 편지가 2통 실려있는데, 『性潭集』에는 제자에게 보낸 답장이 실려있지 않아 어떤 가르침을 주었는지 알 수 없다. 그리고 하백원도 송환기의 문하에 상주하면서 수업한 것이 아니라, 이따금씩 문하를 찾아가 강론을 들은 것으로 보인다.

20) 『圭南文集』 권3, 書, 「答李上剛遇正」, 186쪽. 理氣源頭 心性體段 爲士者 固不可不明 從古聖賢 未嘗不致意 至宋程朱 辨之甚晰 殆無餘蘊 蓋將以反躬實踐 明天理正人心 只是實事 未嘗爲空言也 吾輩幸生於程朱之後 理氣心性不患不明 只當尊所聞行所知 庶幾寡過.

하백원은 세계의 구조와 인간의 도덕성을 해명하기 위해 이기와 심성의 문제를 논의하는 일은 유학자가 맡아야 할 학문적 과제이지만, 이러한 문제는 이미 정주가 치밀하게 변증해 놓았으므로 후학들은 그들이 남긴 이론과 학설을 학습하고 실천하는 것으로 충분하다는 태도를 취하고 있다. 그의 표현을 빌리면, 이전의 학설을 표절하여 지식이 넓음을 과시하거나 새로운 학설을 만들어 청중을 현혹시키는 것은 군더더기 말에 지나지 않는다.[21] 그의 이러한 유보적 태도는 일면 이론과 학설을 투철하게 논증해야 하는 학자로서의 임무를 포기한 듯한 인상을 풍기지만, 한편으로는 주자학을 철저하게 신뢰하여 수용하는 입장을 드러낸 것이기도 하다. 여기서 주의해야 할 부분은 주자학의 이론과 학설이 실제적인 일과 관련된 것이지, 결코 빈말로 제시된 것이 아니라는 하백원의 인식이다. 따라서 그의 사상적 특성은 주자학에 기반을 두고 있으면서도 성리설의 이론적 천착으로 나아가는 방향을 벗어나 현실의 구체적 실천을 추구하는 실학정신을 발휘하는 데로 관심의 초점을 돌리고 있다. 하백원의 이러한 학문적 입장은 주자학자체에 대한 비판이 아니라, 현실로부터 유리된 관념을 극복하여 주자학과 실제를 일관시키는 주자학 내에서의 방향전환이다.

어쨌든 하백원의 성리설에 대한 언급은 매우 제한적이어서 조선조에 전개된 理氣論이나 四端七情論에 대한 그의 견해를 구성하기가 어렵다. 다만 그의 시대까지도 학파간에 대립이 첨예했던 人物性同異論 (또는 湖洛論爭)에 대한 견해가 포착될 뿐이다.[22] 18세기 초 기호학맥

---

21) 위와 같은 곳 : 若剽竊前言 以誇淹博 創立新說 利眩聽聞 直是剩也贅也.

22) 이외에『大學』과 관련된 경학적 토론이 「答尹和順大學問目」과 「答李景昭遇明 大學問目」에 보이지만 본 논문에서는 다루지 않고, 추후에 연구하여 소개할 생각임을 밝혀둔다. 참고로 안진오 교수의 분석에 따르면, 하백원의 大學經義에 대한 연구는 전적으로 주자학적 입장에 의존하고 있으나 주자의 三綱領과 八條目의 체계에 대해서는 그 나름의 견해를 가지고 있는 것으로 보인다. (안진오, 앞의

에서 본격적으로 논의된 호락논쟁의 쟁점에 대해서 하백원은 자신의
견해를 이렇게 제시한다.

> 理와 氣는 마땅히 분리해서 관찰하기도 하고 결합해서 관찰하기도
> 해야 한다. 분리해서 관찰할 때 理만을 지칭한다면 인성과 물성이 같다
> 고 말하는 것이 옳고, 결합해서 관찰할 때 氣까지 포함해서 지칭한다면
> 인성과 물성은 다르다고 말하는 것도 옳다. 결합해서 관찰하는 곳에 비
> 록 구분이 거의 없다 할지라도 氣質을 大本으로 여겨서는 안 되고, 분
> 리해서 관찰하는 곳에 비록 구분이 지나치다 할지라도 반드시 善惡을
> 섞어서 本體를 논해서는 안 된다.23)

하백원은 주자의 理氣는 서로 분리되지 않는다는 '不相離'의 관점과
서로 섞이지 않는다는 '不相雜'의 관점에 근거하여 인성과 물성의 同異
문제를 파악하고 있다. 그는 理氣의 분리 / 결합의 관점으로 理에 치중
하여 인성과 물성이 서로 같다고 주장한 낙론(李柬 일파)과 氣에 치중
하여 인성과 물성은 서로 다르다고 주장한 호론(韓元震 일파)을 일면
타당한 논의로 인정한다. 그러면서도 未發心體有善惡의 문제에 대해서
는 氣質을 大本으로 여겨서는 안 된다는 점과 선악을 섞어서 본체를
논해서는 안 된다는 점을 명확히 함으로서 호론의 주장을 비판한다. 낙
론은 心과 氣質을 구분하고 미발 때에 심의 순선함이 있어 본연지성이
있을 수 있다고 주장하지만, 호론은 심을 기질로 파악하고 미발 때에
심은 선악이 함께 하고 성으로는 기질지성만이 존재한다고 주장한다.24)
따라서 그의 비판은 기질을 심과 동일하게 보아 大本으로 인식하고 그

논문, 162쪽 참고)

23) 『圭南文集』권2, 書, 「與兪金化」, 124쪽 : 理氣當離合看 離看而專指其理 則
謂人物性同可也 合看而兼指其氣 則謂人物性不同亦可 合看處 雖或些沒分數
不應認氣質而爲大本 離看處 雖或過占分界 未必混善惡而論本體.

24) 한국사상사연구회, 『인성물성론』, 서울: 한길사, 1994, 205~206쪽.

본체에 선악이 혼재한다고 주장하는 호론을 겨냥한 것으로 볼 수 있다.

하백원은 낙론에 동조하는 입장을 취하지만 전체적으로 보면 호락논쟁에 대해 매우 비판적인 태도를 나타낸다. 그는 "호론과 낙론은 그 시초를 캐 들어가면 文字와 句語의 강론과 변증에 지나지 않는다"[25]거나 "지엽적인 문장의 의미를 번쇄하게 파고들어 서로 논쟁의 실마리를 일으키고 학파를 분열시켜 비난하기를 멈추지 않으니, 근래에 호론과 낙론은 매우 한심스럽다"[26]고 말하여, 두 학파 모두 주자가 제시한 학설을 원용하면서도 자파의 논의에 유리한 근거만을 뽑아 문자와 구어적인 해석에 몰두함으로써 합의를 이루지 못했다고 비판한다. 그리고 각 학파가 학설의 시비와 문호의 분열을 거듭하는 사이에 성리학의 실천적 과제는 외면당하는 것으로 보아 호락의 분열을 우선 학문상의 위기로 이해한다.

하백원은 호락논쟁을 비판하면서도 두 학파의 논쟁을 천착하여 해결하기보다는 일단 유보적인 태도를 취한다.[27] 그는 자신의 견해를 간명하게 정리하여 "자기의 본성이 선 [性善]함을 인식하면 그걸로 족하다. 物性에 비록 조금 이해하지 못한 점이 있다 하더라도 이는 이치를 탐구하는 가운데 한 가지 일에 미진했을 뿐이니, 어찌 본원의 측면에서

---

25) 『圭南文集』 권4, 雜著, 「四學儒生疏辨」, 272쪽 : 湖洛之論 原其始 不過文字句語之講辨.

26) 『圭南文集』 권2, 書, 「與兪金化」, 123쪽 : 區區文義之末 互起爭端 分裂門戶 詆訾不已 近日湖洛之論 實有大可寒心者矣.

27) 호락논쟁의 해결에 대해 하백원의 유보적인 태도를 살펴볼 수 있는 발언은 다음과 같다. "나는 이에 한 마디로 논단하여 湖論의 입장에서 보더라도 洛論을 옹호한 학자들이 모두 그르다고 할 수 없고, 낙론의 입장에서 보더라도 호론을 지지한 학자들이 다 틀리다고 할 수 없다. 저쪽과 이쪽의 어느 한 쪽만이 모두 옳거나 다 그르다고 할 수 없다고 말한다. 그러므로 작고한 스승 性潭선생은 일찍이 호론과 낙론은 각각 들었던 내용을 높이고 있으니 百世를 기다리는 것이 옳다고 말했다." (『圭南文集』 권4, 雜著, 「四學儒生疏辨」, 272쪽.)

실제적인 공부를 하는 데 손해가 되겠는가?"[28]라고 언급한다. 하백원의 이러한 발언은 호락논쟁에 천착하기보다는 실천을 강조하는 입장을 견지한 金元行(1702~1772)의 언급과 유사한 측면을 보여준다. 김원행은 일찍이 제자 황윤석에게 "나는 피차간의 잘잘못을 논하지 않고 오로지 부지런히 實을 체득하는 경지에 마음을 쓰고자 한다. 말하자면 맹자가 이미 性善을 말했으니 각 문하는 마땅히 그 말을 독실히 믿어 끊임없이 역행하여 끝내 本然之善을 회복할 따름"[29]이라고 강론한 바 있다. 이 역시 호락의 논쟁을 지양하고 유학의 본령을 회복해야 한다는 메시지를 함축하고 있다. 사실 호락논쟁은 주자의 일치되지 않은 언명에서 출발하였기 때문에 일관된 논리적 해결을 기대하기란 처음부터 어려웠다. 따라서 하백원은 논리를 통한 해결보다 유학 본연의 정신을 체험하여 논쟁의 한계를 넘어서려고 한 것이다. 그리고 이런 발언 속에는 희박하나마 인간 본성의 純善하고 고귀한 가치가 현실에서도 그대로 작용하고 드러나야 한다는 사고가 묻어있다. 다시 말하면 도덕적 직관에 의한 순수한 마음이 그대로 실천으로 이어져야 한다는 것이다.

2) 尊德性과 道問學에 대한 재검토

하백원이 주자학적 사유체계 속에서 가장 심혈을 기울여 검토, 발명한 분야는 아마도 학문방법에 관한 논의일 것이다. 그는 학문방법을 가다듬고 그 방법에 입각하여 학문의 수준을 고양시킴으로써 현실에 대해 날카롭게 대응하려는 태도를 취한다. 그는 왜곡된 학문현실을 비판

---

28) 『圭南文集』 권2, 書, 「與兪金化」, 124쪽 : 吾人識得自家性善足矣 物之性 雖些有未達 特不過窮理中一事有所未盡耳 何損於本原上 實地頭用工耶.

29) 이경구, 「金元行의 實心 강조와 石室書院에서의 교육활동」 『진단학보』 88, 진단학회, 1999, 239쪽에서 재인용. 잘 알려진 것처럼 黃胤錫·洪大容 등은 김원행의 문하에서 배출된 실학자이다.

하고 올바른 비전을 제시하는 일을 자신의 소명으로 여기고, 이것이 바로 자신과 같은 유학적 지식인의 존재이유로 생각한다.

하백원은 이를 위해 주자의 텍스트를 면밀히 분석하여 尊德性과 道問學이 주자학의 두 가지 학문방법임을 밝히고 있다. 그는 이렇게 말한다. "주자는 평소 학문할 때에 반드시 두 가지를 함께 활용했다. 이제 주자의 문자에 나타난 것으로 고증해 본다면, 문학 측면의 공부가 비교적 많은 듯하지만 실은 모두 덕성을 높이기 위한 방법이었다."[30] 즉, 주자가 지식 탐구를 통한 진리의 추구 즉 도문학의 방법을 비교적 많이 설파한 이유를 덕성 배양을 통한 진리의 체득 즉 존덕성을 강조하기 위함이었다고 본다.

나아가 하백원은 주자의 이 두 가지 학문방법을 유학의 학문적 표준으로 고양시키고, 어느 한쪽으로 편향되어서는 안 된다고 설명한다.

> 유학의 학문적 표준은 존덕성과 도문학 두 가지 일이 있을 뿐이니, 비유하면 수레바퀴와 새 날개처럼 한쪽을 버릴 수 없다. … 대개 도문학은 본래 존덕성의 바탕이 되는 것인데, 육구연의 학문은 존덕성에만 치중하여 도문학을 염두에 두지 않았다.[31]

하백원의 비유를 따르면, 주자의 존덕성과 도문학은 수레의 두 바퀴와 새의 양 날개와 같아 어느 한쪽도 버릴 수 없다. 다만 도문학은 존덕성의 바탕이 되고 존덕성은 도문학을 통해 성취되는 것이므로, 존덕성은 학문의 궁극이 되고 도문학은 궁극에 도달하는 방편이다. 이는 주자

---

30) 『圭南文集』 권3, 書, 「答安尊湖壽麟」, 140쪽 : 朱子之平日爲學 兼用此二者而已 今以其見於文字者考之 問學上用工 雖似較多 而其實皆所以尊德性也.

31) 『圭南文集』 권2, 書, 「上吳老洲熙常」, 115~116쪽 : 吾儒法門 只有尊德性道問學兩箇事 譬如車輪鳥翼 不可偏廢 … 蓋道問學 固所以資尊德性 而彼陸氏之學 只有上一句 無復下一句.

가 우선성과 중요성에서 존덕성을 '一義的'인 것으로, 도문학을 '二義的'인 것으로 표현한 것과 문맥을 같이 한다. 여기에서 하백원은 육구연의 학문방법을 비판하고 있다. 이는 육구연이 내면의 本心을 깨닫는 것을 중시하여 주자식의 이치 탐구를 위한 독서 및 지식을 중시하는 공부를 방만하다고 평가하는 데 대한 반박이요, 상대적으로 주자보다 도문학을 가볍게 여겨 존덕성을 중시하는 공부방법의 편향성을 지적한 것으로 생각된다.32)

이러한 인식을 기초로 하백원은 독서와 강학을 통해 덕성을 높임으로써 안과 밖이 서로 바탕이 되고 본체와 운용이 모두 온전한 주자의 학문방법을 최상으로 받아들인다. 그리고 육구연의 학문은 오히려 本心을 주체로 삼아 내면의 자각을 추구해간 측면에서 일정 정도의 의미를 부여한다. 그러나 이러한 의미부여도 독서와 강학을 통해 義理를 정밀히 탐구하여 생활 속에서 실천해 가는 방향에서 이탈한 당시의 口耳之學이나 訓詁學에 비해 비교적 낫다는 생각에서 나온 것일 뿐이다. 그는 냉정하게 주자의 학문방법과 다른 길을 걸어간 육구연의 공부방법을 頓悟의 기풍이라고 평하고, 또 당시의 학풍을 俗學이라고 혹평하여 최하의 단계에다 놓고 있다.33)

---

32) 주자와 육구연의 대립은 흔히 방만함[支離]과 소략함[易簡]으로 요약된다. 육구연은 주자식의 理 탐구를 위한 독서 및 지식을 중시하는 수양 공부 자체를 방만하다고 평가한다. 그러나 주자는 방만함 자체가 문제가 되는 것은 아니라고 생각했다. 문제는 지식의 핵심에 대한 요령을 얻고 있는가 아닌가이다. 주자는 요령의 存否 바로 그 사실에 의해 학문의 수준을 평가했기 때문에 체계가 결여되어 要諦를 놓치는 지식의 나열을 방만하다고 비판했다. 주자는 자기의 내면적 깨달음[體得]을 중시하는 육구연의 공부방식[體認工夫] 그 자체를 부정하지는 않는다. 다만 학력과 지력이 중간 정도에 머무르는 보통 사람이 공부방법으로서는 내면적 반성을 위주로 삼는 공부가 부적절하다고 평가한다. 이용주, 『주자의 문화 이데올로기』, 서울: 이학사, 2003, 95쪽.

33) 『圭南文集』 권2, 書, 「上洪叅判奭周」, 107~108쪽.

존덕성과 도문학을 유학의 학문방법으로 확고하게 인식한 하백원은 도문학의 공부를 오해하여 본질에서 벗어난 당시 주자학자들의 俗學的 학문태도를 집중적으로 문제삼는다. 이러한 문제의식이 잘 드러난 하백원의 언급을 인용한다.

> 근래 학자들은 이른바 도문학 한 가지 일을 다시 자기의 직분으로 삼지 않고, 거의 모두 口耳와 訓詁의 학문에 몰입하고 있다. 그들이 인성과 천명을 고담준론하고 경전의 의미를 해석하지만, 이는 옛사람의 찌꺼기에 구차하게 매달리는 것일 뿐이요, 本原의 측면에서 공부하여 자신의 내실에 힘쓰고 義와 利를 변별해야 할 곳에 이르러서는 도리어 볼 만한 것이 없다. 대개 그들이 性이니 理니 천만 가지로 설명하지만, 해가 다하고 몸이 다해도 끝내 실제적인 효용[實用]이 없다. … 설령 經傳의 깊은 뜻과 性理의 명칭과 개념에 대하여 앞사람이 찾아내지 못한 한두 구절을 밝혀낸다 하더라도, 자신을 반성하여 實踐할 수 없다면 자신을 위하는 일에 무엇이 있겠는가?[34]

하백원은 주자의 도문학의 학문방법이 讀書와 講學을 통해 이루어 진다고 보고 있다. 사실 주자의 학문체계에서 독서와 강학을 도외시하는 공부는 있을 수도 없고 가능하지도 않은 것이다. 그러나 당시 주자학자들이 취한 학문방법은 口耳之學과 훈고학이었지, 진정한 의미에서 독서와 강학을 통한 도문학의 길이 아니었다. 그들은 경전과 성리서를 기록하고 암송하거나 언어와 문자로 고증하고 주해하는 일이 곧 도문학의 전부라고 오해했다. 따라서 그들은 평생 이·기·심·성의 명칭과 개념을 떠들어대지만, 결국 관념과 형식의 공소성에 떨어져 학문의 실

---

34) 『圭南文集』 권3, 書, 「答安蓴湖壽麟」, 140~141쪽 : 近來學者 於所謂道問學 一事 更不屬自己分上 幾皆入於口耳訓詁之學 其高談性命 解釋經旨 徒見區區 於古人之糟粕 而至於本原上工夫 切己務實 辨別義利處 乃反蔑蔑焉 蓋其曰性 曰理 雖千言萬語 窮年沒歲 終無實用 … 藉使經傳奧義 性理名目 容有一二句 發前人之未發 苟不能反躬而實踐 則何有於爲己之事耶.

제적인 효용성을 발휘하지 못했다. 이는 학문의 지엽에 휘말린 당연한 결과이다. 하백원은 그들의 학문적 특징을 분석하고 이러한 함정에서 빠져나와 올바른 독서와 강학을 통해 지식을 추구하고 덕성을 함양하여 義/利를 명확히 변별, 실천하는 데 도문학의 진실한 의의가 있음을 역설한다.

하백원은 당시 학자들이 俗學에 빠지게 된 원인을 오히려 주자학 자체에서 찾는다. 그는 이렇게 말한다. "후세학자들은 주자가 訓詁하여 저술하는 데 고심한 일면만을 보고, 유학의 학문적 표준이 오로지 여기에 달려 있다고 말하면서 스스로 句讀와 저술에 골몰하느라 존덕성 한 가지 일을 禪家와 육구연에게 양보하니, 주자가 훈고하여 저술한 것이 실은 사람들에게 義理를 강론하여 그 德性을 높이도록 한 것임을 너무 모른 때문이다."35) 주자가 방대한 분량의 경전주석과 성리 이론을 남긴 이유는 본질적으로 유학의 도덕적 진리와 가치를 밝혀 덕성을 함양하고 체득하기 위함일 뿐, 이러한 본질적 의도를 벗어나 단순히 훈고와 주석 자체에 의미를 두고 수행한 것은 아니라는 말이다. 하백원은 당시 학자들이 주자의 도문학의 공부방법을 오해하여 존덕성의 중요성을 전혀 인식하지 못한 결과를 초래하고, 결과적으로 학문방법에 있어 유학의 학문적 표준은 조화와 균형을 상실한 병폐에 빠지게 되었다고 진단한다.

4. 주체적 사고와 실천중시의 독서론

주자학에서 독서는 '二義的'인 것으로 규정되지만36) 덕성을 높이는

---

35) 『圭南文集』 권3, 書, 「答朴丈」, 137쪽 : 後世學者 徒見朱夫子苦心於訓詁之作 乃謂吾儒法門專在於是 仍自汨沒於句讀行墨之間 便將尊德性一事 讓他禪陸 殊不知朱子訓詁之作 實要人講明義理 尊其德性也.

필수적인 방편인 만큼 중요성은 거론할 필요가 없다. 주자는 "배워도 생각하지 않으면 헛되고 생각해도 배우지 않으면 위태롭다"는 공자의 말을 언급하면서 '배운다'는 것은 곧 '읽는다'는 말이라고 풀이한 바 있다. 읽지 않고서는 배울 수 없다는 말이다. 하백원도 학문의 과정에서 독서에 큰 비중을 두는 철저한 독서론자의 모습을 보여준다.

그러면 하백원은 무엇을 읽어야 하고, 왜 읽어야 한다고 보았는가. 그는 "經書를 탐구하여 根基를 확립하고, 史書를 독파하여 득실을 고찰하되 몸소 이를 체험해야 하며, 옛 성현의 한 마디 한 구절과 역대 이래의 한 가지 정치 하나의 사건이 모두 나의 마음 속에 있게 된 뒤에, 어떤 일이나 어떤 경우를 당하더라도 온갖 변화에 두루 대응하여 당황하지 않게 된다"[37]고 설명한다. 하백원이 유학자라면 반드시 읽어야 책으로 제시한 것은 바로 경서와 역사서이다. 유학자의 학문적 이상은 궁극적으로 성인이 되는 것이고, 성인이 되자면 성인이 남긴 글을 읽어야 한다. 우리는 성인의 글을 읽음으로 해서 일상생활에서 도덕적 주체와 도덕적 실천의 기반을 세울 수 있다. 역사서에는 역대 왕조의 治亂과 盛衰의 원인이 들어있으므로 이를 읽음으로 해서 정치의 득실을 이해할 수 있다. 그러나 이러한 글도 암송하거나 훈고하는 데서 그쳐서는 효용이 없고 반드시 몸소 체험하여 현실에 적용해보는 데서 의미를 찾을 수 있다고 본다.[38]

---

36) 『朱子語類』 10권, 學四, 「讀書法上」, 161쪽 : 讀書已是第二義.
37) 『圭南文集』 권3, 書, 「答李聚五奎東」, 196쪽 : 窮經而立其根基 看史而考其得失 以身體驗之 古聖賢一語一句 歷代以來一政一事 皆在我度量中 然後臨事遇境 萬變泣酬 庶不爲懵然.
38) 이러한 하백원의 논조는 다음의 편지에도 잘 드러난다. "유학자의 학문과 사업은 모두 독서 속에서 나오니 경서를 탐구하지 않으면 致用할 곳이 없다. 한평생 거두어 쓰는 도구는 모두 책에 실려있으니 句讀를 본받아 훈고에 골몰하거나 口耳에 출입하는 것은 옳지 않다." 『圭南文集』 권3, 書, 「答李聚五奎東」, 195~196쪽.

위의 내용만 보더라도 왜 독서를 해야하는가 하는 물음에 대한 하백원의 답변의 실마리를 찾을 수 있지만, 다음의 구절들을 통해 그 실마리를 확인할 수 있다.

유학자의 학문은 반드시 독서에만 있는 것이 아니지만 독서하지 않으면 根基를 세우고 규율을 정할 수 없게 되므로 일상생활에서 일을 잘 풀어 나가지 못하기도 하고 의리를 분별해야 할 자리에서 감정대로 행동하기 쉽다. 유학자가 독서를 귀히 여기는 것은 바로 이 때문이다.39)

오늘날 독서하는 선비들이 강론하는 뜻은 무엇이며 학습하는 일은 무엇인지 알 수 없다. 천여 권의 책을 독파했다면 양이 많다고 하지 않을 수 없지만, 만일 자기의 행실을 예법대로 할 수 없고, 일의 처리를 의리에 맞게 할 수 없으며, 처세함이 語默動靜의 법도를 잃고, 군주를 섬김에 진퇴의 방도에 어둡고, 경륜이 一世를 다스릴 수 없다면, 그가 평소에 강습한 것을 알만하다.40)

하백원은 독서를 통해 도덕적 주체의 확립과 진리의 체득을 도모하고 이를 근거로 구체적 삶의 장에서 실천해 가는 것이 학문의 중요한 길이라는 사실을 인정한다. 왜냐하면 실천은 진리를 검증하는 과정으로서 학문의 또 다른 한 표준을 이루고 있기 때문이다. 구체적인 삶의 장에서 자신의 행위를 규율하지 못하거나 經世濟民을 위한 정치적 사회적 실천을 통해 제대로 검증 받지 못하는 진리는 어떤 의미에서건 자격 미달 내지 함량 미달이라는 비난을 피하기 어려울 것이다. 하백원은 실

---

39)『圭南文集』권3, 書,「答李士剛遇正」, 188~189쪽 : 士之爲學 固未必專在於讀書 而不讀書 無以立根基定律令 日用之間 或未免臨事而疑阻 處義之際 易至於徑情而直行 士之所貴乎讀書爲是也.

40)『圭南文集』권2, 書,「與兪金化」, 125쪽 : 今世讀書之士 所講者何義 所習者何事 讀破千百卷書 非不哀然多矣 苟行己不能以禮 制事不能以義 處世失語默之宜 事君昧進退之方 經綸不足以致治一世 則平日之所講習者 可知已.

천의 근거가 확립되어 있지 않는 한, 실천 자체는 맹목적이 될 수도 있
다고 생각하기 때문에 많은 양을 범연하게 읽기보다는 치밀한 글읽기
를 통해 정확한 근거를 세울 것을 요구한다.

또한 하백원은 글을 어떻게 읽을 것인가 라는 물음을 제기한다. 그
는 "독서하는 방법은 단지 마음을 비우고/ 기운을 안정시켜/ 무르익도
록 읽고/ 정밀히 생각하는 데 달려 있다"[41]고 말하여, 虛心/平氣/熟讀/
精思를 주요한 독서법으로 제시한다. 독서의 목적이 지식을 추구하여
덕성을 함양하는 방법이라면 독서 방법도 역시 마음에서 출발할 수밖
에 없다. 마음을 비우고 기운을 안정시킨다는 虛心과 平氣는 바로 하백
원의 독서법의 출발점이자 기본적인 태도이다. 마음을 비운다는 것은
무슨 뜻인가. 일반적으로 읽고 있는 본문 자체에 집중한다는 것, 자신의
주장을 내세우지 않는다는 것, 공정해야 한다는 것을 의미한다. 마음은
어떤 공간적인 사물이 아니라 '지향성'을 그 실체로 삼는 존재이므로
마음은 언제나 어디로 향하고 있다. 따라서 공정한 마음으로 자신의 주
장을 내세우지 않으면서 본문의 내용에 집중해야 한다는 것이다. 이렇
게 했을 때 비로소 제대로 읽기 위한 준비가 갖춰지게 된다. 熟讀과 精
思는 읽을 준비가 갖춰진 뒤에 마치 화초에 물을 주듯 천천히 오랫동안
독서를 해야 정밀해지고 깊어지며, 정밀해지고 깊어진 뒤에 이치는 저
절로 이해된다는 말이다. 다시 말하면 학문적 기초와 바탕에 대한 함양
이 충분히 이루어지고 의리의 깊은 원리에 대한 철저한 탐구가 차곡차
곡 쌓여질 때, 폭 넓은 지식의 탐구는 학문 완성을 위한 진정한 덕목이
된다. 학문은 깊이와 넓이가 동시에 갖추어져야 완전해진다.

이상과 같은 하백원의 독서법은 대부분 주자의 독서법을 따르는 것
이어서 참신한 논의라고 볼 수는 없다. 그러나 다음의 인용문에서 우리

---

41) 『圭南文集』 권3, 書, 「答外弟安養直命集」, 206쪽 : 讀書之法 只在虛心平氣
　　熟讀精思.

는 하백원이 모색한 새로운 독서론의 실마리를 보게 된다.

> 책은 널리 읽으려고만 해서는 안되며, 먼저 한 두 經書를 뽑아 集註
> 와 章句를 보지말고 단지 본문을 중심으로 글자는 그 訓을 탐구하고
> 구절은 그 뜻을 탐색하여 반복해서 무르익도록 읽되, 그 말이 모두 내
> 입에서 나오는 것처럼 해야한다. 이어 반드시 마음을 가라앉히고 반복
> 해서 정밀히 연구하고 깊이 사색하여 어려운 곳을 탐구하되 融會貫通
> 하여 저절로 체득함이 있기를 기다려 비로소 집주와 장구를 보아, 내가
> 아는 것이 혹 어긋나는가를 증험하고 끝으로 또 小註를 참고하여 여러
> 학설의 同異와 得失을 상세히 고찰한 뒤에 성인의 말이 비로소 모두
> 내 마음에서 나오는 것처럼 해야한다.[42]

하백원은 아무리 많은 책을 읽어 풍부한 지식을 가지고 있다 하더라
도 체계가 결여된다면, 그 지식은 학문으로서의 자격을 상실한다고 본
다. 더 나아가 진정한 학문은 지식과 체계만으로 완성되는 것은 아니라
실천적인 체험에 있다고 여긴다. 여기에서 눈길을 끄는 구절은 하백원
이 경서를 읽는 태도에서 당시 학자들과 상이한 견해를 보였다는 점이
다. 그는 주자의 집주와 장구를 보지말고 먼저 경서의 본문을 숙독·정
사하되 나의 마음과 회통하여 체득함이 있은 뒤에 비로소 집주와 장구
를 참고하도록 요구한다. 그가 경서의 본문을 직접 대면할 것을 요구한
이유는 성인이 설한 진리를 주체적으로 읽어야만 진정한 體認에 도달
할 수 있기 때문이다. 집주나 장구가 제시한 생각과 주장을 일단 괄호
치고 성인의 텍스트 자체만을 생각하라는 그의 설득은 주자의 집주와
장구가 권위를 떨치던 시대에 경이로운 방향전환이라고 볼 수 있다.

---

42) 『圭南文集』 권3, 書, 「答李士剛遇正」, 188쪽 : 書不可以徒博 先將一二經書
勿觀集註章句 只就正文上 字求其訓 句索其旨 循環熟讀 使其言皆若出於吾之
口 仍須沈潛反覆精覃思 以求其所難 融會貫通 待有自得 始看集註章句 驗
吾所知之或差 終又參之以小註 詳考諸說之同異得失 然後聖人之言 始若皆出
於吾之心.

그러면 하백원은 왜 이처럼 주체적 글읽기를 요구한 것일까. 하백원의 의도를 엿볼 수 있는 구절이 있다.

> "대체로 경서를 읽고 이치를 연구하면서 모방하여 따르는 데 전념한다면 실제적 효과[實效]가 없을 듯하고, 스스로 체득하는 데 힘쓴다면 병폐를 낳기 쉬우니, 반드시 두 가지를 병행한 뒤에 실제로 얻는[實得] 것이 있다."[43]

하백원의 이러한 진술은 마치 李珥가 서경덕과 이황의 학문적 기풍을 변별하여 "화담은 스스로 체득한 맛이 많고, 퇴계는 (주자를) 모방하여 따르는 맛이 많다"[44]고 논평한 문맥을 연상시킨다. 경서를 읽으면서 후대의 수많은 학자들이 주석해 놓은 집주와 장구만을 따라 모방하는 방식은 주체적 사고가 결여되어 학문의 실제적 효과를 얻기 어렵다. 그렇다고 후인의 주석을 전혀 참고하지 않고 독자적인 해득에만 몰두하는 것도 매우 위험하다. 자신의 독자적인 사고가 정당하고 합리적인지를 검증해보지 않았기 때문이다. 이 점에서 경서의 본문을 주체적으로 탐구하여 성인의 진리를 체득하기 위해서는 自得과 依樣을 병행해야 한다는 기본 생각을 표명하고 있는 것이다. 그는 독서는 실제로 지식과 진리를 획득하는 것을 궁극적 목적으로 삼는다는 점을 확인하고 있다. 다시 말하면 하백원은 주체적인 글읽기를 통해 실제적인 지식을 획득해야만 실제적인 효과와 실용적인 힘을 발휘할 수 있다는 논리를 일관되게 주장하는 것이다.

---

43) 『圭南文集』 권2, 書, 「上心齋宋先生」, 100쪽 : 大抵讀書窮理 專於依樣 則恐無實效 務於自得 則易生病痛 必須參互而竝行 然後庶有所實得.
44) 『栗谷全書』 권10, 書, 「答成浩原」, 216d쪽 : 花潭多自得之味 退溪多依樣之味 (一從朱子之說).

5. 실용적 학문으로의 전환

지금까지 하백원의 진술을 살펴보면, 그의 학문적 성향은 실천적이면서 실용성, 실효성을 강조하는 기풍을 띠고 있음을 알 수 있다. 이러한 학풍은 그저 얻어진 것이 아니라, 삶의 여정에서 처절한 체험과 자각을 거친 결과물이다. 이를 증명해주는 하백원의 장문의 고백을 들어보자.

> 나는 어려서부터 句讀를 익히는데 종사하여 오로지 잘된 글을 표절하고 찌꺼기를 주워 모아 科擧에 응시할 계산이었다. 그러다가 중년 이래로 이치를 탐구하는 공부에 유념하였지만 역시 訓詁에 골몰하고 同異를 비교하는 데 지나지 않았을 뿐, 자신을 반성하여 實踐하는 공부에는 아무런 내실이 없었다. 따라서 일에 임하여 私意에 얽매임을 면하지 못하고, 사물을 만나서 喜怒의 감정이 절도에 맞지 못했다. 가정을 통솔함에 위엄 있는 모습이 전혀 없었고, 친구를 대할 적에 성실과 신의를 결하기도 했다. 그리고 일상의 언행에서 경중과 취사의 합당함을 잃음이 이루 말할 수 없었기에 일이 지난 뒤에 대부분 후회하고 번민했다. 一身의 행위가 이러한데도 시골구석에서 남들이 독서인이라고 지목할 때 어찌 속으로 반성하고 부끄러워하지 않았겠는가? 게다가 재주와 능력이 미치지 못한다고 스스로 생각하면서도 어리석은 생각만이 자라나서 … 마음을 쓸데없는 곳에 놀리며 세월을 허송한지 오래였다. 이를 깨달아 뉘우친 뒤에 일생의 망상이 모두 다 없어졌으나 회고해보니 진실로 가소롭다. 이제부터 수많은 번뇌를 쓸어버리고 허다한 閑談을 물리쳐 반드시 本原을 함양하는 일을 우선으로 삼아 말투나 행동거지, 사건에 대응하고 사물을 접촉할 적에 의리에 맞는가 맞지 않는가를 잘 살필 것이다. 아울러 성현의 격언을 취하여 절대로 글 뜻에 얽매임이 없이 활짝 열린 마음으로 탐구하고 내 자신에다 證驗하여 그 내실을 實踐할 것이다. 史書와 전기를 널리 읽어 치란과 흥망의 자취를 고찰할 것이다.[45]

---

45) 『圭南文集』 권2, 書, 「與兪金化」, 125~126쪽.

마치 고해성사를 연상시키는 이 진솔한 발언에는 하백원의 내면적 자각과 학문적 반성이 묻어난다. 그리고 여기에는 하백원의 학문적인 방향전환의 계기가 여실히 드러나 있다. 그의 방향전환은 학문 내적인 측면에서 냉철한 자각과 치열한 반성이 推動한 것으로 보아야 한다. 따라서 단순히 실학을 접할 수 있는 가학적 전통46)이나 호남지방의 역사적 현실과 사회상에서만 그 방향전환의 계기를 찾으려고 해서는 안 될 것이다.

실용성과 실효성을 학문의 궁극적 가치로 인식한 하백원은 그의 독서론에서 口耳之學과 訓詁學을 비판했던 것처럼, 詞章學과 靜坐공부에 대해서도 비판을 가하고 있다. 그는 사장학에 대해서 "文章은 본래 우리의 본성과 관련되지 않는 일이니, 결국 大家라는 간판을 얻는다해도 반드시 참된 유학자[眞儒]의 사업은 아니라 여기고, 곧 옛 성현의 爲己之學에 뜻을 두었다"47)고 말하여, '爲人' 즉 남에게 보이기 위한 학문인 사장학을 단념하고, '爲己' 즉 진정 나를 위한 학문인 본래 유학으로 방향을 잡고 있다. 사장학은 문장이 화려하면 할수록 현실적 명성은 획득할지 모르나 대부분 실제를 과장하고 왜곡하여 화려한 외관을 갖추려 하므로, 문장은 그 마음과 실존적 연관을 갖지 못하고 오히려 마음을 나의 본성으로부터 소외시키기 십상이기 때문이다.

하백원은 또 靜坐공부의 정태적 성향에 내재된 비실제성과 무용성을 지적하면서, "유학의 학문 종지는 일상의 動靜을 모두 공부하는 곳

---

46) 하백원의 7대조 河潤九(1570~1646)는 1631년 명나라에 사신으로 가서 천리경·자명종·화포 등 현대적 기계와 『天文書』·『職方外記』 등의 서양 서적을 얻어 돌아온 鄭斗源과 교유했고, 증조 河永淸(1697~1771)은 신경준·황윤석·나경적·홍대용 등 당대의 쟁쟁한 실학자들과 교유하며 實事求是의 가학을 수립했다. 이러한 사실은 하성래의 『규남문집』 발문에 잘 밝혀져 있다.

47) 『圭南文集』 권2, 書, 「上洪僉判㵢周」, 106쪽 : 文章本不干吾人性分事 畢竟雖到得大家脚板 要非眞儒事業 乃妄有志於古人爲己之學.

으로 여기지 않음이 없으니, 만일 오로지 정적인 것에만 맡겨버린다면
子微의 '坐忘遺照'나 張氏의 '强絶思慮'와 다름이 없어 단지 불안한 마
음으로 살아갈 뿐, 다시는 우리 본분상의 일에 관여하지 않을 것이다.
이는 일개 면벽한 선승을 만드는 것에 지나지 않는다"48)고 주장한다.
유학은 정태적 학문이 아니라 동정을 일관하는 생동하는 학문세계이다.
일상사를 접고 오로지 본원만을 체득하는 공부는 외계 사물과 관계를
단절한 고요한 경지에 자기를 놓고, 내면을 관조하는 공부를 통해 본성
을 함양하려는 것에 불과하다. 이러한 공부의 대상은 현실적 구체적 경
험세계가 아니라 관념적이고 초월적인 세계이기 때문에, 하백원은 이를
司馬承禎의 '坐忘遺照' 즉 무아의 경지에서 내면을 관조하는 공부와 張
戩의 '强絶思慮' 즉 생각을 끊어 마음의 본체를 깨닫는 공부에 견주고
심지어 불교의 면벽한 선승에 비유한 것이다.

　　이러한 비판을 거치면서 하백원은 유학이 추구해야할 학문적 영역
을 현실적이고 구체적인 세계로 확장해간다. 그는 이렇게 말한다.

　　　옛날에 유학자가 되는 것은 한 가지 뿐이었으니 學問이 이것이다.
　　옛날의 이른바 학문이란 반드시 독서만을 가리킨 것이 아니었다. 農·
　　工·商·賈가 다 학문 아닌 것이 없다. … 주자가 "錢穀·甲兵이 爲己之
　　學이 아님이 없다"고 말한 것은 결국 학문의 유용함을 뜻하지 않는
　　가?49)

　　　학문의 길은 단지 일상생활 속에서 행하는 것이니, 가까이는 부부가
　　방에 거처하는 것으로부터 미루어나가 錢穀·甲兵에 이르기까지 爲己

48)『圭南文集』권2, 書,「上心齋宋先生」, 101쪽 : 吾儒法門 日間動靜無非用工地
　　若只一任如此 則恐無異於子微之坐忘遺照 張氏之强絶思慮 而只從黑窣窣地
　　去 不復干吾人本分上事矣 是不過做得一箇面壁底禪子.
49)『圭南文集』권3, 書,「答李士剛遇正」, 184~185쪽 : 古所謂學問 非必讀書之
　　稱 農工商賈 無非學也 … 朱子所謂錢穀甲兵 無非爲己之學者 果非學之有用
　　者乎.

之學이 아님이 없다.[50]

하백원의 학문적 입장은 현실의식과 실용적 요구에 따라 끊임없이 반성하고 실험하여 경험적이고 구체적인 현실을 파악하려고 한 것이다. 그가 비근한 日常性을 학문의 출발점으로 확인한 것은 현실성과 구체성의 학문적 중요성을 명확히 인식하고, 단계적 확산 심화를 추구하는 실천방법을 통하여 경험의 비중을 높이고 사변적 비약을 배제하려는 실학적 입장임을 알 수 있다. 따라서 그는 조선조에 四民의식에 근거하여 천시했던 농업·공업·상업도 유학자의 학문영역에 포함시키고 있을 뿐 아니라, 주자의 "錢穀·甲兵이 爲己之學이 아님이 없다"[51]는 발언에 주목하여 화폐·농사·군사의 문제까지도 실용적인 측면에서 학문의 구성요소로 받아들이고 있다. 하백원의 이러한 주장은 그보다 앞서서 北學論과 利用厚生의 정신을 제기한 실학자 홍대용(1731~ 1783)이나 박지원(1737~1805)의 주장과 맥락을 같이하는 것이어서 주목된다.

홍대용은 "正心과 誠意는 실로 학문과 행위의 바탕[體]이요, 開物과 成務는 학문과 행위의 쓰임[用]이 아니겠는가. 揖·讓·升·降이 실로 개물성무의 급한 일이지만 역법·산수·화폐[錢]·농사[穀]·군사[甲兵]가 어찌 개물성무의 큰 실마리가 아니겠는가"[52]라고 말하여, 학문과 실천을 학문의 내용을 이루는 것으로 밝히고, 내면의 인격과 실제의 사무를 體用으로 소통시키며, 또 실무에서도 禮의 중요성을 인정하면서 과

---

50) 『圭南文集』권2, 書,「上洪叅判奭周」, 108쪽 : 學問之道 只在日用上做去 近而自夫婦居室之間 推而至錢穀甲兵 無非爲己之學.

51) 주자의 이 말은 『朱子語類』에 보인다. "'爲己者, 無所爲而然.' 無所爲, 只是見得自家合當做, 不是要人道好. 如甲兵·錢穀·籩豆·有司, 到當自家理會便理會, 不是爲別人了理會." (17권 47절)

52) 『湛軒書』, 內集 권3, 書,「與人書 二首」, 70d쪽 : 正心誠意 固學與行之體也 開物成務 非學與行之用乎 揖讓升降 固開物成務之急務乎 律曆算數 錢穀甲兵 豈非開物成務之大端乎.

학·경제·군사의 문제가 기본구성이 되고 있음을 강조했다.[53] 박지원도 "유학자의 학문은 실로 농업[農]·공업[工]·상업[賈]의 이치를 포괄하는데 세 가지 업무는 반드시 모두 유학자를 기다려 이루어진다"[54]고 말하여, 유학자의 사회에 대한 책임과 사회적 지도력의 회복을 각성하는 학문적 성격을 보여주었다.[55] 홍대용과 박지원은 당시 조선사회 내부의 변화를 직시하여 기존의 문화자존의식을 반성하고, 자기 문화의 후진성을 인정하여 청나라의 문물제도를 배울 것을 주장하며, 실제로 연경을 왕래하면서 학풍을 '북학'으로 돌려놓는 단서를 제공했는데, 하백원도 1820년에 판서 李義甲에게 편지를 보내 연경에 사신으로 가는 그의 행차에 동행할 수 있도록 추천해주길 강력히 희망하고 있다.[56] 비록 뜻은 이루지 못했으나 그 역시 북학의 논의에 상당히 경도되어 있었음을 알 수 있다.

하백원의 학문에 대한 실용적 관심은 이른바 '名物'과 '度數'라는 자연과학·천문학·수학의 분야까지 광범위하게 전개된다. 그는 "근래에 강희제가 지은 『律曆淵源』을 보았는데 비록 심신의 일에 절실하지 않다 할지라도 또한 하나의 技藝로 보잘것없다고 여길 수는 없다"[57]고 말하여, 천문학이 몸과 마음을 수양하는 데는 절실하지 않은 분야이지만 일상생활과 밀접한 관련이 있다는 측면에서 소홀히 다루어서는 안 된다는 견해를 밝힌다. 동문 친구 安壽祿에게 보낸 위 편지의 내용에 『율력연원』 외에도 『數理精蘊』·『曆象考成』·『律呂正義』 등의 서책이

---

53) 금장태, 『한국실학사상연구』, 서울: 집문당, 1987, 55쪽.
54) 『燕巖集』 권16, 별집, 「課農小抄」, '諸家總論' 349d쪽 : 士之學 實兼包農工賈之理 而三者之業 必皆待士而後成.
55) 유봉학, 『연암일파 북학사상 연구』, 서울: 일지사, 2000, 15쪽.
56) 『圭南文集』 권2, 書, 「上李尙書義甲」, 112쪽 : 此百源之所以求知於閣下, 願見乎中國也.
57) 『圭南文集』 권3, 書, 「答安汝必」, 176쪽 : 近見康熙所撰律曆淵源 此雖不切於心身事 而亦不可以一藝少之也.

언급되는 것으로 보아, 그의 학문적 관심의 폭을 짐작할 수 있다.[58] 그러나 명물·도수에 대한 하백원의 관심에 경계의 눈초리를 보낸 학자도 있었다. "우리 유학의 급선무는 명물과 도수에 있지 않다는 그대의 말은 참으로 내가 평소에 경계하던 것이다."[59] 朴宗說에게 보낸 이 편지를 통해서도 학문의 다변화가 정착되지 못한 당시 주자학 일변도의 조류 속에서 그가 얼마나 고심하면서 학문의 폭을 넓혀갔는지 알 수 있다.

하백원의 실학연구의 업적으로는 과학적 지식을 활용하여 새로 발명한 自升車와 과학적 원리를 이용하여 개량한 自鳴鐘의 제작을 들 수 있고, 다음으로는 기하학적 지식을 토대로 尺度圖法 등의 새로운 지도 제작법을 사용해서 만든 東國地圖를 손꼽을 수 있다.[60] 이외에도 戒盈盃·缸吸器·紡績機·臥輪 등 과학적 기기와 생활도구를 만들어 사용한 적이 있었고, 篆隷·圖章·彫刻·書畵 등 예술분야에도 발군의 기량을 선보여[61] 학문의 실용화라는 측면에서 선구자적인 업적을 남겼다.

이 중에서 하백원의 대표적인 과학적 발명이라 할 수 있는 自升車를 살펴볼 필요가 있다. 하백원이 1810년에 자승차를 발명하기 이전에 호남 순창 출신 申景濬(1712~1781)은 「水車圖說」을 통해서 서양식 수차에 관한 저서인 「泰西水法」을 처음으로 그림과 함께 구체적으로 소개한 바 있다. 이후 水車에 대한 논의는 정조대에 이르러 전국적으로 확산되는데, 1798년에 「勸農政求農書綸音」을 통해 전국의 유생들과 관료들에게 당면한 농업문제를 해결할 방안을 담은 농서를 써서 의무적으

---

58) 하백원은 경학 뿐만 아니라 史學에도 관심을 가져야 하고, 심지어 筆札이나 詞律 등도 유학자의 본업은 아니지만 소홀히 할 수 없는 분야라고 말한다. 특히 우리나라 사람이 우리나라의 역사에 어두우면 식견을 갖출 수 없어 역시 긴요한 분야임을 주지시킨다. 『圭南文集』 권3, 書, 「寄子澳漢」, 201쪽.
59) 『圭南文集』 권3, 書, 「答朴丈宗說」, 137쪽 : 吾儒急務 不在於名物度數 誠如盛教 此實百源平日所自戒者也.
60) 안진오, 앞의 논문, 170쪽 참조.
61) 이현종, 『규남문집 해제』, 5쪽.

로 바치라는 명령을 내리자, 應旨呈疏者들은 하나같이 자신들이 알고
있는 수차 지식에 근거해서 灌漑 수리기술을 피력했다. 당시 정부에서
공식적으로 접수·검토한 문건이 83건에 달할 정도로 당시 식자층의 농
업에 대한 현실인식과 수리학 지식의 모습을 여과 없이 그대로 보여주
고 있는데, 이때에 역시 호남지역에서 수차 전문가로 식자층에 널리 알
려져 있었던 李如樸과 李宇炯도 서양식 수차의 활용을 적극 주장하고
있다. 따라서 하백원이 수차에 대한 해박한 지식을 지니고 자승차를 개
발하게 된 데는 이러한 하백원의 젊었을 때의 경험과 출생의 배경을 무
시할 수 없을 것이다.[62] 하백원은 자신이 自升車를 제작하게 된 의도를
다음처럼 밝히고 있다.

> 水車와 같은 부류는 그 제도가 하나가 아니어서 『農政全書』·『天工
> 開物』·『三才圖會』 등 여러 서적에서 고증할 수 있다. … 「泰西水法」
> 이 중국에 전해지면서 (수차법은) 가장 정교해졌으나 내가 연구해보니
> 다소 불편한 바가 있었다. … 나는 그것이 사람의 힘을 덜어주고 백성
> 의 풍속을 이롭게 함을 잘 알고 있다. … 더구나 우리나라는 기계를
> 제작하는 것이 매우 졸렬하고 또 반드시 사람과 가축에게 힘을 의지하
> 므로 얼마 후에 피로 때문에 그만두게 된다. 비옥한 전답이 조금만 지
> 세가 높으면 10일 동안의 가뭄에도 타 들어가는 걱정이 있으니 백성들
> 의 식생활이 어려움은 괴이할 것이 없다. 근래에 나는 독서하는 여가에
> 여러 책들을 고증하여 오랜 생각 끝에 얻은 바가 있어 하나의 제작법을
> 창안하고 自升이라 이름을 붙여, 사람들의 힘을 수고롭지 않게 하고 이
> 익을 얻도록 했다.[63]

---

62) 문중양, 앞의 논문, 312~329쪽.
63) 『圭南文集』 권5, 雜著, 「自升車圖解說」, 316~317쪽 : 手車之類 其制不一 如
農政全書 天工開物 三才圖會 諸書可攷也 … 至泰西水法 傳於中國 最精巧
而余究考 多少不便 … 余知其必省人力而利民俗也 … 況我國制器甚拙 亦必
藉力於人畜 故旋以其疲勞而止 沃野膏壤地勢稍高 則十日之嘆 已患焦煞 無怪
乎民食之艱矣 近余佔畢之暇 取考諸書 有得於千慮之餘 剙成一法 名以自升
俾不勞人力而獲其利焉.

하백원은 중국의 문헌들을 통해서 水車에 대한 지식을 얻게 되었으나, 그 수차들을 고증해본 결과 직접 활용하기에는 우리의 실정에 불편한 바가 많다고 판단하여, 결국 종래의 수차들의 원리를 활용하되 여러 가지 단점을 보완하여 독창적인 수차를 개발하게 되었다. 이 자승차는 원리상으로 볼 때 크게 方筒·水輪·架 세 부분으로 구조화했는데, 원리적 설명과 설계도면으로만 남아있을 뿐 실제로 제작되어 활용되지는 못한 것 같다. 하백원은 우리나라의 지리적 여건, 수리시설의 낙후, 농사 기술의 후진성 등을 거론하면서 백성들의 노고를 덜어주고 식생활의 풍요를 가져다 주기 위해 자승차의 설계도를 작성했음을 밝혔다. 정조가 앞의 綸音에서 "農務의 요점은 오직 興水功·相土宜·利農器의 세 가지에 있는데 그 중에서도 興水功이 가장 중요하다"[64]고 선포했던 것처럼, 당시에는 관개수리를 진흥시키는 방안이 농업의 중요한 문제로 대두되었다. 조선 후기로 들어오면서 생산성과 상품가치가 높은 水稻재배의 방법이 확산되어 일반 농민층이 이를 선호했기 때문이다. 水稻作이 확대 일로에 있으면서도 열악한 수리조건은 획기적으로 개선되지 못하고 특히 水田의 비율이 압도적으로 높았던 삼남지역의 가뭄 피해가 컸던 상황[65]에서 자동양수기라 할 수 있는 自升車의 설계는 수리시설을 진흥시킨다는 측면에서 커다란 의미를 지닌다.

한때 자승차는 전라감사 徐有榘(1764~1845)에게 알려져 하백원의 제작을 거쳐 농정과 수리에 서둘러 이용하려고 했으나 실현되지는 못했다. 『林園經濟志』의 저자인 서유구의 요청에 대해 하백원이 답변한 내용이 문집에 실려있어 저간의 사정을 짐작할 수 있다. "『자승차도해』는 곧 10여 년 전에 그냥 써 본 것으로 아직 시험삼아 활용해본 적이 없었기 때문에 항상 설명할 때와 활용할 때가 다를까 걱정하여 감히 꺼

---

64) 『日省錄』 22책, 100a쪽. 문중양, 앞의 논문, 313쪽에서 재인용.
65) 김용섭, 『조선후기농업사연구』, 서울: 일조각, 1970, 4~6쪽.

내어 남에게 보이지 않았다. … 夏至가 이미 닥쳐왔는데도 이앙이 늦어
지니 감사의 걱정은 마땅히 백성에 비할 바 아니고, 기계를 제작하여 이
롭게 활용하는[利用] 것은 생활을 풍요롭게[厚生] 하려는 지극한 뜻임
을 알고 있다."[66] 이 자승차는 비록 하백원의 개인적 사정과 관청의 재
력을 소모해서는 안 된다는 우려가 맞물려 실제적으로 제작되지는 못했
지만, 자연과학적 기술을 실생활에 활용하여 백성들을 빈곤으로부터 해
방시켜야 한다는 하백원의 '利用厚生'의 실학적 의지를 엿볼 수 있다.

6. 맺음말

이상에서 살펴보았듯이 하백원의 유학을 구체적으로 이끌었던 문제
의식은 학문의 관점을 세우는 것이었다. 학문이란 무엇인가, 학문은 무
엇이어야만 하는가. 이러한 학문의 본질과 목적, 방법에 대한 체계적 해
명은 하백원 유학의 출발점이요 귀착점임을 알 수 있었다. 이상의 논의
를 종합하여 하백원의 학문관에 나타난 실학정신의 특징을 몇 가지 서
술하고자 한다.

하백원이 일단 학문적 반성의 대상으로 삼은 것은 다른 아닌 당대
주자학적 사유체계였다. 그의 통찰에 따르면 당대 주자학은 이론적 천
착과 언어적 유희에 빠짐으로서 현실의 구체적 실천과 실용을 추구하
는 실제적 학문정신을 간과했으며, 이러한 결과로 본래 주자학이 확립
해놓은 '體用俱全'의 구도를 붕괴시켰다는 것이다. 따라서 그의 학문적
苦鬪는 당대 주자학이 드러낸 학문체계의 왜곡과 변질, 현실로부터 유
리된 관념을 넘어서 주자학과 실제를 일관시키는 방향으로 전개된다.

---

66) 『圭南文集』 권3, 書, 「答徐監司有榘」, 133~134쪽 : 自升車圖解 乃十數年前
漫筆 而未曾試之於用 故常慮其用時之異於說時 不敢出以示人矣 … 夏至已迫
移秧差晚 司牧之憂 當不比藿食 而制器利用 仰認厚生之至意.

이를 통해 주자학이 담지하고 있는 실천적·실용적 기능을 선명히 부각시켜 '체용구전'의 본래적 구도를 복원하고, 지식과 행위를 함께 추구해 나가면서도 오히려 행위에서 지식이 실현될 수 있다는 점을 강조하고 있다.

하백원은 이 점을 의식하면서 당대 주자학자들이 대부분 성리설에 천착하던 학문태도와 달리, 성리설에 대한 발언을 절제하고 정주가 이미 치밀하게 변증해놓은 이론과 학설을 학습하고 실천하는 것으로 충분하다는 태도를 취했다. 따라서 그는 湖洛논쟁을 문자와 구어의 강론과 변증에 지나지 않는다고 신랄히 비판하고, 이러한 논쟁이 파생시킨 학문의 병폐는 주자학의 실천적 과제를 외면케 만들었을 뿐 아니라 유학의 본령을 훼손한 것으로 진단하고 있다. 나아가 그는 尊德性과 道問學이 주자학에서 학문방법의 두 축임을 밝히고, 동시에 존덕성은 학문의 궁극적 목표가 되고 도문학은 궁극에 도달하는 방편이라고 이해했다. 그는 당시에 이러한 주자학의 학문방법을 근본부터 뒤흔드는 학문으로 口耳之學·훈고학·사장학·靜坐學 등을 지목했다. 이는 당대의 俗學들을 비판함으로써 주자학의 학문적 표준을 재정립하려는 의도를 드러낸 것이다.

이처럼 하백원은 주자학적 사유체계가 왜곡·변질되어 모순이 첨예화하던 시대에 유학적 지식인으로서의 양심을 발휘하여 학문의 본질과 목적을 명확히 인식하고 그 방법적 전환을 모색함으로써 실천성·실효성·실용성을 표방하는 실학정신을 강조했다. 그는 農·工·商賈와 錢·穀·甲兵을 유학자의 학문대상으로 적극 포섭하여 利用厚生이라는 현실의식과 실용적 요구에 부응하려고 노력했다. 이러한 논의는 홍대용이나 박지원의 北學論과 학문적 궤도를 같이하고 있다는 점에서 일면의 관련성을 추측해볼 수 있다. 물론 아직까지 그가 북학파의 핵심 학자들로부터 직접적인 영향을 받았다는 증거는 없으나, 홍대용이 하백원의 증조 河永淸과 교유하고 같은 지역의 羅景績에게서 渾天儀와 자명종 같은 과학지식에 눈을 떴다고 하는 객관적 사실에서 가학이나 지역적 전통을 고려해볼 필요가 있다. 이는 앞으로 더욱 관심을 가지고 규명해 가야할 부분이다.

또한 하백원은 자연과학·천문학·수학의 분야에 지대한 관심을 표명하고, 自升車·自鳴鐘·『東國地圖』 등 실생활에 유용한 과학적 기기를 발명하거나 제작함으로써 실용적 학문에 대한 의지를 확고히 표현했다. 실생활에 활용할 수 있는 과학적인 생활도구를 직접 만듦으로서 학문의 생활화·도구화를 적극 실천했던 점은 그의 실학적 사고의 특징을 뚜렷이 나타내준다. 물론 이러한 사고에는 당시 조선사회의 빈곤한 생활상을 극복하기 위해 물질을 이롭게 활용하여 생활을 풍요롭게 하려는 利用厚生의 정신이 들어있다. 하백원이 이처럼 백성들의 경제적·물질적 생활의 풍요로움을 위해 과학적 기계와 생활도구를 제작하는 事功的인 측면에 앞장섰던 이유는 아마도 생활의 풍요로움이 보장되지 않고서는 덕성을 세우거나 높이는 교육이 실현될 가능성이 없었기 때문일 것이다. 자신이 강조했던 것처럼 - "유학자가 이 세상에 태어나 최상으로 여기는 것은 立德이요, 그 다음은 立功이요 그 다음은 立言이다"[67] -, 그는 유학이 지향하는 道德과 義理의 순수성을 추구하는 입장을 버린 적이 없다. 따라서 하백원의 실학정신을 논하면서 경제적·물질적 토대를 구축하거나 생활의 실용성과 효용성을 증대시킴으로써 도덕과 의리의 힘을 현실사회에 원만히 실현하려 했다는 평가는 설득력을 지닐 수 있다고 본다.

---

67) 각주 15) 재인용.

〈참고문헌〉

『圭南文集』(河百源), 서울: 경인문화사, 1977.

『錦沙屛巖遺集』(河潤九·河永淸), 서울: 경인문화사, 1977.

『湛軒書』(洪大容), 한국문집총간 248, 서울: 민족문화추진회, 2000.

『性潭集』Ⅰ·Ⅱ(宋煥箕), 한국문집총간 244~245, 서울: 민족문화추진회, 2000.

『燕巖集』(朴趾源), 한국문집총간 252, 서울: 민족문화추진회, 2000.

『栗谷全書』Ⅰ(李珥), 한국문집총간 44, 서울: 민족문화추진회, 1990.

『朱子語類』(黎靖德 編), 대북: 중화서국, 1983.

금장태, 『한국실학사상연구』, 서울: 집문당, 1987.

김용섭, 『조선후기농업사연구』, 서울: 일조각, 1970.

문중양, 「조선후기의 水車」『한국문화』15호, 서울대학교 한국문화연구소, 1994.

민준식, 『實學論叢』(이을호 박사 정년기념), 광주: 전남대학교 출판부, 1975.

안재순, 「조선 후기 실학의 주체성 문제」『동양철학연구』제40집, 동양철학연구
　　　회, 2004.

안진오, 「규남 하백원의 생애와 사상」『전남(호남)지방 인물사연구』-유학자를
　　　중심으로-, 전남지역개발협의회, 1983.

안진오, 「圭南의 성리학과 실학사상」『호남유학의 탐구』, 서울: 이회문화사,
　　　1996.

유봉학, 『연암일파 북학사상 연구』, 서울: 일지사, 2000.

이경구, 「金元行의 實心 강조와 石室書院에서의 교육활동」『진단학보』88, 진
　　　단학회, 1999.

이병도, 『韓國儒學史略』, 서울: 아세아문화사, 1986.

이용주, 『주자의 문화 이데올로기』, 서울: 이학사, 2003.

장지연, 『朝鮮儒教淵源』, 서울: 아세아문화사, 1973.

조성산, 「18세기 湖洛論爭과 노론 사상계의 분화」『한국사상사학』제8집, 한국
　　　사상사학회, 1997.

한국사상사연구회, 『인성물성론』, 서울: 한길사, 1994.

현상윤, 『朝鮮儒學史』, 서울: 현음사, 1986.

※출전 : 『東洋哲學硏究』 제41집, 동양철학연구회, 2005.2

自升車의 復元 및 實驗研究

정동찬*·윤용현**·윤광주***

〈논문요약〉

　규남의 自升車는 오늘날의 양수기라 할 수 있는 자동기계장치로, 규남이 30세 되던 해인 1810년 자승차를 발명, 가뭄에 시달리던 농촌에 큰 도움을 주었다. 이 자승차는 조선 세종대에 발명한 自擊漏 이후 시도 된 자동화 기기라는 점에서 그 의의가 매우 크다.

　규남의 자승차 작동원리의 핵심은 강물의 유속을 이용하여 프로펠러를 돌리고 이 프로펠러의 회전력으로 수저를 들어 올림으로써 물을 퍼 올리는 것이다. 강물의 흐름을 활용하여 수차를 회전시키는 것은 요즘 수력발전의 원리와 일맥상통하는 것으로, 강물의 직선운동을 회전운동으로, 이 회전운동을 다시 직선운동으로 변환시키는 물레방아의 원리를 활용한 것으로 생각되며, 동력전달장치인 프로펠러 축에 달린 쌍륜은 캠의 원리를 활용한 것이며, 물이 들고 나는 것은 풀무에 적응된 기술을 활용하고 있다.

---

　* 국립중앙과학관 과학기술사 연구팀장
　** 국립중앙과학관 학예연구관
　*** 문화재복원전문가

규남은 우리 고유의 물레방아와 풀무에 활용된 과학 원리와 당대의 모든 과학지식을 섭렵하고 조화롭게 발전시켜 자승차라는 자동화기기를 발명한 겨레과학의 선구자라 할 수 있다.

주제어: 自升車, 自升車圖解, 水車

1. 머리말

水車는 한발에 대비한 양수기로서 관개 수리 사업에 쓰이는데, 수차는 風車와 더불어 증기기관이 발명되기 이전에 있었던 가장 중요한 동력장치였다. 근대에 이르는 모든 기계장치들 중에서 시계장치를 제외하고는 가장 정밀한 기계였다. 수차는 그 용도에 따라 精穀과 제분용 물레방아의 동력으로서, 그리고 관개의 수리용의 물레바퀴로서 각각 이름을 달리해서 불렸다.

수차는 정곡과 제분용으로 쓰이는 것 이외에 양수기로서 관개와 수리사업에 쓰이기도 했는데, 그러한 수차 이용에 관해서도 『고려사』에서 한번, 그것도 1362년(공민왕 11)에 이르러서야 그 기록을 찾아낼 수 있을 뿐이므로, 우리나라에서의 수차의 발전과정을 알아보기는 매우 어렵다. 이 기록[1]은 고려말까지도 수차는 우리나라에서 관개용으로 일반화되지 못하였다는 것을 말한다.

조선시대에 이르러서는 수직축의 수차는 거의 볼 수 없고 가로축의 수차가 널리 쓰였다. 이러한 수차는 거의 구조에 변화 없이 전통적으로 계승되어 광복전까지 흔히 볼 수 있었고, 지금도 농촌에서 눈에 띄는 것들은 거의 조선시대 형식을 그대로 이어온 것이다. 지금 농촌에서 쓰고 있는 것들은 광복 후 들어온 서구식 車輪들의 부속을 이용했거나 그 영향에 의하여 개조된 부분이 있다.

이번에 다루는 하백원의 自升車는 오늘날의 양수기라 할 수 있는 자동기계장치로, 규남이 30세 되던 해인 1810년 자승차를 발명, 가뭄에

---

1) 그 기록에 의하면, 중국 농민들은 수차를 이용하여 한발을 이겨내는데, 우리나라 사람들은 저수지와 제방을 쌓아 물을 끌어대는 것에 의존할 뿐 수차를 써서 물을 쉽게 댈 수 있다는 것을 깨닫지 못하여, 관에서 수차를 만들어 농민들에게 장려하도록 하였다는 것이다.

시달리던 농촌에 큰 도움을 주었다. 그는 『자승차도해』에서 "땅이 비옥한데도 열흘만 비가 오지 않으면 높은 지대의 곡식이 말라 죽고 흉년이 들기 때문에 이를 활용, 밤낮으로 물을 댈 수 있도록 하기 위함이다"고 말하고 있어 대민 규휼정신이 가득 배어 있음을 살펴볼 수 있다.

규남선생은 自升車를 발명하고, 김정호의 『대동여지도』보다 51년 빨리 「동국지도」를 제작했으며, '천문도'를 만드는 등 뛰어난 업적을 남겼음에도 불구하고 다른 실학자들에 비해 제대로 평가를 받지 못하고 있음에 비추어 이 글에서는 '실용 과학자'로 평가받고 있는 조선 후기의 실학자 규남 하백원 선생[2]의 『自升車圖解』에 대한 분석과 복원, 실험연구를 시도해 보고자 한다.

2. 水車의 역사적 배경

1) 수차의 발전과정

우리나라에서 벼농사 재배가 본격적으로 이루어진 청동기시대 이래 농경사회에서 물을 이용하는 기술의 필요성이 불가피하였으며, 수전경작이후 필연적으로 水利의 중요성이 대두되어 水利灌漑시설을 촉진시켰다.

우리겨레가 언제부터 수차를 사용했는지는 분명하지 않으나, 5~6세기 무렵으로 추측된다. 즉 610년 고구려의 승려 曇徵이 일본에 건너가서 연자맷돌을 만들었다는 史實이 있으며, 이것은 수차의 일종일 것

---

2) 규남 하백원 선생은 순창의 旅庵 申景濬(1712~1781), 장흥의 存齋 魏伯珪 (1727~1798), 고창의 頤齋 黃胤錫(1729~1791)과 더불어 호남 실학 4대가의 한 명이다. 여암 신경준의 『彊界考』와 존재 위백규의 『政絃新譜』, 이재 황윤석의 『理藪新編』, 규남 하백원의 『自升車圖解』는 호남 실학의 사대 명저라고 할 수 있다.

으로 짐작된다.

우리나라에서 水車 이용에 관해서는 고려 공민왕 1년에 첫 기록을 볼 수 있다.[3]

수차의 종류에는 여러 가지가 있다. 그 중에서 대표적인 것은 '용골차'와 '통차'이고, 16세기 이후에는 '龍尾車(Archimedes screw)'와 '玉衡車' 같은 서구식 수차가 도입되기도 했다.

고려 말 이래로 '수차'라면 일반적으로 '용골차', 즉 '번차'로 우리말로 '물자애(위)'라고 한다. 그것은 중국에서 한대(170년경)에 발명되어 삼국시대 우리나라에 들어 왔다.

용골차는 하천이나 저수지와 같이 물이 있는 곳에서 물을 대야 할 곳까지 나무통(樋)을 걸어 건네고, 한편 龍骨板이라고 부르는 네모난 판을 이은 연속된 고리를 만들어 그것을 나무통 속에 꿰어 빙빙 돌려 그 회전에 의하여 용골판이 물을 끌어 올리도록 만든 것이다. 회전동력으로는 手轉·足踏·畜力·수전·수차 등이 두루 사용되었는데, 조선 초기까지는 주로 족답의 번차가 많이 쓰인 것 같다.

우리말로 번차를 '물ᄌ애'라고 불렀던 것을 보면, 그것은 상당히 오랜 전통을 가지고 있었음을 짐작하게 한다.

오늘날 가장 흔히 볼 수 있는 양수 시설로는 맞두레, 용두레, 수차

---

3) 高麗 恭愍王 11년(1362)에 密直提學 白文寶의 箚子를 올리기를, "(江淮 중국의 양자강과 회수 지방) 백성이 농사를 지으며 水旱을 근심하지 아니하는 것은 오로지 水車의 힘입니다. 우리 동방 사람은 논에 경작하는 자가 반드시 봇도랑에 물을 끌어넣기만 하고, 수차로 쉽게 물을 대는 것은 알지 못하기 때문에 논 밑에 도랑이 있어 한 길[丈]의 깊음이 채 되지 못하는데도 내려다보면서 감히 퍼 올리지 못하니, 이로써 묵은 논이 열에 항상 여덟아홉이 됩니다. 마땅히 界首官에게 명하여 수차를 만들되, 巧工[솜씨가 있는 工人]으로 하여금 모양을 본떠서 민간에 전하게 한다면, 이는 가뭄에 대비하고 묵은 땅을 개간하고 첫째의 계책이며, 또 백성이 파종과 모심기에 겸하여 힘쓰게 되면 한재를 방비하고 穀種을 잃지 아니할 수 있습니다." 하였다.

(무자위), 물풍구 등이다. 이러한 도구의 제원을 살펴보면, 먼저 맞두레(사진 1)는 가장 기본이 되는 도구로 두 사람이 양쪽에서 새끼줄에 매단 두레박을 이용하여 물을 퍼올리는 것이다. 그러므로 반드시 두 사람이 필요하고 힘도 많이 든다. 그래서 혼자서도 쉽게 물을 퍼올릴 수 있도록 개량한 것이 용두레이다.

용두레(사진 2)는 긴 장대를 삼각뿔 모습으로 세우고 그 사이에 나무를 파서 만든 기다랗게 생긴 두레박을 새끼줄로 매달고 지렛대 원리를 활용하여 혼자서도 힘들이지 않고 물을 퍼올리는 장치이다. 이 삼각뿔 장대는 요즈음 카메라의 삼각대처럼 자유자재로 그 높이를 조절할 수 있도록 되어 있으며, 삼각구도의 안정성을 확보하고 있다. 이것이 발달되어 발로 밟아 물을 퍼올리는 수레바퀴 모양의 무자위를 만들어 내었다.

무자위(사진 3)는 수레나 물레의 바퀴 모양으로 한 개의 축을 중심으로 주위에 많은 나무판(발판) 날개를 螺旋形으로 붙이고, 중간 가장자리 부분에 물길을 내었다. 사용방법은 먼저 발판이 물에 잠기도록 설치한 뒤 받침대 끝에 설치되어 있는 긴작대기 2개를 잡고 올라서서 발로 나무판을 밟고 걸으면, 바퀴가 돌면서 물을 퍼 올리게 되는데, 퍼 올려진 물은 물길을 통해 앞으로 나가게 된다. 이렇게 하여 낮은 곳에 있는 물을 높은 곳의 논이나 밭에 끌어 올린다.

이 무자위는 물레방아의 원리와 비슷하지만 흐르는 물을 이용하여 동력을 얻는 대신에 거꾸로 사람의 힘을 이용하여 물의 위치를 바꿔주는 것이 다르다. 특히 무자위는 논이나 밭의 높이가 물의 높이보다 더 높을 때 사용하는 것으로 보통 너른 들이나 평야지대에서 많이 사용하였으며, 지금도 염전에서는 바닷물을 퍼 올리는데 사용하고 있다.

이러한 무자위와 함께 풀무의 원리를 이용하여 통안에 장치된 피스톤을 왕복시켜서 물을 품어내도록 한 물풍구(사진 4)가 사용되었다. 이 물풍구는 굵은 대나무의 속을 파내거나 판자로 통(실린더)을 만들고, 그 속에 활대(피스톤)를 끼워 사용하였는데, 시간 당 10~20톤의 물대기를 할 수 있었다.

요즈음의 양수기도 전기모터를 이용한 고속회전으로 많은 물을 쉽게 퍼 올릴 뿐 그 기본원리는 옛 도구들과 똑 같다.

2) 수차의 개량과 보급

물을 퍼 올리기 위해 우리 선조들이 개발한 도구는 여러 가지가 있으며, 그러한 양수도구를 보급하려는 노력 또한 꾸준히 이루어 졌다.

수차에 대한 보급의 노력은 고려시대의 고려사, 조선시대의 『朝鮮王朝實錄』, 『增補文獻備考』 등의 기록으로 알 수 있는데 중요한 부분을 발췌하여 살펴보면 다음과 같다.

수차가 우리 문헌에 처음 나타난 것은 『高麗史』(食貨 二, 農桑, 恭愍王 11年條)인데, 그해에 白文寶가 건의하기를 "중국 강회(江淮, 江南) 백성이 농사를 짓되 수차의 편리함을 알지 못하여 논 아래에 개울이 있어 한 길 깊이가 되지 않는데도 내려다보면서 감히 위로 물을 끌어올리지 못하고 있습니다. 이러한 연유로 황무지화 하는 것이 십중팔구입니다. 모름지기 界首官에 명하시어 수차를 만들어 민간에 전하시면 旱荒에 대비하는 최상책이 될 것입니다."라고 하였다.

이와 같이 중국 강남에서 쓰고 있던 수차법을 도입하고자 한 것은 고려 때의 일이지만 조선시대에 들어와서도 이러한 노력은 지속되었다.

1429년(세종 11) 12월에 일본에 통신사로 갔다 온 朴瑞生이 제출한 보고서는 조선의 수차제조에 큰 자극을 주었다. 그가 일본에서 보고 온 수차는 水勢를 이용하여 自轉하는 것이었다. 그러나 그것도 급류에 가설하면 자전하지만 (漫水)에 가설하면 자전하지 않아도 발로 밟아야 돌아가게 되어 있다고 하였다.

세종 11년(1429)에 일본으로부터 들어온 '통차'는 종래의 족답식보다 훨씬 효율적이어서 '自激水車'라고 불리었고, 이때부터 종래의 수차를 중국에서 들여왔다 하여 '唐水車'라 하고, 통차를 일본에서 들여왔다 하여 '倭水車'라 했다.

성종 때부터 연산군 2년(1496)에는 崔溥가 중국에서 보고 온 수전수차를 보급시키려고 노력했고, 연산군 8년(1502)에는 전익경이 정교하고 능률적인 수차를 만들었다고 하며, 명종 15년(1546)에도 중국의 수차를 보급시키려고 노력했다는 기록들이 실록에 나타나 있다.

孝宗 원년(1650)에 備邊司에 하교하기를, "燕瀋(북경과 심양)의 관개에 쓰는 것은 수차만한 것이 없는데, 우리나라는 이 制度에 전연 어두워서 가까운 거리에 비록 콸콸 흐르는 물이 있을지라도 地勢가 조금 높으면 어찌하지 못한다. 농사는 천하의 큰 근본인데, 그 기구의 편리하지 못함이 이와 같으니, 이제 工匠으로 하여금 그 제도를 만들게 하여 만약 그것이 쓸 만하면 外方에 傳播시켜 농사를 권장하는 데 한 가지 도움이 되게 하라."는 교지를 내린 기록이 있다.

숙종 때에도 물리학자 李敏哲이 성능이 좋은 수차를 만들어 숙종 9년(1683)에 보급하였으나 역시 별 성과를 거두지 못했다. 영·정조대에 이르러 서양계 수차인 '용미차'를 중국에서 들여왔다.

正祖 7년(1783)에 영의정 鄭存謙이 吏曹參判 李敬養의 상소를 빌어 "水車의 기계를 만드는 것이 진실로 관개에 큰 이익이 되므로, 중국에서는 논농사에 오로지 이것에 의지하여 백성이 가뭄을 근심하지 아니하고 나라가 그 이익을 보게 되는데, 곧 듣건대, 우리나라는 그 제도를 모방해 와서 능히 반포해 시행하지 못하고 혹은 圖를 상고하여 사사로이 만든 자가 있는데도 이미 조정의 슮이 없어서 시험해 쓰지 못한다고 하니, 곧 講求하여 널리 펴도록 하기를 청합니다. 수차는 농사일에 도움이 있고 만드는 것은 곧 사사로이 만든 것이 있으니, 먼저 세 軍門으로 하여금 그 사사로이 만든 것을 가져와서 모방해 만들어 시험해 쓰도록 하자"는 건의를 하여 시행토록 한바 있다.

高宗 光武 2년(1898)에는 水輪課를 설치하여 官有와 民有를 물론하고 높고 건조한 땅에 水輪을 설치하여 浦를 파고 방죽을 쌓아, 개간하고 灌漑하여 백성으로 하여금 이익을 보도록 하였다.

이렇듯 세종대의 자격수차의 권장책과 丁若鏞 등 실학자에 의한 부단한 이웃나라의 앞선 수차의 제작기술 권장은 주목할 만하였다.

『조선왕조실록』에 보이는 조선시대의 수차이용 권장책을 요약하면 다음과 같다.

①세종 권54 (신유) / 판서 안순이 수차 사용에 관해 아뢰다
  판서 安純이 아뢰기를, "지금 倭水車와 吳致善이 만든 水車를 물에 부딪쳐서 시험해 보니, 왜수차는 논에 물을 대는 데 쓸 수 있고, 치선이 만든 수차는 우물물을 끌어 올리는 데는 쓸 수 있어도 논에 물을 대는 데는 쓸 수 없습니다. 왜수차는 농사짓는 데 매우 편리하고 유익하니, 청하건대, 工匠을 여러 도에 나누어 보내어서 만들어 쓰게 하소서." …(후략)

②세종 권54 (기묘) / 왜수차와 당수차의 사용을 권장하다
  호조에서 아뢰기를, "水車 監造官의 手本 가운데에, '만약 田畓이 다 마르지 않은 때에 倭水車를 쓴다면, 2인이 하루 동안의 役事로서 여러 畝의 전답을 灌漑할 수가 있다.'고 하였으니, 마땅히 각도에 공문을 보내어 미리 水車 만들 재목을 준비하게 하여 匠人들에게 만들도록 하고, 아울러 둑[陂澤]에 나아가서 세찬 水勢를 익히게 하여 농민으로 하여금 즐겨 쓰도록 하고, 唐水車도 아울러 만들도록 하고, 외방의 장인들이 능히 전해 익혀서 관개하는 데 이롭게 하는 사람이 있으면, 감사에게 그 실제의 효과를 상고하여 계문해서 그 공을 상주게 하소서." 하니, 그대로 따랐다.

③성종 권219 (을미) / 전 사직 최부가 수차를 만들어 바치다

前 司直 崔溥가 水車를 만들어 바쳤다. 그 제도는 농사를 짓는 데 쓸 경우 물을 올리려면 한 사람이 수차바퀴 머리에 윗부분에 다가서서 두 손으로 운전하게 하고, 배에다 설치하여 물을 긁어낼 때는 한 사람이 바퀴 곁에 앉아서 한 손으로 운전하며, 물을 운반하는 데 쓰려면 山이나 언덕에 있어서는 수레를 만들어 약간의 腹板을 모름지기 길고 넓게 하되, 비록 4, 5丈이 되어도 무방하다. 輪板은 길어야 하고 腸骨은 많아야 하는데, 이는 복판을 보아 알맞게 만들어야 한다. 물가로부터 물을 굴려 올리는 데 있어 그 물이 떨어지는 곳에 못을 만들어 모아 두고 다른 수차로 차차로 올리도록 하는데, 대개 그 기계의 형태와 長短은 그 地勢의 높고 낮음에 따르며, 腹板이 넓고 좁음은 취하는 물의 多少에 따르게 하였다. 그 제도는 그 腹板이 위는 도랑[溝]을 베게 하고 아래는 물 바닥에 꽂히게 하며, 그 길이는 기계의 상하 끝까지 닿게 한다. 挾板은 복판보다 조금 좁게 하며 輪板은 협판보다 조금 좁게 한다. 腸骨은 윤판의 중간을 꿰뚫게 하되 어느 쪽으로도 기울지 않아야 한다. 또한 윤판의 길고 넓음과, 장골의 드물고 조밀함도 또한 똑같이 整齊되어야 한다. 윤판과 장골의 수는 奇數를 쓰며, 그 軸은 복판의 넓이를 보아 하고, 그 輻은 윤판의 半쯤 되게 한다. 그 穀은 기계 머리의 한 가운데 위치하고 그 축이 돌아가는 구멍은 모두 쇠로 씌워 원활하게 돌게 한다. 그 장골은 못[釘]을 주어 연결하되 대나무를 쓰고 그 기계의 기둥에도 못을 주되 쇠를 써서 한다. 앞뒤 네 기둥은 커야 하며 중간 기둥은 약간 작게 한다. 그 제작하는 나무는 기계에는 杉나무를 쓰고, 장골은 느릅나무[楡]를 쓰며, 윤판은 녹나무[樟]를 쓰고, 車腸은 竹片을 써서 얽어맨다. 만일에 삼나무·느릅나무·녹나무를 얻지 못하면 모름지기 나뭇결이 단단하고 질긴 것을 쓸 것이며, 그 윤판에는 나무가 무거운 것을 쓰되, 두텁고 실한 것이라야 비로소 가할 것이다.

④명종 권3 (무자) / 표류하여 유구국에 갔던 박손 일행이 돌아와 그 풍속을 기록하다

…(전략)【朴孫이 福建道의 수차를 보고 그 제도를 상세히 익혀가지고 본국에 돌아와서 匠人을 가르쳐 제작하니, 그 용도가 농작에

매우 이로왔다.】…(후략)

⑤숙종 권8 (기해) / 영의정 허적이 함경 감사가 장계한 네 왕릉의 금
표에 대해 건의하다

…(전략) 副護軍 尹深이 말하기를, "우리나라는 治水할 줄을 몰라
이득을 보지 못합니다. 듣자니 李敏哲은 재주와 지혜가 많아 아래쪽
에 있는 물을 위로 올리는 일은 그렇게 어려운 일이 아니라고 합니
다. 시험해 보고자 하는데 마침 喪中에 있으니, 어찌하면 되겠습니
까?" 하고, 허적이 말하기를, "孝廟께서 중국 사람의 무자위[水車]
를 구경하시고, 그것을 各道에 나누어 보냈던 것인데, 그 뒤로는 버
려두고 사용하지 않으니 매우 잘못된 일입니다. 이민철에게 좋은 생
각이 있다 하니, 喪中이지만 불러서 시험해 보는 것이야 무슨 어려
움이 있겠습니까?" …(후략)

⑥숙종 권8(무술) / 이민철이 수차를 만들다

李敏哲이 水車를 만들었다.

⑦영조 권52(정해) / 수차를 만들다

水車를 만들었다 처음 孝宗이 藩館에 있었을 적에 수차로 물을 끌
어 올려 논밭에 대는 것을 보고 그 제도를 취하여 가지고 와서 호조
로 하여금 제작하게 하고, 이를 장차 諸道에 나누어 주어서 논농사
에 물을 끌어대는 기구로 삼으려 했던 것인데, 그 遺制가 아직도 호
조에 남아 있었다. 유척기(兪拓基)가 정승이 되었을 적에 임금에게
아뢰어 그 제도에 따라 다시 만들게 할 것을 청하였는데, 이 때에
이르러 수차가 완성되었다. …(중략) 이때 의논하는 자들이 말하기
를, "수차를 만드는 데 드는 工力이 많으므로 시골 백성들이 준비
할 수 있는 것이 못됩니다." 하니, 그대로 버려두고 나누어 주지 않
았다.

⑧정조 권16(계사) / 재해 극복과 구휼에 대한 이조 판서 서호수의 상
소문

이조 판서 徐浩修가 상소하기를, "…(중략) 신이 듣건대, 孝宗 元年
에 수거(水車) 한 具를 備邊司)에 內下하며 하교하기를, '燕京이나

瀋陽에서는 灌漑에 사용하는 것이 수차만한 것이 없었다. 우리나라는 이것의 제작에 전혀 어두워, 비록 咫尺의 자리에 콸콸 흐르는 물이 있다 하더라도 地形이 조금 높기만 하면 어찌할 수 없게 된다. 이번에 工匠들로 하여금 그런 제작대로 만들어 내었다가 外方에 傳布하여 勸農에 도움이 되게 하라.'고 하셨었습니다. 비변사에서 覆奏하기를, '제작이 매우 精巧하고 回轉이 신통하게 되어 있습니다. 진실로 家戶마다 설비한다면 가뭄 대비에 도움됨이 반드시 적지 않겠습니다.' 하고, 따라서 10具를 만들어 八道와 兩都에 나누어 보냈었습니다. …(중략) 대개 水車의 제작은 또한 허다하게 갖가지 것이 있기도 합니다만, 皇明의 閣臣 徐光啓의 저술인 『農政全書』의 내용에 龍尾車의 功用에 관하여 마침 말하기를, '여러 개를 接屬해서 올려 가면 산에서도 사용하게 될 수 있으니, 이는 가무는 해와 높이 있는 전답이 근심할 것 없게 되는 것이고, 밭두둑 쌓아가기는 날짜를 계산해 가며 다하게 되는 것이니, 이는 장마 지는 해와 낮게 있는 전답을 근심할 것 없게 되는 일이다. 옛적이나 지금이나 貯水하고 下水하는 기구가 이 용미차처럼 제작이 정묘하고 이익이 많은 것이 있지 않았으니, 비록 財成輔相이라고 말하더라도 또한 지나친 말이 아니다.'라고 하였습니다. 臣이 兩朝에 반포했던 수차도 또한 용미차의 제작과 같은 것이었는지 알 수는 없습니다만, 요컨대 공효와 이익이 넓었음이 一致했을 것입니다. …(중략)" 하니, 임금이 廟堂으로 하여금 품처하도록 명하였다. 비변사에서 계청하기를, "水車는 그 방법대로 만들어서 반포하고, 곡식을 저축하는 일은 年事가 풍년 들기를 기다렸다가 구획해 가기 바랍니다." 하니, 그대로 따랐다. 이어 徐浩修에게 명하여 龍尾車 만드는 일을 감독하도록 하였는데, 용미차가 이루어지기는 했으나 반포하는 일은 실현하지 못했다.

⑨정조 권50 (기축) / 농사를 권장하고 농서를 구하는 구언 전지에 대한 배의 등 27명의 상소문
　…(전략) 李宇炯의 상소에 아뢰기를, "…(중략) 水車의 제도가 몹시 많으나 오직 龍尾가 가장 좋습니다. 용미는 둥근 나무로 축을 만들되 아래와 위가 고르게 되게 하고, 도랑[溝]은 비스듬히 나선형으로 만들되 판자를 엮어 칸을 막고 얇은 널판으로 둘러싼 다음 석회나 瀝靑으로 발라 틈이 없게 합니다. 또 鐵樞를 만들되 양쪽 끝이 직각

삼각형 모양이 되게 만들어 세우고 곳곳마다 톱니가 8개가 되게 합니다. 그런 다음에 軸을 눕히고 바퀴를 세운 뒤 그 톱니가 맞물리게 하고, 그 곁에 있는 한 바퀴에 물을 받는 날개를 붙이면 세 개의 바퀴가 서로 맞물려 돌아서 사람의 힘을 들이지 않고도 물이 흐르는 힘으로 인해 저절로 돌아가게 됩니다. 그리하여 물이 판자로 만든 도랑을 따라 위로 솟아오르게 되는바, 그 제도가 다른 수차에 비해 더욱 묘합니다. 이 밖에도 高轉筒車라는 것이 있는데, 이것 역시 흐르는 물에서 쓸 수 있습니다. 강 언덕의 높이를 살펴보고 큰 바퀴를 만들어 물 흐름에 맞추어 설치합니다. 그런 다음 그 바퀴테[輞]에다 판자를 가로로 매어 물살에 부딪혀서 돌아가게 하고, 거기다 물통을 세로로 매달아 물을 퍼가지고 올라가서 쏟아 붓게 만듭니다. 그러면 그 효과가 용미보다 못지않으나 물을 퍼 올리는 것이 약간 적습니다. 못이나 우물과 같이 땅이 약간 깊은 곳에서는 恒升車로 물을 퍼 올릴 수가 있습니다. 물통의 길이를 언덕과 나란히 되게 하고 하단을 얇은 판자로 막고 모나고 둥글고에 따라 구멍을 뚫은 다음, 쇠를 벼리어서 혓바닥을 만들어 여닫는 기구를 만들고, 판자에다는 별도로 긴 장대를 박아 오르내리게 합니다. 그러면 이것은 마치 풀무에서 바람이 생겨나는 것과 마찬가지여서 물이 통속으로부터 끊임없이 콸콸 쏟아져 나옵니다. 玉衡의 盤壺나 雙筒 및 虹吸法과 같은 것은 모두 구리나 주석으로 만들어야 하기 때문에, 신이 시험해보지 못하였습니다. 이상이 수차에 대한 대략적인 내용입니다. …(중략) 드넓은 평야 지대로 큰 강을 끼고 있어서 보를 막을 수 없는 곳에서는 수차를 이용하지 않아서는 안 됩니다." …(후략)

이와 같은 많은 노력에도 불구하고 수차는 농민들에게 널리 보급되지 못하고 실패로 돌아갔다. 그것은 무엇보다도 농민들의 가난 때문에 새로운 수차를 만들 만한 여유가 없었다는 것이 가장 큰 원인이었다. 또 다른 이유는 우리나라의 地勢와 자연조건으로 볼 때 대체로 천수로서 만족할 수 있는 것이 常例이고, 가뭄이 심할 때에는 수차를 돌릴 만한 물이 흐르지 않았기 때문에 사실상 쓸모가 별로 없었다는 사실이다. 또한 수차의 보급이 어려웠던 다른 문제들 중에는 자재의 문제, 즉 수차 제작에 쓰일 목재가 우리나라에는 흔하지 않았다는 것도 있었다.

가장 중요한 문제는 토질이나 우량의 면에서 우리나라의 자연조건은 수전농업에 있어서 洑나 堤堰을 발전시켰고, 벼 재배는 그러한 시설로 족하였다. 그래서 농민들에게 수차의 제작은 절실한 문제로 요청될 수 없었고 더욱이 벼 재배는 부종법이 주여서 파종기의 물 문제는 이로써 어느 정도 조정할 수가 있었다.

특히 이러한 사정과 견주어 일반 백성들이 수차에 관심이 적은 것을 한탄하는 조선중기 실학자의 기록을 살펴볼 수 있는데, 李睟光이 말하기를, "중국 水車의 제도는 魏나라 馬均이 비로소 創造하였는데, 田土의 灌漑에 가장 유익하여 천하에 통하여 사용할 만하다. 지난번에 楊萬世가 일본에 가서 그 제도를 얻어 왔는데 지극히 편리하였지마는, 우리나라 사람은 성질이 옹졸하여 연습해 쓰기를 즐겨하지 아니하니, 애석한 일이다."고 하였다.

이러한 내용과 비교되는 기록이 일제시대에 일본인이 조선의 풍속을 그리고 이에 설명을 덧붙인 것으로 『日本居留地時代 朝鮮見聞圖解』의 '논에 물대기'를 들 수 있다(사진 5). 내용을 보면 "이 그림은 가뭄때 농부가 논에 물을 대는 모습이다. 이 나라의 농가에 있어서는 평소에 용수로 등의 준비가 없어 가뭄에는 많은 사람이 들에 나가서 밤낮으로 바가지로 물을 퍼는 것은 옛날부터의 풍습이라고 한다. 혹시 일본인이 용수로의 편리함을 가르쳐 주어도 돈을 쓰는 것을 꺼리기 때문에 이런 노동을 마다 않고 주야로 일을 하고 있다. 모든 조선의 농부들은 논에서 벼농사를 짓는 데는 천수를 의지하여 벼를 심는 습관으로 장마철에 강우가 부족하며 그 해는 흉년이라고 하여 크게 고민한다고 들었다. 또 지방관의 관리들도 농사 등에는 관심을 갖는 것은 조금도 없었던 까닭에 각 부락의 농민, 뜻있는 식자는 일찍부터 일본에 귀화를 바라는 그런 생각을 가졌다고 한다." 이로보아 비록 일인들이 우리를 바라보는

데 있어서 악의 적인 면도 살펴볼 수 있겠으나, 이수광이 지적한 조선 시대 중기의 시대상황과 견주어 볼 수 있는 대목이라 하겠다.

이러한 사회적인 요인에도 그런 대로 가장 잘 보급된 것이 '답차(무자위)'라는, 발로 밟아 돌리는 물레바퀴였다. 그것은 간편하여 제작비가 적게 들고 한 사람이 밟아 돌리는 데도 '두레(맞두레)'나 '용두레'보다 효율적이었기 때문이었다. '踏車'는 지금도 三南 지방에서 볼 수 있는 가장 간단한 수차이며, 염전에서도 많이 사용되고 있다.

3. 自升圖解

1) 自升車圖 解說[4]

水車의 종류는 그 制度가 한결같지 않다. 예컨대, 『農政全書』[5]와 『天工開物』,[6] 『三才圖會』[7] 등 여러 책에서 考證할 수 있다.

---

4) 自升車圖 解說 : 아래 「自升圖解」와 함께 『圭南文集』 5권 21판부터 34판에 걸쳐 실려 있다.

5) 『農政全書』 : 중국 明나라 후기의 학자이며 정치가인 徐光啓가 편찬한 農書. 활자본. 전 60권. 그가 죽은 뒤인 1639년 陳子龍에 의해 蘇州에서 간행되었다. 漢나라 이후 특히 발달하기 시작한 농학자의 여러 설을 총괄·분류하고 수시로 자기의 說을 첨부하여 집대성한 것인데, 農本·田制·農事·水利·農器·樹藝·蠶桑 등 12門으로 되어 있다. 마테오리치와도 친교가 있던 편자는 서양 학문에도 깊은 이해를 가지고 새로 수입된 서양의 水力學과 지리학도 참고하여 본서를 편찬하였다.

6) 『天工開物』 : 명나라 말기의 학자 宋應星(1587~1648?)이 지은 경험론적 산업기술서. 3권. 1637년 간행. 상권은 天産, 중권은 인공으로 행하는 제조, 하권은 물품의 功用에 관하여 각각 서술하고 있다. 紡績·製紙·造船 등 여러 가지 제조기술을 그림을 곁들여 해설하고 있어, 명나라 말엽 농·공업사를 살피는 데 중요한 자료이다. 원본은 전하지 않고 근래 중국에서 영인된 활판본이 있다.

7) 『三才圖會』 : 중국 明나라 때에 편찬된 類書. 일종의 백과사전으로서 명나라의 王圻가 저술하였다. 1607년에 쓴 저자의 自序가 있고, 후에 그의 아들 王思義가

예전 三代 이상에는 겨우 桔槔가 있었을 뿐이고, 漢·魏의 무렵에는 비로소 鱗車가 있었다. 晉·唐 이후로 이를 제작하는 사람이 많아 각자 방법대로 하였다. 泰西(西洋)의 水法이 중국에 전해지자 가장 精巧해졌으나 내가 연구하고 고증해보니 불편한 바가 많았다.

가령『周禮』한 책에「冬官」이 亡失되지 않았다면 그 또한 溝澮(도랑)나 물을 끌어 들이는 기구가 있어서 百工의 官職에 나열된 것이 아니겠는가? 진실로 있었다.

나는 그런 기구가 사람의 힘을 덜어주고 백성의 풍속을 이롭게 한다는 것을 알고 있다. 만일 龍骨이 쉽게 決裂되고 螺轉이 運用하기에 불편하며, 玉衡이 기둥을 잡고 오르내려 비스듬하고 곧은 것이 치우치거나 기울어짐을 면하기 어렵고 刮車가 바퀴를 세워 槽를 따라 벼랑을 올라가지만 높은 곳에는 이르기 어려우니, 모두 病痛이라 하겠다.

오직 바람을 맞아 돛으로 물을 막는 방법은 사람의 힘을 수고롭게 하지는 않지만 제도는 번잡하고, 무지개로 흡인하는 기술은 가장 奇妙하지만 많이 취할 수는 없다.

하물며 우리나라에서 제작한 기구는 매우 拙劣하여 사람이나 가축의 힘을 빌어야 한다. 그러므로 곧바로 피로하여 그만 두게 된다. 肥沃한 들판과 기름진 토양이라도 지세가 조금 높으면 열흘 정도만 가물면 타 들어감을 근심해야 하니, 백성들이 식량을 마련하기 어렵다는 것이 怪異한 일이 아니다.

근래 내가 더듬거리며 책을 읽는 여가에 여러 가지 서적을 상고해보다가 천 번 생각한 나머지 얻은 바가 있어서 한 가지 방법을 創出하여 완성시키고 '自升車'라 이름을 지었다. 사람의 힘을 수고롭게 하지 않고도 그러한 이익을 얻을 수 있다.

지금 물의 성질은 중간이 꽉 차기 때문에 빈 곳으로 나아간다. 그러나 어떤 물건이 막으면 물은 나아갈 수 없다. 물이 아래로 나아간다는 것은 물이 위로 흐르거나 아래로 흐르는 구분이 있는 것이 아니라 다만 빈 곳을 따라 흘러가기 때문이다. 샘물이 아래에서 솟아나와 위로 넘치

續集을 편찬하였다. 모두 106권이다. 여러 서적의 圖譜를 모으고 그 그림에 의하여 天地人의 三才에 걸쳐 사물을 설명하였다. 천문·지리·인물·時令·宮室·器用·신체·의복·人事·儀制·珍寶·文史·鳥獸·草木의 14부문으로 분류하였으며, 수록된 도보에는 많은 注意를 기울였으나, 그 중에는 황당무계한 것도 포함되어 있다.

는 것을 보면 사람이 인도함을 알 수 있다. 격동시켜 노하게 할 수 있고 흡인하여 취할 수도 있으며 몰아가서 올라가게 할 수도 있다.

지금 이 自升車는 실로 그 다섯 가지 방법이다. 중간은 통하고 위는 비어 있기 때문에 물이 들어오는 것은 있지만 나가는 것은 없으니, 자연히 빈 곳을 따라 위로 올라간다. 이는 이마를 지나 산에 있으니 비록 물의 성질이라 해도 옳을 것이다. 수레를 '自升車'라 한 것은 실로 물의 성질을 순순히 따르기 때문이다.

이에 圖解를 저술하여 농부로 하여금 보게 하였다. 온 나라 사람들이 모방하여 시행한다면 마치 粤나라 磚이나 燕나라 函과 같이 한다면 넉넉히 풍속을 이롭게 하는 하나의 단서가 될 것이다. 만일 정미롭고 세밀한 기계의 신묘함은 圖解에서 다하지 못한 것은 교묘한 사람이 記述해 주기를 깊이 바란다. 庚午(1810, 순조 10) 仲夏(음력 5월)에 沙村 散人[8] 씀.

2) 自升圖解

自升車[9]란 기구는 ① 方筒과 ② 水輪, ③ 架가 있다. 이 세 가지 물건이 具備되어야 수레가 완성된다.

① 方筒에 속하는 것은 다섯 가지가 있다.

①-1 前後筒은 시냇물을 끌어 들이는 것이다.

①-2 後筒은 고인 물을 위로 퍼 올리는 것이다.

①-3 隔板은 앞뒤를 隔離시키는 것이다.

---

8) 沙村 散人 : 저자 河百源(1781, 정조 5-1845, 헌종 11)이 현재의 전라남도 和順郡 二西面 野沙里에 살았기 때문에 자신을 이렇게 부른 것이다. 散人이란 세상에 쓸모없는 사람이란 뜻이다. 또한 瑞石山 圭峯 남쪽에 살았기 때문에 호를 圭南이라 하였다. 이 낭시 규남의 나이는 30세였다.

9) 自升車 : 스스로 물을 대는 기계. 여기서 '되 升'자는 訓借하여 물을 대다는 뜻으로 사용되었다. 아래 ①-1. 앞의 「自升車圖 解說」과 前後筒 설명 마지막 줄 升水(물을 댄다) 참조.

①-4 舌은 水道(물길)를 開閉하니 들어오는 것은 있어도 나가는 것
은 없도록 한다.

①-5 水杵는 앞의 통에서 물을 吸入하여 뒤의 통으로 몰아가는 것이다.

② 水輪에 속하는 것은 세 가지가 있다.

②-1 軸은 水箆과 雙輪을 설치하는 것이다.

②-2 水箆은 물을 激動시켜 스스로 돌게 하는 힘을 일으키는 것이다.

②-3 雙輪은 水杵를 오르내리게 하는 것이다.

③ 架에 속하는 것은 두 가지가 있다.

③-1 筒架는 方筒과 水輪을 설치하는 것이다.

③-2 偃槽는 흐르는 물을 끌어당겨 水箆을 격동시키는 것이다.

자승차 분석에서 확인되는 치수 단위는 尺, 寸, 分, 厘이다. 규남 하
백원선생이 활동했던 시대적인 상황을 고려하여 볼 때, 영조척이 사용
되었을 것으로 생각된다. 이러한 점에서 아래에서 다루는 치수 환산은
영조척을 기준으로 하여 1尺－30.6cm, 1寸－3.06cm, 1分－0.3cm, 1厘
－0.03cm로 하였다.

① 方筒 [그림에는 10分尺의 1을 이용하였다.]

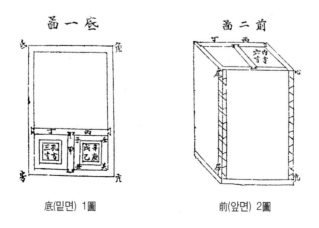

底(밑면) 1圖   前(앞면) 2圖

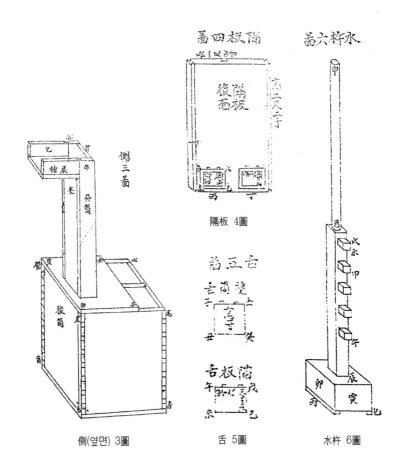

隔板 4圖

側(옆면) 3圖　　　舌 5圖　　　水杵 6圖

①-1, 2. 前後筒·後筒

먼저 木板<두께 1촌(3.06cm), 길이 2척 2촌(67.32cm), 넓이 1척 5촌(45.9cm)>으로 밑바닥을 만든다. [1圖 角·亢·氐·房이다. ○ 모든 길이는 木理(나뭇결)를 따라 올리거나 내림을 말했다. 넓이는 木理의 左右를 따른다. 높이는 기구의 상하를 따라 말했다. 만일 넓은 판자가 없

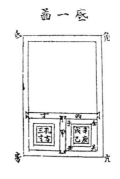

底 一圖

으면 판자를 연결해도 無妨하다. 그 방법은
아래에 附加해 두었다.]

　　木板을 이용하는데 두께는 위와 같다. 사
방 2척 2촌(67.32㎝) 두 조각. [2圖 心·亢·
尾·房]

　　또 길이 1척 5촌(45.9㎝), 넓이 2척 2촌
(67.32㎝) 두 조각. [3圖 虛·氏·璧·角]

　　모두 네 조각을 밑바닥에서부터 위에 까
지 四邊에 交牙(교차된 어금니)를 가로로 세
우되 그 四角은 요즈
음의 斛(10말의 용량)
모양과 같이 한다. 鐵
釘(쇠못)으로 사각 및
아래의 四邊에 긴밀하
게 붙인다. 그 안에는
앞에서부터 뒤까지 좌
우 각 6촌(18.36㎝)으

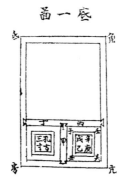
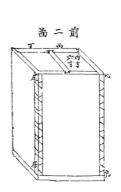

로 하고, 밖은 동편에서 서편까지 격판 1장을 가로로 세운다. [1圖
丙·丁]

　　판자의 두께와 넓이는 위와 같다. 길이 1척 4촌(42.84㎝), 양끝 배와
등은 각 5分(1.53㎝) 쯤 비스듬히 깎아 안을 향하게 하여 깊이는 2푼
(0.612㎝)이 되게 한다.

　　통 안의 동편과 서편에는 마땅히 격판을 세워야 하는 곳이다. [위에
보인다.] 높은 곳에서 밑바닥까지 긴 溝(홈)을 파는데 깊이는 5푼(1.53
㎝)으로 한다. 겉은 넓이가 6푼(1.836㎝)이고 속은 넓이가 1촌(3.06㎝)
이다.

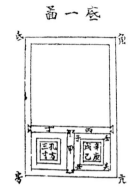

隔板의 양끝을 이용하여 홈에 밀어 넣으면 한 筒이 앞 뒤 두 통으로 나누어진다. 앞통 안의 중앙에 남북으로 짧은 판자 하나를 가로로 세운다. [1圖 甲]

판자의 두께와 넓이는 위와 같고, 길이는 7촌(21.42㎝)이다. 홈에 끼우는 것은 앞의 방법과 같으니 앞의 통이 나뉘어 雙筒(똑 같은 두 개의 통)이 된다. 쌍통 밑바닥 가운데에 사방 3촌(9.18㎝)으로 통하는 구멍을 뚫는다. [1圖 辛·庚·戊·己]

여기에 장차 舌을 배치하려는 것이다. 구멍의 사변은 모두 5푼(1.53㎝) 매우 넓게 깎아 내어 모두 5푼(1.53㎝) 정도 되도록 한다. [1圖 壬·癸·子·丑]

요즈음의 戶限(지게문)이 바람을 막아주는 모양과 같다. 그대로 뒷 통 위에 나아가

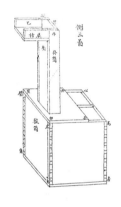

그 높이를 더하여 升筒을 만드는데 먼저 목판을 이용한다. 두께는 위와 같고 사방 1척 5촌(45.9㎝)이다. 이를 덮어서 筒盖(통의 덮개)로 만든다. 나무가 긴 것은 반드시 동서로 가로로 덮는데 筒盖는 뒤에서부터 가운데가 [3圖 寅과 卯 사이] 앞을 향하도록 한다. 2촌 5푼(7.65㎝) 밖에 구멍을 뚫는데 길이는 5촌 5푼(16.83㎝), 넓이는 3촌(9.18㎝)이다.

升筒의 아래 입구를 만드는데 목판을 이용하는데 두께는 위와 같이 넓이는 4촌 5푼(13.77㎝) 두 조각, 4촌(12.24㎝) 두 조각이다. 길이는 언덕 높이를 보아 그에 기준한다. 모두 네 조각인데 [3圖 奎·胃·牛·婁] 네 모퉁이가 서로 합하도록 한다. [奎·胃는 남북에 세우고, 牛·婁는 동

서에 덮는다.]

쇠못으로 긴말하게 안정시키고 하단의 바깥쪽 사면에 각각 1촌씩 (3.06cm) 깎아 내고 깊이 5푼(1.53cm)으로 통개의 입구에 끼운다. 상단에 는 북편 한 면은 아래를 4촌(12.24cm) 깎아 木槽로 이용한다. 두께는 1 촌(3.06cm), 길이는 1척(30.6cm), 넓이는 6촌 5푼(19.89cm)이고, 邊의 높 이는 3촌(9.18cm)이다. [3圖 辰·巳] 깎아낸 아래에 걸치게 하여 물을 댄다.

筒과 槽가 서로 걸치는 곳에 모두 넓이 1촌(3.06cm), 깊이 5푼(1.53 cm)으로 깎아 내고 쇠못을 이용하여 서로 밀 착시킨다. 별도로 기다란 槽를 이용하되 물이 흘러가는 언덕의 높이를 보아 기준을 삼아 물 을 받아 언덕에 붓는다. 만일 언덕의 기세가 지나치게 높으면 나무 통으로 기준을 삼기가 어렵다. 통개에 둥근 구멍 두세 개를 뚫어 대 나무 통을 끼울 수 있도록 한다. 큰 대나무 두 세 개를 이용하여 마디를 관통시켜 둥근 구멍 에 나열하여 끼워 물을 댄다.

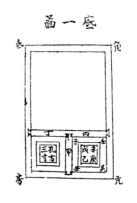

①-3 **隔板** - 길이, 넓이, 두께는 이미 앞에 보인다. 판자 뒤의 밑변에 雙筒이 보이는 각 가 운데 [1圖 丙·丁] 다만 밑변에 닿는 1촌(3.06 cm) 만 남기고, 각각 네모로 구멍을 뚫는다. 높 이는 2촌 5푼(7.65cm), 넓이는 3촌 6푼(11.016 cm). [4圖 庚·辛·寅·甲] 여기에 장차 舌을 배 치하려는 것이다. 구멍의 四邊을 [4圖 戊·己· 午·未] 넓게 깎아 내어 모두 5푼(1.53cm)이 되

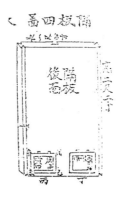

도록 한다. 깊이는 위는 6푼(1.836cm), 아래는 1푼(0.306cm)이고 좌우는 위에서부터 아래까지 6푼(1.836cm)에서 1푼(0.306cm)에 그치게 한다. 요컨대, 舌이 아래로 드리운 것이 비스듬히 닫히게 한다.

①-4 舌－舌은 네 개가 있다. 두 개는 雙筒에 설치하고 두 개는 隔板에 설치하는데, 모두 얇은 쇠를 사용한다. [木材는 물을 만나면 뜨기 때문에 쓸 수 없다.] 雙筒에 설치하는 舌은 사방 4촌(12.24 cm)인데 [5圖 壬·癸·子·丑] 쌍통의 구멍 北邊 [1도 壬·子] 및 舌의 一邊에 [5圖 壬·子] 각각 두 쇠를 두어 끈으로 묶어서 배치한다. 隔板의 舌은 높이 3촌 5푼(10.71cm), 넓이 4촌 6푼(14.076cm)인데

[5圖 戊·己·午·未] 격판의 구멍 뒷면 上邊에 [4圖 戊·午] 및 舌의 上邊에 [5圖 戊·午]에 각각 두 쇠를 두어 끈으로 묶어서 배치한다. 각 구멍의 四邊을 깎아 낸 곳에 氈罽(모로 짠 융단) 따위를 펴고 가는 쇠못을 이용하여 고정시킨다. 舌을 닫을 무렵에 통하여 새지 않도록 한다.

①-5 水杵－水杵에는 두 개가 있는데 만드는 방법은 똑같다. 檀槐(박달나무나 홰나무) 따위를 이용하여 단단하고 무거운 것은 사방 6촌(18.36cm)으로 정도이다. [弱이라 한 것은 그 먹줄 친 곳을 減殺하기 때문이다.] 두께는 4촌(12.24cm)인데 밑바닥으로 삼는다. [6圖 寅·卯·辰] 밑바닥 兩邊에 길이 나무<6촌(18.36cm), 높이 5푼(1.53cm), 넓이 1촌(3.06cm)>를 이용하여 동서 兩趺를 만든다. 杵(공이)의 중앙에 사방 1촌 5푼(4.59cm) 되는 구멍 하나를 뚫어 굳고 단단한 나무<사방 2촌(6.12 cm) 정도, 길이 5척 2촌 5푼(160.65cm)>를 이용하여 下端에 4촌(12.24 cm)을 깎아 사방 1촌 5푼(4.59cm)이 되도록 한다. 杵孔(공이 구멍)을 관

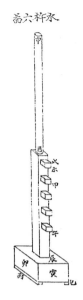

통하여 上端 아래에서부터 2척 6촌(79.56㎝)에까지 圓으로 만든다. [6圖 申·酉] 지름은 1촌 5푼(4.59㎝) 정도이다.

또 8푼 아래에 [6圖 戌] 비로소 木齒를 배치하는데 장차 雙輪이 交叉되게 하려는 것이다. 단단한 나무<사방 1촌 2푼(3.672㎝)>를 이용하여 [6圖 戌)·未] 길이는 2촌 2푼(6.732㎝) 정도, 1촌(3.06㎝)으로 깎아 사방 8푼(2.448㎝)으로 만든다. 孔齒에 삽입하는데 길이는 1촌 2푼(3.672㎝) 정도이다. 또 그 아래에 連하여 4齒를 배치하니 모두 합하면 5齒이다. [6圖 未부터 午까지] 每 齒 사이는 3촌 5푼(10.71㎝)이다. [6圖 未·申]

② 水輪 [그림에는 10分尺의 1을 이용하였다.]

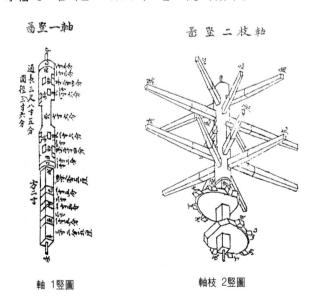

軸 1竪圖   軸枝 2竪圖

水筧四圖

長二尺

斜削一分

背廣一天四寸二分

底廣一天四寸三分

水筧 4圖

筧障五圖

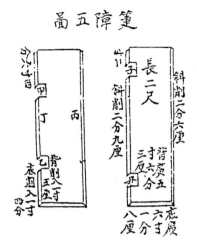

長二尺

斜削二分九厘

背削入寸四分

底圓入寸四分

斜削二分六厘

背廣五寸六分

底廣六寸一厘

三寸二分

筧章 5圖

雙輪六圖

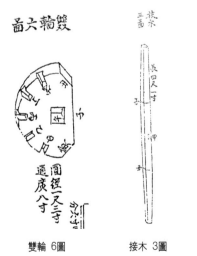

圓經一尺三寸

通廣八寸

雙輪 6圖

接木 3圖

長尺一寸

軸枝障筧端七圖

軸枝章筧端 7圖

②-1 軸－둥근 나무<지름 3촌 6푼(11.016cm), 길이 3척 8촌 5푼 (117.81cm)>를 이용하여 西邊에는 1척 6촌(48.96cm)을 깎아서 사방 2촌 (6.12cm)으로 한다. [1圖 戊·己·庚·辛] 장차 쌍륜을 설치하려는 것이 다. 둥근 몸통 東邊은 3촌 5푼(10.71cm)인데 안과 西邊은 3촌(9.18cm) 以內이다. 직선의 길로 서로 바라보이도록 각각 네 구멍을 뚫는다. 넓이 1촌(3.06cm), 길이 1촌 6푼(4.896cm)인데 깊이는 서로 통하게 하되 子· 午·卯·酉가 均一하고 正確하여야 한다. 단 兩端에는 子·午 구멍 이외 에 外邊에 길이 8푼(2.448cm)을 더한다. 또 동서 네 칸(間) 아래 1촌 (3.06cm)이 넘게 하여 각각 네 구멍을 뚫는다. 앞의 방법과 같은데 乾· 巽·坤·艮이 均一하고 正確하여야 한다. [1圖 巽·巽·艮·艮] 乾·巽 구 멍 內邊에 길이 8푼(2.448cm)을 더하는데, 이는 모두 장차 枝木을 貫通 시키기 위해서 이다. 軸의 허리는 7촌 6푼(23.256cm)인데[1圖 癸] 허리 부분을 깎아서 북(鼓) 모양으로 만들어 그 무게를 줄인다. 兩端의 중심 에 鐵樞를 세우는데 원의 지름은 4푼(1.224cm) 정도이고 길이는 2촌 5 분(7.65cm)이다. [1圖 壬·甲]

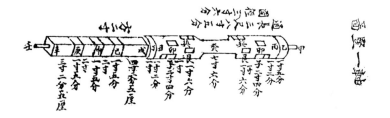

②-2 水筩－먼저 나무<넓이 1촌 6푼(4.896cm), 두께 1촌(3.06cm), 길이 4척 2촌(128.52cm)> 여덟 조각을 이용하여 軸枝(축의 가지)를 만 든다. 허리 넓이 한 邊을 모두 8푼(2.448cm)으로 깎아 삽입한다. 넓이는

1촌(3.06cm)이다. [3圖 甲] 兩端은 각각 1척 3촌 3푼 (40.698cm)인데 모두 먹으로 標記한다. [3圖 子·丑] 장차 筵障으로 그 먹으로 표기한 곳에 닿게 하려는 것이다. 먹으로 표기한 바깥에서부터 끝에까지는 점점 減殺하여 넓이 1촌(3.06cm), 두께 6푼(1.836cm)에서 그친다. 다만 한쪽 끝은 東·西·北을 감쇄하고, 한쪽 끝은 동·서·남을 감쇄하여 한 편을 평평하고 수직이 되게 한다. 장차 筵을 배치하려는 것이다.

먼저 네 조각을 軸의 卯·艮 각 두 구멍에 貫通시킨다. [2圖 心·尾·氐·房] 그 허리 깎아낸 邊이 모두 긴 구멍을 향하도록 하여 긴 邊에 더한다. 또 네 조각을 子·巽 각 두 구멍에 관통시킨다. [2圖 角·亢·箕·斗] 허리 깎아낸 邊을 먼저 관통시킨 두 가지를 향하여 둘이 서로 교차시킨

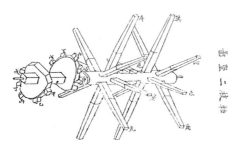

뒤에 긴 구멍의 공간에 나무 조각을 메운다.

木板<두께 3푼(0.918cm), 길이 2척(61.2cm), 넓이 6촌 1푼 8리(18.9108cm)> 여덟 조각을 이용하여 筵障을 만든다. 背面 北邊을 비스듬히 2푼 6리(0.7956cm)로 깎고 [5圖 丙] 남변은 비스듬히 2푼 9리 (0.8874cm)로 깎는다. [5圖 丁] 네 조각의 南邊 상하는 2촌(6.12cm)인데 안쪽 가지가 닿는 곳에는 깎아 뺀다. [5圖 子·丑] 네 조각은 4촌 6 푼(14.076cm)인데 안쪽 가지가 닿는 곳에는 깎아 뺀다. [5圖 甲·乙] 깎아낸 곳은 모두 길이

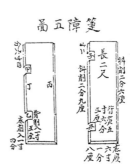

1촌 6푼(4.896cm), 넓이는 배면 1촌 5리(3.213 cm), 밑면 1촌 4푼(4.284cm)이다. 筮障의 障을 軸枝 사이에 나누는데 북변은 밑면이 먹으로 표기한 곳에 닿도록 하고, 남변은 배면이 먹으로 표기한 곳에 닿도록 한다. [7圖 子·丑 따위 이다]

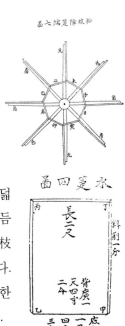

목판<두께와 길이는 위와 같다. 넓이 1척 4촌 3푼(43.758cm)>[4圖 丁·甲·丙·乙] 모두 여덟 조각을 이용하여 筮 下邊을 만든다. 외면은 비스듬히 깎아 1푼(0.306cm)으로 한다. [4圖 丁·甲] 軸枝와 筮障에 分配하여 그 兩端을 가지런하게 한다. 筮의 길이가 가지의 밖으로 1촌(3.06cm) 나오게 한다. 매 筮은 가는 쇠못을 이용하여 고정시킨다.

②-3 雙輪－목판<두께 1촌 5푼(4.59cm), 원의 지름 1척 3촌(39.78 cm)> 두 조각을 이용하여 雙半輪을 만드는데, 반지름 외에 1촌 5푼(4.59cm)을 추가한다. [6圖 午·子] 원래 나무<넓이 8촌(24.48cm)>를 이용하여 만든다. 좌우 角의 각 양 모퉁이는 2촌(6.12cm)으로 깎아낸다. [6圖 丑·寅] 圓 둘레 정중앙 변두리를 걸쳐 홈<길이 1촌 5푼(4.59cm), 깊이 9푼(2.754cm), 表廣(표면 넓이) 8푼(2.448cm), 裏廣(속 넓이) 1촌 2푼(3.672 cm)>을 낸다. [6圖 丙] 그 좌우 각 두 곳에도 홈을 내는데 서로 거리는 모두 3촌

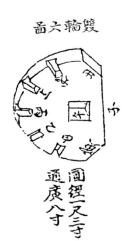

5푼(10.71cm)이다. 輪 하나에 모두 홈 다섯 개를 낸다. [6圖 戊·丁 따위이다.]

단단한 나무를 이용하여 齒<길이 2촌 7푼(8.262cm), 넓이 1촌 5푼(4.59cm), 두께 1촌 2푼(3.672cm)>를 만든다. 한 변의 넓이를 깎아 넓이 6푼(1.836cm), 길이 1촌 5푼(4.59cm)으로 만든다. 그 뒷면 좌우를 비스듬히 2푼 (0.612cm)을 깎아 輪의 홈에 끼운다. 齒의 높이는 1촌 2푼(3.672cm)이 되게 한다. 雙輪은 모두 10齒이다. [2圖 甲·乙 따위이다.] 輪의 반지름에 사방 2촌(6.12cm)으로 구멍을 뚫어 관통시킨다. [6圖 午]

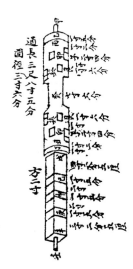

軸의 西邊에 관통시키는데, 한 쪽 輪은 西邊 1척 2푼 5리(31.365cm)의 안에 세워 관통시키고, [1圖 己] 한쪽 輪은 3촌 2푼 5리(9.945cm) 안에 거꾸로 관통시킨다. [1圖 庚] 모두 쇠못으로 軸을 고정시켜야 한다. 여기에 장차 水杵를 교차시키려는 것이다.

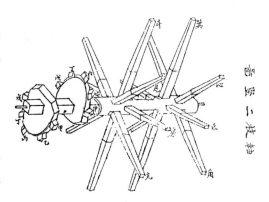

一架 [筒架 그림에는 15分尺의 1을 이용하였고, 偃架 그림에는 10分尺의 1을 이용하였다.]

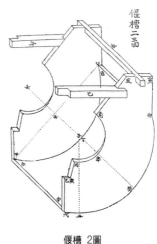

筒架 1圖   偃槽 2圖

③-1 筒架 — 나무<사방 4촌(12.24cm), 길이 4척 2촌(128.52cm)> 두 개를 이용하여 東·西跌를 만든다. [1圖 卯·酉] 각 양 끝 윗면에 3촌 (9.18cm)으로 안에 기둥을 세운다. 기둥이 닿는 안쪽 변과 변에 걸치는 곳에 구멍<垂(세로) 2촌 5푼(7.65cm), 깊이 8푼(2.448cm), 넓이는 겉은 3촌(9.18cm), 안은 4촌(12.24cm)>을 낸다. 구멍의 5푼(1.53cm) 바깥쪽에 또 구멍<길이 4촌(12.24cm), 넓이 1촌 7푼(5.202cm)>을 뚫어 나무<사 방 4촌(12.24cm), 길이 3척 8촌 6푼(118.116cm)> 두 개를 각 양 끝은 8푼(2.448cm), 밑면을 1촌 5푼(4.59cm) 깎아낸다. 좌우는 안을 향하여 비 스듬히 깎아 내는데 깊이는 각각 5푼(1.53cm)이다. 東·西跌의 걸치는 구멍에 끼워 南·北跌를 만든다. [1圖 子·午]

또 나무<사방 4촌(12.24cm), 길이 5척 7촌(174.42cm)> 네 개를 이용 하여 기둥을 만든다. [1圖 乾·坤·艮·巽] 하단 4촌(12.24cm) 안 邊에 1 촌 3푼(3.978cm)으로 깎아내고, 外邊은 1촌(3.06cm)으로 깎아 跌의 관통 한 구멍에 끼운다. 상단 3촌(9.18cm)에 사방 1촌 5푼(4.59cm)으로 깎아

내고 또 나무 네 개<높이 3촌(9.18cm), 넓이 4촌(12.24cm), 길이는 두 개
는 4척 2촌(128.52cm)>로 東·西上架를 만들고, [1圖 震·兌, 俗稱 道里
이다.]두 개<5척 1촌(156.06cm)>로 南·北上架를 만든다. [1圖 坎·離]

　4架의 양 끝에 각 3촌(9.18cm) 以內에 높이 1촌 5푼(4.59cm), 길이 4
촌(12.24cm)으로 깎아 내어 사방 모퉁이가 서료 교차되게 한다. 동서는
우러러보고 남북은 굽어보도록 한다. 깎아낸 곳이 가운데가 되도록 하
여 사방 1촌 5푼(4.59cm)으로 관통하는 구멍을 뚫어 내면에 관통되도록
한다. 북편으로 東·西架와 1척 3촌(39.78cm) 떨어진 바깥에 걸치는 구
멍<垂(세로) 1촌 5푼(4.59cm), 깊이 1촌 5푼(4.59cm), 표면 넓이 3촌
(9.18cm), 안쪽 넓이 4촌(12.24cm)>을 낸다. 나무<길이 4척(122.4cm),
넓이와 높이는 위와 같다.>를 이용하여 양끝 1촌 5푼(4.59cm) 좌·우변
을 안을 향하여 비스듬히 깎는다. 깊이는 5푼(1.53cm)이다. 동서로 걸친
구멍에 끼워 升筒架를 만든다. [1圖 房]

　升筒架 남변에 西架의 내면에서부터 동편으로 4촌 2푼 5리(13.005
cm) 떨어진 바깥에 넓이 1촌(3.06cm), 길이 6촌 5푼(19.89cm)으로 깎아
낸다. [1圖 尾] 장차 升筒의 뒷면에 닿게 한다. 동편 중간 두 기둥 앞
면 趺 위 5촌 3푼(16.218cm) 위에서 안쪽 변에 걸치도록 가로로 구멍을
낸다. 구멍의 깊이는 2촌(6.12cm), 넓이 1촌(3.06cm), 길이는 겉은 9촌
7푼(29.682cm), 안은 1척 2푼(31.212cm)이다. 아래 정 면 위는 비스듬하
게 한다. [1圖 亢·危] 장차 偃槽의 아래 입구를 받아들이도록 하려는
것이다.

　동서 앞 기둥 앞면 趺 위 2척 6촌 7푼(81.702cm) 위에 남북으로 통하
는 구멍<길이 3촌(9.18cm), 넓이 1촌 5푼(4.59cm)>을 뚫는다, 동서 기
둥은 모두 동변에서부터 1촌(3.06cm) 들어와서 구멍을 낸다. 단단한 나
무<길이 1척 1촌(33.66cm), 높이 3촌(9.18cm), 두께 2촌 5푼(7.65cm)>
두 개를 이용한다. 각각 한쪽 끝은 5촌 6푼(17.136cm)인데 두께 1촌

(3.06cm)으로 깎아 기둥의 구멍에 끼워 그 面이 모두 기둥의 동과 가지런하도록 한다. 이것은 樞耳가 되기 때문이다. [1圖 丑·未] 기둥 뒤가 1촌 6푼(4.896cm) 露出되게 한다. 나무못을 l용하여 곁 기둥에 비녀처럼 가로 질러 밀려나거나 빠지지 않게 한다.

樞耳의 높은 면 정 중앙은 기둥면에서 바깥을 향하여 2촌 7푼(8.262 cm)을 중심으로 하여 동서에 둥근 구멍<지름 4푼(1.224cm)>을 뚫는다. 장차 軸의 樞를 관통시키려는 것이다.

③-2 偃槽 — 나무<弦의 길이는 3척 7촌 7푼(115.362cm), [2圖 甲·乙] 矢의 길이는 1척 6푼(32.436cm) 남짓, [2圖 丙·丁] 두께 1촌(3.06 cm), 넓이 2척(61.2cm)>을 이용하여 槽(통)의 밑을 만든다. [2圖 未·申·酉] 굽은 허리 안 서로 마주 보는 곳에 반지름 2척 2촌(67.32cm)으로

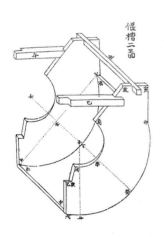

偃槽二面

中心을 만든다. [2圖 壬] 規(원)의 주위가 圓弧 4척 3촌 3푼 1리(132.5286cm) 남짓 [2圖 甲·丁·乙]되도록 한다. 곁에 굽은 나무<길이 4척 8촌(146.88cm), 두께는 위와 같다> 두 조각을 이용하여 좌우 邊으로 한다. 곁은 원은 통의 밑 아랫면을 따라 반지름은 2척 3촌(70.38cm)으로 한다. [2圖 子·癸] 規의 주위는 높이가 1척 5촌(45.9cm)이 되도록 한다. [2圖 辛·亥]

2척 2촌(67.32cm)의 반지름 중심에서부터 8촌(24.48cm)으로 반지름을 그린다. [2圖 子·辛] 規의 주위는 통의 밑 양 곁에 세워 그 下端을 가지런하게 하고, 곁에 쇠못을 박는다. 반지름의 중심에서부터 수직으로 선을 그어 [2圖 子·丑] 통 가의 하단이 垂線(수직) 바깥으로 4촌 7푼(14.382cm) 벗어 나오게 한다. [2圖 丑·戌]

하단과 수직선에서부터 평행이 되도록 곧게 깎는다. 위에서 바깥까지는 1척(30.6cm), 안은 9촌 5푼(29.07cm)이다. [2圖 戌·己] 規는 비스듬한 면으로 2촌(6.12cm) 깎아 들어간다. [2圖 己·庚] 그대로 반지름의 중심을 향하여 곧게 깎아낸다. [2圖 戌·庚] 또 통 가의 통 밑 상단에서부터 [2圖 卯] 수직선과 평행이 되도록 곧게 깎아낸다. 위에까지는 1척 1촌(33.66cm)이다. [2圖 卯·寅] 평평하게 8촌(24.48cm) 깎아 들어간다. [2圖 寅·亥] 그대로 반지름 중심을 향하여 곧게 깎는다. [2圖 亥·角]

통 兩邊 상단 중앙에 넓이 1촌 6푼(4.896cm), 깊이 8푼(2.448cm)으로 깎아낸다. 나무<사방 1촌 6푼(4.896cm), 길이 2척 6촌(79.56cm)>를 이용한다. 양 끝에서 2촌(6.12cm) 안을 길이 1촌(3.06cm), 깊이 8푼(2.448cm)으로 깎아 내고 통의 兩邊 깎아 낸 곳에 걸친다. [2圖 辰] 쇠못을 이용하여 고정시켜 지탱하는 힘으로 하여금 통의 하단으로 筒架의 동편 가운데 두 기둥에 가로 뚫린 구멍에 끼운다. 나무<장 2척(61.2cm), 사방 2촌(6.12cm)> 두 개를 이용한다. [2圖 巳·午] 한 쪽 끝은 통의 가 상단 4촌 아래 外邊에 걸친다. 한쪽 끝은 양쪽 기둥 서면에 걸치는데 양면은 모두 걸치는 곳을 두께 1촌(3.06cm)으로 깎아내고 쇠못으로 고정시킨다.

수레의 세 가지 물품이 완성되었다면 시냇물이 급하게 흐르는 곳에 나아가 돌을 쌓아 흐름을 막아 시내 곁에서 돌을 포개어 橋梁(다리)을 만든다. 다리 입구에서 도랑을 열어 양쪽 곁에 모두 돌을 쌓는다. 몇 步 아래 돌을 쌓아 水閘(물막이 턱)을 만드는데 지금 漁箭의 口閘과 같은 것이다. 아래는 넓게 확장시켜 도랑의 面積은 길이와 넓이가 8, 9척(244.8-275.4cm)이 되도록 한다. 閘(턱)에서 地面까지는 깊이 3척 9촌(119.34cm)이다.

架를 安置하여 수레를 閘下(문 아래)에 두고 偃槽(기운 통)의 위 입구가 턱을 향하여 그대로 통이 평평하게 되도록 해야 한다. 圖面에 나타내지 않았다. 길이는 3, 4척(91.8-122.4cm), 넓이는 2척(61.2cm), 끌어 들이는 높이는 1척(30.6cm)인데 턱 위에 평평하게 펴서 偃槽의 위 입구 에 걸치도록 한다. 턱 아래 수면이 雙筒 입구 1, 2촌(3.06-6.12cm) 아래, 平槽(평평한 통) 밑 1척 5-6촌(45.9-48.96cm) 아래에 닿도록 한다. 水閾 은 地形을 따라 높여도 無妨하다. 만일 높인다면 平槽를 돋우어 배치하 여 물을 偃槽로 흘러들도록 하면 된다.

도랑의 下口를 터서 시내의 下流로 注入한다. 물을 터서 얕게 하거 나 깊게 하는 것은 수면이 筒 입구 아래 1, 2촌(3.06-6.12cm)이 되는 것 을 보아 기준으로 삼는다. 물이 平槽에서부터 偃槽로 주입되면 水筆이 激動되어 저절로 回轉한다. 雙輪은 筆을 따라 같이 돌아가 水杵의 齒를 밀어 오르락내리락 하게 한다.

올라 갈 때에 물이 앞 筒에 들어가고 내려 갈 때에 뒤 筒으로 몰아 간다. 舌이 열리고 닫히면 물이 그로 인하여 들어가는 것은 있지만 나 오는 것은 없다. 한 번 올라가고 한 번 내려가며 저것이 열리면 이것이 닫혀 잠시도 정지하거나 쉬지 않으니 물이 들어오는 것은 있어도 나가 는 것은 없는 것은 장차 어디로 흘러가겠는가? 올라가는 筒을 따라 올 라 가는 것이다.

만일 瀑布의 흐름이 매우 雄壯하여 輪과 筆이 급하게 돌아가면 水 杵가 미처 오르내리지 못하니 모쪼록 별도로 接輪을 만들어 느리게 해 야 한다. 예전 軸과 雙輪 사이에 [軸 1圖 申] 별도로 小全輪을 설치한 다. 원의 지름은 1척 1촌 4푼(34.884cm), 두께는 1촌 5푼(4.59cm)이다. 주위에 9齒를 배치하는데 齒를 만드는 방법 및 길이와 사방은 雙輪과 같다. 별도로 나무<길이 3척 7촌 5푼(114.75cm), 사방 2촌(6.12cm)>을 이용하여 새 軸을 만든다. 쌍륜을 새 軸 西邊에 옮겨 설치한다. 설치하 는 尺度는 예전 軸과 같다.

새로 설치한 쌍륜 사이에 별도로 大全輪을 설치하는데, 원의 지름은

2척 1촌(64.26㎝), 두께는 1촌 5푼(4.59㎝)이다. 주위에 18齒를 배치하는데 齒를 만드는 방법은 앞과 같다. 새 軸의 양 끝 중심에 鐵樞가 있는데 예전 軸과 같다. 筒架의 동서 中架 [架 1圖 牛·女] 앞 기둥 후면 북에서 9촌 2푼(28.152㎝) 바깥에 이르러 상하로 관통하는 구멍<길이 3촌(9.18㎝), 넓이 5푼(1.53㎝)>을 뚫어 별도로 樞耳 [架 1圖 奎·婁]를 세우는데, 두께와 넓이, 길이는 예전 방법과 같고 내면은 모두 中架의 내면과 가지런하게 한다.

樞耳의 정중앙에 架의 면에서 위를 향하여 2촌 7푼(8.262㎝)을 중심으로 하여 동서에 지름 4푼(1.224㎝)으로 원 구멍을 뚫는다. 새 軸의 樞를 관통하여 水杵의 齒로 뒤를 향하여 세우고 새 軸의 雙輪을 交叉시키면 大·小全輪도 저절로 교차된다.

모든 水箑은 두 번 회전할 때 새 軸은 바야흐로 한 번 회전하게 된다.

連板[附] －두 판자를 서로 연결하는 것은 비록 巧妙한 匠人이라 할지라도 물이 새는 것을 막을 수가 없다. 모쪼록 서로 연결된 양면에 小錫子(작은 대패)를 이용하여 다스려야 한다. 긴 도랑의 넓이는 3푼(0.918㎝), 깊이는 1푼 5리(0.459㎝)이니 반원의 구멍을 내어 서로 합하여 하나의 원 구멍을 이룬다. 筒을 완성한 뒤에 긴 대나무 젓가락이나 송곳을 이용하여 헤어진 솜 따위로 막아 채운다. 松脂로 구멍 입구를 막고 먼저 錫刃(대패 칼날)을 가지고 원 모양을 내는데, 대패는 비스듬히 넣어 반드시 橢圓 모양을 만들어야 바른 원을 얻을 수 있다. 만일 대패 칼날의 넓이가 3푼(0.918㎝)이면 3푼(0.918㎝)으로 弧를 긋고 2푼 1리(0.6426㎝) 남짓으로 矢를 하여 비스듬히 다듬어야 정 반원을 얻을 수 있다.

판자의 두께는 1촌(3.06㎝)인데 5푼(1.53㎝)은 도랑 중심에 닿게 한다. 다만 밑 뚜껑은 四邊이 서로 합하는 곳에 5푼(1.53㎝)으로 도랑 가

에 닿게 하여 반 面 5푼(1.53cm)은 남겨 쇠못을 받아들이도록 한다. 사
각이 어금니처럼 교차하는 곳에 반드시 원 구멍을 어금니가 교차한 곳
에 닿도록 하여야 한다. 어금니 뒤에 솜으로 메우고 四角에는 松脂를
蜜蠟에 타서 뜨거운 무쇠를 가지고 열을 가하여 塗色해야 한다.

4. 자승차 복원설계

1) 자승차 부속기구 구조

(1) 方　筒

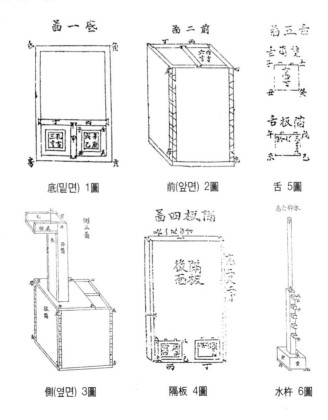

底(밑면) 1圖   前(앞면) 2圖   舌 5圖

側(옆면) 3圖   隔板 4圖   水杵 6圖

(2) 水　輪 (사진 7·8)

水箑 4圖

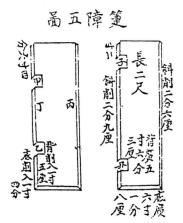

箑章 5圖

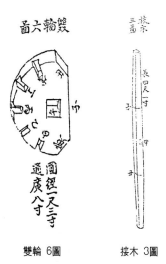

雙輪 6圖　　接木 3圖　　軸枝章箑端 7圖

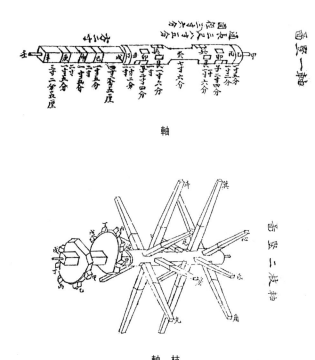

軸

軸 枝

(3) 架

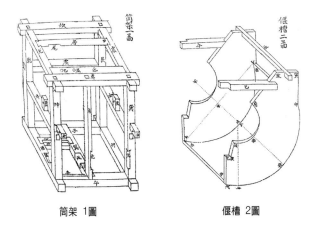

筒架 1圖   偃槽 2圖

2) 자승차 복원 설계 (사진 7·8)

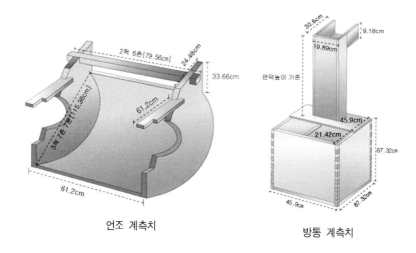

언조 계측치

방통 계측치

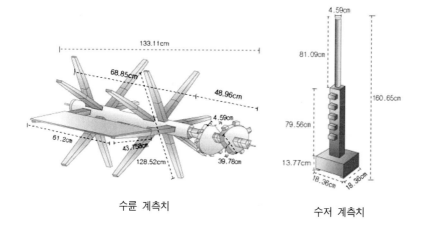

수륜 계측치

수저 계측치

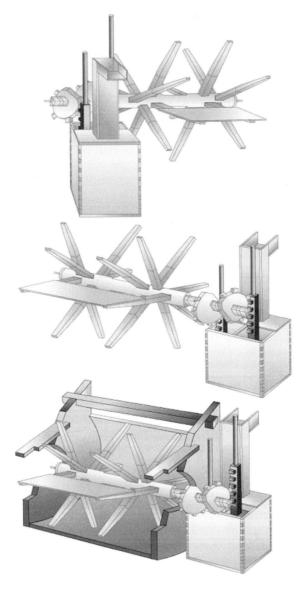

자승차 복원도

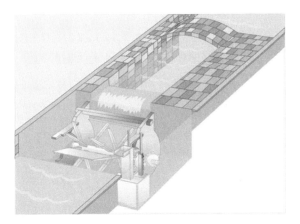

자승차 설치도

3) 자승차 도해 분석

※본 장치의 작동원리의 핵심은 강물의 유속을 이용하여 프로펠러를 돌리고 이 프로펠러의 회전력으로 수저를 들어 올림으로써 물을 퍼 올리는 것이다.

○따라서 강물의 유속으로 얻어지는 회전력이 수저의 자체 무게와 수저에 담긴 물의 무게를 합한 것보다 커야 작동이 가능하다.

○강물의 유속이 일정하다고 가정할 때 본 장치를 작동시키기 위해서는 수저의 무게와 수저에 담기는 물의 무게를 조절함에 의해 가능하다.

• 수저의 무게 : 5,150.81g

  단괴의 비중 : 0.73g/㎤, 수저의 부피 : 7,055.9㎤

  비중=무게/부피

  수저의 부피=4,146.24(밑부분)+987.36(중간대)+1.323.70(윗대)+
  　　456.4(목치) = 7,055.9㎤

  수저의 무게=7,055.9㎤×0.73=5,150.81g

• 물의 무게 : 8,453.27g

- 상기 무게는 설계도 상으로 보아 방통의 높이 2촌2푼의 2배에 해당
  하며, 수저의 이동거리는 이보다 작은 약 1m로 가정하였으며 수저가
  2개 이므로 하나의 수저로 올리는 물의 무게임.
  물의 비중 : 1g/㎤
  물의 무게＝137.93×122.6×100÷2＝8,453.27g
- 끌어올리는데 필요한 힘 : 133.28N
- 중력가속도 9.8㎧, 등속운동이라 가정
  힘＝mg＋ma(m:질량, g:중력가속도, a:가속도)
  등속운동이므로 a＝0
  힘＝mg＝(5.15Kg＋8.45Kg)×9.8㎧＝133.28N
- 결과적으로 본 장비가 작동하기 위해서는 133.28N 이상의 회전력이
  필요하다.

※ 본 장치는 다양한 과학원리를 활용한 높은 수준의 과학장비이다.
○ 본 장비를 제작하기 위해서는 제작자가 유체역학에 대한 해박한
  지식이 있어야 가능한 고도의 기술을 필요로 하는 장비임이 분석
  결과 밝혀졌다.
○ 강물의 흐름을 활용하여 수차를 회전시키는 것은 요즘 수력발전
  의 원리와 일맥 상통하는 것이다.
○ 강물의 직선운동을 회전운동으로, 이 회전운동을 다시 직선운동
  으로 변환시키는 물레방아의 원리를 활용한 것으로 생각되며,
  동력전달장치는 오늘날 자동차 공학에서 핵심적으로 사용되는
  분야이다.
○ 프로펠러 축에 달린 쌍륜은 캠의 원리를 활용한 것으로 자동차
  엔진의 벨브장치에 응용되는 첨단 아이디어이며 수저가 오르내
  리고 설이 열리고 닫힘에 따라 물을 밀어내거나 끌어들이는 방
  법을 풀무의 기본 원리를 활용하고 있다.
○ 프로펠러의 경우 빠른 회전력을 얻기 위하여 서로 날개가 교차

되도록 배치하였으며, 연판은 심장의 판막과 같은 기능을 하는
것으로 물의 역류를 방지한 것이다.

○빠른 물의 흐름을 보완하는 장치로 소전륜(작은기어), 대전륜(큰
기어), 쌍륜(캠) 등 현대적 개념의 헬리컬(Helicar)과 베벨기어
(Bevel)를 활용하고 있다.

○본 장치가 작동하지 않았다면 강물의 유속이 상기에서 계산된
필요한 힘의 크기 133. 28N을 극복하지 못했을 가능성이 크다.

○강물의 유속을 높이고, 물을 퍼 올리는데 필요한 힘을 줄이기 위
하여 수저의 높이를 작게 한다면 가능하다.

○방통이 밀폐된 상자로 되어 있고 물이 바닥으로부터 유입되기
때문에 유속을 충분히 활용하지 못할 가능성이 있다.

• 이 문제 해결을 위하여 아래와 같은 방법이 제시될 수 있다.

※ 본 장치는 물의 주입구가 상자의 바닥에 설치되어 있어 강물의
유속을 100% 활용하지 못하고 있다.

○강물의 본 유속을 활용하기 위해서는 물 주입구 및 배수구가 바
닥보다는 통 앞쪽과 뒤쪽에 위치하여 자연적인 흐름이 되도록 유
도해야 한다. 그런데 이런 경우 설의 여닫힘이 해결되어야 하는
문제가 여전히 남는다.

○상기 원리를 활용할 경우 강물의 높이는 프로펠러 축 아래에 있
어야 하며, 강한 회전력을 얻기 위해서는 프로펠러 날개 길이의
1/2 정도여야 적당하다.

○수저는 프로펠러 보다 더 낮은 위치까지 내려가야 물을 담을 수
있는데, 이 경우 프로펠러가 있는 통과 수저통이 격리판으로 분
리되어야 하며, 수저가 수저통을 자유롭게 왕복운동 할 수 있도

록 유도판을 설치해야 한다.

• 이 유도판은 통의 격리판을 활용할 수 있으며, 이 경우 수저가 원하는 경로로 이동이 가능하도록 물매를 주어야 한다.

• 이 경우 자칫 수저가 유도통로 아래로 내려가 턱에 걸리는 것을 예방하기 위하여 수저바닥 나무의 윗면이 유도통로 아래로 내려가지 않도록 높이 조절을 해야 한다.

5. 맺음말

水車는 한발에 대비한 양수기로서 관개 수리 사업에 쓰이는데, 수차는 風車와 더불어 증기기관이 발명되기 이전에 있었던 가장 중요한 동력장치였다. 근대에 이르는 모든 기계장치들 중에서 시계장치를 제외하고는 가장 정밀한 기계였다. 수차는 그 용도에 따라 精穀과 제분용 물레방아의 동력으로서, 그리고 관개의 수리용의 물레바퀴로서 각각 이름을 달리해서 불렸다.

우리는 예로부터 벼농사를 생업으로 해 왔다. 처음에는 밭벼농사를 짓다가 논농사를 시작하면서 가장 절실한 문제는 어떻게 물을 공급하느냐 하는 것이었다. 지금도 가뭄이 계속되면 논물을 끌어들이는데 긴급대책을 세우고, 기우제를 지내기까지 한다. 물을 퍼올리기 위해 우리 선조들이 개발한 도구에는 여러 가지가 있지만 그 가운데 맞두레, 용두레, 무자위가 대표적이다. 이들은 석유나 전기를 이용하여 물을 퍼 올리는 양수기가 나오기 전까지 농촌에서 없어서는 안 되는 필수도구로서 전근대사회에서 첨단 양수기 역할을 톡톡히 하던 것이다.

여기서 다룬 규남의 自升車는 오늘날의 양수기라 할 수 있는 자동기계장치로, 규남이 30세 되던 해인 1810년 自升車를 발명, 가뭄에 시달리던 농촌에 큰 도움을 주었다. 이 자승차는 조선 세종대에 발명한 自擊漏 이후 시도 된 자동화 기기라는 점에서 그 의의가 매우 크다.

규남의 自升車 작동원리의 핵심은 강물의 유속을 이용하여 프로펠러를 돌리고 이 프로펠러의 회전력으로 수저를 들어 올림으로써 물을 퍼 올리는 것이다.

자승차는 다양한 과학원리를 활용한 높은 수준의 양수과학 장비이며, 본 장비를 제작하기 위해서는 제작자가 유체역학에 대한 해박한 지식이 있어야 가능한 고도의 기술을 필요로 하는 장비이다.

강물의 흐름을 활용하여 수차를 회전시키는 것은 요즘 수력발전의 원리와 일맥상통하는 것으로, 강물의 직선운동을 회전운동으로, 이 회전운동을 다시 직선운동으로 변환시키는 물레방아의 원리를 활용한 것으로 생각되며, 동력전달장치인 프로펠러 축에 달린 쌍륜은 캠의 원리를 활용한 것으로 자동차 엔진의 벨브장치에 응용되는 첨단 아이디어로써 오늘날 자동차 공학에서 핵심적으로 사용되는 분야이다.

물이 들고 나는 것은 풀무에 적응된 기술을 활용하고 있다. 결론적으로 말하면 규남은 우리 고유의 물레방아와 풀무에 활용된 과학원리와 당대의 모든 과학지식을 섭렵하고 조화롭게 발전시켜 자승차라는 자동화기기를 발명한 겨레과학의 선구자라 할 수 있다.

〈사진 1〉 맞두레

〈사진 2〉 용두레

〈사진 3〉 무자위

〈사진 4〉 물풍구

〈사진 5〉 『日本居留地時代 朝鮮見聞圖解』
'논에 물대기'

〈사진 6〉 물레방아

〈사진 7〉 자승차복원도 1

〈사진 8〉 자승차복원도 2

〈참고문헌〉

『圭南文集』(河百源), 서울: 경인문화사, 1977.
『錦沙屏巖遺集』(河潤九·河永淸), 서울: 경인문화사, 1977.
『彊界考』(신경준)
『政絃新譜』(위백규)
『理藪新編』(황윤석)
『自升車圖解』(하백원)
『고려사』
『세종실록』
『성종실록』
『명종실록』
『숙종실록』
『영조실록』
『정조실록』
『農政全書』
『天工開物』
『三才圖會』

※출전 : 『全南史學』 제24집, 전남사학회(호남사학회), 2005.6

自升車의 기구학적 구조와
성능에 대한 고찰

박 호 석*

〈논문요약〉

자승차는 물의 유속이나 낙차를 이용하여 수차를 돌리는 일반적인
수추와는 달리 언조를 두어 물의 위치 에너지와 운동 에너지의 이용을
효율적으로 할 수 있는 터빈 수차의 원리를 적용하여 복통의 피스톤 펌
프를 작동하는 방식의 자동 펌프로서 당시 비교적 수차 기술이 발달했
던 중국이나 일본에서도 볼 수 없는 매우 획기적인 발명이었으며, 특히
작동원리나 구조, 동력 전달 방식 등에 근대적 과학기술의 원리가 적용
되었다는 점에서 우리나라의 과학 기술사의 새 장을 열기에 충분한 것
으로 평가된다.

다만 자승차는 실험단계의 구상으로 실제 완성된 것은 아닌 것으로
보이며, 만약 실용화되었을 경우 송출 양정이 1m라면 시간당 약 13-19
톤의 물을 양수할 수 있고, 이때 수륜의 출력은 최소 1마력은 되어야
할 것으로 추정된다.

주제어 : 자승차, 수차, 자동펌프, 터빈수차

* 농촌문화연구소

1. 머리말

벼농사가 중심인 우리나라의 농업에서 물은 예나 지금이나 마치 생명이나 다름없을 만큼 중요한 요소다. 그래서 일찍이 삼한시대부터 저수지를 축조하여 관개하는 수리농업기술이 발달하였고, 고려시대에는 중국의 수차(무자위)가 도입되었으며, 조선시대에는 당수차, 용미차, 용골차, 수전통차, 번차 등과 같은 중국의 양수 기구를 도입하여 보급하려는 시도가 끊임없이 계속되었다.[1]

그러나 낮은 곳의 물을 높은 곳으로 올리는 것은 물이 낮은 곳으로 흐르는 자연의 순리를 역행하는 것이라는 믿음이 있는데다가, 당시 사회를 지배했던 지식층의 대부분이 성리학에 젖어있었기 때문에 가뭄을 한탄하고 비가 오기를 기원이나 하였을 뿐 양수기를 만들어 가뭄을 극복하려는 실사구시의 노력에는 아주 인색했다. 그 결과 양수작업이 기계화되기 시작했던 1960년대까지만 해도 대부분의 농촌에서는 두레, 용두레, 무자위, 물풍구 등 인력에 의존하는 고식적인 양수도구가 고작이었다.[2]

이런 가운데 비록 실제 사용하였다는 기록이나 실물은 전하고 있지 않지만 사람의 힘이 필요 없이 스스로 동력을 생성하여 물을 뿜어 올리는 무인 자동양수기를 개발하고자한 기록이 있어 우리를 놀라게 하고 있다. 이는 아마도 최초의 자동화기구라는 점에서 우리나라 과학기술사에서 매우 중요한 사건이 아닐 수 없다.

'自升車'라고 하는 이 기구는 호남의 실학자인 圭南 河百源(1781~1845)이 가뭄에 시달리는 농민의 어려움을 덜어주기 위해 1810년에 고

---

1) 김영진 외, 『조선시대 농업과학기술사』, 서울대학교 출판부, 2000.
　　이춘녕, 『이조농업기술사』, 한국연구총서 21집, 한국연구원, 1964.
2) 박호석, 『한국의 농기구』, 어문각, 2002.

안하였다. 규남은 그의 유고『圭南文集』의「自升車圖解說」편에서 자 승차를 고안하게 된 경위와 과정을 설명하고 이어『自升車圖解』편에서 자승차 요소들의 구조와 크기, 제작방법 등을 도면과 함께 설명하였다.[3]

규남은 비록 땅이 비옥하다해도 지세가 높아 열흘만 비가 없으면 식 량을 마련하지 못하는 당시의 사정을 안타깝게 생각하여『農政全書』, 『天工開物』『三才圖會』등과 같은 고서를 참고하고 용골, 옥형, 나전, 괄차와 같은 중국의 양수기구의 장단을 분석하여 자승차를 고안한 것 임을 밝히고 있다.

그러나 규남이 자승차를 고안하면서 실제 제작하고 실험을 반복하 면서 결함을 보완했던 흔적이 역력함에도 불구하고 최종적으로 완성시 키지는 못했던 것으로 판단된다.「자승도해」를 기술한 것이 규남이 30 세 되던 1810년이었기 때문에 그가 세상을 뜨기 전 까지는 35년이란 충분한 시간이 있었음에도 왜 중도에 연구를 포기했는지 그 이유는 알 수 없다. 다만「자승차도해설」의 말미에서 "도해에서 다 하지 못한 것 은 재주 있는 사람이 기술해 주기를 바란다(圖解之所不盡深有於巧者之 述焉)."라고로 밝힌 것으로 미루어, 장인이 아닌 선비로서 생소했던 전 문 기술지식에 한계를 느꼈기 때문이 아닌가 생각된다.

자승차가 미완의 발명이기는 하지만 그와는 관계없이 자승차에 적 용된 여러 가지 과학기술의 내용은 매우 획기적인 사실로 우리나라의 과학기술사에서 새로운 장을 열게 하기에 충분하다. 그리고 비록 자신 이 완성하지는 못했다하더라도 그 과정을 상세히 기록으로 남기고 후 학에게 이를 완성해주기를 바랬던 그의 과학자적인 정신은 오늘의 우 리에게도 커다란 귀감이 되고 있다.

이 연구는 자승차의 구조와 작동원리를 시금의 기구학적 측면에서

---

3)『圭南文集』, 경인문화사, 1977.

살펴보고 그 성능의 평가를 통하여 자승차의 과학기술적 우수성을 조
명해 보고자 하였다.

2. 자승차의 구조와 작동원리

1) 기본 구조

자승차는 크게 양수장치(펌프)를 구동하는데 필요한 동력을 생산하
는 터빈수차(수륜과 언조), 물을 뿜어내는 펌프, 그리고 기구 간에 동력
을 전달하는 동력전달장치로 구성되었다. <그림 1>은[4] 2004년 국립중
앙과학관이 복원한 자승차의 모형이다

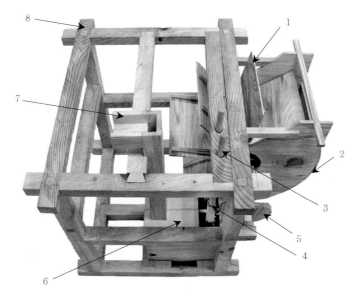

〈그림 1〉 자승차 복원도(국립중앙과학관)

4) 정동찬 외,「자승차의 복원 및 실험연구」『규남 하백원 선생 실학사상 학술대회』,
전남사학회, 2004.

1. 수차(수륜, 삽장), 2. 터빈 케이싱(언조), 3. 피스톤(수저), 4. 실린더(전통),
5. 피니언 기어(쌍륜), 6. 저수조(후통), 7. 송출관(승통), 8. 틀(통가)

『자승도해』에 수록된 각 부 요소의 현대적 표현은 다음과 같다.[5]

方筒: 펌프 몸체, 하우징(housing)

前筒: 실린더(cylinder)

後筒: 저수통(water chamber)

雙筒: 복통 실린더(dual cylinder)

隔板: 분할판(chamber dividing wall), 실린더 벽(cylinder wall)

舌, 舌板: 밸브(valve)

전통의 설판: 흡입밸브(suction valve, inlet valve)

격판의 설판: 송출밸브(delivery valve, outlet valve)

昇筒: 송출관(delivery tube)

槽: 송출구(delivery port)

水杵: 피스톤(piston)

저의 木齒: 랙(rack)

雙輪, 半輪, 雙半輪: 피니언 기어(pinion gear)

水輪: 水車(water wheel), 터빈(turbine)

軸枝, 枝木 : 날개 가지(frame of impeller)

水箑: 회전날개, 임펠러(impeller)

箑障: 날개바닥(impeller face)

筒架: 틀(main frame)

偃架: 안내판 틀(turbine casing frame)

偃槽: 터빈 케이싱(turbine casing)

자승차는 흐르는 물의 에너지를 이용하여 수차(터빈)를 회전시키면 수차가 피스톤 펌프를 구동하여 낮은 곳의 물을 뿜어 올리는 원리로 오늘날의 터빈 수차와 왕복식 피스톤 펌프가 하나로 조합된 기계장치와 같은 원리를 가진다.

---

5) 최규홍 외, 『펌프공학』, 유림문화사, 2000.
한국농업기계학회, 『농업기계핸드북』, 문운당, 1998.

2) 터빈수차(수륜과 언조)

수륜 <그림 2>, <그림 3>과 언조 <그림 4>의 조합으로 구성된 다. 흐르는 물의 에너지(위치에너지와 운동에너지)를 이용하여 수차(수륜)을 회전시켜 회전동력을 생성하는 역할을 한다.

수륜에는 너비 43.8cm, 길이 61.2cm의 널빤지를 수차날개(삽장)로 하고 모두 8장을 45도 간격으로 <그림 2>와 같이 배치하였다. 그리고 케이싱(언조)은 수차의 바깥둘레에 접하는 크기의 반원 통으로 되어있어 유입되는 물이 흩어지지 않고 수차의 날개로 유도되도록 하였다.

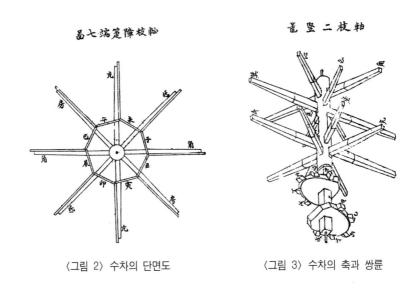

<그림 2> 수차의 단면도   <그림 3> 수차의 축과 쌍륜

물의 낙차나 유속을 이용하여 물레를 회전시키는 재래수차는 상괘식이나 하괘식 모두 안내판이 없이 회전 날개가 외부로 노출된 상태로 회전하는 개방형 날개를 가진다. 이러한 방식은 상괘식의 경우 유입되는 물의 비산손실이 크고, 하괘식의 경우에는 물에 잠겨 있는 부분의

날개만이 순간적으로 에너지를 전달 받기 때문에 효율적이지 못하다.[6]

그런데 자승차의 수차는 언조라고 하는 케이싱이 있어 유입되는 물을 회전날개로 안내하여 물이 가진 에너지를 효율적으로 전달토록 하는 기능을 가졌다. 이는 오늘날의 터빈수차(그림 5)와 같은 원리로서 물의 위치에너지와 운동에너지의 이용을 극대화하려한 매우 획기적인 기술로 평가할 수 있다.

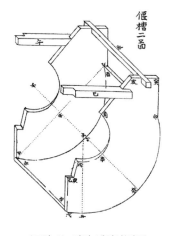

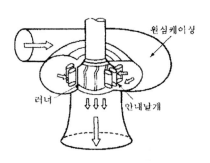

〈그림 4〉 터빈 케이싱(언조)   〈그림 5〉 터빈수차의 개요[7]

3) 펌프(수저, 전통)

물을 뿜어 올리는 펌프는 병렬로 연결된 두 개의 전통(<그림 6>, <그림 7> 참조)과 수차의 축에 연결되어 회전하는 쌍륜과 연결되는 수저 <그림 8>로 구성된다. 전통은 실린더, 그리고 수저는 피스톤의 기능을 가지는 오늘날의 왕복식 펌프 <그림 11>와 동일한 형식이다.

---

6) 최재갑 외, 『농업기계학개론』, 향문사, 1975.
7) 한국농업기계학회, 『농업기계핸드북』, 문운당, 1998.

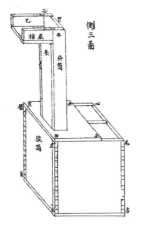

〈그림 6〉 펌프의 몸체(방통)

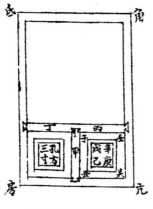

〈그림 7〉 실린더(전통)와
흡입밸브(설)

수륜에서 발생된 동력은 수륜의 축에 고정된 쌍륜(〈그림 3〉 참조)을 통해 회전운동이 직선운동으로 바뀌어 수저로 전달되면서 펌프가 작동된다. 수저가 쌍륜에 의해 위로 올려 지면 전통의 바닥에 뚫린 구멍(흡입공)(〈그림 7〉 참조)을 막고 있는 설(흡입밸브) 〈그림 10〉이 열리면서 물이 전통으로 빨려 들어오고 이때 물을 밖으로 내보내는 격판의 구멍(송출공) 〈그림 9〉을 설(송출밸브) 〈그림 10〉이 막아 흡입된 물이 전통이 담겨지게 한다. 이 과정을 흡입행정(suction stroke)라고 한다.

수저가 최고의 위치(상사점)까지 올라가면 쌍륜과 수저의 목치가 서로 결합이 풀리게 되면 수저는 자신의 무게만으로 아래로 내려오게 되고, 이때 전통의 설은 닫히고 격판의 설이 열리면서 전통의 물이 후통으로 나간다. 이 과정은 송출행정(delivery stroke)라고 한다.

후통의 물은 다음 행정으로 송출되는 물에 의해 승통을 통해 밖으로 밀려 나오면서 양수가 된다.

승통은 물을 올리는 높이에 따라 길이를 맞추는데, 규남은 후통의 물은 밸브가 막고 있어서 역류할 수 없고, 전통에서 물이 연속해서 들어오기만 하기 때문에 승통이 아무리 높더라도 물을 올릴 수 있을 것으로 생각했다.

〈그림 9〉 격판과 송출밸브

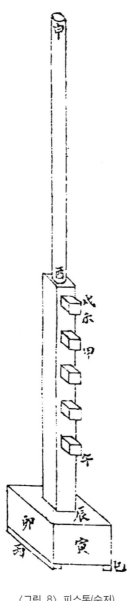

〈그림 8〉 피스톤(수저)

〈그림 10〉 밸브(설)

(위: 흡입밸브, 아래: 송출밸브)

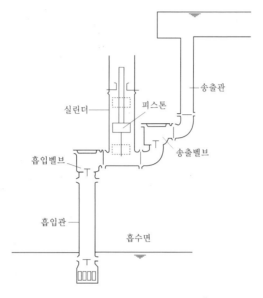

〈그림 11〉 왕복식 펌프의 개념도[8]

　자승차는 수륜이 1회전하면 수저는 1왕복(2행정)하며, 수저 두 개의 운동주기를 180도로 배치한 전형적인 복통식 피스톤 펌프의 구조를 가지고 있다. 그리고 중요한 것은 물을 실린더(전통)로 빨아들이는 흡입행정에서는 수차의 회전력이 이용되지만, 반대로 물을 밖으로 내보내는 송출행정에서는 피스톤(수저)의 무게 이외에는 어떠한 외력도 작용하지 않고 있다는 점이다.

　한편 전통의 흡입공과 격판의 송출공을 열고 닫는 밸브(설)는 나비밸브의 일종으로 얇은 철판으로 만들었으며, 흡입밸브는 크기가 12.24×12.24cm이고, 송출밸브는 10.71×14.08cm이다. 특히 밸브가 닿는 면에는 氈闔(털로 짠 융단)로 된 일종의 실(seal)을 끼워 물이 새는 것을 방지하였다.

---

8) 최규홍 외, 『펌프공학』, 유림문화사, 2000.

4) 동력전달장치(쌍륜과 접륜)

자승차에는 수륜의 회전운동을 수저에 직선운동으로 전환하는 쌍륜이란 장치와 수륜의 회전속도를 조절하는 접륜이란 동력전달기구가 사용되었다. 쌍륜은 반원 모양의 원호주위에 모두 5개의 목치(이빨)를 배열하고 수저의 목치가 여기에 맞물리도록 하여(<그림 3>, <그림 8> 참조) 회전운동을 직선운동으로 전환한다. 이는 오늘날의 치차전동장치의 일종인 랙(rack)과 피니언(pinion) <그림 12>과 같은 원리로 볼 수 있다. 즉, 쌍륜이 피니언 기어에 해당하고 수저의 목치는 랙의 역할을 한다. 이 장치는 회전운동을 직선(왕복)운동으로 바꾸거나 직선운동을 회전(역회전)운동으로 전환하는데 사용된다.

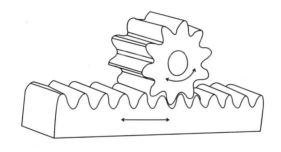

〈그림 12〉 랙과 피니언 기어[9]

수륜의 축에 설치된 회전하는 쌍륜의 목치가 수저의 목치에 맞물리면서 수저가 올라가고 흡입행정이 시작된다. 목치가 10.7㎝ 간격으로 모두 5개가 배열되어 있음으로 행정 거리는 최대 53.5㎝가 된다.

한편 자승차에는 '접륜'이라고 하는 일종의 감속장치가 사용되었다. 수륜에 들어오는 물이 너무 많거나 물살이 세면 수차의 회전이 너무 급

---

9) 박영조, 『기계설계』, 보성문화사, 1993.

해 수저가 이를 감당하지 못해 파손될 위험이 있다. 그래서 이를 방지하기 위해 수륜의 축과 쌍륜 사이에 별도의 접륜을 연결하여 쌍륜의 회전속도를 줄이도록 하였는데, 수륜의 축에는 이빨이 9개인 소접륜을 달고, 쌍륜의 축에는 18개의 대접륜을 장치하여 회전속도를 절반으로 줄게 하였다.

『자승도해』에는 접륜에 대한 도면이 없어 그 형태를 알 수 없으나 이빨의 개수 등으로 보아 오늘날의 평치차(기어)와 동일했을 것으로 추정된다.

3. 자승차의 실용성에 대한 고찰

자승차는 당시 중국이나 일본에서 사용되던 양수 기구와는 비교할 수 없을 정도로 높은 과학기술 수준을 보이고 있다. 당시 중국에도 사람의 힘을 빌지 않고 수력을 이용하여 물을 퍼 올리는 일종의 자동 양수기인 '水轉翻車'와 '高轉筒車'가 있었으나 수력으로 물레를 돌려 낮은 곳의 물을 통이나 판에 담아 끌어 올리는 정도의 낮은 수준의 기술이 응용되었다.10)

그러나 자승차는 앞서 살펴본 바와 같이 흐르는 물의 에너지 회수를 극대화하기 위해 안내 케이싱을 갖춘 터빈수차의 원리가 적용된 점이나, 동력의 생산과 공급과 펌프의 가동과정에서 사람의 힘을 빌리지 않는 무인자동화한 점은 당시의 기술수준으로 미루어 매우 괄목할만한 발명이었던 것으로 판단된다.

또한 실린더를 서로 반대의 행정을 가지는 복통식으로 배치하여 펌

---

10) 周昕, 『中國農具史綱及圖譜』, 中國建材工業出版社, 1998.
　　이춘녕, 『이조농업기술사』, 한국연구총서 21집, 한국연구원, 1964.

프의 작동을 원활하게 한 점, 수차의 회전력을 펌프에 전달하기 위해 치차전동기구의 일종인 랙과 피니언 장치의 원리를 채용한 점, 수차의 회전속도 조절을 위해 치차전동방식의 감속장치를 사용한 점 등도 특기할만한 기술로 평가된다.

그러나 이러한 기술적 우수성에도 불구하고 자승차는 실제로 작동할 수 없는 구조적 모순을 가지고 있었다.

우선, 자승차의 방통이 수차에 공급되는 물의 수위(water head)보다 아래에 위치하기 때문에 흡입행정에 필요한 동력은 아주 적어 흡입이 가능하지만, 언덕까지 물을 올려야 하는 송출행정에서는 큰 동력이 소요된다. 그럼에도 자승차는 펌프의 흡입행정에서는 수류에서 생성된 동력이 쌍륜을 통해 전달되지만, 송출행정에서는 가해지는 외력이 전혀 없이 피스톤의 자중만 존재하기 때문에 흡입한 물을 밖으로 송출하기란 불가능하다.

만약 자승차가 설치된 위치에서 수직으로 1m 높이의 언덕으로 물을 올린다면, 이때 후통의 바닥에 걸리는 수압은 $0.1\,kgf/cm^2$ 된다. 그러나 수저의 무게가 $5.1\,kgf$이고 바닥 면적이 $338\,cm^2$이므로 수저가 물에 가할 수 있는 압력은 최대 $0.015\,kgf/cm^2$이 된다. 따라서 수저의 무게만으로 전통에 흡입된 물을 후통으로 내보낼 수가 없다.

펌프가 작동되려면 이론적으로는 후통의 수압보다 큰 힘, 즉 수저의 무게에 7~8배에 달하는 외력이 송출행정에서 수저에 전달되어야만 가능하다. 그러나 수저와 전통의 벽면사이의 마찰손실이나 펌프의 체적효율(실제 행정체적 / 이론행정체적의 백분율) 등을 고려할 때 실제로 필요한 외력의 크기는 수저 자중의 수십 배가 되어야 할 것으로 보인다.

규남도 이를 염려하여 박달나무나 회나무와 같이 비중이 큰 재질의 나무로 수저를 만들었지만 이 역시 효과를 기대할 수가 없다.

그리고 만약 자승차가 흡입행정에는 외력이 없고 반대로 송출행정에 외력을 가하는 방식, 즉 수저가 내려갈 때는 수차의 힘을 이용하고 올라올 때는 흡입되는 물의 부력으로 올리는 방식으로 작동되었다는 가정도 불가능하다. 이 경우에는, 물론 송출은 가능하지만 부력만으로 53.5㎝에 달하는 행정을 도달하기란 불가능하고, 오히려 물이 전통으로 흡입되는 것을 수저가 방해하기 때문에 정상적으로 가동될 수가 없다.

이러한 구조적인 결함은 당시 규남이 물이 압력이 높은 곳에서 낮은 곳으로 흐른다는 과학적인 사실을 이해하지 못한데서 비롯된 것으로 볼 수 있다. 규남은 「자승차도해설」에서 "물은 위로 흐르거나 아래로 흐르는 구분이 있는 것이 아니라 다만 빈 곳을 따라 흘러간다(謂水就下者水非有分於上下只是從虛去也). … (자승차는) 중간은 통하고 위는 비어 있기 때문에 들어오는 물은 있으나 나가는 물이 없으니 자연히 빈 곳을 따라 위로 올라간다(中通上虛故水之有入無出者自然從虛而就上)"고 했다. 다시 말해서 물이란 위아래를 불문하고 틈만 있으면 나아가기 때문에 자승차에는 물이 나아갈 수 있는 후통과 승통이 있고, 즉, 전통에는 흡입밸브와 송출밸브가 있어서 물이 들어올 수는 있지만 역류하지는 못하기 때문에 자연히 물은 후통과 승통의 빈곳으로 흘러나갈 것으로 생각했던 것이다.

두 번째로 동력전달장치인 쌍륜과 수저의 작동도 불가능했을 것으로 판단된다. 왜냐하면 랙과 피니언은 평치차 동력전달기구의 일종으로 두 기어 사이에 일정한 피치(picth)가 유지되어야만 물림이 가능하다. 그런데 피니언의 역할을 가진 쌍륜이 반원모양으로 한쪽에만 이가 있어 동작이 연속적이지 못한데다가 랙에 해당하는 수저가 송출행정 후 하사점 위치로 정확히 복귀해야만 다시 쌍륜과 맞물릴 수가 있는데 송출행정이 강제로 이루어지지 않는 방식이어서 이를 기대할 수가 없기 때문이다.

이러한 문제는 동력전달 방식을 랙과 피니언 기어가 아닌 크랭크 기구를 이용하면 간단히 해결할 수 있다. 크랭크 기구는 당시 맷돌 등에서 흔히 이용되었던[11] 기술인데 규남이 왜 자승차에 적용하지 못했는지 안타깝다.

또한 자승차가 실제로 작동하지 못했을 또 다른 이유를 소재의 재질면에서도 찾을 수 있다. 실린더와 피스톤의 역할을 하는 전통과 수저는 빈틈이 없이 기밀을 유지해야만 물이 새지 않고 송출될 수 있다. 그래서 자승차에서도 수저의 바깥치수와 전통의 안치수를 똑같이 하였던 것으로 보인다. 그러나 두 기구의 재질이 나무이고, 나무는 물속에서 쉽게 팽창하기 때문에 수저가 전통의 벽에 끼어서 작동하기 어려웠을 것이다. 만약 팽창을 고려하여 틈새를 두었다면 흡입이나 압력이 저하되어 흡입이나 송출이 정상적으로 이루어지기가 어렵다. 따라서 전통과 수저는 나무가 아닌 금속성 재료를 사용해야만 한다.

4. 자승차의 성능

앞서 살펴본 바와 같이 자승차는 실제 실용화된 것으로 보기가 어려운 기술상의 제약을 지니고 있다. 규남 자신도 「자승차도해설」에서 농부에게 자승차 그림을 보여주었지 자승차를 보여주었다고 기록하지는 않았고, 특히 후에 재주 있는 사람이 이를 완성해주기를 바란다는 소망을 피력한 것으로 보더라도 완성된 것이 아님은 분명하다.

그러나 미완의 자승차라 하더라도 여기에 응용된 여러 가지 과학기술의 내용은 당시 수준에 비교하면 매우 획기적이라 하지 않을 수 없다. 따라서 고안자인 규남인 목표했던 자승차의 성능은 어떤 것인지를 지금의 과학적 시각으로 추정해보는 것도 나름대로 큰 의미를 가질 것

11) 박호석, 『한국의 농기구』, 어문각, 2002.

으로 생각되어 자승차가 정상적으로 작동했을 것으로 가정한 성능을 추정하면 다음과 같다.

1) 이론 양수량

단위 시간당의 이론 양수량(Qth)은 다음 식으로 정의된다.

Qth=A·L·N·Z (t/min)
여기서 A: 피스톤 또는 실린더의 단면적(수저 또는 전통의 바닥면적) (㎡)
L: 행정거리(수저의 상승 높이) (m)
N: 수차의 회전속도(수륜의 회전속도) (rpm)
Z: 실린더의 수(전통의 수)

따라서 자승차 수저의 바닥면적(A)이 0.0338㎡이고 수저의 상승거리(L: 행정거리)는 0.535m 그리고 전통이 2개이므로 이론양수량은 0.036N으로 수륜의 회전속도(N)에 따라 결정된다.

수차의 회전속도는 유입하는 물의 수량과 유속에 따라 결정되며, 일반적으로 재래수차에서는 15rpm으로 보고 있다.[12] 그러나 이는 물레방아나 서양의 대형수차의 경우에 적용되는 것이어서 자승차와 같은 소형의 수차에서는 이의 2배 정도를 적용해도 무방할 것으로 보인다. 그렇다면 이론적으로 가능한 양수량은 1.08 t/min(64.8 t/h)이 된다.

그러나 자승차의 체적효율이 매우 낮을 수밖에 없고 동력전달장치 등의 성능으로 미루어 볼 때, 기계효율도 크게 기대할 수 없을 것으로 판단된다. 따라서 실제 양수량은 이론 양수량의 20~30%를 넘지 않았을 것으로 생각된다. 그렇다면 실제 양수 성능은 0.22~0.34 t/min (12.96~19.44 t/h) 정도로 추정할 수가 있다.

---

12) 최재갑 외, 『농업기계학개론』, 향문사, 1975.

2) 소요동력

펌프의 이론 소요동력(Pth)은 다음 식으로 정의된다.

$$Pth = \frac{1000 \ Qth \cdot H}{75 \times 60} \ (ps)$$

여기서 Qth: 이론양수량(t/min)
H : 양정(흡수면에서 승통의 송출구까지의 높이)(m)

자승차의 이론양수량이 1.08t/min이었음으로 이론동력은 0.24H 마력(ps)으로 물을 올리는 높이인 양정(H)에 따라 결정된다. 그러나 재래 수차의 효율이 약 50%가[13] 되기 때문에 실제 소요동력은 0.48H 마력이 된다.

만약 1m 높이의 언덕위로 물을 올린다고 가정할 때, 흡입구(전통의 바닥)가 수류으로 유입되는 수면보다 대략 1m 아래에 위치하므로 실제 양정은 2m가 된다. 따라서 소요동력은 0.98ps가 된다.

그러므로 1m언덕으로 물을 올리려면 적어도 1마력의 동력을 생산할 수 있는 수량과 유속을 갖춘 곳이어야 하는데 1마력은 75kgf ㎧가 되므로 75kgf의 물이 1㎧의 속도로 자승차의 수류으로 유입되는 곳이면 설치가 가능하다고 할 수 있다.

5. 맺음말

자승차가 가지는 과학기술적인 우수성은 다음과 같이 요약할 수 있다.

  1) 흐르는 물에 바퀴를 담그거나 위에서 떨어트려 수차를 돌리는 당시

---

13) 최재갑 외, 『농업기계학개론』, 향문사, 1975.

의 일반적인 수차 구조가 아니라, 언조를 두어 물의 위치에너지와 운동에너지의 이용을 효율적으로 할수 있는 터빈수차의 원리를 적용한 점.

2) 실린더를 서로 반대의 행정을 가지는 복통으로 배치하여 기계의 운전을 원활히 한 점.

3) 수차의 회전운동을 직선운동으로 바꾸기 위해 '랙과 피니언'이란 근대적인 동력전달장치의 원리를 적용한 점.

4) 펌프와 밸브의 기밀성을 향상시키기 위해 방수도장을 하고 밸브시트에 실을 사용한 점.

5) 수차의 회전속도를 조절하기 위해 치차를 이용한 감속장치를 채용한 점.

그러나 이러한 괄목할만한 성과에도 불구하고 자승차는 실험단계의 구상으로 실제 완성된 것은 아닌 것으로 판단되며, 만약 실용화되었을 경우, 자승차는 송출양정이 1m라면 시간당 약 13~19톤의 물을 양수할 수 있었을 것으로 보이며, 이때 수륜의 출력은 최소 1마력은 되어야 했을 것으로 추정된다.

〈참고문헌〉

『圭南文集』, 경인문화사, 1977.

정동찬 외, 「자승차의 복원 및 실험연구」『규남 하백원 선생 실학사상 학술대회』,
　　전남사학회, 2004.

박호석, 『한국의 농기구』, 어문각, 2002.

송현갑 외, 『열에너지공학』, 문운당, 2002.

김영진 외, 『조선시대 농업과학기술사』, 서울대학교 출판부, 2000.

최규홍 외, 『펌프공학』, 유림문화사, 2000.

한국농업기계학회, 『농업기계핸드북』, 문운당, 1998.

周　昕, 『中國農具史綱及圖譜』, 中國建材工業出版社, 1998.

박영조, 『기계설계』, 보성문화사, 1993.

최재갑 외, 『농업기계학개론』, 향문사, 1975.

이춘녕, 『이조농업기술사』, 한국연구총서 21집, 한국연구원, 1964.

劉仙洲, 「中國古代在農業機械方面的發明」『中國農業機械學報 5-1, 2』, 中國
　　農業機械學會, 1962.

圭南 河百源의 『萬國全圖』와 『東國地圖』

양 보 경*

〈논문요약〉

규남 하백원이 그린 『泰西會士利瑪竇萬國全圖』는 제목으로 인해 利瑪竇[마테오리치]가 제작한 『坤輿萬國全圖』의 필사본으로 추정되어 왔다. 그러나 지도의 형태와 내용을 분석한 결과 수록된 지명의 숫자가 반 정도에 불과하며, 지명의 내용·지도의 윤곽과 형태, 지도 여백의 주기 등에서 두 지도가 상이한 부분이 많기 때문에 마테오리치의 『곤여만국전도』를 바탕으로 그린 지도가 아님이 확실하다. 이 만국전도는 마테오리치가 사망한 해에 중국에 도착한 선교사 艾儒略(Giulio Aleni, 1582-1649)이 1623년에 간행한 『職方外紀』에 실린 「萬國全圖」를 바탕으로 하여 그린 지도로 추정된다. 특히 청나라 건륭제의 명으로 1784년에 완성된 『四庫全書』「地理類」에 수록된 '職方外紀'의 내용과 거의 일치하여, 규남의 세계지도는 알레니의 원본 지도에 유사한 것으로 생각된다. 알레니가 제작한 지도는 한국에 거의 현존하지 않고 있어 규남

* 성신여자대학교 지리학과 교수

이 제작한 세계지도는 귀중한 가치를 지닌다.

　규남의『동국전도』와 팔도분도는 농포자 鄭尙驥가 제작한「동국지
도」유형의 지도로서, 지도의 윤곽과 정밀함, 아름다움과 조화 등에서
매우 뛰어난 지도이다. 규남본『동국전도』와 팔도분도는 정상기가 제
작한 원도와 4대에 걸쳐 수정해 간 수정본 모습의 과도기적 형태의 지
도로 보인다. 지도에 반영된 지명으로 파악해 보면 1787～1795년에 제
작된 정상기형 지도를 저본으로 하여 제작했던 것으로 추정된다. 규남
이 바탕으로 삼았던 지도는 정상기의 아들 정항령의 수정본 지도였을
것으로 추정된다.

　주제어: 규남 하백원, 태서회사이마두만국전도, 만국전도, 동국지도, 팔도분도,
　　　　알레니, 직방외기, 마테오리치, 곤여만국전도, 정상기

1. 머리말

규남 하백원(1781〜1845)은 한국 고지도 연구 분야에는 잘 알려지지 않았으나, 귀중한 지도들을 직접 제작했으니, 문집인 규남집의 해제에는 그의 지도학적 업적에 관해 다음과 같이 정리되어 있다.

> "1811년에는 우리나라 지도인 東國地圖를 이룩하고 그 기쁨을 시로 읊기까지 하였다. 이 동국지도는 모두 9폭으로 되어 있으며, 그 첫머리에 朝鮮全圖가 있고 다음에는 各道別로 되어 있다 하는데 오늘날의 지도와 거의 같이 자세하고 특히 凡例에는 百里尺이 쓰이고 있다는 평이다. 지도제작은 農圃 鄭尙驥의 東國地圖가 그 처음이기는 하나 圭南선생의 지도제작은 고산자 김정호의 大東輿地圖보다는 51년이나 앞서는 것으로서 제작의 노고 등을 엿볼 수가 있는 것이다. 뿐만 아니라 圭南선생은 우리나라에서는 처음으로 世界地圖를 그리기도 하였다. 그 지도의 이름은 「耶蘇會士 利瑪竇 萬國地圖」로서 본래 萬國地圖는 이태리 사람 마테오 릿치가 그린 것으로 현재 우리나라에서는 제2판에서 제4판까지는 모두 전해오고 있으나, 오직 圭南선생이 그린 제1판이 전해오지 않고 있어서 실물을 볼 수 없음은 참으로 유감된 일이라 할 것이다. 이때 圭南선생이 그린 萬國地圖는 그 명칭이 보여주는 바와 같이 마테오 릿치의 제1판을 보고 손수 그린 것으로 국내 유일본이며, 또 우리나라 사람의 손으로 이루어진 최초의 세계지도라 할 것이다."[1]

위의 지적은 지도를 개괄적으로 보고 언급한 내용이므로, 구체적이고 상세한 연구를 통해 규남 지도의 특징, 규남 지도가 지니는 지도학 사상의 위치 등을 파악하는 작업이 필요하다. 규남이 제작한 지도는 두 종이다. 첫째는 세계지도인 『泰西會士利瑪竇萬國全圖』이며, 둘째는 朝鮮全圖인 「東國全圖」와 각도의 道別地圖인 팔도분도이다. 본 연구는

---

1) 李鉉淙, 解題, 『圭南文集』, 景仁文化社, 1977, 4쪽.

규남이 제작한 두 종의 지도를 윤곽, 형태, 내용, 지명 등을 고찰하여 구체적이고 정확한 지도의 성격, 계열, 특징을 규명하고자 한다. 먼저 세계지도인 『泰西會士利瑪竇萬國全圖』(이하 『萬國全圖』로 약칭함)의 내용과 특징을 살펴보기로 한다.

2. 圭南 河百源의 『萬國全圖』

규남이 제작한 『萬國全圖』는 세계지도이다.

인간은 예부터 자기가 알고 있는 지역 보다 자기가 가 보지 못한 지역에 대해 호기심을 가졌다. 이 호기심은 이미 알고 있는 자기 지역 및 주변에 대한 지리적인 지식을 바탕으로 자기가 잘 알지 못하는 지역을 그리고 싶은 욕망을 지도를 통해서나마 표현하게 했다. 고대부터 세계지도가 만들어졌던 것은 이러한 이유에서이다. 그러나 세계지도가 중요한 것은 세계의 형태를 잘 알 수 없었던 시절에도 세계의 존재를 추구하고 사색했다는 사실이다. 나아가 세계의 표상을 바탕으로 그 세계 속에서 자신의 위치를 정립하고자 하는 의지를 담고 있다는 점에서 세계지도의 제작은 인간의 정신세계를 반영하는 매우 중요한 문화적 작업이었다.

고지도가 포함하고 있는 대상 지역을 기준으로 나누었을 때 지구상에서 가장 넓은 지역 즉 세계를 그린 지도가 세계지도이다. 세계지도를 통해 우리는 우리 조상들이 지니고 있던 세계관과 우주관 즉 세계에 대한 인식을 살필 수 있다. 이 지도들은 종교적 세계, 실재 세계 및 외국에 대한 인식 범위와 그 변화, 서양 및 외국의 영향, 서양 각국 지명의 표기와 변모, 세계의 측정 및 지도 제작의 기술 수준 등을 이해하는 중요한 자료가 된다.

현전하는 조선시대의 세계지도는 크게 두 가지 유형으로 나눌 수 있다. 첫째는, 동양의 전통적인 방식으로 그린 세계지도이다. 동양적 방식의 세계지도는 다시 사실적 세계지도, 동아시아 중심의 세계지도, 한국에서 독특하게 발달한 상상적 세계지도인 원형 天下圖의 세 가지 하위 유형이 있다. 둘째는, 서구에서 도입된 서구식 세계지도를 바탕으로 한 세계지도로서, 투영법과 경위선을 바탕으로 하여 만든 근대적 세계지도이다.

규남의 지도는 서구식 세계지도이다.

1) 서구식 세계지도의 전래와 영향

17세기에 들어 서양의 선교사들이 중국에서 본격적으로 활동함에 따라 서양 선교사들이 제작 간행한 西學書와 세계지도들이 대부분 사신에 의해 조선으로 유입되면서 서양의 지리학과 지도제작술, 그리고 서양 세계와 관한 지식들이 조선에 전달될 수 있었다.

선교사들이 제작한 서구식 세계지도가 조선에 최초로 도입된 것은 1603년 북경에 사신으로 갔다 돌아온 李光庭과 權憘에 의해서였다. 이들에 의해 전래된 지도는 마테오리치(Matteo Ricci, 利瑪竇)의 세계지도인 『坤輿萬國全圖』였다. 이 지도는 마테오리치가 1601년에 北京에 입성한 뒤 처음으로 제작한 지도로서 명의 과학자 李之藻와 함께 1602년에 간행하였으며, 6폭의 타원형지도였다. 이 지도에는 경위선을 이용한 지구의 모습을 보여줄 뿐만 아니라, 여백을 이용하여 우주에서 지구의 위치, 일월의 운행, 경위도, 일월식 등 역법 제작에 기초가 되는 천문학적 지식을 망라해 놓아 중국과 조선의 지식인들에게 충격을 주었다. 곧이어 이 지도의 증보판인 『兩儀玄覽圖』가 1603년에 간행되어 이듬해인 1604년에 전래되는 등 서양식 지도들은 제작된 후 바로 조선에 도입

되었다. 그 후에도 몇 폭의 세계지도가 전래되었으나 지금까지 전하는
원본은 숭실대학교 기독교박물관에 소장된 『양의현람도』뿐이다.[2] 마테
오리치에 이어 중국에서 활약한 선교사들은 세계지도의 제작 전통을
이어 갔다.

조선에서는 17세기 초에 李睟光이 『지봉유설』(1614)을 통해 서양의
지리지식 즉 서양지도의 조선전래와 서양 여러나라에 관해 소개한 이
후 중국이나 일본에 비하여 서양지도의 수용이 거의 없었던 것으로 이
해되고 있다.[3] 19세기에 중엽에 이르러 최한기·김정호 등이 地球儀를
만들고, 『地球前後圖』·『地球典要』 등을 편찬하고, 중국으로부터 『海
國圖志』『瀛環志略』 등이 도입되면서 서양 지리학에 대한 관심이 본격
화되었던 것으로 이해하고 있다.

그러나 17세기 이후 서양지도에 대한 관심이 꾸준히 증가하였으며,
이러한 관심이 19세기 중엽에 이르러 『地球前後圖』·『地球典要』 등의
간행으로 나타났던 것으로 생각된다. 이러한 과정을 보여 주는 자료로
다음과 같은 자료들이 있다.

許筠(1567~1618)은 1610년(선조 39)에 중국에 사신으로 간 적이 있
는데, 중국에서 마테오리치의 지도를 가지고 왔다.[4] 1631년(인조 9)에

---

2) 金良善, 「明末淸初 耶蘇會宣敎師들이 제작한 世界地圖와 그 韓國文化史上에
   미친 影響」 『崇大』 6집, 1961, 35~37쪽.
3) 盧禎埴, 『한국의 古世界地圖 硏究』, 효성여자대학교 대학원박사학위논문,
   1992, 112쪽.
   "韓國의 西歐式 世界地圖 수용은 중국이나 일본에 비해서 현저한 차이를 나타
   내고 있다. 韓國에서는 릿치의 세계지도가 전래된 이후 기록상으로는 서울대학
   교박물관과 봉선사에 남아 있는 불과 2種의 筆寫되 模寫本이 있을 뿐인데 반하
   여 日本에서는 무려 26종이 重刊되었으며 中國에 있어서도 數千冊을 印刷하였
   으나 需要를 充足하지 못하여 새로운 地圖를 製作한 흔적을 찾을 수가 있다. 전
   술한 바와 같이 金萬重이나 李瀷과 같이 릿치 등의 세계지도를 통해서 地球球
   體說을 收容한 一部 學者도 없지 않았지만…"
4) 柳夢寅, 『於于野談』, 卷2.

중국에 사신으로 갔던 鄭斗源은 예수회 선교사 로드리게스를 만나 알
레니가 저술한 지리서인『職方外紀』와『萬里全圖』, 서양의 과학서적을
얻어왔는데,5)『萬里全圖』는 알레니가 제작한『萬國全圖』일 것으로 추
정하고 있다.6)

　　서구식 세계지도에 대한 관심은 18세기에도 이어졌다. 페르비스트
(Ferdinand Verbiest, 南懷仁, 1623~1688)는 벨기에 출신 선교사로서
1658년에 마카오에 상륙하여 포교하다가 1660년에 북경에 들어갔다.
그는 천문, 역법 등 서양과학의 보급에 주력하는 한편 1674년『坤輿圖
說』2권과 1674년에『坤輿全圖』를 판각하였다.『坤輿全圖』는 시점을
적도상에 둔 平射圖法으로 동서양반구를 별개로 해서 만든 동양최초의
東西兩半球世界地圖인 셈이다. 이 지도가 한국에 전래된 경위는 정확
하게 전하지 않고 있다. 그러나 兪拓基(1691~1767)의『燕行錄』제2권
에 의하면 1721년(경종 1)에 영조를 世弟로 책립한 후 冊封奏請使의 書
狀官으로 청나라에 갔을 때 燕京의 천주당을 찾아 그 곳의 신부인 麥大
成과 담론하고 西洋書籍의 求得을 청한 바 麥神父는 이를 받아들여 이
듬해인 1722년 2월에『坤輿圖說』2권을 보내 주었다고 되어 있다. 이
로 볼 때『坤輿全圖』도 이 때 같이 소개되었을 가능성이 있다.7) 이후
1860년(철종 11)에 조선에서 重刊되었으며 이의 판목이 서울대학교 규
장각에 소장되어 있다.

　　여암 신경준은 地圖의 제작이 天文圖 보다 어려움을 명확하게 기록
하였다.8) 특히 영조대에 尹士雄, 崔天衢, 李茂林 등을 강화도 마니산,
甲山의 백두산, 제주의 한라산에 보내 北極高度를 측정하게 하였으나,

---

5)『國朝寶鑑』, 권35.
6) 金良善,「韓國古地圖研究抄」『崇大』第10號, 1965, 73쪽.
7) 金良善, 전게 논문, 1965, 74쪽.
8)『旅菴遺稿』권5,「跋」'東國輿地圖跋'

그 관측 기록이 여암 당시에 전하지 않음을 아쉬워하였다. 신경준은 이 글에서 정항령의 집에 簡平儀가 있었으며, 정항령과 함께 국토의 사방 모서리에서 해와 달의 궤도를 측정하여 地圖 제작의 일을 마치기로 하였으나 정항령이 먼저 죽었음을 슬퍼하고 있다. 簡平儀는『五洲衍文長箋散稿』에서 천문 의기 중 가장 簡明要約한 의기로 칭찬한 의기였다.[9) 이로 볼 때 정항령은 아버지 정상기가 만든『東國地圖』의 수정 등 지도 편찬 작업에 천문의기 등을 활용하였음을 알 수 있다. 당시의 지도 제작자들이 새로운 과학을 수용하려는 노력이 있었음을 짐작할 수 있다.

保晩齋 徐命膺(1716～1787)과 趙曮은 1776년(영조 42)에 홍문관 부제학의 직첩을 내렸으나 응하지 않아 함경도 甲山으로 유배되었다. 여기에서 그들은 갑산부사, 삼수부사 등 일행을 대동하 함께 백두산 등정을 하였으며, 이 과정을 기록으로 남겼다.[10) 이 기록에는 서명응이 백두산을 향해 가면서 즉석에서 재료를 구하여 象限儀를 만들어 주요 지점의 북극고도 즉 위도를 측정하였음이 나타나 있다. 이로 볼 때 당시 많은 학자들이 천문, 지리 등에 관심을 가지고 직접 儀器 등을 제작하여 측정하였음을 알 수 있다.

19세기에 들어 서구식 세계지도의 제작은 더욱 활발해 졌다. 崔漢綺가 1834년에 간행한『地球前後圖』와 필사본『地球前後圖』, 최한기가 1857년에 저술한 세계지리서『地球典要』중의「地球前圖」와「地球後圖」등이 대표적인 예이다.『지구전후도』는 우리나라 사람이 간행한 최초의 근대식 목판본 세계지도로서, 서구식 지도의 대중화에 공헌을 한 지도이다. 흔히『지구전후도』로 알려져 있으나,「地球前圖」·「地球後圖」, 이엇 천문도인「黃道北恒星圖」·「黃道南恒星圖」가 첨부된, 4장으로 이루어진 지도책이다

---

9)『五洲衍文長箋散稿』권17, 簡平儀辨證說
10) 徐命膺,『保晩齋集』권8,「遊白頭山記」

서울에 거주하였던 지식인들은 물론, 지방에 거주한 학자들도 서양
식 지도에 많은 관심을 보였다. 1770년에 편찬한 魏伯珪의『新編標題
纂圖寶瀛誌』에는 전통적인 원형 세계지도를「利瑪竇天下圖」라는 제목
으로 수록하는 오류를 빚기도 했다. 또 18세기 후반 정조 연간에 頤齋
黃胤錫이 만든「地球赤道南北界圖」가 있는 것으로 알려져 있다.[11] 지
방의 학자도 서양식 세계지도에 관심을 가지고, 서양식 세계지도를 모
사하여 학문적 강구의 대상으로 삼았음을 살필 수 있으며, 규남 하백원
도 그러한 사회적 분위기 속에서 서양식 세계지도를 제작했던 것으로
짐작된다.

이처럼 중국에서 제작된 한역세계지도는 공식적인 사행을 통해 西
學書와 함께 조선 사회로 유입되었으며 한편으로는 사신의 수행원들에
의한 비공식적 경로를 통해 구입되어 조선의 일부 지식인들에게 유포
될 수 있었다.

대부분의 서구식 세계지도가 중국에서 들여왔지만 극히 일부는 일
본으로부터 통신사에 의해 들어온 것도 있다. 이의 대표적인 사례로 통
신사 趙泰億이 1709년 일본에서 가져온 "萬國全圖"를 들 수 있다.

서양 선교사들이 중국에 전해준 서양의 종교, 윤리, 과학, 기술에 대
한 관심은 중국이나 조선에서 학문적 관심에서 출발해 수용되었으며,
이를 서학(西學)이라 불렀다. 서학에 대한 관심은 당시 사변화되고 형식
화되어갔던 성리학 일변도의 사회상에 대한 개혁을 위한 모색의 하나
였다. 임진왜란과 병자호란을 겪은 조선사회는 17세기 이후 변화하고
있었다. 농업생산력의 증가와 이를 바탕으로 한 상업·수공업에서의 변
화, 이에 따른 양반사회 신분구조의 동요 등과 함께 사상계도 변화하여,
지식계층을 중심으로 실학이 발생하였다. 관념적인 공리론을 탈피하고,

---

11) 盧禎埴, 전게논문, 1992, 86쪽.

새로운 시대에 맞는 새로운 이념과 학문으로서 실학과 함께 서학을 받아들이게 된 것이다. 이러한 조선사회 내적인 요인들에 의한 서학수용은 외국인 선교사의 도움이나 직접 전파가 아닌, 우리 스스로 특히 진보지식인들이 한역서학서들을 공부함으로써 이루어진 것이 특징이었다.

그 중에서 세계지도는 매우 중요한 역할을 했다. 새로운 세계 지리지식을 구체적 지구의 모습을 통해 넓혀 준 것은 지리서와 지도였기 때문이다. 서양의 지리적 세계, 서양의 지리지식과 지리학의 도입은 조선사회에서 서양의 존재를 새롭게 인식할 수 있는 계기가 되었다.

2) 圭南 河百源의 『萬國全圖』와 마테오리치의 『坤輿萬國全圖』

규남이 제작한 세계지도의 제명은 『泰西會士利瑪竇萬國全圖』(그림 1)이다. 지도의 제목을 보면, 마테오리치[利瑪竇]가 제작한 '만국전도'를 바탕으로 만든 지도로 보인다. 그러나 마테오리치는 '만국전도'라는 이름의 지도를 제작한 적이 없으며, 『坤輿萬國全圖』(그림 2)를 제작했기 때문에, 정확한 검토를 할 필요가 있다.

17세기 초 예수회 소속 이탈리아인 선교사 마테오리치(Matteo Ricci, 1552~1610)는 중국 명나라 神宗 萬曆 황제의 허락을 받고 중국 북경에 입성해 르네상스 이후 서구에서 진전된 자연과학적 지식과 서구의 문물을 중국에 소개했다. 중국식 이름 리마두[利瑪竇] 또는 '西儒利氏'로 널리 알려진 이탈리아 출신의 이 예수회 소속 선교사는 선교사이기에 앞서 인문학, 어학, 천문, 지리, 수학, 과학, 미술에 걸친 광범위한 소양을 갖춘 인문학자로 평가되고 있다. 그는 明末 천주교 중국 선교의 개척자이며 동서문화교류의 선구자였다. 그는 1582년 마카오에 도착한

후 조경, 소주, 남창, 남경을 거쳐 1601년 북경에 진출하여 1610년 북경
에서 사망할 때까지 많은 활동을 하였다. 그는 중국에서 선교사복 대신
유생(儒生)의 복장을 입었으며, 중국어와 한문을 배우고 공자와 사서삼
경을 공부해 중국 문화를 이해하고자 하였다. 한자로『天主實義』
(1603),『畸人十篇』(1608),『二十五言』(1605),『交友論』(1595) 등을 썼
으며, 또 四書를 라틴어로 번역한 기록도 있다. 그리고 徐光啓에게 수
학을 가르쳐 유클리드의『기하학원본』을 번역하게 하였다. 특히 그는
『輿地山海全圖』(1584),『山海輿地全圖』(1600),『坤輿萬國全圖』(1602),
『兩儀玄覽圖』(1603) 등 10여 종의 지도를 제작했다. 또한 시계, 달력을
만들었으며 天地儀, 地球儀, 象限儀, 紀限儀 등의 천문기구도 만들었
다.12)

서구에서 근대적 투영법을 바탕으로 제작했던 세계지도와 지구의
등 천문기구는 당시 중국이나 한국에서 통용되던 세계관 즉 중국 중심
의 中華的 세계관을 수정할 수 있는 가장 가시적인 수단이자 학문이었
다. 지도 제작을 통해 그는 서구 여러 나라의 이름을 한문으로 번역하
는 공로를 세웠다. 그는 중국의 문화와 전통에 적응하는 이른바 적응주
의 선교정책을 통해 서광계, 이지조 등 당대의 대 유학자와 고관들을
개종시키는데 성공했다.

그가 예수회 본부에 보고한 다음 글은 세계지도에 관한 그의 생각을
잘 전해 준다.

> 세계지도는 당시 중국이 우리의 신성한 믿음의 모든 것에 신뢰를 갖
> 도록 할 수 있는 가장 훌륭하고 유용한 작품이었다. 그러나 그들이 세
> 계가 넓고 중국은 그 가운데 작은 부분에 불과하다는 것을 보았을 때,

---

12) 양보경,「서구식 세계지도의 수용과 세계관의 다양화」『測量; Surveying &
    Mapping』, 5·6월호, 대한측량협회, 2004, 39쪽.

무지한 사람은 지도를 비웃었고, 현명한 사람은 경위선 눈금의 아름다운 질서를 보면서, 우리의 땅이 그들 왕조로부터 매우 멀리 떨어져 있으며 그 사이에 거대한 바다가 놓여 있다는 것이 모두 사실이라고 생각하게 되었다. 이것으로 인해 그들은 우리가 그들을 정복하러 왔다는 두려움을 떨쳐 버릴 수 있었다.[13)]

마테오리치가 만든 『坤輿萬國全圖』는 간행 이듬해인 1603년 조선에 도입되었으나, 국내에는 북경판 원본은 현존하지 않는다. 단지 한국에는 1603년에 마테오리치가 만든 『兩儀玄覽圖』가 숭실대학교 기독교박물관에 소장되어 있어 주목을 받고 있다.

중국의 중화사상을 이해하고 있었던 마테오리치는 세계지도를 만들면서 극동에 위치한 동아시아를 지도의 중앙에 배치해 세계지도의 구도를 바꾸어 놓았다. 서구에서 제작한 세계지도의 중앙에는 유럽이 위치하고 있었으나, 태평양을 중앙에 놓고 남북아메리카를 지도의 동쪽에 배치함으로써 중국 중심의 동아시아가 지도의 중심에 오게 함으로써 중국인의 거부감을 배제한 것이다.

서울대학교 박물관에 소장된 『坤輿萬國全圖』(보물 849호, 그림 3)는 1708년(숙종 34)에 숙종의 명으로 관상감에서 李國華와 柳遇昌의 지휘로 화가 金振汝가 그린 지도이다. 영의정 崔錫鼎과 이국화·유우창의 서문이 있다. 목판본인 『곤여만국전도』를 필사본 채색지도로 모사한 것으로, 원본에 없는 그림을 삽입해 '繪入坤輿萬國全圖'로도 부른다. 경기도 양주 奉先寺에 이와 유사하나 발문의 위치가 다르면서, 보존 상태가 훨씬 좋은 『坤輿萬國全圖』가 있었으나 1951년 한국전쟁 때 소실되었다고 전한다.[14)] 숙종대의 『곤여만국전도』는 왕의 명령에 의해 영

---

13) Samuel Y. Edgerton, Jr., 1987, "From Mental Matrix to Mappamundi to Christian Empire: The Heritage of Ptolemaic Cartography in the Renaissance," in David Woodward eds., *Art and Cartography*.

의정의 주관 하에 당대의 최고 화가가 모사하였음을 통해 서양지도에
대한 국가적인 관심을 엿볼 수 있다.

그때까지 하늘은 둥글고 땅은 사각형이라는, 이른바 '天圓地方'의
천체관을 가지고 있던 중국인들에게 이 지도는 큰 영향을 끼쳤으며, 서
양학문에 대해 관심을 가지게 하였다. 리치의 세계지도는 중국 지식인
들 사이에서 인기가 높아 여러 차례 인쇄되었다. 대지는 둥글고(球形)
세계는 구라파(유럽), 리미아(아프리카), 아세아(아시아), 아묵리가 (아메
리카), 메갈라니카(Megallanica, 마젤란이 발견한 남방대륙)의 5대륙과 4
대양으로 되어있다는 것이 이들을 통해 최초로 알려진 셈이다.

규남의『萬國全圖』를 마테오리치의『坤輿萬國全圖』와 비교해 보
면, 규남의 지도가『곤여만국전도』를 바탕으로 그린 것이 아님을 발견
하게 된다.

첫째,『萬國全圖』보다『坤輿萬國全圖』에 지명이 풍부하게 수록되
어 있으며, 자세하다. 李睟光은『곤여만국전도』를『芝峰類說』(1614년)
에서 다음과 같이 소개했다.

> 만력 계묘(1603)년에 내가 부제학이 되었을 때 북경에 갔다 돌아온
> 사신 이광정과 권희가 6폭짜리 구라파국여지도를 本館으로 보내 왔다.
> 이것은 아마도 북경에서 얻은 것이었다. 그 그림을 보니 몹시 정밀하고
> 정교했다. 게다가 西域 지도는 아주 자세했다. 심지어는 중국 지방, 우
> 리나라 8도, 일본 60주에 이르기까지 지리의 원근 대소 등을 하나도 빠
> 뜨리지 않고 섬세하게 그렸다. 거기에 보면 소위 구라파국이란 서역의
> 가장 끝 먼 곳에 있는데 중국에서 8만 리나 떨어져 있다. 그곳은 옛날

---

14) 최근에 서울대본과 유사하며 우리 나라에서 작성된 繪入『坤輿萬國全圖』를 일
　　본 北村芳郞이 소장하고 있음이 다음 글에 소개되어 마테오리치의 지도가 여러
　　본 모사되었음을 보여 준다. 船越昭生,「朝鮮に於けるリツチ世界地圖の影響」
　　『人文地理』第23권 제2호, 1971, 115~127쪽.

부터 중국 조정에 통하지 않았었는데 명나라 때에 이르러 비로소 다시 入貢하기 시작했다.

『곤여만국전도』는 가로 533cm, 세로 170cm의 대형 목판본 지도이다. 대형 세계지도이기 때문에 자세한 지도였다. 이수광의 기록에도 서역 부분이 매우 자세하고, 중국이나 우리나라 8도, 일본 60주에 이르기까지 빠뜨리지 않고 섬세하게 그렸다고 지적했다. 실제로『곤여만국전도』는 일본에 42개 정도의 지명이 쓰여 있다. 그러나 규남의『萬國全圖』는 일본에 '日本' '弥亞可'의 두 지명 밖에 기록되어 있지 않다.『곤여만국전도』에는 850여 개의 지명이 기록되어 있으나,『만국전도』는 460개 정도의 지명이 지도에 쓰여 있어, 두 지도가 같은 지도라 하기에는 차이가 너무 많다.

둘째, 같은 지역을 표기한 지명의 내용이 상이하다. 주요 지명(표 1)과 대륙의 명칭(표 2)은 거의 동일하다. 규남의『만국전도』와 마테오리치의『곤여만국전도』의 공통점은 우선 오세아니아를 제외한 5대주의 명칭이 같다는 것이다. 아시아를 亞細亞, 유럽은 歐羅巴, 아프리카는 利米亞, 북아메리카를 北亞墨利加, 남아메리카를 南亞墨利加로 표기하였으며, 이는 마테오리치가 유럽의 지명을 한자식으로 표기한 것을 따른 것이다. 또 오대양의 명칭도 두 지도가 일치한다. 그러나 나머지 지명은 대부분 달라서 비교가 어려울 정도이다.

셋째, 지도의 윤곽과 형태가 상이하다. 두 지도의 외형적인 면을 보면, 마테오리치의 곤여전도는 대륙의 해안선이 단조로운 편인데 비해 규남의 세계지도는 복잡한 편이다(그림 5). 남아메리카와 북아메리카를 연결하는 중앙아메리카 부분이『곤여만국전도』는 희미할 정도로 작고 길게 연결된 반면에 규남의『만국전도』에는 짧고 굵게 연결되어 있다(그림 4). 또한『곤여만국전도』에는 북아메리카대륙 상단 북극해 부분

에 섬들이 많이 그려져 있는데 이는 실제로 현재 존재하지 않는 섬들이
다. 규남의 『만국전도』에는 섬들이 표시되어 있지 않아, 수정되었음을
알 수 있다(그림 6). 또한 북아메리카 북동부에 동쪽으로 돌출된 반도
사이에 『곤여만국전도』는 섬이 그려져 있지 않으나, 규남의 지도에는
두 반도 사이의 만에 동서로 긴 섬이 그려져 있다(그림 4, 그림 6). 아시
아와 오세아니아 사이에도 『만국전도』보다 『곤여만국전도』에 더 많은
섬들이 표시되었다(그림 7).

특히 남극과 오세아니아대륙 부분의 형태가 전혀 다르다. 『곤여만국
전도』는 남극에서 세 개의 반도가 북쪽으로 돌출해 있으며, 가운데 돌
출 부분은 모서리가 각이 진 사각형 형태이다. 그리고 돌출 부위 사이에
깊은 만입이 있으며, 섬들이 그려져 있다. 그러나 규남의 『만국전도』는
두 개의 반도가 튀어나와 있으며, 사각형 형태가 아닌 부드러운 곡선으
로 표현되었고, 섬들도 없다(그림 1, 2, 4 참조). 일본의 형상도 『곤여만
국전도』가 더 정확하다.

넷째, 지형·지명 등 지도의 내용도 상이하다. 지형이 상이한 곳의 예
를 들면, 『곤여만국전도』에는 남아메리카 중앙부에서 서남쪽으로 흘러
남단에서 태평양에 유입되는 하천이 있으나, 규남의 지도에는 이 역시
수정되고 표시되어 있지 않다. 아프리카 남단과 남동해안의 윤곽과 하
천의 유로가 크게 차이가 난다. 또한 아프리카대륙의 남동해에 위치한
지금의 마다가스카르섬의 모양이 『곤여만국전도』에는 삼각형에 가깝지
만 규남의 지도에는 활모양으로 전혀 다르며, 섬의 이름도 다르다.

『곤여만국전도』에 훨씬 많은 지명이 기재되어 있으나, 특히 같은 장
소에 지명이 쓰여 있는 경우에도, 30여 곳 이상에서 서로 다른 지명이
보인다.

다섯째, 지도 여백의 주기의 내용이 상이하다. 마테오리치의 『곤여
만국전도』는 당시의 서양지리학과 지도학의 축적된 세계를 보여주는

것이기도 하였다. 지도의 난외에는 여러 가지 천문학적 도판과 각 지역의 민족·물산에 대한 地誌的 기술 등 주기가 있다. 또 타원형의 세계지도 바깥에는 남반구와 북반구의 모습, 아리스토텔레스 천체구조론에 의한 九重天圖, 天地儀圖, 천지의도 등이 그려져 있다(그림 2). 규남의 『만국전도』 여백에는 북극과 남극, 남국회귀선에 관한 설명, '利瑪竇圓球圖說', 마테오리치, 오대륙에 관한 설명 등이 있다. 그러나 마테오리치 지도에 사방 여백에 있는 九重天圖, 天地儀圖, 日月蝕圖, 赤道北地半球之圖, 赤道南地半球之圖, 日月蝕圖 등의 그림과 내용이 없다(그림 1).

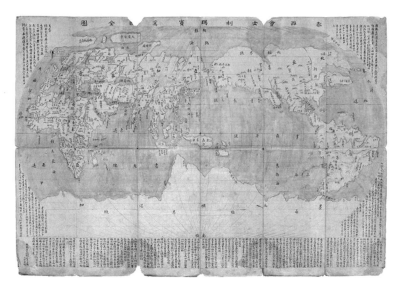

〈그림 1〉 규남 하백원의 『泰西會士利瑪竇萬國全圖』(1821년)

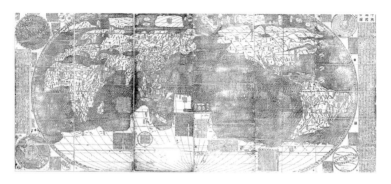

〈그림 2〉 마테오리치의 『坤輿萬國全圖』(1602년), 일본 宮城県圖書館 소장

〈그림 3〉 필사본 『坤輿萬國全圖』(1708년, 보물 849호),
서울대학교 박물관 소장

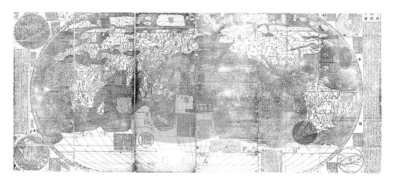

〈그림 4〉 『坤輿萬國全圖』와 『萬國全圖』의 상이 부분

〈표 1〉『萬國全圖』와『坤輿萬國全圖』의 동일 지명

구 분	『萬國全圖』	『坤輿萬國全圖』
남아메리카	南亞墨利加	南亞墨利加
	亞古齊亞	亞古齊亞
	白西兒	白西兒
중앙아메리카	小以西把尼亞海	小以西把 亞
	古把島	古把島
	里漢	里漢
	新以西尼亞	新以西把 亞
북아메리카	北亞墨利加	北亞墨利加
	把草老地	把草老地
	亦利多的蘭地	亦利多的蘭地
	新拂郎察	新拂郎察
	大人爾國	大人爾國
	加拿大國	加拿大國
	亞泥俺國	亞泥俺國
아시아	亞細亞	亞細亞
	奴兒干	奴兒干
	日本	日本
	朝鮮	朝鮮
	大明一統	大明一統
	回回	回回
	莫臥爾	莫臥爾
	印度亞	應帝亞
	一目國	一目國
	巴爾劑亞	巴爾劑亞
	郡多里亞	郡多里亞
유럽	歐邏巴	歐邏巴
	矮人國	矮人國
	諾爾物	諾爾物入亞
	大爾馬齊亞	大爾馬齊亞
	意大里亞	意大里亞
	拂郎察	拂郎察
	以西把尼亞	以西把 亞
아프리카	利未亞	利未亞
	亞昆心城	亞昆心城
	黑人國	黑人國
	創齋巴爾	創齋巴爾
	黑山	黑山
	馬泥工鄂	馬泥工哥
	巴爾加	巴爾加

아프리카	佛沙國	佛沙國
	馬邐可國	馬邐可國

〈표 2〉『萬國全圖』와『坤輿萬國全圖』의 대륙명

대 륙	『萬國全圖』	『坤輿萬國全圖』
남아메리카	南亞墨利加	南亞墨利加
북아메리카	北亞墨利加	北亞墨利加
아 시 아	亞細亞	亞細亞
유 럽	歐邏巴	歐邏巴
아 프 리 카	利未亞	利未亞
오세아니아		墨瓦蠟泥加*

* 호주를 포함한 남극지방

〈표 3〉『萬國全圖』와『坤輿萬國全圖』의 대양의 명칭

대양	『萬國全圖』	『坤輿萬國全圖』
태평양	太平海	
대서양	大西洋	大西洋
인도양	小西洋	小西洋
북극해	北 海	北 海
남극해	東南海	東南海

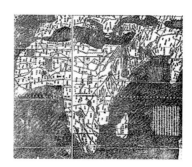

〈그림 5〉『萬國全圖』와『坤輿萬國全圖』의 해안선

〈그림 6〉『萬國全圖』와『坤輿萬國全圖』의 북아메리카 상단의 섬

〈그림 7〉『萬國全圖』와『坤輿萬國全圖』의 오세아니아 부근의 섬

3) 圭南 河百源의『萬國全圖』와 알레니의「萬國全圖」

규남의『萬國全圖』가 마테오리치가 제작한 지도를 바탕으로 편찬한 지도가 아님은 분명하다. 이제 규남이 저본으로 삼았던 지도를 추적해 보기로 한다.

규남의 지도와 외형상 유사한 지도는「天下都地圖」이다(그림 8). 서울대학교 규장각에 소장된『輿地圖』(3첩)는 제작자, 제작연대 등이 명시되어 있지는 않으나, 1790년대에 편찬된 것으로 추정되는 지도첩이다. 그림의 솜씨로 보아 도화서 화원의 작으로 추정되는 이 지도첩에 서양식 세계지도인「天下都地圖」가 수록되어 있다. 이 지도첩은 세계지도, 조선전도, 도성도, 조선 도별도, 중국 13성도 등으로 구성되어 있는데, 각 지도 모두 최고의 수준을 보여 주는 지도첩이다.「天下都地圖」
는 지도첩의 첫머리에 수록된 지도로 서양 지도의 수용을 잘 보여 준
다. 이 지도는 중국에서 선교사로 활동한 艾儒略(Giulio Aleni, 1582~
1649)이 1623년에 간행한『職方外紀』에 실린「萬國全圖」를 바탕으로
하여 그린 지도이다.[15] 알레니의 지도는 마테오리치의 지도의 내용과
도법이 유사하나, 남극대륙 부분이 개선된 지도이다.「天下都地圖」는
채색필사본으로 아름답고 명료하게 그려 조선의 회화식 지도의 특징이
반영되어 조선식으로 다시 그린 세계지도이다. 이 지도는 당시 정부 또
는 지식인 사회에서 서양 여러 나라 및 서양지도에 대한 관심이 높았음
을 반영한다고 할 수 있다. 또 이러한 지도를 모사하면서 서양의 지도
제작 방식에 대하여 지도에 관심이 있었던 사람들은 충분히 알고 있었
으리라 짐작된다.

「天下都地圖」와 규남의『만국전도』를 비교해 차이를 표시한 것이
<그림 8>이다. 두 지도는 지도의 윤곽이나 형태가 거의 유사하다. 그
러나 남극과 오세아니아대륙 부분과 북아메리카 북동부 부분이 상이하
다. 남극과 오세아니아 부분에서 규남의 지도가 북쪽으로 더욱 돌출된
것으로 나타나고, 규남 지도에는 아메리카북동부 해안선에 깊은 만입과
중간에 동서로 긴 형태의 섬이 있는 것으로 묘사되었다. 그러나「천하도
지도」에는 灣이 아니라 강으로 그려지고, 섬도 위치하지 않았다(그림 1,
그림 8).

형태와 윤곽에 비해 지도의 내용과 지명은 조금 더 큰 차이가 있다.
지명이 서로 다르게 표시된 부분들이 25곳 정도되며, 규남 지도에는 표
기되지 않았으나「천하도지도」에는 기록된 지명이 40여 곳에 이른다.
(그림 8) 예를 들면 지금의 대서양이 규남 지도에는 '東大洋'으로 되어

---

15) 李燦,『韓國의 古地圖』汎友社, 1991, 351쪽.
　　알레니의『萬國全圖』를 모사한 지도는 朴庭魯씨 소장본도 소개되었다.

있으나,「천하도지도」에는 '大西洋'으로 되어 있다.

이탈리아 출신의 예수회 선교사 알레니는 마테오리치가 사망한 해인 1610년에 중국에 도착, 1623년에 북경에 입성해 1649년까지 활동하였으며, 저작으로『天主降生言行紀略』,『出像經解』,『萬物眞原』,『天主降生引義』,『彌撒祭義略』,『三山論學記』,『楊淇園行略』,『滌罪正規略』,『聖夢歌』,『熙朝崇正集』,『悔罪要指』,『利瑪竇行實』,『聖體要理』,『張彌克遺跡』,『五十言』,『耶穌聖體禱文』,『四字經文』,『聖學牑述』,『玫瑰十五端圖像』,『幾何要法』,『西學凡』,『景教碑頌注解』,『西方答問』,『職方外紀』,『田鐸日抄』등이 있다. 이 가운데『西學凡』,『職方外紀』등이 많은 영향을 주었다.

특히『職方外紀』는 1623년에 알레니가 간행한 세계지리서로서 서양을 동양에 알리는데 큰 역할을 했다. 乾册에는 五大洲·亞世亞·歐羅巴가, 坤册에는 利未亞·亞墨利加·墨瓦蠟尼加·四海 등이 실려 있으며, 각 지역별로 해당하는 국가의 위치, 강역, 문화 등이 기록되어 있다.『職方外紀』원본에는『만국전도』와 각 대륙별 지도가 수록되어 있었으나, 원본은 매우 희귀하다.16) 지도가 희귀하기 때문에 한국에서는 이 지도에 관한 연구가 거의 없이, 서양 지도의 전래를 논하는 글에 일부 언급되는 정도에 불과하다.

그가 북경에 들어온 해인 1623년에 '職方外紀'를 재차 간행함과 동시에 그 속에 들어있던『만국전도』를 5폭 및 12폭의 대형세계지도로

---

16) 盧禎埴,「西洋地理學의 東漸 ─特히 韓國에의 世界地圖 傳來와 그 影響을 中心으로─」『大邱教大論文集』제5집, 1969, 233쪽.
   "原圖가 실린『職方外紀』는 原刊의 본고장이었던 중국에서도 특히 희귀한 존재로서 守山閣叢書(二種이 있음)과 皇朝藩屬輿地叢書 등에서 복각되어 있는 정도이다. 원간을 구득하기가 지극히 어려운 오늘날에 있어서 "만국전도"의 원도를 보기란 어려운 일이나 岩波講座에서 출판된 秋岡武次郎의『地圖學史』속에 원도의 사진판이 실려 있다."

확대 출간했다[17]고 전한다. 또 이 지도를 근거로 하여 安鼎福은 1752년
(영조 29)에 "職方外紀五世界圖"를 작성한 일이 있다[18]고 하여 한국에
의 전래를 시사해주나 지도는 전하지 않는다.

알레니의「만국지도」를 볼 수 있는 또 다른 책은 先秦부터 淸初까
지의 대부분의 저작물들을 망라한 총서인『四庫全書』(1784년 완성)이
다.『四庫全書』「地理類」에 '職方外紀'가 포함되어 있다. 그러나 현재
유통되고 있는『사고전서』는 臺灣商務印書館에서 83~86년에 '文淵閣
本'을 영인하여 출판한 본인데, 이 책에는 대륙별 지도만 삽입되고, 전
도는 들어있지 않다.

규남의『만국전도』와『직방외기』의「만국전도」를 비교해 보기로 한
다.『직방외기』의「만국전도」 1폭전도는 국내에서 구할 수 없어 秋岡
武次郎의 저서『世界地圖作成史』에 수록된 지도를 이용했다(그림 9).
두 지도는 지도의 윤곽과 형태가 매우 유사하다. 그리고 대륙별로 두
지도 사이에 형태나 지명 등에 상이한 부분이 있는 곳을 그림으로 정리
한 것이 <그림 10>부터 <그림 13>까지이다.

이를 종합해 보면, 규남의『만국전도』는『직방외기』에 수록된「만
국전도」를 바탕으로 제작한 지도임을 알 수 있다. 그리고 1631년에 도
입된『직방외기』에「만국전도」가 수록되었던 본인지 알 수 없으나, 안
정복의 기록으로 보면 지도가 수록된 본이었을 가능성이 크다. 더욱이
『사고전서』가 조선에 도입된 이후에는 알레니의「만국전도」의 영향이
더욱 증대되었을 것으로 추정할 수 있다.

조선 후기 문화의 절정을 이루어낸 正祖는 특히 서적의 수입에 관심
이 많았던 군주였다. 즉위한 다음해인 1777년(정조 1)에『사고전서』를
구입하도록 명했으나, 1772년부터 시작된 책의 편찬작업이 진행 중이

---

17) 金良善, 전게논문, 1965, 72쪽.
18) 金良善, 전게논문, 1965, 73쪽.

어서 완성이 멀었으므로 사신들은 대신『古今圖書集城』5천 20권, 5백 2갑匣을 구입해 왔다.[19)]『사고전서』는 1782년 말에 제1질이 완성되었고, 1784년에 제2, 제3, 제4질이 완성되어 '內廷四閣'이라 불리는 '文淵閣', '文溯閣', '文源閣', '文津閣'에 각각 보관하였다. '정조실록'에는 1783년에 이 책을 구입한 것으로 되어 있으니, 이는 제1질이었을 것이다.[20)] 1784년에 완간된 이후에도 물론 큰 관심을 지니고, 구입했던 것으로 보인다.[21)]

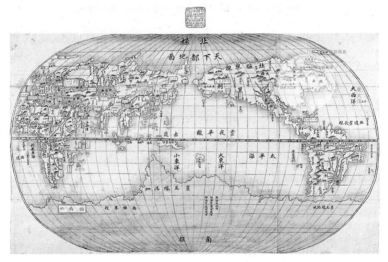

〈그림 8〉「天下都地圖」와 규남의 『만국전도』 상이처 비교

주: 1) 사각형으로 표시한 부분은 규남 지도에 없으나 「天下都地圖」에만 존재하는 지명임.
2) 원형으로 넓게 표시한 부분은 지도의 윤곽이 규남 지도와 상이한 부분임.
3) 지명 옆에 청색의 활자체로 써 넣은 글씨는 규남 지도에 달리 쓰인 지명임.

19)『正祖實錄』권3, 원년 2월 庚申.
20)『正祖實錄』권15, 7년 3월 乙卯.
21)『正祖實錄』권19, 9년 4월 戊戌.

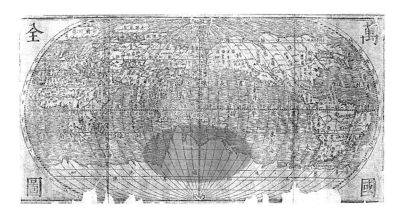

〈그림 9〉『職方外紀』에 수록된「萬國全圖」1폭
출처 : 秋岡武次郎, 『世界地圖作成史』, 1988, 122쪽.

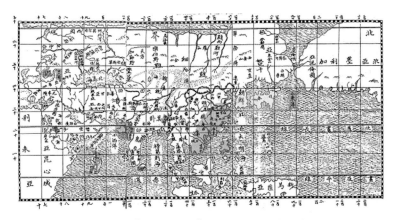

〈그림 10〉『職方外紀』의「萬國全圖」중 아시아 지도

주: 1) 규남의『만국전도』와 지명이 상이한 곳은 지명에 사각형 테두리선을 그렸음.
    2) 두 지도의 윤곽, 형태, 지형이 상이한 곳에는 타원형의 면으로 채색하였음.
    3) 이하 〈그림 11〉, 〈그림 12〉, 〈그림 13〉도 동일함.

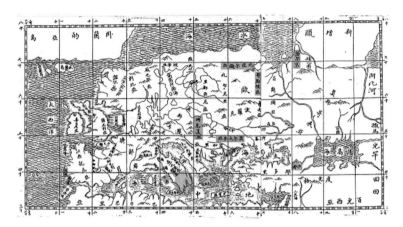

〈그림 11〉『職方外紀』의 「萬國全圖」 중 유럽 지도

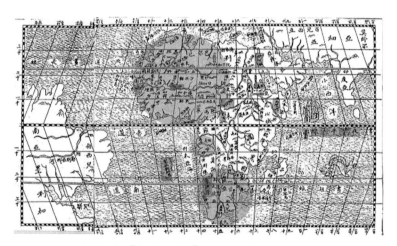

〈그림 12〉『職方外紀』의 「萬國全圖」 중 아프리카 지도

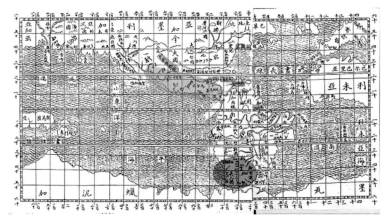

〈그림 13〉 『職方外紀』의 「萬國全圖」 중 아메리카 지도

3. 圭南 河百源의 『東國地圖』

규남은 세계지도 외에도 조선전도와 팔도의 각 도별 지도를 제작하였다. 이들 지도는 조선 후기 지도학사에서 전환점을 이루었다고 평가되는 鄭尙驥의 『東國地圖』유형으로, 중요한 가치를 지닌다.

1) 鄭尙驥의 『東國地圖』

조선 후기의 사회변화와 함께 조선의 지도 제작도 18세기 영조·정조대에 크게 발전하였다. 그 중 가장 중요한 변화가 大縮尺地圖의 발달이었다. 이 변화는 특히 전국지도 즉 전도에서 현저했다. 축척이 큰 지도가 만들어짐에 따라 지도의 크기도 대형화되었으며, 따라서 지도에 표시되는 내용이 상세하고 정확해졌으며 풍부해졌다. 또한 조선 후기에는 국가적 차원이 아닌 개인들도 정확한 지도의 제작에 기여하였다. 그 가운데 대표적인 인물이 鄭尙驥와 그 후손들, 그리고 고산자 金正浩이다.

　　조선 후기의 대축척지도의 발달에 결정적인 공헌을 한 지도학자가
농포자 鄭尙驥(1678~1752)이다. 김정호보다 1세기 앞선 시기에 활동
했던 실학자인 그는 百里尺을 사용하여 『東國地圖』를 제작하였는데,
이 지도는 조선시대 지도제작의 수준을 한단계 높인 획기적인 지도였다.

　　그의 지도는 그의 아들인 鄭恒齡(1710~1770)에 의해 한층 발전되
었으며, 손자 鄭元霖(1731~1800)과 증손 鄭遂榮(1743~1831)도 지도
를 계속 교정 수보하여, 더욱 정교하고 훌륭한 지도로 발전시켰다. 4대
에 걸쳐 지도 제작이 계속되었고, 또 그 지도를 본 많은 사람들이 필사
를 하였기 때문에 현재 정상기의 원본 지도가 어느 것인지 확실하지 않
으나, 大全圖의 사본이 5종 정도, 八道分圖의 사본은 40종 정도 남아
있는 것으로 알려져 있다.

　　정상기는 대형의 조선전도인 '동국대전도'(그림 14)를 먼저 그리고,
이를 여덟 부분으로 나누어 도별 지도인 '八道分道를' 제작하여, 도별
지도를 합하면 전도가 되도록 고안하였다. 도별 지도는 축척을 적용하
여 그렸기 때문에 면적이 좁은 경기도와 충청도를 합해 한 장에 그리
고, 면적이 넓은 함경도를 북도와 남도로 분리하여 각각 그린 점이 기
존의 도별지도와 다른 특징이다. 전형적인 「동국지도」는 함경북도에
지도의 跋文과 百里尺이 수록되어 있으나(그림 15), 후대에 전사된 지
도에서는 다소의 편차가 존재한다.

　　정상기의 「동국지도」는 일정한 축척을 사용하여 도별 지도를 합하
면 전도가 되도록 고안되었으며, 축척인 백리척을 표시하여 거리를 계
산할 수 있도록 한 점, 축척 약 1:420.000의 대축척지도로 커짐에 따라
도로·봉수·지명 등을 상세하게 나타낸 점, 조선의 윤곽 특히 북부 지방
의 윤곽이 정확해진 점에서 높이 평가받고 있다.

　　1757년(영조 33)에는 국왕 영조가 이 지도를 보고 감탄하면서 모사
하여 비치하도록 명하였다. 여암 신경준은 鄭恒齡의 지도를 국가적인

지도 제작 사업에 참고하였으며, 성호 이익 등 지식인들이 그의 지도를 전사하여 소장하였다. 뿐만 아니라 19세기에 茶山 丁若鏞도 그의 저서 『大東水經』에서 정항령의 지도를 여러차례 인용하여 조선의 水經 즉 강줄기의 갈래와 흐름을 설명하고 있다. 정상기의『東國地圖』는 특히 북부 지방의 윤곽이 매우 정확해졌다. 따라서 정상기의「동국지도」는 조선 전기 지도의 가장 큰 결점이었던 함경, 평안도 지방의 부정확성을 극복했다고 평가받았다. 이후의 조선 지도들은 대부분 이 지도의 영향을 오랫동안 받았다.

여암 신경준은 地圖의 제작이 天文圖 보다 어려움을 명확하게 기록하고, 정항령의 집에 簡平儀가 있었으며, 정항령과 함께 국토의 사방 모서리에서 해와 달의 궤도를 측정하여 지도 제작의 일을 마치기로 하였으나 정항령이 먼저 죽었음을 슬퍼하는 기록을 남겼다. 이로 볼 때 정항령은 아버지 정상기가 만든「동국지도」의 수정 등 지도 편찬 작업에 천문의기 등을 활용하였음을 알 수 있다. 당시의 지도 제작자들이 새로운 과학을 수용하려는 노력이 있었음을 짐작할 수 있다.

河東 정씨 가문인 정상기 집안의 지도를 바탕으로 하여 海州 정씨 집안인 鄭喆祚(1730~1781)·鄭厚祚(1758~1793) 형제가 원본보다 훌륭한 수정본 지도를 만들었다. 정철조는 임금의 御眞을 모사할 정도로 그림에 뛰어났으며,『槿域書畵徵』에서도 그림으로 유명하였던 것으로 지적할 정도로 그림에 능함은 물론, 천문·역법 등에도 달통하였다. 김정호는『靑邱圖』범례에서 형인 鄭喆祚의 지도가 훌륭하다고 언급하였는데, 黃胤錫(1729~1791)은『八道地圖』를 제작한 후 그 발문에 동생인 鄭厚祚가 지도를 만들었다고 기록하여(그림 15) 차이가 있다. 황윤석은 정철조와 동시대의 사람으로 천문, 역법에 관하여 학문적 교류를 할 정도로 절친한 사이로 그 집안의 지도를 모사하면서 동생인 정후조의 지도라고 기록해 놓은 것을 보면 황윤석의 기록이 더욱 신빙성이 있

다고 할 수 있다. 천문, 역법에 뛰어난 정철조의 영향이 전혀 없을 수 없었겠지만 지도 제작은 정후조에 의한 것이라 할 수 있다. 혹은 형제가 함께 지도를 제작해 주위 사람들이 편의에 따라 지칭할 수도 있었을 것이다. 또 정후조는 『四裔志』라는 지리서도 편찬할 정도로 지리학에 뛰어난 인물이었다. 청장관 이덕무는 중국 각 省의 南極高度를 논하는 데 이 책을 인용하고 있다. 정후조가 제작한 '海州新本' 지도로 볼 수 있는 것이 규장각에 소장된 『朝鮮八道地圖』이다.

정후조의 지도는 정상기의 지도보다 풍부한 지리적 정보를 담고 있다. 정상기형 지도에 비하여 크기가 더 대형이며, 산맥과 하천을 매우 정교하게 그렸다. 또한 지도상에 많은 인문지리적 정보를 수록하였는 데, 산의 嶺隘, 강의 津梁, 倉庫, 面, 驛站 등을 더 수록하여 매우 자세한 지도가 되었다. 군현의 경계를 표시하였으며, 두만강·압록강 주변과 海西 沿海의 把守를 표시하고 읍까지의 거리를 기록하였으며, 범례가 보다 정교해졌다.

정상기는 「동국지도」를 제작하면서 이전 시기의 지도에서는 전혀 볼 수 없었던 독특한 축척인 백리척을 사용했다. 도별 지도에서 백리척 은 대략 9.4~9.8cm의 긴 막대모양으로 그려져 있는데, 이 길이가 백리에 해당한다. 상기는 백리척을 고안하여 두 지점간의 실제 거리를 쉽게 계산할 수 있도록 하였다.

그가 제작한 「동국지도」에 대하여 이익은 『성호사설』에서 "정상기가 처음으로 백리척을 축척으로 써서 지도를 그렸고, 또 가장 정확하다."고 찬탄하였다.

정상기의 「동국지도」는 정부에서도 여러 곳에 활용했음을 짐작할 수 있는데, 이의 대표적인 사례가 1770년 申景濬(1712~1781)의 「輿地圖」 제작 사업이다. 그는 영조의 명을 받아 『東國文獻備考』와 짝할 수 있는 지도를 만들었는데, 이 때 기본도로 사용된 것이 정상기의 「동국지도」였다.

정상기의 지도는 조선시대 말기까지 민간에도 큰 영향을 주었으니, 많은 필사본 지도가 남아 그것을 입증한다. 조선전도는 고산자 김정호가 뒤를 이어 더욱 발전시켰으나, 도별지도는 조선 말기까지 정상기 지도의 유형이 지속되었던 점에서, 정상기 지도는 18세기~19세기의 한국의 대표적인 지도였다고 할 수 있다.

2) 규남의 「東國全圖」와 팔도분도

규남의『동국전도』와 팔도분도는 대체로 정상기의 「동국지도」의 원형을 갖추고 있다. 팔도분도의 경기도와 충청도를 같은 도폭에 함께 그리고, 함경남도와 함경북도를 별도로 그린 것은 하나의 예이다. 팔도의 군현명을 기입한 원의 바탕색도 대부분 오행의 원칙에 따른 오방색을 취했다. 경기도충청도는 짙은 황색, 전라도는 적색, 경상도는 연분홍색, 강원도는 청색, 평안도는 백색, 함경남도와 함경북도는 흑회색 바탕색을 칠했으나, 황해도의 군현명은 회색이 아닌 옅은 황색으로 채색된 원안에 군현의 이름이 쓰여 있어 예외적이다. 또한 함경북도 도폭의 여백을 이용해 그린 百里尺이 규남본에는 없으며, 정상기의 발문도 수록되지 않았다(그림 15, 그림 20 참조).

「강원도」 지도에 于山島가 울릉도 아래 남쪽에 그려진 점이 독특하다(그림 28). 정상기형 동국지도의 강원도 지도에는 일반적으로 우산도가 울릉도 동쪽에 표시되어 있는 것과 차이가 있다. 「경상도」 지도의 대마도도 서쪽의 灣入이 없이 둥근 감자 모양으로 표현되어 있어 일반적인 대마도의 형태와 차이를 보인다(그림 27).

『동국전도』와 팔도분도는 1811년에 제작한 지도로 알려져 있다. 그러나 이 지도에는 지명의 변화 가 반영되어 있지 않아 지도의 지명으로 살펴보면 마치 18세기 후반에 제작된 지도처럼 보인다. 그것은 바탕으로 삼았던 지도 원본을 충실히 모사하고자 했던 의도로 보인다. 경기도에는 1795년에 始興으로 개칭된 衿川이 옛 지명으로 표시되고, 충청도에는 1776년에서 1800년까지 사용되었던 지명인 尼城이 있다. 함경남도의 長津은 1787년에 군이 신설되면서 柵에서 都護府로 승격되었는데, 도호부로 승격된 모습이 담겨 있어 1787년 이후에 제작된 지도가 바탕이었음을 알 수 있다. 또한 경상도에도 安陰에서 安義로, 山陰에서 山淸으로 바뀐 후의 지명이 쓰여 있어 1767년 이후의 지도임이 확실하다. 이들을 종합하면『동국전도』와 팔도분도는 1787～1795년에 제작된 정상기형 지도를 저본으로 하여 제작했던 것으로 추정된다.

규남의『동국전도』와 팔도분도는 정상기의 원도 계열의 모습과 후대에 수정본 모습의 과도기적 형태의 지도로 보인다. 「함경북도」 지도는 두만강 북쪽의 만주 지역에 수정본에서 보이는 산맥과 하천, 지명들이 나타나 있지 않아 원도에 가까운 것으로 보이는(그림 20) 반면, 「평안도」 지도는 압록강 대안 만주쪽에 압록강의 지류들과 지명들이 상당 부분 추가되어 수정된 모습(그림 22)을 보이기 때문이다. 호암미술관에 소장된『輿地圖』중「平安道」 지도(그림 23)와 비교해 보면, 수정이 가해졌음을 분명히 알 수 있다. 평안도, 황해도, 경기도, 충청도, 전라도, 경상도 등에 바닷길 즉 海路가 적색선으로 자세히 표시되어 있는 점도 이를 반영한다.

또한 규남의『동국전도』와 정상기형 동국지도 유형의 '동국전도'들을 비교해도 같은 결과를 보인다. 서울대학교 규장각 소장의『輿地圖』중의 「我國總圖」(그림 17), 海州新本 계열의 『八道地圖』(서울대학교 규장각 소장, 그림 18), 1850년대의 목판본 조선전도인『海左全圖』(그림 19)와 규남본『동국전도』의 윤곽을 비교해 보면, 「아국총도」의 윤곽과 가장 유사한 것으로 파악된다. 「아국총도」는 알레니의 「만국전도」

유형이었던 「天下都地圖」를 포함하고 있는 『輿地圖』첩에 수록된 조선
전도로서, 이 지도첩은 1790년대에 제작된 것으로 추정되고 있어 규남
본 지도들과 시기상으로도 일치된다.

4. 맺음말

규남은 서구식 세계지도인 『泰西會士利瑪竇萬國全圖』와, 朝鮮全圖
인 「東國全圖」 및 각도의 道別地圖인 팔도분도를 제작해 조선의 지도
학사에 뚜렷한 발자취를 남겼으나, 그 동안 학계에는 알려지지 않았던
인물이다.

규남이 제작한 『泰西會士利瑪竇萬國全圖』는 지도의 제목으로 인해
그 동안 利瑪竇[마테오리치]가 제작한 『坤輿萬國全圖』의 필사본으로
추정되어 왔다. 그러나 지도의 형태와 내용을 분석한 결과 마테오리치
의 『곤여만국전도』를 바탕으로 그린 지도가 아님이 확실하다. 그것은
지도에 수록된 지명의 숫자가 반 정도에 불과하며, 지명의 내용·지도의
윤곽과 형태, 지도 여백의 주기 등에서 두 지도가 상이한 부분이 많기
때문이다. 『泰西會士利瑪竇萬國全圖』는 오히려 마테오리치가 사망한
해에 중국에 도착한 선교사 艾儒略(Giulio Aleni, 1582~ 1649)이 1623
년에 간행한 『職方外紀』에 실린 「萬國全圖」를 바탕으로 하여 그린 지
도로 추정된다. 특히 청나라 건륭제의 명으로 1784년에 완성된 『四庫
全書』「地理類」에 수록된 '職方外紀'의 내용과 거의 일치하여, 규남의
세계지도는 알레니의 원본 지도에 유사한 것으로 생각된다. 알레니가
제작한 지도는 한국에 거의 현존하지 않고 있어 규남이 제작한 세계지
도는 귀중한 가치를 지닌다.

규남의 『동국전도』와 팔도분도는 조선 후기의 위대한 지도학자 농

포자 鄭尙驥가 제작한 「동국지도」 유형의 지도로서, 지도의 윤곽과 정
밀함, 아름다움과 조화 등에서 매우 뛰어난 지도이다. 규남본『동국전
도』와 팔도분도는 정상기가 제작한 원도와 4대에 걸쳐 수정해 간 수정
본 모습의 과도기적 형태의 지도로 보인다. 지도에 반영된 지명으로 파
악해 보면 1787~1795년에 제작된 정상기형 지도를 저본으로 하여 제
작했던 것으로 추정된다. 이 시기는 정조의 부름을 받아 읍지 편찬과
지도 제작을 도왔던 정상기의 아들 정항령이 활동하던 시기이다. 따라
서 규남이 바탕으로 삼았던 지도는 정항령의 수정본 지도였을 것으로
추정된다.

〈그림 14〉 정상기의 대전도 유형의
『東國大地圖』 서울역사박물관 소장

〈그림 15〉 『八道地圖』 중 「咸鏡北道」 지도
서울대학교 규장각 소장

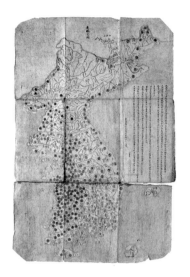

〈그림 16〉 규남 하백원의 「東國全圖」

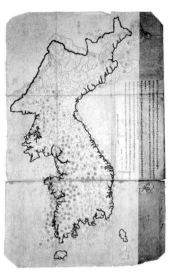

〈그림 17〉 규남본과 「我國總圖」의
윤곽 비교

〈그림 18〉 규남본과 『八道地圖』의
윤곽 비교

〈그림 19〉 규남본과 『海左全圖』의
윤곽 비교

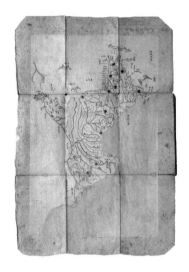

〈그림 20〉 규남본 「咸鏡北道」 지도

〈그림 21〉 규남본 「咸鏡南道」 지도

〈그림 22〉 규남본 「平安道」 지도

〈그림 23〉 『輿地圖』 중
「平安道」 지도

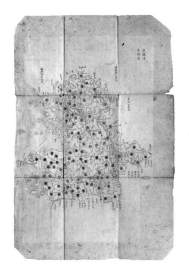

〈그림 24〉 규남본 「京畿道忠淸道」 지도　　　〈그림 25〉 규남본 「黃海道」 지도

〈그림 26〉 규남본 「江原道」 지도　　　〈그림 27〉 규남본 「慶尙道」 지도

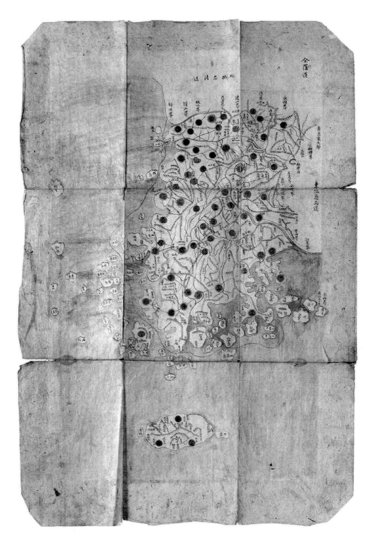

〈그림 26〉 규남본 「全羅道」 지도

※출전 : 『全南史學』 제24집, 전남사학회(현 호남사학회), 2005.6

〈참고문헌〉

金良善, 「明末淸初 耶蘇會宣敎師들이 제작한 世界地圖와 그 韓國文化史上에 미친 影響」『崇大』 6집, 1961.

金良善, 「韓國古地圖硏究抄」『崇大』 第10號, 1965.

盧禎埴, 『한국의 古世界地圖 硏究』, 효성여자대학교 대학원박사학위논문, 1992.

盧禎埴, 「西洋地理學의 東漸-特히 韓國에의 世界地圖 傳來와 그 影響을 中心으로-」『大邱敎大論文集』 제5집, 1969.

양보경, 「서구식 세계지도의 수용과 세계관의 다양화」『測量』; Surveying & Mapping, 5·6월호, 대한측량협회, 2004.

李 燦, 『韓國의 古地圖』汎友社, 1991.

李鉉淙, 「解題」『圭南文集』, 景仁文化社, 1977.

Samuel Y. Edgerton, Jr., 1987, "From Mental Matrix to Mappamundi to Christian Empire: The Heritage of Ptolemaic Cartography in the Renaissance," in David Woodward eds., Art and Cartography.

알레니, 『職方外紀』(1623).

秋岡武次郎, 『世界地圖作成史』.

船越昭生, 「朝鮮に於けるリツチ世界地圖の影響」『人文地理』 제23권 제2호, 1971.

『國朝寶鑑』

『正祖實錄』

『圭南文集』

『旅菴遺稿』

『五洲衍文長箋散稿』

『保晩齋集』(徐命膺)

『於于野談』(柳夢寅)

『坤輿圖說』

『新編標題纂圖寰瀛誌』

『사고전서』

『성호사설』

『東國文獻備考』

『芝峰類說』

『泰西會士利瑪竇萬國全圖』
「東國全圖」, 「팔도분도」
『坤輿萬國全圖』(1602)
『坤輿萬國全圖』(1602년, 마테오리치, 일본 宮城縣圖書館 소장)
『坤輿萬國全圖』(1708년, 보물 849호, 필사본, 서울대학교 박물관 소장)
『坤輿全圖』
『東國大地圖』(서울역사박물관 소장)
『東國地圖』(鄭尙驥)
『萬里全圖』
『山海輿地全圖』(1600)
『兩儀玄覽圖』(1603)
『輿地圖』(서울대학교 규장각 소장)
『輿地山海全圖』(1584)
『地球前後圖』
『八道地圖』(서울대학교 규장각 소장)

圭南 河百源 시에 나타난 情懷의 변모 양상

박 명 희*

〈논문요약〉

圭南 河百源(1781~1844)은 旅庵 申景濬, 存齋 魏伯珪, 頤齋 黃胤錫 등과 함께 조선후기 호남의 4대 실학파 중 한 사람으로 일컬어져 왔다. 본 논고는 이러한 하백원이 남긴 한시문을 연구 대상으로 삼았다. 현전하는 『圭南文集』 권1에는 총 154題 201首의 한시문이 전해져오고 있는데, 21세 때부터 생을 마감하기 2년 전인 62세까지의 작품이 창작한 연대순으로 수록되어 있다. 따라서 창작한 작품을 순서대로 추적하고, 전 생애에 걸쳐 지은 시문의 변모 양상을 구명하였다.

하백원의 생애는 수학기, 학문발전기, 출사기, 유배기 등으로 구분할 수 있었다. 그리고 각 생애에 걸맞은 시적 정회의 변모 양상을 명명할 수 있었는데, 수학기에는 從師 의식의 고취, 학문발전기에는 自嘆·自適의 표출, 출사기에는 客愁의 정 토로, 유배기에는 海遊의 즐거움 표현 등이었다.

---

* 전남대학교 국어국문학과 강사

하백원은 21세 무렵 性潭 宋煥箕의 제자가 되었다. 송환기는 송시열 → 권상하 → 한원진 → 송능상으로 이어진 老論의 湖論系 인물로 주자학적 학맥을 이으려고 노력하였으며, 하백원은 이러한 면모를 시문을 통해서 나타내었다. 학문발전기는 학문적으로 성숙한 시기이기도 하였지만, 입신양명의 꿈 또한 접지를 못하고 심리적으로 불안정한 모습을 드러내었다. 그러나 37세에 치른 과거시험을 기점으로 점점 현실에 安分하는 모습을 보여주어 자탄에서 自適하는 감정으로 변모하였음을 알 수 있었다. 출사기는 고향을 떠나 객지 생활을 해야 했던 처지인지라 시문의 내용 중에 客愁의 정을 읊은 작품이 많은 것을 하나의 특징으로 손꼽을 수 있었다. 하백원은 말년 한때 충남 보령에서 유배기를 보냈다. 이때는 謫居期이기 때문에 시문에 주로 우울한 감정 상태를 드러내었을 것도 같은데, 실재는 그 반대의 모습을 보이고 있었다. 이는 하백원이 바닷가와 인접한 유배지를 절망의 땅으로 읊지 않은 것만 보아도 알 수 있는데, 이러한 구체적인 모습은 海遊를 즐기는 시문 내용에서 그대로 드러났다.

하백원은 시문에서 주로 서정을 펼쳐 보였다. 때문에 그동안 알려진 실학자적 모습과는 상관없는 듯한데, 적어도 문학을 학문의 종속적인 것으로 보지 않고 독립적 형태로 인식하였고, '眞'을 강조하며 자신만의 독특한 작품 세계를 창작하도록 한 의식은 높이 살만하다고 생각하였다.

1. 머리말

圭南 河百源(1781~1844)은 旅庵 申景濬, 存齋 魏伯珪, 頤齋 黃胤錫 등과 함께 조선후기 호남의 4대 실학파 중 한 사람으로 일컬어져 왔다. 명실공히 하백원이 실학파로 지칭될 수 있었던 것은 비록 성리학적인 수업을 받았다고는 하지만, 생활 속에 직접 소용되는 분야에까지 관심을 보였기 때문이다. 특히, 지금의 양수기에 해당하는 '自升車'의 발명과 朝鮮全圖와 8道의 지도로 구성된 9폭의 '東國地圖'를 제작한 것을 통해서 볼 때 학문을 했던 이유가 단순한 卓上空論을 위한 것이 아니라 實得을 위한 것이었음을 알게 한다. 따라서 지금까지 이루어진 하백원에 대한 연구는 주로 그의 실학적인 면에 초점이 맞추어진 감이 없지 않다.[1] 물론 하백원의 학문 중에서 두드러진 부분이 실학이기 때문에 거기에 초점을 맞추는 것은 당연하지만, 현재 전해져 오는 문헌상의 기록을 보면 반드시 그랬던 것은 아니었음을 읽어낼 수 있다. 이는 하백원의 학문적 연원이 성리학을 기반으로 한 것과 긴밀하게 관련된다.

---

1) 하백원에 대한 심화된 연구는 철학 분야에서 먼저 이루어졌다. 그동안 발표된 하백원에 대한 연구 논문은 다음과 같다.
安晉吾, 「규남 하백원의 생애와 사상」『전남(호남)지방의 인물사연구』-유학자를 중심으로-, 전남지역개발협의회, 1983, 67~109쪽. ; 安晉吾, 「규남 하백원의 성리학적인 실학」『다산학보』8집, 다산학연구원, 1986. ; 安晉吾, 「규남의 성리학과 실학사상」『호남유학의 탐구』, 이회, 1996, 143~173쪽. ; 이해준, 「실학시대의 과학자 발명가」『나는 호남인이로소이다』, 사회문화원, 2002. ; 안동교, 「圭南 河百源의 학문관과 실학정신」『동양철학연구』41집, 동양철학연구회, 2005, 116~147쪽. ; 양보경, 「圭南 河百源의 『萬國全圖』와 『東國地圖』」『전남사학』24집, 전남사학회, 2005, 73~109쪽. ; 이종범, 「조선후기 同福 지방 晉陽 河氏家의 學問과 傳承」『전남사학』24집, 전남사학회, 2005, 1~22쪽. ; 정동찬 외 2인, 「自升車의 復元 및 實驗精神」『전남사학』24집, 전남사학회, 2005, 23~72쪽.

본 논고는 하백원이 남긴 한시문을 연구 대상으로 삼았다. 현전하는 『圭南文集』 권1에는 총 154題 201首의 한시문이 전해져오고 있는데, 21세 때부터 생을 마감하기 2년 전인 62세까지의 작품이 창작한 연대순으로 수록되어 있다. 따라서 창작한 작품을 순서대로 추적해보면 전 생애에 걸쳐 지은 시문의 변모 양상을 읽어낼 수 있을 것으로 예상된다. 특히, 하백원은 시문을 개인적 抒情 양식으로서 상황에 따라 감정 상태를 自在롭게 표현해내었다. 이때 감정 상태의 표현은 情懷의 소산으로도 볼 수 있는데, 생애에 따른 상황과 밀접히 연관되어 있다. 따라서 본 논고에서 말하는 시문의 변모 양상이란 생애별로 나타난 감정 상태의 표현 양태라는 의미와도 일맥상통한다.

현재까지 이루어진 하백원의 문학에 연구는 全無한 상태이다. 심지어 한문학사에서조차 하백원에 대한 언급은 단편적인 것도 없는 상황이다. 이의 가장 큰 이유로 손꼽을 수 있는 것은 지금까지의 한문학사가 중앙 문단의 몇몇 문인을 중심으로 쓰여졌기 때문이라고 생각한다. 그러나 이제는 각 지방문학사의 소중함을 깨닫고 중앙까지 널리 알려지지 않은 문인들을 발굴하여 연구해야할 때라고 본다. 지방은 중앙과 달리 규모는 비록 작지만, 나름대로의 문학세계를 형성한 장이기 때문이다. 따라서 본 논고의 일차적 의미도 이런 측면에 두고자 한다. 또한 그동안 실학자로만 알려진 하백원이 과연 시문을 통해서는 어떤 생각들을 읊었는가를 연구하는 것은 선입견을 넘어선 색다른 측면의 다른 발견을 할 수 있을 것으로 예견된다. 본고가 하백원 문학의 첫 연구이기 때문에 소략하나마 그의 생애를 정리하고, 그 삶 속에서 시작활동을 대체로 어떻게 하였는가를 먼저 살펴야 할 것이다.

2. 하백원의 삶과 시적 梗槪

하백원의 자는 穉行이요, 호는 圭南인데, 특히 규남이라는 호는 瑞石山 圭峯 남쪽에 살았기 때문에 붙여진 것으로 알려져 있다.[2] 또한 본관은 晉州로 본래 진주에 뿌리를 두었던 진양 하씨가는 여말선초에 중앙정계에 진출하여 태종대에 河崙, 세종대에 河演 등을 배출하였다. 그러다가 세조가 즉위할 즈음에 하연의 동생 河潔이 정읍의 楚山에서 은거하였고, 그 후손의 일부가 同福縣(당시는 福川)으로 옮겨 살았으니 그 때가 대략 16세기 중반기였다. 그후 17세기 초반쯤에 錦沙 河潤九가 무등산 동편 아래에 터를 잡으니 이곳이 오늘날 全南 和順郡 二西面 野沙里이다.[3] 하윤구는 문과에 합격하여 중앙 정계에서 이름을 알리게 되었고, 향촌에서의 기반도 점차 잡혀가게 되었다. 이후 하백원의 고조부인 河聖龜는 호가 伴鶴으로 尤菴·農巖 두 스승의 문하에 드나들었고, 증조부인 河永淸은 호가 屛巖으로 文學과 行誼로 세상에 드러났으며, 조부 河廷喆과 부친 河鎭星이 그 뒤를 이었다.[4]

이중에서 특히 병암 하영청의 활약이 주목된다. 일찍이 부친을 잃고 두 형마저 세상을 떠나자 가업을 주관할 생각으로 과거시험을 단념한 그는 家事에 전념하여 중년에 이르러서 풍족한 생활을 영위하며 문중 사업과 함께 향촌의 부흥 운동도 적극 펼친다. 또한 성리학적인 공부도 열심히 하였지만, 象數學·星曆·甲兵·錢穀·陰陽 등과 같은 일상적으로 효용이 높은 학문에도 깊은 관심을 가졌다.[5] 이러한 학문적 영향은 훗

---

2) 『圭南文集』 卷7, 「墓誌銘並序」, 公 諱百源 字穉行 居圭峰下 故學者 稱圭南
先生.
3) 이종범, 앞의 논문, 3쪽 참조.
4) 『圭南文集』 卷7, 「墓誌銘並序」, 高祖聖龜 號伴鶴 遊尤菴農巖二先生門 曾祖
永淸 號屛巖 文學行誼 見重於世 祖廷喆 考鎭星.
5) 하영청과 관련된 내용은 이종범, 앞의 논문, 7~10쪽 참조.

날 하백원이 가학으로서 전승받았다고 생각한다.

하백원은 지금의 전남 화순군 이서면 야사리에서 부친 하진성과 모친 長澤高氏 사이에서 2남 중 장남으로 태어난다.6) 이러한 하백원의 생애는 修學期, 學問發展期, 出仕期, 그리고 流配期 등과 같이 4기로 구분할 수 있다.7) 첫째, 수학기는 23세(1803년, 순조3) 진사시험에 합격할 때까지이고, 둘째 학문발전기는 23세 진사시에 합격한 이후부터 54세(1831년, 순조 31) 천거로 벼슬길에 오르기 직전까지이다. 그리고 셋째 출사기는 천거로 벼슬을 하기 시작한 54세부터 62세(1842년, 헌종 8)에 충남 보령으로 유배가기 이전까지이고, 넷째 유배기는 62세부터 63세(1843년, 헌종 9) 때까지로 정리할 수 있다. 그 뒤 하백원은 유배가 끝난 후 고향으로 내려와 1년 정도 머무르다가 생을 마감한다.

家狀의 기록에 의하면, 하백원은 태어났을 때 남다른 자질을 가졌을 뿐만 아니라 외모를 보자면 풍만한 턱과 밝은 눈동자를 지녀 용태가 단정하고 의젓하였다. 또한 마음대로 뛰어다닐 어린 나이 때도 뭇 아이들과 함께 장난하며 놀지 않고 책 읽기를 부지런히 하였다. 이러한 독서열은 7, 8세 때 악성 종기를 앓아 여러 달 동안 鍼灸 치료를 받는 중에도 계속되는데, 이 무렵 松沙 鄭在勉은 하백원을 보고서 원대한 그릇이 될 것임을 예견했다고 한다. 12,3세 때에는 四子書(周·張·程·朱의 글)의 글을 모두 읽어 때에 맞는 문장을 지어 사람들이 경탄해마지 않았

---

6) 하백원의 연보를 적은 기록은 없다. 그러나 다행히 문집 권7의「墓誌銘」과「家狀」에 연보 성격의 하백원에 대한 기록이 있어서 이의 내용을 중심으로 생애의 흐름을 정리하였다.

7) 안진오는 앞의 논문(144~153쪽)에서 하백원의 생애를 修學期, 學問의 發展期, 仕宦期 등 3기로 나누어 필자와는 약간 다른데, 본 논고에서는 사환기 다음의 유배기를 넣어 모두 4기로 나누었다. 비록 유배기가 짧기는 하지만, 사환기에서 생을 마감하기 전까지의 공백기를 유배지에서 보냈고, 그곳 현장에서 남긴 시문이 적지 않아 문학적으로 간과할 수 없기 때문이다.

고, 15,6세 때에는 文詞가 일찍 이루어지니 매번 문단에서는 앞장을 서서 넓게 듣고 보아 고금을 관철하였다. 19세에 이르러서는 아버지의 상을 당하는데, 전통적 가례 절차에 맞추어 居喪을 하고서 상을 무사히 마친 후 아버지의 遺命에 따라 당시의 巨儒인 性潭 宋煥箕를 찾아가 스승과 제자의 예를 갖추게 된다.[8] 이때가 하백원의 나이 21세 때였다.

송환기는 宋時烈 → 權尙夏 → 韓元震 → 宋能相으로 이어진 老論의 湖論系 학맥을 이은 문인으로 알려져 있다.[9] 따라서 송환기에 대하여 『조선왕조실록』에서도 이와 관련하여 적기를 '그의 학문 연원은 대개 남당 한원진의 계통에서 나왔는데, 兩湖의 선비들이 그의 문하에 많이 유학하니 우뚝하게 일시에 영수가 되었다.'라고 하였다. 즉, 당시 송시열의 가학적 학맥을 이은 송환기에게 많은 문인들이 모여들었는데, 하백원도 그 문인 중 한 사람이 되어 유학을 배웠음을 알 수 있다. 당시 호론은 정치계는 물론이고 학계의 주도권이 그 전만 같지 못하였는데, 그래도 송환기는 송시열의 학문을 이은 문인으로 인식되어 각처에서 배우려는 사람들이 모여들었던 것이다.

이와 같은 하백원과 송환기와의 관련성에 대하여 문집 서에서는 다음과 같이 적고 있다.

　　① 고 규남 하공은 천자가 순미하고 재식을 겸비하였다. 어린 나이 때

---

8) 『圭南文集』 卷7, 「家狀」, 府君 生有異質 豊頤明眸 容體端儼 自在髫齡 不與群兒嬉戲 勤於讀書 (中略) 七八歲 患大腫 累月鍼灸 猶不廢課讀 松沙鄭公在勉 一見許以遠大 十二三 盡讀四子書 攻時文多有驚人語 十五六 文詞夙成 每就藝垣 輒居前列 博聞廣閱 貫徹古今 十九丁 外憂執喪 如禮 服除 以先公遺命 往謁性潭老先生.

9) 18세기 호락논쟁과 노론의 분화에 대해서는 趙成山의 논문(「18세기 湖洛論爭과 老論 思想界의 分化」 『한국사상사학』 8집, 한국사상사학회, 1997)과 李坰丘의 논문(「영조~순조 연간 湖洛論爭의 展開」 『한국학보』 24권 4호, 일지사, 1998)을 참조할 것.

부터 心齋 宋文敬公을 스승으로 섬기니 이미 俗學의 허위와 口耳
의 습관을 깊이 뉘우쳐 힘써 실득을 구하였다.[10]

② 지헌 하공은 性潭의 뛰어난 제자이다. 도를 가까이 하는 모습으로
속학의 밖을 앎에 마음을 쓰는 실상을 두어 일찍이 선생을 스승으
로 모시고 충분히 길러 바름을 얻었고, 학문이 더욱 높아서 영재로
서 자주 선생의 추켜세움을 입었다.[11]

위 두 문장의 내용에 의하면, 송환기를 따른 후에 속학의 허위와 구
이의 습관을 깊이 뉘우쳐 실득을 구하였고, 결국 학문이 높게 되자 스
승이 제자인 하백원을 영재로서 추켜세웠다라고 하였다. 이는 송환기의
문인 중에서도 두각을 드러냈음을 알게 해주는 대목이기도 하다. 이와
같이 송환기의 문하에 든 2년 후에 주변의 强勸에 의하여 진사시를 보
고 합격을 하지만, 조모 이씨가 나이가 연로하여 멀리 떠나 있기가 어
려워 서울에서 치러야 하는 대과를 포기하고 만다. 이때가 하백원의 나
이는 23세였다.

하백원은 나이 27세 때에 스승 송환기의 죽음을 맞이한다. 또한 이
때는 이미 儒門이 분열하여 상호 배척하고 있는 상황에서 송환기의 스
승인 송능상이 誣告를 당함이 있어서 辨誣書 數千言을 지어 준다. 이로
인하여 송능상은 復官되는 은전을 입으니 논하는 자들이 하백원의 변
무가 실질적인 힘이 되었다라고 이르렀다.[12] 그 변무서가 바로 『규남문
집』권4에 전해져 오는 「遯巖院儒通文辨」과 「西學儒生疏辨」등으로 비
록 20대의 나이에 지은 변무서이지만, 일생 중 중요한 일로 인식되어

10) 『圭南文集』 序(河謙鎭), 故圭南河公 天資粹美 才識兼備 自其早歲 師事心齋
    宋文敬公 卽已深懲俗學虛僞口耳之習 而務求實得.
11) 『圭南文集』 序(宋洛憲), 持憲河公 潭門高足也 以近道之姿 知俗學之外 有實
    用心處 早師先生 充養得正 學問益高 以英才亟蒙先生獎詡.
12) 『圭南文集』 卷7,「墓誌銘並序」, 旣而儒門分裂 互相排擯 時 宋雲坪 受誣罔極
    公 作辨誣書數千言 後因大臣獻議至蒙復官 論者 謂公之辨實與有力焉.

문집 서에서도 '예를 앎이 정미로워서 처음 雲坪翁(송능상)이 禮說로 무고당하여 삭직되니 공이 조목을 좇아 변명하였다. 그 후 乙覽에 올라 운평이 復逸의 은전을 입도록 하였다'13)라고 적었다.

30세에 접어들어 물의 역학 원리를 이용한 '자승거'를 발명하고, 그 이듬해 31세 때 전도 1장과 팔도의 모습을 담은 지도 8장 등 총 9장의 '동국지도'를 그린다. 뿐만 아니라 自鳴鐘·戒盈盃·紡績機 등등의 실생활에 유용한 물건들을 제작하기에 이른다. 이러한 물건 제작이 가능했던 것은 본래 집안에 가학으로 전해져 오던 서적이 있었기 때문으로 생각된다. 이는 하백원의 학문적 폭이 넓었음을 알게 해주는 부분으로 이런 까닭에 문집 서에서도 '품재가 주밀하여서 심성과 정미에 연구치 아니함이 없어서 밀추어 天地·雲會·星曆·律算·候鍾·水車의 종류에 미쳐서도 또한 모두 두루 통하여 철두철미하였다'14)라고 했던 것이다.

또한 같은 해에 조모 이씨의 상을 당하였고, 2년이 지난 33세 때에는 어머니 이씨의 상을 거듭 입었다. 이 두 번의 상에서 情과 文을 극진히 하였을 뿐만 아니라 朱子家禮와 喪禮備要 등의 諸書를 참고하여 예를 갖추어 치렀다. 복이 끝난 후 일가친척과 친구들이 太學에 들어갈 것을 권하였으나 과거시험을 탐탁지 않게 여겼던지라 나아가지 않았다. 그 대신 이때에 老洲 吳熙常·淵泉 洪奭周·復元齋 兪星柱를 따르며, 경서와 예서를 토론하니 諸公들이 모두 大儒로서 추대했다고 한다.15) 이

---

13) 『圭南文集』 序(河謙鎭), 識禮精 故始雲坪翁 以禮說 被誣削逸 公逐條辨明 其後登乙覽 使雲翁 得蒙復逸之典.

14) 『圭南文集』 序(河謙鎭), 稟才周 故於心性精微 無不研窮 而推以及於天地雲會星曆律算候鍾水車之類 亦皆旁通而徹微.

15) 『圭南文集』 卷7, 「家狀」, 辛未 遭祖妣李氏憂 未及終祥 而癸酉 荐遭母高氏憂 喪葬祭奠極盡情文 一遵朱文公家禮 參以備要諸書 服闋之後 宗族知舊 勸入太學 不屑於進取科第 而時從老洲吳公熙常淵泉洪相公奭周復元齋兪公星柱 討論經禮 諸公咸推以大儒.

러한 학문적 발전과 함께 30대와 40대를 보낸 후 51세 때 經明行修로서 감사의 천거를 받았지만, 벼슬이 내리지는 않았다.

한편, 당시는 학자들 사이에 人物性同異에 관한 논쟁(湖洛論爭)이 한참이었는데, 하백원 또한 그러한 분위기를 잘 알고 있었다. 그러나 호론과 낙론 어느 쪽도 동의하지 않으면서 '지엽적인 문장의 의미를 번쇄하게 파고들어 서로 논쟁의 실마리를 일으키고 학파를 분열시켜 비난하기를 멈추지 않으니 근래의 호론과 낙론은 매우 한심스럽다'16)라고 하여 결국 둘 모두를 비판한다. 하백원 자신이 호론의 학맥을 이었기 때문에 호론 편에 서서 일방적으로 낙론을 비판할 것도 같은데, 그렇지 않은 것은 의외라고 볼 수 있다.

51세 때 경명행수로 천거를 받았음은 하백원의 학문과 행의가 널리 알려졌음을 의미하는데, 3년이 지난 54세 때 理才로서 추천이 되어 昌陵叅奉에 임명된다. 그후 禁府都事(56세)·順陵直長(57세)·司饔院 主簿·刑曹佐郞(58세)·宗廟令·慶基殿令(60세) 등을 역임하였다. 이중 특히, 형조좌랑은 內司 중에서도 중요한 직책인데, 하백원은 사리를 따져 들음이 자세하고 밝으며 訟獄을 처리함이 공평하였으므로 장관이 판결에 어려움이 있으면, 언제나 그에게 문의했다고 한다.17) 또한 이때는 西學이 만연되고 있던 시기로 여기에 연루되어 체포된 사람이 감옥에 가득 차 있었다. 하백원은 邪敎를 배척함은 엄하게 하였으나 혐의자가 잘못 誅戮의 형에 처해질까 염려하여 상세하게 조사하고 의리로서 깨우치며 回惑할 점이 없게 된 후에 비로소 국법을 사용하였다. 그 결과 형벌이 남용되지 않고 邪說이 종식되었다고 한다.18)

---

16) 『圭南文集』 卷2, 「與兪金化」, 區區文義之末 互起爭端 分裂門戶 詆訾不已 近日湖洛之論 實有大可寒心者矣.

17) 『圭南文集』 卷7, 「家狀」, 刑曹佐郞 是稱內司中劇職 而府君聽理詳明 訟獄公平 長官 凡有疑難 一皆推決於府君.

18) 『圭南文集』 卷7, 「家狀」, 時 西學大熾蔓延 都鄙株連就捕者 充溢囹圄 府君之

경기전령을 지낸 후 61세 때 石城縣監을 제수받는다. 석성 고을은
피폐하고 풍속이 고루하여 다스리기 어려운 곳으로 소문이 나 있었다.
하백원은 부임하자마자 當年의 執災分俵 가운데의 곡식을 옮겨다가 縣
民에게 고루 나누어주고, 結米 가운데에서 吏胥들이 정액보다 올려받
은 백여 석을 조사하여 救弊의 資粮을 보충하였다. 그런데 그 지방의
尹某라는 湖右의 한 强族이 경계를 함부로 침범하더니 하백원의 秉直
守正함을 보고서 움츠러들었다. 그러다가 그 이듬해에 윤의 척분인 鄭
基世가 윤과 모의하여 허위 사실을 날조한 후 논계하니 하백원은 조정
의 엄명에 의해 保寧縣으로 유배의 길을 떠나게 된다.

이상 출사기의 관직명과 주요 일을 정리하였다. 비록 추천에 의해
관직을 시작하였으나 형조좌랑이라는 중요 직책까지 올랐던 것을 보면,
맡은 바 소임을 무난히 완수했던 것으로 보인다.

보령 유배지에 있으면서도 더욱 독서를 즐겨 손수『논어』·『대학』·
『중용』의 三書를 베껴서 날마다 이를 읽고 붉은 색으로 會意點을 쳐가
면서 潛玩의 취미로 붙였다. 이때 원근의 인사들이 從遊하고 학업을 청
해오는 자가 문에 서로 이어서 왔다. 그러므로 湖海의 사이에서는 하백
원의 가르침에 힘입은 자가 또한 많았다고 한다.19) 마찬가지로 하백원
도 비록 죄를 지어서 간 유배지였지만, 그곳 사람들의 도움을 받아 무
사히 고향집으로 돌아갈 수 있었다.

지금까지 하백원의 생애를 정리하였다. 대개의 이름난 문인들이 그
러하듯이 하백원도 어려서부터 남다른 면모를 보였다. 따라서 문장을
익힌 이후부터는 충분히 시문을 지었을 것으로 생각되는데, 6세에 봉선

斥邪甚嚴 而慮其橫被誅戮 詳細按覈 曉之以義 方至於莫可回惑 而後始用邦法
以故刑不濫 而邪說熄矣.
19)『圭南文集』卷7,「家狀」, 在謫所 尤喜讀書 手寫魯論及曾思傳三書 逐日課誦
間復會意點朱 以寓潛玩之趣 遠近人士 從遊請業者 相續於門 以故湖海之間
賴府君敎誨之力者 亦多云.

화를 '照水水欲醉'라고 읊었다는 기록[20]이 유일하다. 그리고 문집 권1
의 시문 수록은 21세 때로부터 시작하여 그 이전의 시작 활동은 알 수
가 없다.

　제1기 수학기에 해당하는 작품 수는 모두 16題 17首로 다른 생애기
에 비할 때 많은 작품은 아니지만, 불과 2년 정도 기간에 지었다라고
본다면 그리 적은 분량은 아니다. 이때는 수학 과정 중에 스승과의 사
이에 읊은 시문들인 「謁心齋先生」·「謁尤菴先生墓」·「泣弓巖謹次尤
菴先生韻」·「莉江舟中謹次重峯先生韻」·「玉溜閣謹次同春先生韻」 등
이 주목된다.

　제2기 학문발전기에는 총 60제 100수의 시문을 남겨 여느 다른 생
애기 중 多作일 뿐 아니라 각양각색의 작품을 선보였다. 이 기간은 하
백원에게 있어서 거의 생애 절반에 해당하는 시기이기도 하지만, 많은
유·무명의 문인들과 교유하며 자신의 감정을 시문을 통해 읊었기 때문
으로 생각한다. 이때 시문을 통하여 교유한 문인들로는 吳夏哲·李士
俊·安命集·文正國·崔鎬民 등이 있다. 이중 특히 오하철과는 30대 전후
로 막역하게 사귀었던 사이로 31세 때 '동국지도'가 완성되자 「東國地
圖成與吳大彦拈韻共賦」라는 작품을 지어 시문을 통한 학문적 교유를
꾀했던 것으로 나타난다. 또한 이 기간은 학문적으로 성숙한 시기이기
도 하지만, 입신양명의 꿈을 저버릴 수가 없어서 심리적으로 불안정한
모습을 시문에 自嘆調로 드러낸다. 그러나 37세에 치른 과거시험을 기
점으로 점점 현실에 安分하는 모습을 보여주어 자탄에서 自適하는 감
정으로 변모하여 표출하고 있음을 알 수 있다.

　제3기 출사기에는 모두 52제 57수의 작품을 남겼다. 이 기간에도 물
론 다른 사람과 주고받은 작품이 있기는 하지만, 주로 벼슬을 하던 중

---

20) 『圭南文集』 卷7, 「家狀」, 六歲 咏鳳仙花 有照水水欲醉之句.

에 만난 사람들로 판단된다. 또한 고향을 떠나 객지 생활을 해야 했던 처지인지라 시문의 내용 중에 客愁의 정을 읊은 작품이 많은 것을 하나의 특징으로 손꼽을 수 있다.

제4기 유배기에 지은 작품은 모두 26제 27수이다. 이때는 謫居期이기 때문에 시문에 주로 우울한 감정 상태를 드러냈을 것으로 예상할 수 있으나 實在는 그 반대의 모습을 보이고 있다. 이는 하백원이 바닷가와 인접한 유배지를 절망의 땅으로 읊지 않은 것만 보아서도 알 수 있는데, 이러한 구체적인 모습은 海遊를 즐기는 시문 내용에서 그대로 드러난다.

3. 시적 정회의 변모 양상

1) 從師 의식의 고취

앞에서도 밝혔듯이 하백원은 아버지의 유언에 따라 21세 때에 송환기의 문인이 된다. 송환기의 본관은 恩津이요, 자는 子東이며, 호는 心齋 혹은 性潭으로 불리었다. 또한 송시열의 5대손으로 선조의 위업을 이어서 학덕을 겸비하니 경향각지에서 많은 문하생들이 모여들었다고 한다.

그러나 또 다른 기록인 『규남문집』 권7의 「蓴湖安公哀辭」를 보면, 가장의 기록과는 달리 蓴湖 安壽麟의 도움이 있었던 것으로 되어있다. 즉, '백원이 아버지를 여의고 배움을 잃었을 때 (중략) 공(안수린)은 나를 몽매하다하지 않고 반드시 일마다 끌어서 깨우쳐 이내 함께 송담을 스승으로 삼았다.'[21]라고 했기 때문이다. 이로써 보면, 당시 하백원이

---

21) 『圭南文集』 卷7, 「蓴湖安公哀辭並序 丁卯」, 百源 早孤失學 嘗以故人子獲私於公 公不以余顓蒙 必隨事提誨 仍與之同師于潭上. 하백원이 안수린의 도움을 받아 송환기의 문하에 들었다는 내용은 안동교도 앞의 논문 각주 18(123쪽)을 통해 이미 밝혔다.

송환기를 찾아 스승으로 모셨던 정황을 여러 가지로 생각할 수 있다. 먼저 가학적으로 하백원의 고조할아버지인 하성귀가 송시열의 문하생이었다는 점과 이로 인하여 아버지가 가학의 전통을 이어 은진 송씨가와 인연을 맺기를 원하였을 것이고, 또한 안수린과 같은 주변 문인들의 영향도 있었던 것으로 생각된다. 이와 같이 하백원은 20대를 전후로 송환기의 문하에 들어가 向學에 대한 의지를 보였다고 하겠다.[22]

다음 시문은 송환기를 찾아뵙고 느낌을 적은 작품이다.

> 黃谿秋月瀅無塵   황계에 가을 달 밝아 티끌도 없으니
> 形得先生道體眞   선생 도체의 참됨이 나타난 듯하네
> 本地光明隨處照   본래 광명은 곳을 따라 비추나니
> 冥途指我後來人[23] 어두운 길에서 우리 뒤의 사람들을 지도하여
> 　　　　　　　　주소서

스승을 뵙고 위 시를 지을 때는 마침 밝은 가을 달이 떠 있었다. 그런데 달은 티끌조차도 허락지 않을 정도로 밝으니 마치 선생이 가지고 있는 도체의 참됨이 고스란히 나타난 듯하다라고 하였다. '밝은 달'과 '도체의 참됨'을 동일시하고 있는 것이다. 그리고 빛이 밝다는 것은 여러 곳을 비출 수 있기 때문에 어두운 길에 있을 後代人들을 바른 길로 인도해 줄 것을 간곡히 요청하고 있다. 당시 송환기의 학자적 위치가 유학의 本流를 이었다라는 의식이 은연 중 엿보이는 내용을 담고 있다.

다음 작품도 앞의 시와 같은 맥락에서 의미를 파악할 수 있다.

---

22) 『圭南文集』卷7, 「祭心齋先生文」, 嗚呼 金精玉潤 剛健純粹 先生之資稟也 氷壺秋月 瀅淨灑落 先生之襟懷也 和風甘雨 藹然生春 先生之氣像也 若乃先生之學問閫域 大而天高海濶 細而毫分縷析 生一世式 沒百代宗 小子管蠡之見 曷狀其萬一.
23) 『圭南文集』卷1, 「謁心齋先生」

暖日和風春政酣	따뜻한 날 화풍에 봄이 좋으니
洞門如畵草如藍	동구문은 그림이요, 풀은 쪽과도 같네
愚蒙幸得隨巾屨	어리석은 사람이 다행히 모실 수 있으니
從此山谿得指南24)	이로부터 산 계곡에서 갈 방향을 얻었네

　위 작품의 배경은 따뜻한 봄날이다. 바람도 따뜻함을 더해주어 봄은 바야흐로 무르익었다고 할 수 있다. 그러니 동구문은 마치 한 폭의 그림을 연상케 하고, 이제 막 돋아난 풀들은 그 빛이 푸르러 쪽과도 같다라고 하여 기구와 승구에서 봄날의 풍경을 묘사하였다. 그리고 뒤이어 자신을 겸손하게 어리석은 사람으로 지칭하며, 스승과 함께 봄을 구경하게 된 것을 행운으로 생각하는 뜻을 내보이는가 하면, 앞으로 갈 방향을 얻었음을 나타내었다. 갈 방향은 물론 인생을 앞으로 어떻게 살아가야 할 것인지에 대한 방향 설정이라고 할 수 있다. 前景後情을 통해 從師 의식을 보여준 작품이다. 결국 이러한 종사 의식은 송시열을 향하는 마음으로 옮겨지는데, 다음 작품은 이와 관련이 있다. 작품이 긴 장편이지만 지면을 할애하여 인용한다.

小儒生苦晚	작은 선비 늦게 태어남을 괴로워하니
群哲沒已先	뭇 철인들 먼저 이미 죽었다네
孔孟書惟在	공·맹의 책만 오로지 남아
程朱道誰傳	정·주의 도는 누가 전할까
傷心千載下	천 년 뒤에 상심하니
瑤琴欲絶絃	옥으로 장식한 거문고 줄이 끊어지고자 하네
文敎屬吾東	학문이 우리 동방에 이어지니
從古不乏賢	예부터 현인들이 없어지지 않는다네
天回庚戌運	하늘이 경술의 운을 돌려
氣萃丁未歲	기가 정미년에 모이네
生出宋夫子	하늘이 우암 선생을 탄생시키니

---

24) 『圭南文集』卷1, 「陪函丈往草洞口占」

節學幸復繼	절의와 학문 다행히 다시 이어졌네
(中略)	
靑邱集群儒	우리나라에 뭇 유자들 모였으나
紫陽後一人	주자 이후로 한 사람 뿐이네
況復尊周義	이에 존주의 의리를 회복하여
眷眷出心眞	돌이키며 마음의 진실을 내네
(中略)	
道大莫能容	도는 커서 담을 수가 없는데
群邪爭逞毒	뭇 사특한 무리들이 다투어 독을 피우네
況復門墻裏	더구나 다시 문과 담장 안에서
戈戟恣侵辱	싸움하여 욕보이는 행위를 방자히 했다네
日月雖無傷	일월이 비록 이지러짐이 없을지라도
世道何蹇剝	세상의 도가 어찌 그리 각박한가
(中略)	
餘敎至今在	남은 가르침 지금까지 있으니
後學爭慕仰	후학들 다투어 그리워하며 우러보네
小子尤有甚	나 더욱 심함이 있으니
往事俾可忘	지난 일을 잊게 할 수 있을까
憶曾高王考	생각하면 일찍이 고조할아버지께서
受敎蘇湖上	소호 위에서 가르침을 받았다네
孱孫亦賴斯	못난 자손 또한 이에 힘입어
庶不失趨向	나아갈 바를 거의 잃지 않았네
潭上從師日	성담 위에서 스승을 좇는 날
卜得華陽行	점을 쳐서 화양동을 갔었지
(中略)	
大老世已遠	우암 세상과 이미 멀어지니
末路空踟躇	끝 길에서 공연히 머뭇머뭇하네
無緣覿德容	덕스러운 모습 뵈올 길이 없으니
聊復誦遺書[25]	애오라지 남긴 글을 다시 외우네
(省略)	

---

25) 『圭南文集』 卷1, 「謁尤菴先生墓」

　시인은 자신을 '小儒'로 지칭하며 앞에 태어났던 현인들을 직접 만나보지 못했음을 안타까워하는 내용으로 작품의 初頭를 열었다. 공자와 맹자는 다행히도 책이 남아서 遺訓을 들을 수 있지만, 그 후대의 현인들인 정자와 주자의 도는 전해들을 수 없음을 안타까워했는데, 우리나라에 정·주의 학문적 전통이 이어져 현인들이 없어지지 않게 되었다고 하며 다행스러운 마음을 보여주었다. 즉, 경술년은 주자가 태어난 해인 1130년을 말하고, 정미년은 1607년 송시열이 태어난 해를 말하는데, 두 현인이 번갈아 세상에 나온 것이 필연적일 수밖에 없었던 것처럼 나타내었다. 그리고 또한 우리나라에는 많은 유학자들이 있었지만, 尊周의 의리를 회복한 이는 송시열 단 사람 뿐임을 분명히 하였다. 그럼에도 불구하고 뭇 사특한 무리들이 다투어 독을 피우며 같은 斯文에서 싸움이 끊이지 않았음을 말하였는데, 朋黨的 상황을 대변한 듯하다. 하지만, 지금까지도 그 가르침은 남아서 후학들은 그리워하며 우러러본다라고 하여 상황을 현재화하였다. 또한 후학들 중에서도 시인 자신은 더욱 송시열의 추종자임을 自任하고 있는데, 그 연원은 고조할아버지로부터임을 밝혔다. 고조할아버지 하성귀가 송시열을 따랐던 것처럼 자신도 그 뒤를 이어 송환기를 스승으로 모시며, 指南을 얻을 수 있었다라고 한다. '潭上從師日'에 화양동부터 갔다고 했는데, 상징적인 의미가 있다. 그렇지만, 시인 자신의 흠모 대상인 송시열은 이 세상에서 이미 멀어졌으니 뵈올 수가 없어서 남긴 글이나마 외운다라고 하며 아쉬움을 토로하였다. 이 작품은 직설적으로 쓰여진 시이기 때문에 문학성을 보여주지는 못하지만, 중국 송 때의 주자의 학문이 우리나라에 전승되어 송시열이 그것을 받아 부흥하여 여러 문인들에게 전달하게 된 경위를 시간적인 순서에 의하여 전개한 것을 특징으로 이야기할 수 있다.

　이외에도 유학적 종사 의식을 직·간접적으로 보여준 작품으로는 효종이 승하하자 송시열이 슬퍼해 매일 새벽 통곡했다고 하는 바위인 '泣

弓巖'에서 지었을 것으로 생각되는 「泣弓巖謹次尤菴先生韻」과 형강의
배 안에서 重峯 趙憲의 작품에 차운한 「莉江舟中謹次重峯先生韻」 등이
있다. 그리고 옥류각에서 同春 宋浚吉의 시에 차운한 「玉溜閣謹次同春
先生韻」등의 작품에서 유교적 절의 정신을 강조하며, 하백원 자신이 현
재의 위치를 점검하는 모습도 눈에 띤다.

2) 自嘆·自適의 표출

하백원은 23세에 진사 시험에 합격한 후 많은 사람들의 촉망의 대상
이었지만, 가정 사정으로 인하여 서울에서 치르는 대과에는 응시하지
않았다. 하지만, 과거시험에 대한 미련은 쉽게 저버릴 수 없었다. 즉,
儒者라면 당연히 가질 수 있는 입신양명의 꿈을 간직하고 있었다. 이러
한 생각은 진사시에 합격하기 1년 전에 쓴 스승에게 올린 글 내용 중의
'또한 평일의 독서가 다만 과거의 계책을 위한 것과 연결되어 탐내어
힘써 얻고자 함이 많아 자세히 완색할 겨를이 없었습니다.'26)에서 여실
히 드러나고 있다. 공부를 하는 이유가 과거 시험을 보기 위한 것이었
음을 솔직히 말하고 있는 대목이다. 따라서 25세에 지은 시문에서 '다
만 명리의 길을 쫓아 여기저기 왕래하다가, 자라서는 과거시험을 따라
내달림을 일삼았네. 어떻게 과거시험에서 벗어나, 상쾌히 인간 대장부
의 삶을 살아볼까?'27)라고 하여 단지 과거 시험에 매달려 있는 자신의
처지를 되돌아보면서 한편으로는 벼슬을 하기 위한 공부가 아닌 진정
한 유학자가 되기를 갈망하고 있었음을 엿볼 수 있다. 그래서 '또 쫓아
서 마치 말이 달리듯이 빠르게 그 법도를 버리고 유행하는 과거시험의

---

26) 『圭南文集』 卷2, 「上心齋宋先生 壬戌十月」, 亦緣平日讀書 只爲科擧之計 貪
多務得 不暇仔細玩索故也.
27) 『圭南文集』 卷1, 「赴雪山試圍道中偶吟」, 祇爲營營名利途 長隨擧子事奔趨
何能擺脫科場累 快作人間大丈夫.

학문에 자신의 몸을 굽힌다. 이에 성하기는 하지만 문장은 피폐해진
다.'28)라고 하여 과거시험 때문에 문장까지 피폐해지고야마는 세태를
꼬집어 비판하고 있다. 이러는 중에도 그후 몇 년 동안 원하는 대로 공
부의 방향은 쉽게 잡혀지지 않아 마음이 안정되지 않았음을 알 수 있
다. 31세에 宋欽大에게 답한 편지글에서 자신의 심사가 불안정함을 다
음과 같이 보여주고 있기 때문이다.

　　거듭 유약한 자질로 일찍이 스승의 가르침을 잃어서 문득 까마귀 머
　리와도 같이 되었습니다. 힘을 다하였으나 장차 한 낱의 심신으로 마침
　내 배를 모이게 할 만한 곳도 없어서 매양 한 밤 중에 생각에서 깨어나지
　못하여 벌떡 일어나 앉아 몸을 어루만지며 슬퍼하고 탄식하였습니다.29)

　참된 유학자의 도리를 가르쳤던 스승의 뜻도 저버린 지금 마치 자신
의 두뇌가 까마귀 머리와도 같다라고 하여 자책하고 있다. 또한 힘을
다하기는 했지만, 심신이 불안정하여 붙일 곳도 없었으며, 따라서 한 밤
중에조차 벌떡 일어나 자신의 처지가 슬픔을 탄식하였다. 이러한 정회
는 30세 전후에 지은 시문에서도 여실히 나타나고 있다.

一年將盡夜	일 년이 장차 다하려는 밤
萬事摠關情	모든 일이 다 정에 관련되네
喜懼萱堂壽	어머니 장수하심에 기쁘고 두렵기도 하고
蹉跎書釖名	벼슬하려는 명망 어그러졌네
流光挽不住	세월은 만류하여 머무르게 못하고
學道恐無成	학문은 이루지 못함을 두려워하네
耿耿心如燭	편안치 않은 마음 촛불과도 같아

---

28)『圭南文集』卷6,「送遷窩金丈通海序戊辰」, 故又從而駁駁然 棄其繩墨 俯就
　　時好科試之學 於是 爲盛而文章敝矣.
29)『圭南文集』卷3,「答宋奉事欽大○辛未十月」, 重以輕弱之質 早失師訓 便同
　　烏頭 力盡 將此一箇心身 終無有湊泊處 每中夜 以思不覺 蹴然起坐拊躬悼歎.

通宵秖自明30)   밤새도록 다만 스스로 밝네

선달 그믐날 밤에 지은 작품이다. 한 해가 마무리되려는 순간에 지나온 시간을 반추하며 현재 자신의 처지를 둘러보고 있는 내용으로 되어있다. 어머니가 장수하시는 것은 기쁜 일이기는 하지만, 연로하여 건강을 잃을 것이 두렵다라고 하였다. 그러면서 벼슬로 명망을 쌓으려고 했던 희망이 어그러져 장수하시는 어머니께 보답하지 못하는 처지를 안타까워하고 있다. 그렇다고 가는 세월을 막을 수는 없고, 가는 세월에 비할 때 이루어놓은 학문은 없기에 두렵기까지 하다고 하였다. 이렇듯 편치 않은 마음은 마치 가는 바람에도 쉽게 흔들리는 촛불과도 같다라고 하여 안정되지 못한 심정을 대신 나타내 보이고 있다. 마찬가지로 위의 시와 거의 같은 시기에 창작된「林廬志感」에서도 '벼슬길 어긋나니 인하여 게으름 이루고.'31)라고 하여 벼슬길에 나아가지 못한 아쉬움을 은연 중 드러내었다.

이상과 같이 하백원은 문장과 시를 통하여 과거시험을 준비하면서 겪어야했던 심신의 고통을 나타내었다. 이러한 모습은 37세에 당시 잘 알려진 연천 洪奭周에게 보낸 편지에서도 읽어낼 수 있다.

　　마침내 발꿈치와 발을 단단히 붙일 곳을 두지 못하고, 尊德性과 道問學 둘을 얻지를 못하여 이 아래로부터 문장과 사업을 또한 이미 나란히 잃게 되었습니다. 슬픕니다. 백원은 지금 사내아이를 낳는 세월을 지나 삼십칠 세가 되었습니다.32)

---

30)『圭南文集』卷1,「除夜」
31)『圭南文集』卷1,「林廬志感」, 蹉跎書釰因成懶.
32)『圭南文集』卷2,「上洪叅判奭周○丁丑」, 終未有硬着跟脚處 德性問學兩 無所得 下是而文章事業 亦已並失之 噫 百源今去懸弧之歲 三十有七矣.

다소 겸손의 의미도 담았지만, 어느 정도 자신의 처지를 한탄하고 있는 것은 분명하다. 여기서의 존덕성과 도문학은 하백원이 문집 여러 곳에서 강조한 것이다. 하백원은 학문을 시작한 처음부터 존덕성과 도문학에 관심을 두고 있었는데, 일찍이 '주자는 평소 학문을 함에 이 둘을 겸용했을 뿐이다.'[33]라고 했는가 하면, '우리 유학의 법칙에는 존덕성과 도문학 두 개의 일만 있을 뿐이니 비유하면 마치 수레바퀴와 새 날개와 같아서 한 쪽을 폐할 수 없다.(중략) 대개 도문학은 본래 존덕성의 바탕이 된다.'[34]라고도 하였다. 즉, 유학의 궁극적 목표는 존덕성과 도문학을 함에 있어서 어느 한쪽을 등한시할 수 없다라고 했는가 하면, 도문학은 존덕성의 바탕이 된다고도 하였다. 이는 주자가 우선성과 중요성에 존덕성을 '一義的'인 것으로, 도문학을 '二義的'인 것으로 표현한 것과 문맥을 같이한다.[35]

이처럼 30대 중반이후까지 궁극적인 학문의 목표를 이루지 못함에 대한 아쉬움을 보이면서 홍석주에게 편지를 보낸 같은 해에 두 번째 과거시험을 치른다. 23세에 진사시에 합격한 후 14년이 흐른 뒤였다. 그러나 이번에도 일은 성사되지 않았는데, 당시 서울에서 시험을 치르고 낙향하는 사이에 「早發京都」(1수), 「渡廣津」(1수), 「龍仁店舍逢落第生以詩慰之」(1수), 「僕性懶散自分棄置不赴試京師已十四年今年秋偶復入荊圍見擯而歸作詩自嘲」(2수) 등의 모두 4제 5수의 작품을 남긴다. 이중에서 당시의 상황을 읊은 시문의 일부분에서 '옛 곡조는 누가 서로 화답할까, 헛된 명성을 나는 구하지 못하였네.'[36]라고 했는가 하면, '웅대

---

33) 『圭南文集』 卷3, 「答安蓴湖壽麟○壬戌十一月」, 朱子之平日爲學 兼用此二者 而已.

34) 『圭南文集』 卷2, 「上吳老洲熙常○乙酉」, 吾儒法門 只有尊德性道問學 兩箇 事 譬如車輪鳥翼 不可偏廢 (中略) 蓋道問學 固所以資尊德性.

35) 안동교, 앞의 논문, 129쪽.

36) 『圭南文集』 卷1, 「早發京都」, 古調誰相和 浮名我不求.

한 뜻은 구름과 함께 멀어지고, 돌아갈 생각이 물과 함께 흐르네. 게으르고 옹졸함 끝내 의지할 데가 없으나, 침몰한 것이 부끄럽진 않다네.'37)와 같이 읊었다. 일이 성사되지 않은 상황인지라 낙심하는 어조의 내용으로 되어있으면서도 침몰한 자신이 결코 부끄럽지 않다라고 하며 과거시험에 대한 미련을 떨치려고 애쓰는 모습도 보이고 있다. 특히, 시제에서 '見擯而歸 作詩自嘲'(내침을 당하고 돌아와서 시를 지어 자조하다)라고 하여 과거시험장에서 남에 의한 의도적인 내침이 있는 듯한 인상을 주는가 하면, '벼슬을 도모함은 그릇 사람만 고생시키는 일이네'38)라는 말까지 서슴없이 한다. 이제 하백원에게 있어서 벼슬은 사람만 고생시키는 것일 뿐 어떤 의미도 지니지 않게 된 것이다. 다시 말해 과거시험의 고통에서 점점 벗어나고 있었던 것이다. 따라서 두 번째 과거시험을 치른 후의 작품은 그 이전의 것과 비교할 때 좀더 여유로워짐을 감지할 수 있다.

다음 시문도 37세의 과거시험을 치른 이후에 지은 것이지만, 자탄의 내용보다는 다소 희망이 섞인 내용을 담고 있다.

書釖經營計謬悠	벼슬을 도모함은 잘못된 것이니
眼看名利等雲浮	눈으로 본 명리는 뜬 구름과 같다네
知君學稼貧爲累	그대는 농사를 배워 가난이 계속됨을 아나
愧我緣詩病未瘳	나 시와 인연 맺어 병 치료치 못함을 부끄러워하네
處世休言無着手	세상에 처하여 할 일이 없다고 말하지 마라
窮經那得到終頭	학문을 함이 어찌 마침이 있겠는가
面前自有良田地	눈앞에 스스로 좋은 밭을 두었으니

---

37) 『圭南文集』 卷1, 「渡廣津」, 壯心雲共遠 歸思水同流 懶拙終無賴 沉淪未足羞.
38) 『圭南文集』 卷1, 「僕性懶散自分棄置不赴試京師已十四年今年秋偶復入莉圍見擯而歸作詩自嘲」, 書釖經營枉惱人.

稊稗何如五穀秋39)　　피가 오곡이 여무는 때에 어찌하리요

　내제 안명집을 위하여 지은 작품이다. 먼저 수련에서는 벼슬과 뜬
구름을 동격으로 놓고서 지금까지 화자 자신이 벼슬을 얻기 위한 과거
시험에 매달렸던 것이 어리석었음을 반성하는 내용으로 시작하였다. 그
리고 함련에서는 안명집과 화자의 입장이 농부와 시인으로 서로 다름
을 말하였고, 경련에서는 세상에 살면서 평생 동안 해야 할 일은 바로
학문임을 드러내면서 끊임없는 학문 연마를 강조하였다. 비록 내제에게
준 작품이기는 하지만, 앞으로 하백원 자신이 어떤 자세로 학문을 하겠
노라는 의지를 담고 있다.
　또한 이후의 시문에서는 자탄조의 어조를 보이면서도 한편으로는
自適하는 모습까지 보이고 있다. 다음 시는 李士俊이라는 지인에게 화
답한 작품으로 대략 38세 이후에 지은 것으로 판단된다.

世味知如食馬肝　　세상의 맛 말의 간을 먹은 듯함을 아노니
壯心空負壽民丹　　웅대한 뜻은 공연히 백성 장수하는 불로약을
　　　　　　　　　　저버렸네
詩到苦吟仍疎澁　　시는 괴롭게 읊다가 깔깔함에 이르고
病宜頹臥有蒲團　　병은 거꾸러져 누움에 부들방석 있음이 마땅
　　　　　　　　　　하다
材同社櫟元無用　　재주는 사직의 상수리나무와 같아 원래 쓸모
　　　　　　　　　　없고
身似庭花已向殘　　몸은 정원의 꽃과 같아 이미 쇠잔해지고 있네
秖有吾家無限樂　　다만 내 집에 한없는 즐거움 있으니
一山蒼翠共誰看40)　한 산의 푸른빛을 뉘와 함께 볼까

　수련에서는 작자 자신이 지금까지 살아온 삶이 결코 쉽지만은 않았

---

39) 『圭南文集』 卷1, 「用朱子所次祝澤之表兄韻示內弟安養直命集」
40) 『圭南文集』 卷1, 「和李士俊病裏吟 二首 戊寅」중 2수.

음을 '馬肝'이라는 어구를 통하여 은연 중 보여주면서 또한 자신이 지닌 웅대한 뜻이 이루어지지 않음에 대한 아쉬움도 드러내었다. 함련에서는 자신은 지금 시를 괴롭게 읊조리고 있는 것과 시를 받아들이는 이사준이 병석에 있음을 같은 처지로 생각하였다. 또한 경련에서는 작자 자신이 가지고 있는 재주는 마치 사직단의 상수리나무와 같기에 쓸모가 없을 뿐 아니라 몸은 이미 나이가 들어가 쇠잔해지고 있다라고 하여 세월의 덧없음을 아쉬워하고 있다. 그러나 마지막 미련에서는 지금까지의 심경을 반전시켜 비록 세상이 자기를 알아주지는 않지만, 현재 살고 있는 곳은 산의 푸른빛을 전해주는 곳이기에 즐거움이 한이 없다라고 하여 자적하는 모습을 전하고 있다.

다음은 杜甫의 「秋興」시에 차운한 작품으로 위의 시와 거의 동시기에 창작한 것으로 마찬가지로 자연 속에서 자적하는 모습을 보이고 있다.

相看不厭有靑山	청산이 있어 서로 보아도 싫지 않으니
家在白雲紅樹間	집이 흰 구름 붉은 나무 사이에 있네
惟我平生最蕭瑟	오로지 내 평생만이 가장 쓸쓸하니
幾人今世足機關	지금 세상에 몇 사람이나 일을 달성할까
晚年身計思高蹈	나이 들어 세운 계획은 은거를 생각하고
少日才名却厚顔	젊은 날의 재주와 명성은 문득 厚顔無恥하네
經濟自知無妙策	經國濟世에 스스로 묘책이 없음을 아니
不妨樵牧共爲班[41]	초부목동과 함께 지냄이 해롭지 않네

수련에서는 현재 작자 자신의 집이 흰 구름과 붉은 나무 사이의 청산에 있음을 현상적으로 나타내보였다. 그리고 함련에서는 청산에 사는 것이 싫지는 않지만, 자신의 일생이 가장 쓸쓸히 느껴질 뿐이며, 그에

---

41) 『圭南文集』 卷1, 「次老杜秋興 五首」

비하여 세상 사람들은 도대체 자신이 목표한 바를 얼마나 이루었을까를 스스로에게 묻고 있다. 경련에서는 나이가 들자 은거를 생각하였고, 젊은 날의 부질없는 재주와 명성을 가지고 부끄러움을 느끼지 못하며 내보이려고 했던 지난날을 회고하였다. 겸손의 자세를 내보였는데, 이러한 모습은 마지막 미련까지 이어지며 결국 나라를 경영할 마땅한 계책이 없기에 자신은 초부목동과 같은 보통 사람들과 어울려 지내겠노라는 뜻을 비쳤다.

하백원은 이상과 같이 두 번째 과거시험에 실패한 후의 심정을 자탄과 자적의 어조로 시문에 담았는데, 다음과 같은 다른 작품에서도 이와 비슷한 감정을 느낄 수 있다.

① 謬筭徒勞仍破甕　　그릇된 계산은 한갓 수고롭게 동이를 부수고
　　公車被放好還山[42]　벼슬살이 내침을 입음에 산에 돌아오기 좋네

② 天意已知窮士類　　하늘 뜻은 이미 선비 무리를 궁하게 하였음
　　　　　　　　　　을 알고
　　林泉端合邃吾初[43]　임천은 내 처음 뜻을 이루기에 적당하네

③ 吾年四十九　　내 나이 사십구 세
　　沉淪已自卜　　침몰함을 이미 스스로 점쳤네
　　空餘學道心　　공연히 도를 배울 마음 남아
　　循省要克復[44]　반성을 좇아 극기복례를 구하네

①은 43세 이후에 지은 것이고, ②와 ③은 48세 이후의 작품으로 벼슬에서 내침을 입은 이후 임천에서 살겠노라는 의지와 함께 학문을 지속적으로 연마하겠노라는 모습을 보이고 있다.

---

42) 『圭南文集』 卷1, 「下第南還偶拈寒水齋集中韻寄水舘子李季問學在」의 함련.
43) 『圭南文集』 卷1, 「追和夢隱子崔士會濟郁○戊子」의 경련.
44) 『圭南文集』 卷1, 「歲暮端居偶次李白紫極宮韻」의 9~12구.

한편, 하백원은 40세를 전후로 앞으로의 학문 방향을 '爲己之學'으로 설정한다.[45] 대체로 유학자들은 '爲人之學'보다는 '위기지학'을 추구하는데, 하백원이 추구한 학문도 이에서 크게 벗어나지 않는다. 일찍이 공자는 '위인'보다는 '위기'를 긍정적인 것으로 생각했기에[46] 공자의 뒤를 이은 유학자들도 자연스럽게 '위기'를 강조하였던 것이다. 간단히 설명하자면, '위기지학'이 자신의 수련을 위한 학문이라면, '위인지학'은 남에게 보이기 위한 학문이라고 할 수 있다. 따라서 '위인지학'은 마치 과거시험을 위하거나 또는 남에게 인정받기 위하여 하는 공부라는 의미가 강하다. 하백원이 '위기지학'을 강조했음은 자신이 이제는 더 이상 어떤 목적을 위한 공부를 지양하겠노라는 의지를 담고 있는 것이기도 하다. 따라서 '마치 근래의 口耳의 학문과 같은 것은 記誦·詞章의 배움과 다를 바가 없어서 나의 이른바 학문은 아니다'[47]라는 말까지 하게 된다. 형식을 배격하고 실질을 따르겠다는 의지의 또 다른 언급이라고 할 수 있다.

지금까지 하백원의 생애 2기의 작품을 살폈다. 하백원의 생애 2기는 20대 초반 이후부터 50대 초반까지이다. 이 기간 동안 한때 과거시험에 매달리기도 하지만, 결국 원하는 바를 성취하지 못하고 만다. 그렇다고 하여 좌절하기보다는 독실한 학문의 자세를 갖추어 나름의 학문세계를 이룬다. 그러나 시의 정조는 자탄과 자적이 혼재하는 양상을 보여주고

---

45) 『圭南文集』 卷2, 「上洪參判奭周○丁丑」, 所謂文章本不干吾人性分事 畢竟雖 到得大家脚板 要非眞儒事業 乃妄有志於古人爲己之學.
　　 『圭南文集』 卷2, 「上李尙書羲甲○庚辰」, 百源 遐陬一韋布耳 早業文藝 才鈍 無所得 晩雖有志於爲己之學 而稟賦虛駁 志氣偸惰.
　　 『圭南文集』 卷2, 「上吳老洲熙常○乙酉」, 遂決意捨去 妄有志於古人爲己之學 刊剝浮華 澄治本原 務從實地用工.
46) 『論語』 「憲問」, 子曰 古之學者爲己 今之學者爲人.
47) 『圭南文集』 卷2, 「與兪金化星柱○己丑十二月」, 至若近世口耳之學 無以異於 記誦詞章之習 非吾所謂學也.

있다. 특히, 자적하는 모습은 37세 과거시험을 치른 후에 나타나는데, 이는 학문에 대한 확고한 의지를 가지게 된 때와 거의 일치한다. 다시 말해서 학문의 방향이 과거시험 준비를 위한 것이 아닌 위기지학을 추구하는 유학 본연의 모습을 찾아가면서 시문에서도 여유로운 모습으로 나타낼 수 있었다고 생각한다.

3) 客愁의 정 토로

앞 2장에서 이미 언급했던 것처럼 하백원은 54세 때 창릉참봉으로 임명된다. 그후 금부도사·순릉직장·사옹원 주부·형조좌랑·종묘령·경기전령, 그리고 마지막 석성현감을 제수받기까지 약 7년 정도 관직 생활을 한다.

하백원이 창릉참봉 벼슬을 제수받은 것은 정확히 54세 여름이었던 것으로 나타난다.[48] 50대 중반에 가까운 나이에 고향을 멀리하고 타향에서 살아야 하는 벼슬 생활인지라 쉽게 결정할 수는 없었을 것이지만, 恩命을 또한 어길 수도 없는 입장인지라 벼슬살이를 위하여 서울에 이른다. 하백원에게 있어서 서울은 과거시험을 치르기 위하여 이미 가보았던 곳이기에 그리 낯설지는 않았을 것이다. 그렇지만, 잠시 머물렀던 과거와는 달리 생활을 해야 하는 입장이 되었기에 빨리 적응해야만 하는 상황에 놓인 것이다. 힘든 타향살이이지만, 나름대로 적응해가는 모습을 다음 편지글 일부분에서 읽어낼 수 있다.

　　　조카는 잠자고 먹는 것을 임시로 의지하고 있습니다. 와서 서울의 물정을 보니 거취 모두가 어려움이 있습니다. 문득 짐짓 벼슬을 좇음에 열심히 힘쓰고 있습니다. 다만 서울에 있으려니 경쟁하는 자취가 끊어져

---

48) 『圭南文集』 卷1, 「壺山道中」 並小序, 今夏 偶蒙寢郎之除 爲謝恩命 冒暑登途.

숙직을 함에 한적의 즐거움과 물 뿌리고 소제하는 겨를이 있어서 편안히
앉아 책을 읽고 때로는 이웃 동료와 더불어 시문을 주고받습니다.[49]

서울에 온지 석 달 후에 막내 삼촌에게 올린 편지이다. 거처가 안정
되지 않았음을 알 수 있고, 京鄕의 차이가 분명하기에 物情 또한 달라
익숙하지 않음을 알려주고 있다. 하지만, 그러는 가운데에도 벼슬살이
는 열심히 하고 있으며, 숙직할 때에 시간적 여유가 있으면 독서도 하
고 동료들과 서로 시문을 수창한다고도 하였다. 바쁜 관직 생활 중에도
여유로움을 찾으려는 노력이 엿보인다.

다음 시는 당시 창릉참봉에 재직할 때에 지은 작품으로 생각된다.

鎖直深深日抵年	잠긴 집 깊고 깊어 날이 저무니
珠邱松栢雨和烟	주구의 송백은 빗속에 연기 끼었네
一身去就恢餘地	한 몸의 진퇴 남은 땅이 넓고
萬事乘除任聽天	모든 일의 득실은 하늘에 맡긴다네
擊柝猶知非苟祿	동과를 치는 것 구차히 녹 받으려는 것이 아님을 아니
丐祠何敢慕先賢	사당에서 비는 것만이 어찌 감히 선현을 사모함이겠는가
吾家錦里多秋景	나의 집 금리에 가을 경치 많으니
猿鶴應須待早旋[50]	원숭이와 학이 마땅히 빨리 돌아오기를 기다리겠지

작자는 현재 비 내리는 해 저물녘 사람들이 자주 드나들지 않는 깊
숙한 곳에 거처하고 있는데, 이러한 모습은 수련의 경치 묘사에서 알

---

49) 『圭南文集』卷3,「上季父」甲午九月, 從子 眠食姑依 而來見京裏物情 去就俱
有所難 便姑爲黽俛從仕 而但在京絶追逐之跡 入直有閒適之樂汎掃之暇 安坐
讀書 時與隣僚唱酬.
50) 『圭南文集』卷1,「昌陵齋室偶吟」

수 있다. 함련에서는 이 세상에 태어난 한 인간이 나아가고 물러설 수 있는 여지는 많으며, 또한 모든 일의 얻고 잃음은 하늘만이 주관하는 것이기에 인간은 어찌 할 수 없다고 하여 운명론인 입장을 보여준다. 그리고 경련에서는 비록 하찮은 벼슬을 하는 처지일지라도 한낱 녹을 받기 위해서 하는 것은 아니라고 하였다. 또한 반드시 사당에서 선현을 모셔야만 되는 것은 아니라고 하며 조상에 대한 사모의 정은 장소와는 무관함을 말하였다. 마지막 미련에서는 고향 금리의 가을 경치가 그리움을 은근히 내보였다. 비오는 가을 무렵 한적한 창릉재실에서 느낀 쓸쓸한 정회를 감지할 수 있는 작품이다.

다음 작품도 재실에서 읊은 것으로 위 시문과 비슷한 정회를 느낄 수 있다.

(省略)

暇日携書尋舊業	한가한 날 책을 끌어서 옛 일을 찾으니
齋居冷落如山店	재실이 쓸쓸하여 산 주막과도 같네
三百甕蘜消不盡	많은 근심 녹여도 다하지 아니하니
斗祿於吾亦已僭	조금의 녹봉이라도 나에게는 또한 이미 넘치네
擊柝監門猶不辭	동라를 치는 문지기도 오히려 사양하지 않으니
處卑居貧未爲欠	가난함을 위하여 낮은 벼슬하여도 흠이 되지 않는다네
故山猿鶴休饒笑	고향 산의 잔나비와 학은 넉넉히 웃지 마라
鳥獸同群聖所貶	鳥獸와 함께 함을 성인이 꺼리셨네
冷煖何須問人知	차고 따뜻함을 어찌 반드시 남에게 물어 알까
卷舒隨時有餘瞻	때에 따라 거둬들이고 펌에 여유가 있다네
紛紛毁譽吾何有	어지러운 칭찬과 헐뜯음이 나에게 무엇이 있으리요
耐可鼻吸三斗醶[51]	코로 세 말 초 들이킴을 견디어낸다네

---

51) 『圭南文集』 卷1, 「齋居書懷」

20행으로 이루어진 시문으로 그중 앞 8행을 생략하였다. 먼저 위 시는 재실의 풍경을 알리는 데에서 시작하였다. 재실은 마치 쓸쓸하기가 산속의 주막과도 같다고 하였다. 한적함의 극치를 말하는 것으로 思念이 펼쳐질 수 있는 분위기를 말하는 것이기도 하다. 근심은 아무리 해도 끝이 없다. 특히, 사람의 욕심은 끝이 없기에 많은 것을 가지고 있어도 또 바라는 것이 인지상정이다. 하지만, 작자는 조금의 녹봉도 만족해 하는 모습을 보이며, 가난에서 벗어날 수 있다면 동라를 치는 문지기와 같은 낮은 벼슬도 거절하지 않겠노라고 한다. 그 이유를 바로 뒤의 두 행에서 알려주고 있는데, 儒家의 성인들은 자연에 묻혀 사는 것보다는 出世를 지향했기 때문에 유학의 도리를 다하기 위해서는 입신의 뜻을 이루어야함을 말하고 있다. 마지막 4행은 세상을 살아가면서 부딪치는 일들과 이를 대처하는 방법을 알려주면서 아무리 어려움이 닥치더라도 참고 이기겠노라는 의지를 보이고 있다.

이상 창릉참봉 벼슬에 있으면서 재실에서 지은 작품을 살폈다. 그런데, 젊은 날부터 바랐던 관직 생활이지만, 전체적인 분위기가 밝지 않고 어둡다는 느낌을 주고 있다. 이는 벼슬을 얻었다라는 기쁨보다도 고향을 떠나 멀리 객지 생활을 해야 하는 쓸쓸함이 앞서기 때문이었던 것으로 생각된다.

다음의 작품은 이와 관련하여 나그네로 있으면서 느꼈던 고향에 대한 그리움, 즉 객수의 정을 토로한 시문이다.

旅食京華歲月深　　서울에서 산 타향살이 세월이 깊으니
憧憧惟有故園心　　그립고 그리워 오직 고향 생각뿐이네
層水積雪歸期阻　　얼음 층지고 눈 쌓여 돌아갈 기약 격조한데
家在江南水竹陰52)　집은 강남의 물과 대숲 그늘진 곳에 있다네

---

52) 『圭南文集』卷1, 「平溪夜坐拈稼亭集韻與李季間共賦」중 1수.

벌써 고향을 떠나 타향에서 살게 된 기간도 얼마가 지나니 그리운 곳은 고향뿐이다. 그러나 때는 얼음 얼고 추운 겨울인지라 떠날 수도 없다. 고향과의 거리도 멀리 떨어져 있지만, 추운 겨울임을 알리면서 돌아갈 수 없는 분위기임을 느끼게 하였다. 이처럼 현실에서는 고향에 돌아가기 힘이 들지만, 가끔은 고향에 돌아가는 꿈을 꾼 듯 '돌아갈 마음은 꿈에 섞어 구름 오두막집에 이르렀네'[53]라고 읊기도 하였다.

다음 작품도 또한 객수의 정을 토로한 것이다.

曉漏催人老	새벽의 물시계 사람 늙음을 재촉하니
西陵又一年	서릉에서 또 일 년을 보내네
浮生元是客	부질없는 인생 원래 나그네이니
世事且隨緣	세상의 일 또 인연을 따르네
酒後心猶壯	술 먹은 후 마음은 오히려 씩씩해지고
愁來夢未圓	수심이 오면 꿈은 이루지 못한다네
儒冠終誤我	유자의 관이 마침내 나를 그릇되게 하니
潦倒詎堪憐[54]	노쇠함을 저 어찌 불쌍히 여길까

섣달 그믐날 밤에 지은 작품이다. 해가 바뀌는 때인지라 여러 心思가 겹칠 것인데, 작자는 서릉에서 또다시 일 년을 보낸 것을 강조하였다. 나그네로서 보내야 하는 어려움이 많을 것이지만, 이제는 어느 정도 체념을 한 듯한 모습을 함련에서 보여주고 있다. 또한 세상의 일이란 뜻대로만 되지 않기에 인연을 따르겠노라는 생각도 드러낸다. 그리고 객수의 정을 달래보기 위해 술도 마셔보지만, 오히려 수심이 가득하여 잠도 이루지 못하는 밤이 되고 말았다. 따라서 결국 마지막에서는 '儒冠'때문에 타향살이를 해야만 하는 자신을 자책하고 있다.

다음 작품들도 객수의 정을 토로한 시문의 일부분을 인용한 것이다.

---

53) 『圭南文集』 卷1, 「齋居秋夜」
54) 『圭南文集』 卷1, 「除夕」

① 坦夷常自許　　　평이함을 항상 스스로 바라니
　羈旅苦難平　　　나그네의 삶 평이하기 어려움을 괴로워하네

② 無書更覺鄕程遠　편지 없으니 고향 길 먼 것 다시 깨닫고
　失睡偏知客夜長55)　잠 못 이루니 나그네 밤이 긴 것 유독 알겠네

③ 絺葛驚霜知久客　갈포 옷서리에 놀라니 오랜 나그네임을 알게
　　　　　　　　　하고
　詩篇課日做何官56)　시편을 일과로 하려면 어느 벼슬을 하여야
　　　　　　　　　할까

④ 湖山潦水積　　　호산에 큰물이 쌓여
　客子困西征57)　　나그네 서쪽으로 가는데 피곤하여라

⑤ 羈愁獨與殘燈語　나그네의 시름은 홀로 잔등과 더불어 말하고
　歸夢長隨流水聲58)　돌아갈 꿈은 길이 흐르는 물 따라 소리하네

⑥ 此夜家人應見月　이 밤 집사람도 반드시 달을 보겠지
　逢秋遠客獨登樓59)　가을 만난 먼 나그네 홀로 루에 오르네

　　비록 부분 인용이지만, 각각의 내용을 검토해보면 크게 다른 점을
발견하기 힘들 정도로 나그네로서 겪어야하는 괴로움을 읊었다. 작자는
노년에야 벼슬을 얻어 타향살이를 하게 되었다. 따라서 어려움이 뒤따
를 수밖에 없었고, 게다가 가족들과 헤어져 지내야만 했으니 그 괴로움
이야 두말할 필요도 없었을 것으로 생각된다. 그 때문에 작자 하백원이
가져야했던 나그네 의식은 어느 무엇보다도 컸을 것이며, 결국 자신을

55) 『圭南文集』 卷1, 「齋居拈謝鐸感事韻」의 함련.
56) 『圭南文集』 卷1, 「夜坐遺懷」의 함련.
57) 『圭南文集』 卷1, 「雲水道中潦水甚漲時余下鄕還京」의 수련.
58) 『圭南文集』 卷1, 「次明寢李好能述懷韻」의 경련.
59) 『圭南文集』 卷1, 「平洞夜坐」의 경련.

자책하기에 이르렀다고 보인다.

4) 海遊의 즐거움 표현

전술한대로 하백원은 석성현감 재직시 모함을 받아 충남 보령으로 유배를 간다. 유배를 감은 자의적인 것이 아니기 때문에 심리적으로 불안하고 절망적일 것 같지만, 하백원이 유배와 관련하여 지은 시문은 반드시 그렇지 않음을 알 수 있다. 이는 그 스스로 유교적 관념에서 유배를 聖恩의 하나로 인식했기 때문이라고 생각한다. 따라서 유배지인 신성에서 지은 시문인 「新城志感」에서 '황량한 데에 던져짐도 또한 임금님 은혜이니, 일로 좇아 한가한 사람이 되네.'[60]라고 읊을 수 있었다. 그러나 유배지로 가는 도중의 행로는 그리 평탄치만은 않았다. 가는 길에서 '밭 사이의 길 험하여 능히 평평치 아니하니, 수척한 말과 고달픈 종이 엄한 길 재촉하네.'[61]라고 하여 여정의 힘듦을 그리고 있기 때문이다.

하백원이 유배지로 간 곳은 蟹浦로 시문에서는 산과 들, 바다가 인접한 곳으로 그려지고 있다.

平蕪西望夕烟流	서쪽을 바라보는 평평히 거친 들판 저녁연기가 흐르니
八月新城粳稻秋	팔월 신성은 벼를 추수할 때로구나
敗堞依山生枳棘	산을 의지한 무너진 성가퀴에는 가시나무 나 있고
荒村成巷蔭梧楸	골목 이룬 황량한 마을에는 오동나무 그늘졌네
登高定有賞心處	높은 곳에 오르니 바로 마음 기릴 곳이 있어
排悶將期選日遊	고민을 떨치고자 장차 날을 택해 놀 것을 기약하네

---

60) 『圭南文集』 卷1, 「新城志感」, 投荒亦恩造 從此作閒人.
61) 『圭南文集』 卷1, 「新昌道中用前韻」

> 却羨沙頭雙白鳥   문득 백사장 두 마리의 백조가
> 一生身世付滄洲[62] 일생의 신세를 滄浪洲에 붙인 것이 부럽네

　보통 율시의 경우 수련에서 경치를 제시하고, 함련과 경련은 정회를 풀어 적는데, 위시는 수련과 함련까지 신성 지역의 자연적 배경을 그렸다. 즉, 前景 부분을 더 할애하여 강조했다고 할 수 있다. 신성은 서쪽으로는 평평한 들판이 있고, 산을 의지해 서있던 무너진 성가퀴에는 가시나무가 있으며, 마을에는 오동나무가 그늘져 있다고 하였다. 그리고 경련에서는 작자가 스스로 높은 곳에 올라 아래를 내려다보고서 앞으로 날을 택해 놀 것을 기약하며, 마지막으로 모래 머리에서 노니는 두 마리의 백조가 일생동안 창랑주에 의지하여 살아가는 모습이 부럽다라고 하여 자연에서 사는 삶에 대한 동경을 은연 중 나타내었다. 다시 말하여 하백원이 바라본 신성은 평온한 마을 풍경을 그대로 지니고 있으며, 유배지라고 하여 절망의 땅으로 보지 않았다. 그리하여 '추나라와 노나라의 유풍을 이 시골에서 보니, 古家의 詩禮를 그대로 답습하였네.'[63]라고 하여 자못 유교적 풍모가 있음을 알리려 하였고, 심지어 신성을 고향과 같이 친근히 생각하여 '신성이 도리어 고향할만하니, 어찌 망향대를 읊겠는가?'[64]라는 시문도 남긴다. 낯선 유배지에서의 생활에 점점 적응해가는 모습을 보이고 있다고 하겠다.

　그리하여 하백원은 위 시 경련에서 말했던 대로 날을 정하여 여러 곳을 유람하는 여유를 갖는다. 곧, 마을은 바닷가 근처에 있기에 海遊했

---

62) 『圭南文集』 卷1, 「到新城拈盆齋韻」

63) 『圭南文集』 卷1, 「酬李景昭」, 鄒魯遺風見此鄉 故家詩禮襲前光.

64) 『圭南文集』 卷1, 「重陽日主倅李應五鼎敍來話長田申直長在晉適至」, 新城還可落 寧賦望鄉臺. 또 신성을 고향과 같이 읊은 시문으로는 같은 문집 권1의 「留別新城諸盆」의 수련 부분인 '悔與諸君謾結緣 還鄉心似去鄉然(제군과 더불어 속여서 인연 맺은 것 뉘우치니, 고향에 돌아가는 마음 고향을 떠날 때와 비슷하구나)'도 있다.

다고 할 수 있는데, 謫居地와 유적지를 비롯하여 누정 등을 직접 답사
하며 시문을 남긴다.

謫廬臨海岸	적거의 오두막집 해안에 임하니
瘴霧晝常昏	장기가 있는 안개 낮인데도 항상 어둡네
水氣潮騰馬	물의 기운을 탄 조숫물 말을 탄 듯하고
山精石化猿	산의 정기를 받은 돌 원숭이로 변했네
舴艋來戢舂	나룻배와 싸움배 모여서 거두고
島嶼繞蟠蜿	여러 섬들 서리어 꿈틀거려 둘렀네
屋礎蠔粘甲	집의 주춧돌에는 굴 껍질 붙어있고
籬根纜着痕	울타리 뿌리에는 닻줄 맨 흔적이네
村居憐喈㝬	마을에 살면서 게으름을 불쌍히 여기노니
氓俗忘卑尊	백성들 풍속 낮음과 높음을 몰라보네
漸與鄕人熟	점점 시골 사람들과 익숙하게 되니
偏宜土室溫	토굴의 따뜻함이 한편으로 마땅하구나
荒海此安泊	황량한 바다에서 편안히 머무르니
迷塗昔浪奔	미혹된 길에서 함부로 달린 것 옛날이네
省愆增悔懊	반성함에 뉘우침 더하니
斂跡息啾喧	자취를 거두어 시끄러움 쉬게 하네
知命心常泰	천명을 알면 마음은 항상 넉넉하고
隨時道亦存	때를 따르면 도 또한 보존하니
端居觀物化	단정히 앉아 사물의 변화를 관조하고
開卷味前言	책을 펴고 전인들의 말을 음미하네
飽飯兼魚蟹	배불리 밥 먹고 또 고기를 겸하니
微軀摠聖恩[65]	이 작은 몸 모두 성은이로소이다

　모두 22행으로 이루어진 작품으로 1~8행까지는 마을의 사실적인
풍경을 묘사하였고, 9~12행까지는 마을의 인심이 어떠한지를 말하였
으며, 13~22행까지는 현재 작자가 어떻게 유배생활을 하고 있는지를

65) 『圭南文集』 卷1, 「新城志有高麗崔猊山瀣謫居高欒詩余寓蟹浦與高欒相望緬
　　懷古人遂次其韻」

알려주었다. 위시에 의하면, 작자는 현재 蟹浦에 우거하며 작품을 지었다. 즉, 해안가이다 보니 瘴氣가 항상 있고, 낮인데도 불구하고 어둡다라고 하였다. 또한 조숫물이 출렁이고, 마치 바위 모양이 원숭이를 닮은 것도 있는가 하면, 여러 배와 섬들이 주위를 둘렀으며, 굴껍질이 붙은 주춧돌과 닻줄을 맨 울타리 뿌리 등이 있다라고 하여 해포의 주변 풍광을 보여주었다. 그리고 두 번째로 마을의 인심이 어떠한지를 알려주고 있다. 마을은 게으름을 용납하지 않고, 특히 존비에 따라 풍속이 다르지 아니하니 자연스레 거기에 순응하여 점점 더 익숙하게 되었노라고 하였다. 마지막 세 번째로는 작자 자신의 유배생활이 편안함을 말하며, 과거의 미혹된 길에 있었던 것과 서로 대비하고 있다. 또한 죄를 지은 몸인지라 반성하고 뉘우치니 속세의 시끄러움이 쉴 수 있게 되었다라고 하였다. 그리하여 사물도 관조하는가 하면, 전인들의 서책도 음미하는데, 결국 이럴 수 있게 된 것도 성은 덕분이라고 하여 유자로서의 자세를 흩뜨리지 않고 있다. 전체 시문의 내용을 통해서 볼 때 절망적이기보다는 희망적이고, 유배생활을 즐기며 자신이 보고 느낀 것을 나타내 보이고 있다.

하백원은 이외에도 주변의 승경지인 黃鶴樓, 永保亭, 聖住山, 冠巖 등을 유람하여 시문을 남겼는데, 위 시와 비슷한 풍모를 지니고 있음을 엿볼 수 있다.

4. 시문의 특징과 의미

지금까지 하백원의 시문에 나타난 정회의 변모 양상을 살폈다. 정회를 간단히 개념 정의하자면 '마음속에 품고 있는 생각이나 회포'라고 할 수 있는데, 이러한 정회가 하백원 시문에서 어떤 모습으로 변모하여

나타나는가를 연구하는 것이 본 논고의 궁극적 목표였다. 그 변모 양상
을 살필 수 있었던 것은 전체 생애를 모두 4기로 나누었을 때 각 생애
마다 나타내 보여준 정회의 모습이 각기 달랐기 때문이다.

수학기에는 완곡한 서정적 시문은 아니라고 하지만, 주자학을 이어
받은 스승 송환기를 따르겠다는 의식을 나타내었다. 그리고 학문의 깊
이 있는 발전을 하였지만, 결국 입신양명의 꿈을 접어야했던 생애 2기
에는 자탄이 섞인 어조의 작품을 양산해냈는가 하면, 한편으로는 스스
로 안주하는 듯한 자적의 태도도 시문을 통하여 드러내었다. 출사기인
생애 3기는 비록 입신양명의 꿈을 이루었다고는 하지만, 그보다는 객지
에서의 삶에 대한 고단함이 시문에 고스란히 나타내어져 즐거움보다는
괴로움과 외로움이 동시에 보였다. 마지막 생애 4기인 유배시절은 절망
감이나 외로움보다는 유배지 주변을 여행하는 즐거움이 표현되어 있음
을 엿볼 수 있었다.

이상을 통해서 보자면, 하백원은 시라는 문학적 양식을 통하여 자신
의 생각과 회포를 토로하거나 표출하여 보여주려 했음을 엿볼 수 있다.
즉, 어디까지나 개인적 정회에 머무르며 서정적 吟詠을 했다고 할 수
있다. 서정시는 연속적이고 역사적인 또는 서사적인 시간에 관심이 적
으며, 내적 경험의 순간적 통일성에 의존한다. 또한 '엿들어지는 독백'
이요, 경험의 '독백적 표현'이라고 할 때,[66] 하백원의 시문도 대체로 이
러한 서정시의 성격에 해당되기 때문이다. 특히, 하백원은 생애 1기인
수학기에는 '독백적 표현'을 거의 하지 않으나 그 이후 失意期와 출사
기, 그리고 유배기 동안의 시문에서 집중적으로 토로하고 있는 점이 주
목된다. 그 내용 또한 자신의 심정을 밖으로 내뱉지 못하고 안으로만
삭히려고 하거나 적극적인 자세로 사회를 대하지 못한 모습을 담고 있

---

66) 金埈五, 『詩論』, 三知院, 1993, 33~37쪽 참조.

다. 이는 출사하기 전에 하백원이 자신을 가리키기를 '먼 시골의 한 韋
帶와 布衣를 입은 사람일 뿐이요'[67]라고 하거나 '바로 산야간의 바보
인물일 뿐이다'[68]라고 하여 겸손하면서도 한편으로는 소극적인 자세를
보여주는데, 이러한 모습이 시문에서도 그대로 드러났다고 할 수 있다.

하백원의 시문이 이와 같이 주로 개인의 서정을 읊은 작품이 大勢라
고 할 때, 이것을 과연 어떻게 받아들여야 할 것인가?가 문제이다. 이미
언급하였듯이 하백원은 그동안 그가 이루어 놓은 실학적 성과가 있었
기에 조선후기 호남의 대표 실학자로 인정받아 다방면에서 연구되었다.
따라서 시문 연구도 무조건 소위 실학파 문인들이 이룩해 놓은 민족주
의적이고, 현실에 민감하게 대응한 사실주의적인 측면에 맞출 것인가?
이다. 그러나 하백원 시문의 실상은 그렇지 않다는 데에서 깊은 고민을
안겨준다. 물론 출사기에 자신의 아들에게 보낸 편지에서 '우리나라의
사람으로서 전혀 우리나라의 고사에 어둡다면, 또한 무식함을 면치 못
하리라.'[69]라는 언급을 한 것을 보면, 민족주의적인 것과 완전한 거리
를 두었던 것은 아닌 듯하지만, 그것이 곧바로 시문에 어느 정도 드러
났는가? 하는 점이다. 이러한 여러 가지 고민을 해결할 수 있는 하나의
방법은 하백원의 시문을 바라볼 때 그동안의 실학파 한시의 준거에 맞
추지 않는 것이다.[70] 형식적인 준거틀에 맞추었을 때 그 틀에 맞지 않

---

67) 『圭南文集』 卷2, 上李尙書義甲○庚辰, 百源 遐陬一韋布耳.
68) 『圭南文集』 卷3, 答徐監司有榘○甲午五月, 百源 直山野間癡獃人物耳.
69) 『圭南文集』 卷3, 寄子澳漢, 且以東方之人 全昧東方故事 則亦未免無識. 이러
　　한 언급은 하백원의 민족주의적 사고의 한 부분으로 인정할 수 있는데, 이러한
　　언급이 시문에서 어떻게 드러나고 있는가를 연구하는 것이 앞으로의 한 과제라
　　고 생각한다.
70) 진재교는 그의 논문 「실학파와 한시」(『이조후기 한시의 사회사』, 소명출판,
　　2001, 270쪽)에서 실학파 한시를 아우를 수 있는 준거로서 작가의 세계관과 창
　　작방법이 유기적으로 관련된 의미로서의 현실주의와 민요나 민족의 정서를 수용
　　한 민족문학을 제시하였다. 이러한 준거의 틀을 마련하는 것은 앞으로 실학파 한

으면, 마치 작품 자체가 중요하지 않은 듯이 취급할 우를 범할 수 있기 때문이다.

그렇다면 하백원의 시문은 어떻게 바라보아야 하는가? 이는 바로 하백원이 어떤 생각으로 시문을 지었을 것인가?와 일맥상통하는 말이기도 하는데, 다음 인용문에서 그 단서를 얻을 수 있다.

> 『서상기』를 잡아 취하는 데까지 이르러 다투어 기괴로써 서로 높이여 그 체세는 추녀가 西施의 찡그림을 본받고 그 기력은 깨부수어져 여운의 무리가 없어서 모두 鄙風의 아래로 기롱할만한 것이 없다.71)

이 글은 李景昭라는 문인의 詩稿에 써 준 서문의 일부분이다. 주요 내용은 당시 많은 사람들이 남의 작품을 무조건 따라 흉내를 내어 시문을 지음에 대한 비판이라고 하겠다. 그렇게 남의 것을 무조건 따라서 하다보면, 결국에는 진정한 자신만의 기력이 남아 있지 않아 여운은 사라지게 된다라고 하여 작품을 통해 독특한 자신만의 세계를 내보일 것을 주문하였다. 이는 바로 문학에 있어서의 '眞'을 강조한 내용으로 이해할 수도 있고, 이러한 '진'은 작품 창작의 측면에서 보자면, 스스럼없는 감정 표현이라고도 할 수 있다. 하백원의 시문이 비록 개인적 서정을 읊은 데에 그친 것은 사실이지만, 남의 시문을 用事한 경우가 거의 없는 것을 보면, 작품 창작에 있어서의 독창성을 중요하게 생각했음을 알 수 있다.

즉, 하백원 시문의 의미는 문학을 학문을 전달하는 종속적인 것으로 보지 않으면서 감정을 담아내어 표현해내는 독립적인 형태로 인정하며,

---

시를 연구하는 데 있어서 바람직하기는 하지만, 한계를 명료화하여 유연성을 보여주지 못할 수도 있다는 점이 한편으로는 염려스럽다.

71) 『圭南文集』卷6, 李景昭詩稿序, 至獵取西廂記 競以奇怪相高 其體勢 則醜女效顰 其氣力 則破碎 無餘韻類 皆鄙下 無可護者.

작품을 통하여 독창적인 자신만의 세계를 보여주었다는 데에서 찾을
수 있다.

5. 맺음말

본 논고는 하백원이 남긴 한시문 154제 201수를 대상으로 생애별
정회의 변모 양상을 연구하였다. 현재 문집에는 21세 때부터 62세까지
의 시문이 창작 연대 순서로 수록되어 있는데, 생애별로 각기 나타내어
진 심리 상태가 각기 다르다는 점에 착안하였다.

하백원은 진양하씨가의 후손으로 전남 화순군 이서면 야사리에서
태어났는데, 그의 생애는 수학기, 학문발전기, 출사기, 그리고 유배기
등 모두 4기로 구분하여 살폈다. 수학기에는 17수의 시문을 남겼고, 학
문발전기에는 100수의 작품을 지었으며, 출사기에는 57수를, 그리고 마
지막 유배기에는 27수의 한시문을 남겼다. 이러한 생애의 각 작품들은
하백원 자신이 처한 상황에 따라 각기 다른 서정의 모습으로 나타났다.
즉, 수학기에는 주로 스승 송환기를 따라 유학의 본류를 따르겠노라는
의지를 내보였고, 학문발전기에는 학문적으로 가장 성숙한 자세를 보이
면서도 과거시험으로 인한 자탄과 자적의 두 정회가 혼재된 모습을 표
출하였다. 세 번째 출사기에는 고향을 떠나 객지에서 살아야 하는 괴로
움을 시문에 그대로 드러내어 토로했는가 하면, 마지막 유배기에는 절
망적 상황이지만 오히려 그 반대의 태도로서 유배 기간을 보낸 모습을
시문에 고스란히 남겼다.

하백원은 시문에서 주로 서정을 펼쳐 보였다. 때문에 그동안 알려
진 실학자적 모습과는 상관없는 듯한데, 적어도 문학을 학문의 종속적
인 것으로 보지 않고 독립적 형태로 인식하였고, '진'을 강조하며 자신

만의 독특한 작품 세계를 창작하도록 한 의식은 높이 살만하다고 생각
한다.

〈참고문헌〉

『圭南文集』

金埈五, 『詩論』, 三知院, 1993.

安晋吾, 「규남 하백원의 생애와 사상」 『전남(호방)지방의 인물사연구』 -유학자
　　　를 중심으로-, 전남지역개발협의회, 1983.

安晋吾, 「규남 하백원의 성리학적인 실학」 『다산학보』 8집, 다산학연구원, 1986.

남성숙, 「농사 혁신 앞당긴 조선 발명왕」 『湖南思想 호남문화』 ②, 도서출판 민,
　　　1995.

안동교, 「圭南 河百源의 학문관과 실학정신」 『동양철학연구』 41집, 동양철학연
　　　구회, 2005.

安晋吾, 「규남의 성리학과 실학사상」 『호남유학의 탐구』, 이회, 1996.

양보경, 「圭南 河百源의 『萬國全圖』와 『東國地圖』」 『전남사학』 24집, 전남사
　　　학회, 2005.

李坰丘, 「영조~순조 연간 湖洛論爭의 展開」 『한국학보』 24권 4호, 일지사,
　　　1998.

이종범, 「조선후기 同福 지방 晉陽 河氏家의 學問과 傳承」 『전남사학』 24집,
　　　전남사학회, 2005.

이해준, 「실학시대의 과학자 발명가」 『나는 호남인이로소이다』, 사회문화원,
　　　2002.

정동찬 외 2인, 「自升車의 復元 및 實驗精神」 『전남사학』 24집, 전남사학회,
　　　2005.

趙成山, 「18세기 湖洛論爭과 老論 思想界의 分化」 『한국사상사학』 8집, 한국사
　　　상사학회, 1997.

진재교, 「실학파와 한시」 『이조후기 한시의 사회사』, 소명출판, 2001.

圭南 河百源의 회화와 전각

이 영 숙*

〈논문요약〉

규남 하백원(1781~1844)은 18세기 유학자로써 호남실학의 대표적인 인물이다. 조선후기의 많은 실학자들이 그러하듯이 하백원도 유학은 물론이고 천문, 지리, 율력, 전각, 산술, 예술, 조각 등 다양한 분야에 관심을 지니고 있었다. 그의 다양한 관심은 그림과 인장으로도 드러나 여러 종류의 그림을 남기고 있다.

그의 그림은 만년에 유배지였던 보령에서 그 지방의 문인들과 배를 태고 여행하면서 그린『海遊詩畵帖』처럼 서화가 결합된 시화첩도 있고, 문인화의 대표적인 항목인 매화그림도 있으며, 도면을 충실히 따라 그린 세계지도나 동국지도, 자승차도해도, 그리고 관심이가는 꽃이나 동물을 그린 원숭이그림과 화조화 등도 남아있다. 뿐만 아니라 그는 다양한 인장을 스스로 새겨서 사용하였는데, 일본의 대표적인 전각서『一刀萬像』을 소유하고 탐구한 것으로 보인다.

그는 그림을 유학적 관점에서 파악하고 있었고, 그림을 그리는 방법

---

* 전남대학교 인류학과 BK21 계약교수, 전라남도 문화재전문위원

은 그림은 종류에 따라 형태를 읊어 마음이 손의 응함을 얻어 형사곡직으로 하여금 각각 그 취미를 극진히 한 것이 그림의 법이다. 라고 하였다. 그는 해유시화첩이나 묵매화, 동국지도나 자승차도해도를 다 각각의 종류에 따라 극진하게 그 용도에 맞게 그렸는데, 해유시화첩은 실제 풍경을 사실적으로, 묵매도는 문인의 의취에 맞게, 지도는 정확하고 알아보기 쉽게, 자승차도해도는 투시원근법을 잘 활용하여 제작에 용이한 도면이 되도록 그렸음을 알 수 있다.

하백원의 회화는 전체적으로 새로운 양식보다는 전부터 내려오던 전통적인 방식을 따르는 경향이 있다. 매화그림도 18세기 후반부터 들어온 중국의 나빙 등 청대의 매화도 양식을 수용한 복잡한 구성에 매화 꽃이 흐드러지게 핀 19세기 양식보다는 그 이전 시기의 문인화가들이 그리는 매화형식을 따르고 있다. 『해유시화첩』에 수록된 실경산수화도 진경산수가 유행하던 18세기의 양식보다는 더 고식의 지도를 그리는 양식을 채택하고 있다. 그러나 『해유시화첩』은 17·18세기에 유행하던 산수기행과 기유도, 서화합벽, 계회도와 같이 여러 벌을 제작하는 등 복합적인 미술문화현상이 19세기 전반에 지방으로까지 확산되어 나타나는 것을 잘 보여주고 있다.

주제어: 규남 하백원, 해유시화첩, 일도만상

1. 머리말

규남 하백원(1781~1844)은 존재 위백규(1727~1798), 이재 황윤석 (1729~1791)과 함께 호남실학의 대표적인 인물이다.[1] 규남 하백원의 집 안은 한벽한 전라남도 화순군 동복면과 이서면에서 살았지만, 일찍부터 실학정신을 받아들였고, 새로운 풍물과 지식을 지닌 인사들과 교유를 계 속하였다. 특히 7대조 錦沙 河潤九(1570~1646)는 경세가로서 많은 저술 을 남겼고, 정두원[2]과 친교가 깊었다. 증조 屛巖 河永淸(1697~1771)은 주위에서 '萬卷宅'으로 불릴 정도의 장서가였고, 여암 신경준, 이재 황 윤석, 석당 나경적, 담헌 홍대용과 활발하게 교류하였다. 하백원은 이러 한 가계의 분위기 속에서 학문적 전통을 이어받아 호남 실학과 조선후 기 과학사에 크게 기여하였다.

조선후기의 많은 실학자들이 그러하듯이 하백원도 유학은 물론이고 천문, 지리, 율력, 전각, 산술, 예술, 조각 등 다양한 분야에 관심을 지니 고 있었다. 30세에는 자승차를 발명하고, 31세에 동국지도를 제작하였 으며, 이어서 만국지도와 천문도를 그리고, 자명종, 계영배, 방적기, 와 륜 등을 제작하였다. 또 직접 제작한 자명종을 사랑에 걸어두고 마을사

---

1) 이해준, 「호남의 정신사와 조선후기 호남실학」 『나는 호남인이로소이다』, 사회 문화원, 2002, 77쪽.
2) 鄭斗源(1581~?) 조선 중기의 문신. 본관은 光州. 자는 丁叔, 호는 壺亭. 정자 明 湖의 아들이다. 1612년(광해군 4) 생원시에 합격, 1616년 문과에 급제하고, 벼슬 은 지중추부사에 이르렀다. 1630년(인조 8) 사신으로 명나라에 가서 火砲·千里 鏡·自鳴鐘 등의 현대적 기계와 함께 利瑪竇의 天文書와 『職方外記』·『西洋國 風俗記』·『天文圖』·『紅夷砲題本』 등 서적을 신부 陸若漢(Johannes Rodorigue) 으로부터 얻어가지고 이듬해(1631년) 돌아왔는데, 화약의 제조법도 이때에 전하 여졌다고 한다. 그가 사신으로 명나라에 드나들던 17세기 초기는 중국을 통하여 서양문물이 우리나라에 전해올 기운이 넘칠 때이다. 그는 이에 참여한 인물 가운 데 이름이 알려진 최초의 인물이다.

람들에게 시간을 맞추어 생활하도록 하는 등 과학정신을 생활화하였다. 특히 논정과 수리를 이용하기 위한 양수기인 자승차의 조립 원리와 도해는 이용후생의 실학사상을 잘 구현하고 있다고 평가되고 있다.[3]

하백원의 다양한 관심은 그림과 인장으로도 드러나 여러 종류의 그림과 도장을 남기고 있다. 그의 작품으로는 만년에 유배지였던 보령에서 그 지방의 문인들과 배를 타고 여행하면서 그린『海遊詩畵帖』처럼 서화가 결합된 시화첩도 있고, 문인화의 대표적인 항목인 매화그림도 있으며, 도면처럼 정교하고 정확하게 그린 세계지도나 동국지도, 자승차도해도, 그리고 관심이가는 꽃이나 동물을 그린 원숭이그림과 화조화, 산수인물화 등도 남아있다. 뿐만 아니라 다양한 인장을 스스로 새겨서 사용하였는데, 일본의 대표적인 전각서『一刀萬像』을 소장하고 탐구한 것으로 보인다.

하백원의 학문과 사상, 역사적 의의가 전문연구자들에 의하여 본격적으로 연구된 것은 최근의 일이다. 그것은 후손들에 의해 문집이 영인되면서 학계에서 관심을 가지게 되었고, 2004년에는 하백원의 사상에 대한 학술대회가 열렸다.[4] 그러나 이 학술대회에서는 하백원의 관심분

---

3) 안진오,「규남의 성리학과 실학사상」『호남유학의 탐구』, 이회문화사, 1996 ; 문중양,「조선후기의 수차」『한국문화』15호, 서울대 한국문화연구소, 1994 ; 정동찬 외,「自升車의 復元 및 實驗硏究」『全南史學』제24집, 2005.

4) 2004년 12월 4일 개최된 전남사학회와 규남 하백원 기념사업회의 "규남 하백원 선생 실학사상 학술대회"에서「규남 하백원의 학문관과 실학정신」(안동교),「동복 하씨가의 전승과 학문」(이종범),「자승차의 복원 및 실험연구」(정동찬),「규남 하백원의 만국전도와 동곡지도」(양보경),「규남 하백원의 태생지에 대한 지리와 지도활용 방안」(김경수) 등의 논문이 발표되었다. 이들 논문은『全南史學』제24집에 수록되었다.
규남하백원에 관한 연구는
이현종,「규남문집해제」『규남문집』, 경인문화사, 1977.
안진오,「규남 하백원의 생애와 사상」,『전남(호남)지방의 인물사연구』-유학자를 중심으로-, 전남지역개발협의회, 1983.

야 중의 하나였던 회화와 인장 등 예술부분은 다루어지지 않았다. 여기에서는 하백원이 그린 기행시화첩 『해유시화첩』을 중심으로 그의 회화세계와 회화관, 그리고 전각에 대하여 살펴보도록 하겠다.

2. 하백원의 생애와 사상

1) 생 애

하백원은 전남 화순군 이서면 야사리에서 하진성과 장택 고씨 사이의 장남으로 출생하였다. 字는 穉行으로 圭峯의 아래에 거주하기 때문에 규남선생이라고 칭하였고, 야사리에 살았기 때문에 사촌산인이라고 부르기도 하였다. 본관은 진주로 고려 명신인 진주부원군 하집의 후예이다.

하백원의 13대조 河治가 화순 동복에 뿌리를 내린 이후 7대조 錦沙 河潤九(1570~1646)가 이서면 야사리에 정착하였으며, 증조부 屛巖 河永淸(1697~1771)과 하백원이 동복 하씨 가문의 학문 전통을 계승하여 완성시켰다.[5] 이 집안은 고려 말기부터 조선 초기에는 현관을 배출하고

安晉吾,「圭南의 性理學과 實學思想」『湖南儒學의 探究』, 이회문학사, 1996.

안진오,「규남 하백원」『한국인물유학사』4, 한길사, 1996.

이해준,「실학시대의 과학자 발명가 하백원」『나는 호남인이로소이다』, 사회문화원, 2002.

이종범,「조선후기 同福 晉陽 河氏家의 學問과 傳承」『全南史學』제24집, 2005.

정동찬 외,「自升車의 復元 및 實驗研究」『全南史學』제24집, 2005.

양보경,「圭南 河百源의 萬國全圖와 東國地圖」『全南史學』제24집, 2005.

5) 하백원의 가계내력에 대해서는

안진오,「규남의 성리학과 실학사상」『호남유학의 탐구』, 이회문화사 1996, 143~153쪽.

이종범,「조선후기 동복 진양하씨가의 학문과 전승」『전남사학』제24집, 2005, 1~20쪽.

그 이후에는 蔭仕로 벼슬이 이어지다가 16세기부터는 거의 관직에 나가지 못하였다. 그러나 기묘사화로 동복으로 유배를 오게 된 崔山斗(1483~1536), 호남에서 사림계를 대표하는 金麟厚(1510~1560), 당대 문장가인 梁應鼎(1519~1581) 등에게 강학을 받거나 교유하면서 성리학적 소양을 쌓았다.

하백원의 7대조 하윤구는 선조 17년(1584) 동복현감으로 내려온 鄭述(1543~1620)나 이듬해 동복현감이 된 金富倫(?~?)에게 공부하였는데, 정구에게 소학을 배우고 김부윤에게는 심경을 익혔다고 한다. 하윤구는 광해군 2년(1610)에 사마시에 합격하여 성균관에 진학하였다. 하윤구가 대과에 든 것은 인조 11년(1633)이었다. 이후 栗峰察訪, 成均館 典籍 등을 역임하고 귀향하였다. 하윤구는 1631년 명나라에 사신으로 가서 천리경, 자명종, 화포 근대적 기계와 천문서『직방외기』등의 서양서적을 얻어 돌아온 정두원과 교류하였다.

처음으로 동복 야사에 터를 잡고 활발하게 대내외적 활동을 펼친 하윤구의 덕분으로 동복의 하씨는 중앙 정계에도 이름을 알리고 나아가 향촌사회에서도 안정된 기반을 갖출 수 있게 되었다. 그리고 河聖龜(1654~1706)대에 이르러서는 송시열과 김창협의 문하에 출입하기도 하였다. 하성구의 아들 河永淸(1697~1771)은 동복 하씨 가문의 문중 기반을 더욱 튼튼히 하고 가세를 충실히 하였으며, 나아가 인근의 사족과 저명한 학인 및 산림처사들과 교유하였다. 하영청은 문중사업은 물론이고 마을 운영과 자제들의 교육에도 큰 힘을 쏟았다. 서적을 구입하는데 돈을 아끼지 않았고, 象數學이나 星曆, 甲兵, 錢穀, 陰陽 등에 대해서도 탐구하였다. 그는 旅菴 申景濬(1712~?), 黃胤錫(1729~1791), 나경적(?~1762년경), 洪大容(1731~1783) 등과 교유하면서 실사구시의 가학을 수립하였다. 영조 30년(1754)에는 신경준이 하영청의 屛巖精舍를 찾아와 교유를 하였고[6] 이웃 마을에 사는 나경적이 璣衡渾天儀를 제작하는 것을 성원하였다. 이때 나주목사의 아들로 물염정을 지나던 洪大容(1731~1783)이 경비를 지원하였다.[7] 하영청은 유학보다는 실용학이나 이용후생학에 보다 많은 관심을 가졌던 것으로 보인다.

河廷喆(1727~1771)은 부친 하영청의 곁에서 나경적이 혼천의를 제작하는 것을 지켜보았고[8] 홍대용이 찾아왔을 때 친교를 맺을 수 있었다. 홍대용은 1765년 북경 가기 전에 두 차례나 하정철에게 편지를 보내, 화순 이서에서 일어나고 있는 과학적 성취를 지지하면서 자신의 의견을 말하였다.[9] 하정철은 부친이 세상을 떠난 한 달 후, 1771년 11월에 세상을 떠났다.

하백원의 부친 河鎭星(1754~1799)은 평생을 동복 밖을 나가지 않았다. 그러나 1794년에 사창법을 본받아 면 단위의 사곡(社穀)을 설치하였는데, 아마 하영청이 마을 운영을 위하여 만든 구재전을 보다 확대

---

6) 『屛巖文集』,「屛巖洞贈別申注書景濬」
7) 『屛巖文集』, 機衡羅仲集所造 而錦城倅洪檼之子大容 捐數百金而共成焉
8) 『屛巖文集』, 同心二士斷金思 一器鍊成共致知 祖述南薰齊七制 旁通西漾賈三儀 比諸古法今加密 賴得新功舊不虧 閱數千年能獨覺 世人誰識出天資
9) 이종범,「조선후기 동복지방 진양하씨가의 학문과 전승」『전남사학』24집, 2005, 11쪽, 각주 27)을 재인용
   ① 庚辰六月初三日 大容 頓 浹月相守 一別甚覺懷悵 須便書承慰之至 且所愼不添喜幸 何言比炎 侍 候東何似 容 依澤昨狀爲幸 機衡諸具幷此送上 須細心努力倅至有成如何 小機之計 果不可爲耶 今此所 造糜而且大 全無金器規模 先爲此而更爲商確別造小件 以副此望如何 從近當一就 姑不宜式(1760년에 홍대용이 나경적이 만든 자명종이 너무 커서 좀 작게 만들었으면 한다는 의견을 적어 보낸 편지)
   ② 壬午六月初七日 大容 頓 卽問 羅丈遽尒不淑 驚慟 夫復何言 承誨雖晩 慕仰實深 作此永訣 悲廓 無以爲懷 機衡修改 終未得奉正 一進亦未及遂計 悠悠此恨 何以忘之耶 初終凡百 窮家荒世 何以拮据否 此中宜當賑政賻儀亦未稱情 可歎 日前答書 果已傳去否 極炎 侍履何似 容 卽欲馳往一哭 而適有祀故 無由抽身 抵可悲恨 喪禮當在那間否 伊時當掃萬 往會 須因便示之忙甚 不宜狀式(1762년에 나경적의 죽음을 애도하며 보낸 편지).

운영하는 민고전이었을 것으로 집안의 이용후생적 실학전통을 따르고 있다. 민고전은 이후에도 착실하게 운용되어 하백원이 노년이 접어들던 1829년에는 본전이 200斛을 넘어섰다고 한다.

1781년에 태어난 하백원은 비교적 넉넉한 가세 속에서 집안의 많은 책을 읽으며 청소년시절을 보냈다. 12~3살이 되면서 과거응시를 위하여 시문을 익혔고, 19세에 부친의 유명에 따라 탈상을 치른 후 송시열의 5世嫡孫인 宋煥箕10)(1728~1807)의 문하에 들어갔다. 송환기 문하에서 공부한지 얼마 되지 않은 23세(1803년)에 하백원은 진사시에 합격하였다. 그리고 잠시 성균관으로 유학하였지만 대과에는 응시하지 않았다. 얼마 후 동생 繼原이 죽고 이어서 조모와 모친상을 당하여 하백원은 대과에 응시할 기회를 놓치게 되었다. 이때부터 야사리에서 머물면서 이웃으로 이사 온 吳夏哲과 교유하며 여러 가지 궁리를 거듭하였다.

1808년에는 雲坪 宋能相이 예론으로 사림의 탄핵을 받아 삭직되자, 그를 변백하는 변무서를 지어 후일 복직하는데 크게 기여하였다. 1810년 30세에 자승차를 설계하고, 31세에는 동국지도와 만국전도를 그렸으며, 나경적이 만든 자명종을 개량하여 사용하기도 하였다. 이때 하백원은 洪奭周, 吳熙常, 兪星柱, 李義甲 등과도 교유하게 되었다.

하백원은 1834년 54세에 음직으로 피천되어 창릉참봉에 임명되었다. 56세에는 금부도사, 57세에 순릉직장, 58세에 사옹원주부와 형조좌

---

10) 宋煥箕(1728~1807). 조선 후기의 문신·학자. 본관은 恩津. 자는 子東, 호는 心齋·性潭. 宋時烈의 5대손이며, 寅相의 아들이다. 남달리 총명하여 어릴 때부터 『태극도설』·『역학계몽』·『가례』 등을 배웠다. 1766년(영조 42) 진사가 되고 1772년 생원시에 합격하였다. 1799년(정조 23) 司蘗寺主簿가 되고, 사헌부지평·사헌부장령·軍資監正을 거쳐 진산군수가 되었으나 병을 핑계로 사직하였다. 1807년(순조 7) 형조참의·예조참판, 1808년 공조판서, 1811년 의정부우찬성에 올랐다. 당시 心性의 辨으로 성리학계에서 논쟁을 벌일 때 韓元震의 주장을 지지하였다. 그는 학덕을 겸비하여 조야의 존경을 받았으며, 문하에 많은 선비가 모여들었다. 저서로는 『성담집』이 있다. 시호는 文敬이다.

랑, 60세에 종묘령과 경기전령을 역임하였다. 61세에 석성현감에 제수되어 부임하여 토호와 아전들의 세금포탈과 착취를 바로잡고 아전들이 착취한 곡식을 백성들에게 다시 나누어 주는 선정을 베풀기도 하였으나, 결국 토호들의 사주와 모함 때문에 1842년 보령으로 유배되었다.[11] 64세인 1843년에 석방되었고, 그 후 사헌부지평에 제수되었으나 나가지 않았다. 향리로 돌아와 이듬해인 1844년 8월 17일에 타계하였다.

2) 학문과 사상

하백원이 실학에 깊은 조예를 지니고 있지만 그의 학문 활동은 유학의 영역 속에서 이루어지고 있다. 그의 아들 河澣이 기록한 家狀에서 "주자의 글에 더욱 힘을 쏟아 마음을 가라앉히고 연구하여 한평생 학문의 준칙으로 삼았다"고 말한 것은 하백원의 학문적 토대가 주자학에 있음을 확인시켜 준다. 그러나 그는 기존의 틀에 박힌 학문관을 획기적으로 전환시켰으며 고착화되어가는 당시의 주자학적 사유를 반성적으로 검토하여, 새롭고 간결한 사유 형식을 제시하고 동시대의 많은 학자들에게도 강조하였다. 즉 스스로 체득한 유학적 지식을 근거로 사회생활 속에서 유학 본래의 실제적 학문을 비범한 방식으로 실천하고자 했던 인물로 평가되고 있다.[12]

하백원의 사상에 대해 그의 문집 서두에는 "옛날에 魏存齋·黃頤齋가 공(하백원)과 더불어 앞뒤로 호남에서 태어났는데, 대체로 모두 국가를 경륜할만한 재능을 지닌 선비였다. 그러나 그들은 때를 얻지 못하여 한 번도 시험해보지 못한 채 그 재능을 묵혔으니 안타까움을 이루 말할

---

11) 『朝鮮王朝實錄』, 『憲宗實錄』, 8년, 7월 2일조
　　안진오, 「규남 하백원」 『한국인물유학사』 4, 한길사, 1996, 1699쪽.
12) 안동교, 「규남하백원의 학문관과 실학정신」 『동양철학연구』 제41책, 2005, 119쪽.

수 없다."[13]고 평가하고 있다. 이 평가에 의하면 하백원은 存齋 魏伯珪 (1727~1798), 頤齋 黃胤錫(1729~1791)과 같은 실학적 색채가 짙은 특출한 유학자와 비견할 만큼 그의 사상과 행적이 조선조 후기의 호남유학사에서 차지하는 비중이 높다고 할 수 있다.

하백원은 학문의 본질은 유용함에 있다고 생각했다. 이규동에게 보낸 편지 답글에서 "本原을 버리고 末務를 쫓거나 實體에 어둡고 虛言을 지껄이는 것은 내가 말한 有用한 학문이 아니다"[14]고 하면서, 학문은 사물의 이치를 탐구하고 이것을 자신이 체득한 뒤 가정과 국가로 확장하여 펼쳐서 사용하여야 바탕과 쓰임이 완벽하게 갖추어진 학문이라고 하고 있다.[15]

또한 하백원은 학문의 목적은 유학의 진리를 밝혀 개인적 자아의 성숙을 넘어서 사회적 구원과 교화의 역할을 해야하며, 나아가 이러한 학문의 목적을 달성하기 위해서는 행동과 실천이 필연적으로 요청된다고 하였다. "유학의 法門은 知行並進을 귀하게 여기니 알고도 행하지 않는 것은 길에서 듣고 길에서 말하는 것과 같다."[16]고 하여 행동과 실천을 떠난 진리는 이미 진리로서의 의미를 잃어버릴 수 밖에 없다고 하였다. 진리에서 행동이 나오는 것을 강조하기보다 행동에서 진리가 실현될 수 있다는 것을 강조하는데서 하백원의 실천적 학문의 성격은 드러난다.[17] 하백원은 유학을 토대로 현실의식과 실용적 요구에 따라 끊임없이 반성하고 실험하여 경험적이고 구체적인 현실을 파악하려고 하였는데, 이것은 조선후기 실학의 한 특징이라고 할 수 있다.

하백원의 실학연구 업적으로는 과학적 지식을 활용하여 새로 발명

---

13) 河謙鎭, 「서문」, 『圭南文集』, 3쪽.
14) 『圭南文集』 「答李聚五奎東」, 197쪽.
15) 『圭南文集』 「答李士剛遇正」, 185~186쪽.
16) 『圭南文集』 권3, 書, 「答趙舜元允榮」, 201쪽.
17) 안동교, 앞의 글, 122쪽.

한 自升車(양수기)와 과학적 원리를 이용하여 개량한 自鳴鐘의 제작을 들 수 있다. 다음으로는 기하학적 지식을 토대로 尺度圖法 등의 새로운 지도제작법을 사용해서 만든 東國地圖를 손꼽을 수 있다.[18] 하백원은 과학적 발명이라 할 수 自升車에 대해서 「자승차도해설」에서 우리나라의 지리적 여건, 수리시설의 낙후, 농사 기술의 후진성 등을 거론하면서, 민중들의 노고를 덜어주고 식생활의 풍요를 가져다주기 위해 자동양수기라 할 수 있는 自升車를 발명하였다고 기술하고 있다. 이 자승차는 제작재료상의 문제는 있지만 원리상으로 볼 때 서구의 과학기술에 못지않은 발명품이다.[19]

한때 「自升車圖解」는 전라감사 서유구에게 알려져 하백원의 제작을 거쳐 농정과 수리에 서둘러 이용하려고 했으나 실현되지는 못했다. 서유구의 요청에 대해 하백원은 완벽한 상태가 아니어서 잘못하면 관청의 재력만 소모하게 될지 모르니 더 연구를 하여 제작하겠다고 하였다.[20] 비록 하백원의 개인적 사정으로 실제로 제작되지는 못했지만, 자연과학적 기술을 실생활에 활용하여 민중들을 돕겠다는 하백원의 '利用厚生'의 실학적 의지를 엿볼 수 있다.[21]

결국 하백원의 학문과 사상은 그 기초는 성리학적 입장을 견지하고 있으면서 현실적 관심은 이용후생의 실학적 경향을 나타내고 있다고 할 수 있다.[22]

---

18) 안진오, 앞의 글, 170쪽 참조. 이외에 규남이 만든 과학적 기기와 생활도구로 戒盈盃·缸吸器·臥輪 등이 있었다고 전해진다.
19) 안진오, 앞의 글, 171쪽.
20) 『圭南文集』 권3, 書, 「答徐監司有榘」, 132~133쪽.
21) 안동교, 앞의 글, 143쪽.
22) 안진오, 「호남유학의 개설」 『호남유학의 탐구』, 이회문화사, 1996, 143쪽.

3. 하백원의 회화와 회화관

1) 회화세계

하백원의 후손집안에는『해유시화첩』을 비롯하여 여러 종류의 많은 그림이 전해 내려오고 있다. 그의 그림들은 크게 분류하면『해유시화첩』이나 매화도, 산수인물도와 같은 문인취향의 소재를 그린 작품과 동국지도나 만국지도, 자승차도해도처럼 실용적인 학문을 위한 그림이 있다. 이러한 작품들은 그의 회화관과도 밀접한 연관을 보이고 있다.

그의 대표적인 작품으로 개인소장의 「묵매화병풍」(도판 1)을 들 수 있다. 이 작품은 8폭 병풍인데 하백원의 묵매화 7폭과 소장자 집안 선대의 유묵 1폭이 함께 표구되어 있다. 그림에 제발이나 낙관은 없지만, 보성 유학자 집안에 하백원의 작품으로 전래되어 오던 그림이어서 그의 진작일 것으로 보인다. 그림 한 폭의 크기는 가로 28.5cm, 세로 97.5cm로 종이에 수묵을 사용하여 다양한 형태의 매화 줄기와 꽃송이를 그려내고 있다.

매화의 독특한 특성은 시대 혹은 보는 사람에 따라서 다양한 상징성을 낳게 되었다. 군자나 은자에 비유되기도 하고 고결한 모습은 신선이나 부처의 모습을 나타내기도 하며, 미인이나 절사에 비유되기도 하였다. 이런 다양한 상징성 중에서 군자라는 상징성은 가장 널리 알려진 것으로 비슷한 상징성을 지닌 竹·蘭·菊과 함께 사군자로 인식되었으며 松·竹과 함께 歲寒三友로 불리기도 하였다.[23] 이러한 상징성을 지닌 매화를 하백원은 자주 그린 것으로 보이는데, 그가 남긴 그림 중에서 매화는 가장 능숙하고 유려한 필치를 보여주고 있다.

「묵매화병풍」의 매화도는 화면하단에서 뻗어 오르기 시작한 매화나

---

23) 李仙玉,『朝鮮時代 梅花圖 硏究』한국학대학원 박사논문, 2004, 33쪽.

무 둥치가 이리저리 꺾이면서 긴 시간 동안 풍상을 견뎌온 모습을 보이고, 새로 돋아난 줄기들은 가볍고 경쾌하게 자라나 여기저기 꽃을 피우고 있다. 이리저리 구부러진 큰 줄기는 붓에 연한 먹을 듬뿍 묻혀 힘차게 그려내어 부분부분 비백이 나타나고 있다. 그 위에 옹이진 그루터기는 진한 농묵으로 표현하고 있다. 큰 가지에서 자라난 작은 가지는 연한 먹으로 가늘게 그리고, 가지 위에 꽃은 드문드문 홑꽃으로 그려내고 있다.

하백원은 그의 회화 전체에 새로운 양식보다는 전부터 내려오던 전통적인 방식을 따르는 경향이 있다. 앞의 『해유시화첩』에 수록된 실경산수도 진경산수가 유행하던 18세기의 양식보다는 더 고식의 지도를 그리는 양식을 채택하고 있다. 매화그림도 18세기 후반부터 들어온 중국의 나빙 등 청대의 복잡한 구성과 흐드러지게 핀 매화도 양식보다는, 그 이전시기의 문인화가들이 그리는 매화도 형식을 따르고 있다. 17세기의 어몽룡의 「매화도」(도판 2)나 18세기 강세황이나 심사정의 「매화도」(도판 3)에서 볼 수 있는 서정적이고 격조있는 매화도와 성격이 유사하다. 이것은 하백원이 매화도에서 문인의 의취를 표현하고 있기 때문인 것으로 보인다.

집안에 소장되어 있는 「까치매화도」(도판4)는 매화가지 위에 두 마리 까치가 앉아있는 모습을 그린 것이다. 화면의 오른쪽 하단에서 반원을 이루며 화면을 가로 지르는 큰 매화 둥치가 뻗어있고, 그 뒤로 비스듬히 대각선으로 솟아오른 작은 가지 위에 까치 두 마리가 내려앉았다. 매화는 앞의 「매화병풍」에서와 비슷하게 힘있는 필치로 간결하게 표현되었는데, 까치는 나무에 비해 조금 크고 검은 먹으로 표현된 몸체가 진한 먹을 일정하게 사용하여 평면적으로 표현되었다. 그러나 화면을 적절하게 구성하는 능력을 보면 그의 미적 감각이 남달랐음을 느끼게 한다.

가전 그림들 중에는 「포도원숭이 그림」, 「산수인물화」 등이 있는데 익숙하지 않은 소재이어서인지 매우 미숙하게 그려져 있다. 대부분 낙

관이나 관지가 없고 매화도와는 격이 다른 그림들이어서 하백원의 작
품인지 의문이 들기도 한다. 그러나 『고씨화보』의 산수도나 산수인물
도들은 보고 그리고 있어서, 『고씨화보』를 구입하고 소장하는 등 관심
이 깊었던 그의 작품일 가능성은 크다. 새로운 소재에 관심을 가지고
묘사를 시도해보는 것은 조선시대 문인들이 새로운 경향을 먼저 수용
해보는 탐구적인 태도와 무관하지 않다고 생각된다.

하백원의 실용적 학문의 연구에 따른 그림으로 고지도와 자승차도
해도를 들 수 있다. 하백원(1781~1845)은 한국 고지도 연구 분야에는
잘 알려지지 않았으나, 세계지도인 『泰西會士利瑪竇萬國全圖』와 朝鮮
全圖인 「東國全圖」, 각도의 道別地圖인 팔도분도 등 귀중한 지도들을
직접 제작했다.[24]

하백원이 제작한 「萬國全圖」는 투영법과 경위선을 바탕으로 한 서
구식 세계지도이다.[25] 17세기에 들어 서양의 선교사들이 중국에서 본
격적으로 활동함에 따라 서양 선교사들이 제작 간행한 西學書와 세계
지도들이 대부분 사신에 의해 조선으로 유입되면서 서양의 지리학과
지도 제작술, 그리고 서양 세계에 관한 지식들이 조선에 전달될 수 있
었다. 서구식 세계지도는 서울에 거주하였던 지식인들은 물론 지방에

---

24) 하백원의 지도에 대한 연구는 양보경, 「圭南 河百源의 萬國全圖와 東國地圖」
   『全南史學』 제24집, 2005.
25) 선교사들이 제작한 서구식 세계지도가 조선에 최초로 도입된 것은 1603년 북경
   에 사신으로 갔다 돌아온 李光庭과 權憘에 의해서였다. 이들에 의해 전래된 지
   도는 마테오리치(Matteo Ricci, 利瑪竇)의 세계지도인 『坤輿萬國全圖』였다. 17
   세기 이후 서양지도에 대한 관심이 꾸준히 증가하였으며, 許筠(1567~1618)은
   1610년(선조 39)에 중국에 사신으로 간 적이 있는데, 중국에서 마테오리치의 지
   도를 가지고 왔다. 1631년(인조 9)에 중국에 사신으로 갔던 鄭斗源은 예수회 선
   교사 로드리게스를 만나 알레니가 저술한 지리서인 『職方外紀』와 『萬里全圖』,
   서양의 과학서적을 얻어왔는데, 『萬里全圖』는 알레니가 제작한 『萬國全圖』일
   것으로 추정하고 있다. 18세기에는 벨기에출신 선교사 페르비스트(Ferdinand
   Verbiest, 南懷仁, 1623~1688)의 곤여지도가 들어왔다.

거주한 학자들도 서양식 지도에 많은 관심을 보였다. 하백원도 이러한 사회적 분위기 속에서 서양식 세계지도를 제작했던 것으로 생각된다.

하백원의 『만국전도』(도판5)는 『직방외기』에 수록된 알레니의 「만국전도」를 바탕으로 제작한 지도로 보인다. 알레니의 만국전도는 1784년에 완간된 『사고전서』에 실려 있는데, 1783년부터 우리나라에 들어온다. 현재 우리나라에 전해진 세계지도는 마테오리치의 본이 많은데, 하백원의 알레니본을 토대로 한 지도는 특이하다고 할 수 있다. 가늘고 균일한 선으로 윤곽을 그리고 그 안에 청색의 바다와 담황색의 대륙을 표현하고 있는 지도이다.

하백원은 조선전도와 팔도의 각 도별 지도도 제작하였다. 조선 후기의 사회변화와 함께 조선의 지도 제작도 18세기 영조·정조대에 크게 발전하였다. 그 중 가장 중요한 변화가 大縮尺地圖의 발달이었다. 축척이 큰 지도가 만들어짐에 따라 지도의 크기도 대형화되었으며, 따라서 지도에 표시되는 내용이 상세하고 정확해졌으며 풍부해졌다. 또한 조선 후기에는 국가적 차원이 아닌 개인들도 정확한 지도의 제작에 기여하였다. 그 가운데 대표적인 인물이 鄭尙驥와 그 후손들, 그리고 고산자 金正浩이다.

하백원의 『동국전도』(도판 6)와 팔도분도는 대체로 정상기의 「동국지도」의 원형을 갖추고 있다.26) 팔도분도의 경기도와 충청도를 같은 폭

---

26) 조선 후기의 대축척지도의 발달에 결정적인 공헌을 한 지도학자가 농포자 鄭尙驥(1678~1752)이다. 김정호보다 1세기 앞선 시기에 활동했던 실학자인 그는 百里尺을 사용하여 『東國地圖』를 제작하였는데, 이 지도는 조선시대 지도제작의 수준을 한 단계 높인 획기적인 지도였다. 정상기는 대형의 조선전도인 '동국대전도'(그림 14)를 먼저 그리고, 이를 여덟 부분으로 나누어 도별 지도인 '八道分道를' 제작하여, 도별지도를 합하면 전도가 되도록 고안하였다. 정상기의 「동국지도」는 일정한 축척을 사용하여 도별 지도를 합하면 전도가 되도록 고안되었으며, 축척인 백리척을 표시하여 거리를 계산할 수 있도록 한 점, 축척 약 1:420.000의 대축척지도로 커짐에 따라 도로·봉수·지명 등을 상세하게 나타낸 점, 조선의 윤

에 함께 그리고, 함경남도와 함경북도를 별도로 그린 것은 그러한 예이
다. 팔도의 군현의 이름을 기입한 원의 바탕색도 대부분 오행의 원칙에
따른 오방색을 취했다. 경기도, 충청도는 짙은 황색, 전라도는 적색, 경
상도는 연분홍색, 강원도는 청색, 평안도는 백색, 함경남도와 함경북도
는 흑회색 바탕색을 칠했으나, 황해도의 군현명은 회색이 아닌 옅은 황
색으로 채색된 원안에 군현의 이름이 쓰여 있다. 「강원도」 지도에 于山
島(독도)가 울릉도 아래 남쪽에 그려진 점이 독특하다. 『동국전도』와
팔도분도는 1787~1795년에 제작된 정상기형 지도를 저본으로 하여 제
작했던 것으로, 지도의 윤곽이 정밀하고, 각도와 산천의 채색이 아름답
고 조화로워 하백원의 색채 감각을 잘 보여주고 있다.

자승차의 설계도면이라고 할 수 있는 「자승차도해도」는 하백원의
문집에 각 부분의 세부도면과 설명, 조립하는 방식과 부분조립도, 자승
차의 조감도 등 약 15점이 실려있다.[27]

하백원의 自升車는 오늘날의 양수기라 할 수 있는 자동기계장치로,
30세 되던 해인 1810년 自升車를 설계하여, 가뭄에 시달리던 농촌에 큰
도움을 주려고 하였다.[28] 농사를 중시하던 우리나라에서는 물을 퍼 올
리기 위해 우리 선조들이 개발한 도구는 여러 가지가 있으며, 그러한
양수도구를 보급하려는 노력 또한 꾸준히 이루어졌다. 수차에 대한 보
급의 노력은 고려시대의 고려사, 조선시대의 『朝鮮王朝實錄』, 『增補文
獻備考』 등의 기록으로 알 수 있다. 하백원은 「자승차도해설」에서

"水車의 종류는 그 制度가 한결같지 않다. 예컨대, 『農政全書』[29]와

곽 특히 북부 지방의 윤곽이 정확해진 점에서 높이 평가받고 있다.

27) 『규남문집』, 317~341쪽.

28) 하백원의 자승차에 대해서는 정동찬 외, 「自升車의 復元 및 實驗研究」 『全南史
學』 제24집, 2005.

29) 『農政全書』: 중국 明나라 후기의 학자이며 정치가인 徐光啓가 편찬한 農書.

『天工開物』, 『三才圖會』[30] 등 여러 책에서 고증할 수 있다. 예전 三
代 이상에는 겨우 桔槹가 있었을 뿐이고, 한·위의 무렵에는 비로소 飜
車가 있었다. 진·당 이후로 이를 제작하는 사람이 많아 각자 방법대로
하였다. 태서의 水法이 중국에 전해지자 가장 정교해졌으나 내가 연구
하고 고증해보니 불편한 바가 많았다. … 우리나라에서 제작한 기구는
매우 졸렬하여 사람이나 가축의 힘을 빌어야 한다. 그러므로 곧바로 피
로하여 그만 두게 된다. 비옥한 들판과 기름진 토양이라도 지세가 조금
높으면 열흘 정도만 가물면 타 들어감을 근심해야 하니, 백성들이 식량
을 마련하기 어렵다는 것이 괴이한 일이 아니다.

　　근래 내가 더듬거리며 책을 읽는 여가에 여러 가지 서적을 상고해
보다가 천 번 생각한 나머지 얻은 바가 있어서 한 가지 방법을 창출(創
出)하여 완성시키고 '자승차'라 이름을 지었다. 사람의 힘을 수고롭게
하지 않고도 그러한 이익을 얻을 수 있다. … 이에 圖解를 저술하여
농부로 하여금 보게 하였다. 온 나라 사람들이 모방하여 시행한다면 마
치 월나라 磚이나 연나라 函과 같이 넉넉히 풍속을 이롭게 하는 하나
의 단서가 될 것이다. 만일 정교하고 세밀한 기계의 신묘함은 圖解에서
다하지 못한 것은 교묘한 사람이 기술해 주기를 깊이 바란다."[31]

고 기술하고 있다. 하백원은 우리 고유의 물레방아와 풀무에 활용된 과
학 원리와 당대의 모든 과학지식을 섭렵하고 조화롭게 발전시켜 자승
차라는 자동화기기를 발명하였다. 이 수차를 이용하여 한발에 대비하면
백성들의 식량걱정을 줄일 수 있을 거라고 생각한 하백원의 생각은 대
민 규휼정신을 잘 보여주고 있음을 알 수 있다.

　　활자본. 전 60권. 漢나라 이후 발달하기 시작한 농학자의 여러 설을 총괄·분류하
　　고 수시로 자기의 說을 첨부하여 집대성한 것인데, 農本·田制·農事·水利·農
　　器·樹藝·蠶桑 등 12門으로 되어 있다.

30) 『삼재도회三才圖會』: 중국 明나라 때에 편찬된 일종의 백과사전으로서 명나라
　　의 王圻가 저술하였다. 모두 106권이다. 여러 서적의 圖譜를 모으고 그 그림에
　　의하여 天地人의 三才에 걸쳐 사물을 설명하였다. 천문·지리·인물·時令·宮室·
　　器用·신체·의복·人事·儀制·珍寶·文史·鳥獸·草木의 14부문으로 분류하였다.

31) 『圭南文集』, 318~319쪽.

이 자승도의 부품을 하나하나 도해한 하백원의 도해도(도판 7,8)는 정확한 수치와 부품의 모습을 투시도법을 이용하여 그리고 있어서 실재감을 느낄 수 있다. 중국의『삼재도회』에 그려진 여러 도면들은 모양만 알 수 있을 뿐 낱낱의 부품을 수치와 함께 기록하지 않아서 쉽게 제작하기 어려운데, 하백원의 도면에는 각 형상을 어떤 크기로 만들고 어떻게 조립하는지를 누구나 알기 쉽게 도면화하여 현대 디자인의 도면에서와 같이 현실화가 가능한 도해도이다. 조선 후기 실학자들이 서구의 여러 가지 문화를 받아들이면서 특히 그림에서 구사된 투시도법과 원근법은 실재감이 느껴져 크게 감동을 받았다. 일반 그림에서는 이 서양의 미술 기법이 쉽게 받아들여지지 않지만, 이 도해도에서는 잘 수용이 되고 있음을 보여주고 있다.

2) 하백원의 『해유시화첩』

『해유시화첩』은 가로 15.8cm, 세로 26.7cm 크기이며, 표지를 비롯하여 총 42쪽으로 이루어진 호접식 기행화첩이다. 표지(도판 9)에는 왼쪽 상단에 가로 3.4cm, 세로11cm의 사각구획을 만들고, 그 안에 '海遊詩畵'라는 제명과 주문방인의 도장이 찍혀있었으나 도장부분은 훼손되어 잘 보이지 않는다. 내지는 붉은색 선으로 상하 윤곽을 그리고 그 안에 그림과 글을 써넣었다. 표지 다음 장에는 푸른색 바탕 위에 예서로 '西湖奇觀'(도판 10)이라는 글씨가 양면에 걸쳐 쓰여 있다. 그 다음 장에는 하백원의 '海遊詩畵帖 序'와 광헌 이우명의 '海遊詩畵記'가 차례로 수록되어 있으며, 그 뒤를 이어 「松湖」,「黃鶴樓」,「永保亭」그림과 각각의 풍경에 관한 여섯 사람의 시가 차례로 실려 있고, 맨 뒤에는 평천 이병중의 '海遊詩畵跋文'이 쓰여 있다.

하백원은 1842년에 충남 보령으로 유배되었다. 유배지에서 머무른

기간은 1년 정도이지만 그곳에서 보령의 선비 平泉 李秉中, 光軒 李遇
明(1804~1863), 醉竹 趙淳榮(일명 百榮), 居晦 李遇正, 菊隱 沈思叔, 蔡
東奭, 金箕烈, 趙允榮, 申在晉, 申昌發, 趙大成 등과 교유하였다.[32] 보
령에 머무르던 1842년 4월 15일에 보령의 다섯 선비들과 함께 바다를
유람하고 그 기행을 그림과 시로 남겼는데, 그 전말은 평천 이병중의
'海遊詩畵跋文' 발문에 잘 드러나 있다. 그는 발문에서

　　"위 해유첩은 우리 여섯 사람이 바다놀이[海遊]를 하며 쓴 시와 그
　림이다. 규옹께서 해포에 유배 와 있었는데, 朱子와 같이 세상을 지탱
　하는 도의를 지니고 祝融과 같이 세상을 밝게 하는 생각을 가지고 계
　셨다. 나와 이경소(이우명), 사강, 조일여, 심사숙이 함께 배를 타고 항
　호, 고만, 영보정, 황학루를 지나 더불어 놀매 신선이 사는 봉래산을 배
　경으로, 호수와 바다를 바라보는 웅장함과 누각에 올라가 물과 달을 완
　상하는 맑은 경관이었다. 새로운 풍경을 만나면 규옹께서는 곧 그림을
　그리셨다. 그림을 그리고 여섯 사람이 각기 시를 짓고 또 규옹께서 서
　문을 짓고, 경소가 또 기를 지어 여섯 권의 책을 만들어 각기 가보로
　소장하기로 하였다. 이 놀이야말로 진실로 일대 관광이요, 이 책 역시
　한 기이한 애완물이다. 옛날 소노천이 말하기를 사람을 보려면 구양공
　을 보고 물을 보려면 황하를 보고, 산을 보려면 숭산과 화산을 보라고
　하였는데, 우리 다섯 사람은 이미 사람을 보는데 있어서는 규옹을 보
　고, 물을 보는데 있어서는 항호를 보고, 산을 보는데 있어서는 고만을
　보았으니, 이 세 가지 큰 관람은 진실로 소노천에게 지지 않는다. 또
　정루에 있어서도 영보정, 항학루의 승경을 보았으니, 이것은 또 소노천
　이 우리 다섯 사람에게 모자란 바이다. 그러므로 우리 다섯 사람이 어
　찌 홀로 고금의 일대 관람을 얻은 것이 아니랴."[33]

---

32) 하성래, 「보령답사기」, 1쪽.
33) 하성래, 보령답사기에서 재인용 李秉中, 「海遊詩畵跋」 : 右海遊帖 吾六人海遊
　　之詩與畵也. 圭翁謫在蟹浦 有晦翁天柱祝融之思要 不佞堅李景昭, 士剛, 趙一
　　汝, 沈思叔同舟 往杭湖高巒 登永保亭, 黃鶴樓而與之遊 揭蓬而觀湖海之壯 登
　　樓而玩水月之淸 遇景圭翁輒有畵 有畵六人各有詩 圭翁且爲之序, 景昭又爲之
　　記, 遂粧六帖 使各莊而寶之 斯遊也誠一大觀也 斯帖也亦有一奇玩也 昔老泉

고 하였다. 즉 하백원과 이병중을 비롯한 여섯 사람이 해포에서 배를
타고 송도와 안면도 사이를 지나 한산사와 황학루를 거쳐 영보정을 구
경하였다. 영보정에서 다시 어떻게 돌아왔는지는 기술되어 있지 않으
나, 타고 갔던 배로 돌아왔을 것이다. 구경하는 동안 하백원이 그림을
그리고 각기 각 풍경에 대한 시를 지어 여섯 개의 화첩을 만들어 나누
어 지녔는데, 그 중의 하나가 이 화첩이고, 현재까지 다른 사람들이 소
장했던 화첩들은 발견되지 않고 있다.

보령으로 유배 가기 전에 이미 보령의 유학자들에게는 하백원이 알
려져 있었던 것으로 생각된다. 하백원의 宋雲坪 辨誣疏인 「遯巖院儒通
文辨」와 「四學儒生疏辨」이 당시 유학자들에게 널리 알려져 있었을 뿐
만 아니라,[34] 귀양가기 전 그의 임지였던 석성이 보령과 가까웠기 때문
이다. 그러한 하백원이 보령으로 귀양을 오자, 그 지역의 문인들이 하백
원과 친교를 맺었고, 함께 보령과 안면도 사이의 서해바다 승경을 유람
하게 된 것이다.

문인들이 산천을 유람하고 유람기를 남긴 것은 고려시대부터 있었
던 것으로, 17세기 중반에는 臥遊錄이라는 제목으로 엮어 우리나라 산
수기행문을 모아놓은 책이 있었다.[35] 그런데 유람한 산수를 그림으로
그리는 記遊圖는 15, 16세기까지는 미미하다가 17세기에 들어서면서
본격적으로 나타나는데, 이것은 중국 명대 문예의 영향이 큰 것으로 생
각된다. 명대 문인화가들이 자기고장의 산수를 유람하고 그린 기유도는
명대 초기의 화가 王履가 그리기 시작하여 명대중기에는 오파의 심주
와 문징명 등에 의해 활발히 제작되면서 문인화의 중요한 화목으로 자

語天下之大觀曰 於人見歐陽公 於水見黃河 於山見嵩華 若吾五人者 旣於人見
圭翁 於水見杭湖 於山見高巒 此三大觀 固不多讓於老泉 而又於亭樓見永保亭
黃鶴樓之勝 此又老泉反有遜吾五人者則 豈吾五人者獨得古今一大觀者哉?

34) 하성래, 「보령답사기」, 2쪽.
35) 고연희, 『조선후기 산수기행예술 연구』 일지사, 2001, 26쪽.

리를 잡았다. 명대 후반기에는 왕리의 기유도가 널리 방모되는 등 기유
도의 화목은 화파를 불문하고 명. 청대 화단에 큰 파장을 일으켰다.

또 『명산승개기』가 17세기 전반에는 조선에 들어온 것으로 추정된
다. 萬曆연간에 편찬된 『명산승개기』는 산수기행시문과 관련된 글
1550여 편을 집대성 한 것으로 마지막권의 뒤편에는 중국의 명산을 55
쪽에 담은 「명산도」라는 산수판화가 부록으로 합집되어 있었다. 산수
유기집인 『名山勝凱記』는 17세기 우리나라의 문인들이 좋아했던 명대
의 王世貞(1526~1590)이 편찬에 주도적인 역할을 하였고, 왕세정은 기
유도 회화에 많은 제발을 남겨 명대 산수기행문학과 기유도의 활성화
에 공이 큰 인물이다.

이와 더불어 명대 후반기에 판각술이 발달하고 상업문화가 번성하
면서 다양한 판화집들이 출간되었는데, 1607년에 만들어진 중국의 판
화집 『三才圖會』가 17세기 전반에는 조선 문인들의 수중에 들어와 있
었다. 『삼재도회』에는 중국 명산 그림들이 판도로 실려 있었다. 그 외
에 산수 실경을 담은 판화집으로 『해내기관』, 『명산도』, 『대평산수도』,
『황산도』 등도 유입되었다. 이처럼 산수 기행록과 산수판화의 유입은
17세기 이후 우리 산수 기행도의 제작에 큰 영향을 미쳤다.[36] 18세기에
들어와 국토의 산천지리에 대한 새로운 관심으로 전국 각지로의 기행
이 유행되고, 시·서·화 합벽의 풍류가 일어나 기행의 소산을 그림으로
표현하고 시문을 지어 함께 표구를 하게 되었다.

시서화의 합벽은 그림과 글씨가 어우러져 온전한 하나를 이룬 것을
의미하는 말로, 용어 자체는 청나라 초에 사용하기 시작하였으나 원대
의 작품부터 남아있고 명대 오파화가들의 작품에 많이 나타나고 있다.
우리나라에서 서화합벽의 형식은 조선초기의 화가 석경이 그린 대나무

---

36) 고연희, 앞의 책, 65~75쪽.

그림에 여러 문사들이 제시를 쓴 것을 모아놓은 서화합벽첩에 대한 기록이 남아있어 15~16세기에는 있었던 것 같다. 특히 문학을 주제로 한 서화합벽은 명대 오파 작가들의 작품으로 많이 제작되었는데, 소식의 적벽부, 도연명의 귀거래사를 비롯한 다양한 시문을 주제로 취하여 그림을 그리고, 그 원문을 필사하여 서화합벽첩이나 축, 권 등의 작품으로 만들어졌다. 이들의 작품은 17세기 이후 조선에 소개되었다. 서화합벽첩은 그림과 글씨를 함께 감상할 수 있다는 이점과 교육 교재로서의 효능 또 책상에 간편하게 펼쳐볼 수 있다는 편리성으로 인해 조선후기에 더욱 유행했다고 생각된다.[37)]

이처럼 17세기이후 들어온 기행산수도와 산수 판화집, 서화합벽첩은 18세기에 진경산수와 함께 국내산천을 그리고 감상하는 이들에게 널리 유행하게 되는데, 하백원의 『해유시화첩』은 기행산수도와 서화합벽첩이 결합한 형식이다. 즉 19세기에 보령지역의 인사들이 귀양 온 하백원과 함께 자신이 살고 있던 지역의 명승을 들러보고 그림으로 그리며 시를 지어 함께 엮은 화첩으로, 한 풍경에 여섯 사람의 감상시가 쓰여 있는 것이 특징이다. 또 여섯 본을 만들어 나누어 가졌던 것도 특이한 일로 이것은 보통 계회도에서 보이는 현상이다.

『해유시화첩』에는 3점의 그림이 실려 있다. 첫 번째 그림은 「松湖」(도판 11)로 화면의 우측상단에 제목이 쓰여 있다. 그림은 화첩의 양면에 펼쳐 그려져 있는데, 크기는 가로 31.9cm 세로 24.4cm 이다. 종이에 수묵담채를 사용하여 그렸다. 그림의 전면에는 크고 작은 섬들이 펼쳐져 있고 각 섬들의 사이에는 돛을 단 배들이 여기저기 떠있다. 화면하단 중앙에 여러 사람이 탄 배가 있고 바로 앞으로는 우쭉우쭉 솟은 기괴한 바위섬들과 바위 옆으로 위험하게 자란 나무가 표현된 돌섬이 있

---

37) 유미나,『중국시문을 주제로 한 조선후기 서화합벽첩 연구』, 동국대 박사논문, 2005, 7~41쪽.

다. 아래쪽으로는 거꾸로 그려진 긴 섬이 배치되어 있는데 상당히 큰 섬으로 여기저기에 민가가 흩어져 있다. 안면도일 것으로 보인다. 화면 우측 상단에 미점으로 둥근 산등성이가 겹쳐 표현되어 흙이 많은 섬이 보이는데, 이 섬이 송도로 생각된다. 송호는 현재 지도상에서 그 위치를 찾을 수 없지만, 송도와 안면도 사이의 바다가 섬으로 둘러 쌓여 호수처럼 보여서 붙인 이름일 것이다. 광헌 이우명은 「海遊詩畵記」에서

"나는 규남, 평천 두 어른을 모시고 두세 사람의 벗과 더불어 바다를 구경하기 위한 놀이를 하였는데, 때는 4월 15일이었다. 해포에서 조수를 타고 배가 송도와 안면도 사이를 지나는데, 잠간 사이에 가랑비가 개고 물결도 일지 않았다. 안개에 싸인 섬등과 신기루가 숨었다가 나타났다하며 변하고, 우뚝 솟은 돌과 높고 낮은 멧부리들이 고개를 숙였다가 다시 쳐들었다가, 모였다가 흩어졌다가 하는 것이 참으로 처음 보는 승경이었다."[38]

라고 한 것으로 보아 그 위치를 짐작할 수 있다. 그들은 여기에서 조수가 일어나지 않아 배를 정박하고 술을 마시며 흥취를 돋우었는데, 이때 먼 곳에 보이는 송도와 뒤로 자리 잡은 안면도, 그리고 여기저기 흩어져 있다가 배가 다가가면 나타나고 멀어지면 안개 속으로 사라지는 신기루와 같은 섬의 모습을 감상하였다. 그 광경을 하백원이 그림으로 그린 것이다. 이 그림은 조선후기에 유행하였던 진경산수의 양식을 따르지 않고 그 전부터 지도를 그리는데 사용하던 방식으로 배 주변의 풍광을 그리고 있다. 화면의 중앙부분에서 사방을 돌아다보면서 앞으로 보이는 부분은 정면으로 화면 상단에 배치하고 뒤로 펼쳐지는 광경은 화면 하단에 거꾸로 배열하는 형식을 취하고 있다. 전체적으로는 화면 중

---

38) 李遇明, 「海遊詩畵記」 : 余陪圭南平泉兩父丈與二三子 作觀海之遊 四月望日也. 乘潮於蟹浦 舟過乎松島安眠之間 淑雨乍歇 波瀾不起 煙嶼蜃樓出沒變幻 危石層巒低仰散合正是初頭勝賞也.

앙부분의 상공에서 내려다보는 듯이 표현하고 각각의 경물은 정면에서
보는 것과 같은 산점투시를 사용하고 있다.

두 번째 그림은 「黃鶴樓」(도판 12)이다. 그림의 상단에는 황학루와
한산사가 자리를 잡고 중간의 바다에는 몇 척의 배가 떠있다. 하단에는
거꾸로 그려진 충청도 수영이 배치되어 있다. 바닷가에 솟은 바위언덕
위에 나무들이 자라고 그 위에 세워진 황학루에는 유람객들이 둘러앉
아 담소를 나누고 있다. 황학루는 정면 4칸 측면 3칸의 팔작지붕으로
기와골이 가지런하게 표현되어 있다. 김정호의 『대동여지도』에는 수영
의 영보정과 마주보는 작은 섬에 한산사(도판 13)가 표시되어 있는데,
『新增東國輿地勝覽』「보령군」 관방조에 쌍오도에 한산사가 있다[39]고
기록하고 있어서 한산사와 황학루가 수영이 바라다 보이는 쌍오도에
있었음을 확인할 수 있다. 이 그림도 또한 주요 대상으로 하는 황학루
와 한산사는 화면상단에 정면으로 그리고, 마주보는 수영은 하단에 거
꾸로 그리고 있다.

세 번째 그림은 「永保亭」(도판 14)으로 충청 수영 안에 세워진 누각
을 그린 그림이다. 충청 수영은 태조5년(1396)에 水軍僉節制使를 두었
다가 세종3년(1421)에는 도안무처치사로 이름을 바꾸었고, 세조12년
(1466)에 수군절도사영이 되어 충청도 서해안 방어의 최고 사령부로 전
선을 거느리고 있었다. 충청수영성은 중종5년(1510) 삼포왜란이 일어난
다음해에 해안방비의 중요성이 더해짐에 따라 축조되었는데, 석축으로
쌓았고 성안에는 네 개의 우물과 하나의 못, 영보정, 관덕정, 시변루,
능허각, 고소대 등의 누각과 장교청, 진휼청, 공해관, 영청 등의 전각,
그리고 4대문이 있었다. 그림 속에는 4대문과 석축으로 쌓은 성, 여러
개의 누대와 건물, 그리고 웅대한 영보정이 표현되어 있다. 바다 앞에는

---

39) 『新增東國輿地勝覽』 보령군, 관방조.

거대한 전함이 화면의 상단을 향하여 세워진 듯 그려져 있다. 영보정은 성안에서 북쪽해안으로 돌출한 구릉의 정상에 있어서 삼면을 둘러싼 바다를 직접 관상할 수 있었는데, 1504년(연산군10년)에 충청수사 이약진이 서호의 명승지로 조성한 정자로 ㄱ자형 8칸의 건물이었다[40]고 한다. 그림 속에서도 영보정은 ㄱ자 건물에 정면4칸, 측면4칸의 팔작지붕으로 그려져 있어서 화면속의 건물 모습이 실제의 모습을 사실적으로 표현하고 있음을 알 수 있다. 화면의 하단에는 수영에서 마주보이는 황학루와 한산사가 거꾸로 그려져 있다.

세 점의 그림 모두 같은 고지도식 화면 구성과 채색을 사용하고 있는데, 건물의 기둥은 주색으로 지붕은 청회색을 사용하고 나무에는 담청색과 담녹색을 그리고 꽃과 바위의 일부분에는 담홍색이 쓰여 밝은 느낌을 주고 있다. 뛰어난 재능을 발휘한 작품은 아니지만 정성스러운 필치로 눈앞에 펼쳐진 풍광을 실제의 모습에 가깝게 묘사하고 있다.

각각의 그림에는 여섯 사람의 시가 덧붙여져 있다. 문인들이 시와 서, 그림을 겸비하여 문인화를 그리는 일은 중국과 우리나라에서 유학의 전통아래 지속되어왔다. 17세기 이후 조선의 문인들은 기행문과 함께 돌아본 경치를 그림으로 그리거나 다른 사람에게 그리도록 하였다. 글로써 표현하기 어려운 부분을 그림으로는 쉽게 전달할 수 있었고, 기행문학에서 미처 표현하기 어려운 부분까지 그려낼 수 있는 그림의 특성 때문에 기행문학과 기행지 승경을 그리는 일은 자연스럽게 결합되었다. 『해유시화첩』은 이러한 기행문학과 그림의 결합이 19세기 초에 지방의 문인들에게도 널리 확산되어 있음을 짐작할 수 있게 한다.

『해유시화첩』의 시와 그림에는 많은 인장이 찍혀있다. 인장은 관직을 표시하고 구분하기 위한 수단으로 만들기도 하고, 재산이나 사물의

---

40) 백제문화개발연구원, 『충청지역의 문화유적』 제11집, 보령시편, 1997.
충청남도, 『문화유적분포지도』, 보령시편, 1999.

소유를 확실하게 표시하기 위한 수단으로 또는 확인, 서명하기 위한 수단으로 만들어 지기도 하고, 서화작품에 낙성관식으로 또는 표현예술 사용되기도 한다. 제한된 공간 안에 다양한 표현방법을 통하여 미감을 표출하려는 예술적인 측면 그리고 문자를 매개로 하여 문자에 내재한 의미의 전달을 목적으로 하는 문자적인 측면을 지니고 있다.[41] 낙관을 하여 그림 전체 화면의 짜임새를 맞추고 의미를 전달하는 독특한 인장 으로 마무리 하는 일은 시서화와 함께 또 다른 분야의 결합으로, 이들 의 완전한 결합은 문인들이 추구하는 도에 이르는 한 방법이라고 생각 되기도 하였다.

하백원은 상당히 많은 인장을 직접 각하여 사용하였다. 그 중 일부 가 집안에 전해 내려오는데 간행된 문집의 앞부분에 수록되어 있다.(도 판 15) 인장들은 원형, 사각형, 타원형, 나뭇잎 모양 등 형태도 가지각색 이고 그 안에 쓰인 글귀도 호인, 장서인, 집안인, 귀중한 글귀를 새긴 成語印 등 다양하다. 또 새겨놓은 글씨체도 예서, 전서, 형상을 본뜬 추 상문자 등이 주문과 백인으로 제작되었다. 현재 전해오는 것만도 이 정 도인데, 『해유시화첩』에는 이들과 다른 도장들이 찍혀있어서 더 많은 도장이 있었을 것으로 생각된다.

하백원의 『해유시화첩』은 시와 서, 그림과 인장 등 다양한 영역이 결합된 작품이다. 이것은 조선시대 문인들이 그들의 그림에서 보여주고 있는 한 특성으로 전형적인 문인화의 세계를 잘 드러내 보여주는 것이 라고 생각된다.

3) 회화관

하백원이 회화에 관심을 보인 것은 세상의 모든 것이 학문이 아닌

---

41) 金基東, 『篆刻의 理論과 技法』, 이화문화출판사, 1999, 9~10쪽.

것이 없다고 했던 그의 학문적 태도에서 기인했다고 생각된다. 그는 홍석주에게 보낸 글에서 '宇宙內事 卽己分內事 一理不究 便是盡分'이라고 하면서 가깝게는 '夫婦 居室과 같은 데에 시작하여 나아가 전곡 갑병 등에 이르기까지 일용에 충실한 공부가 爲己之學임을 역설하였다. 그리고 자신이 地理, 器械, 天文 심지어 圖章까지 힘을 쓰는 바가 바로 하늘이 정한 나의 분수를 다하는 일임을 피력하기도 하였다.42) 그림을 그리는 것도 그는 학문을 하는 사람의 본분으로 생각하였던 것 같다.

그는 그림을 유학적 관점에서 파악하고 있었는데, 그림의 용도는 (그림을) 펴놓고 눈으로 집중하여 묵묵히 바라보며 정신을 모으면, 날고 잠기고 움직이고 세우고 흐르고 멈추는 기상으로 하여금 앞에 삼연이 펼쳐있어서 신령한 옷깃을 열어주고 정신을 밝히고 넓게 할 수 있는 것이 그림의 도움이라고 하였다. 그리하여 유학자들이 여러 가지 방법으로 도를 이룰 수 있다고 생각한 것처럼 그림도 또한 진실로 그리는 법에 밝아 그림의 도움을 얻는다면 도를 깨달을 수 있다43)고 생각하였다. 이것은 전형적인 문인들의 회화관과 유사하다.

그가 그림을 어떻게 공부했는지를 알 수는 없지만 그의 독서법을 살펴보면 어느 정도 미루어 짐작할 수 있다. 하백원은 독서법으로 책을 널리 읽으려고 해서는 안 되며 먼저 한두 경전을 뽑아 집주와 장구를 보지 말고 단지 본문을 중심으로 글자는 그 훈을 중심으로 탐구하고 구

---

42) 『圭南文集』, 古之爲士者 一而已 學問是也 古所謂學問非必讀書之稱 農工商賈 無非學也 … 今之爲士者 有三 曰學問 曰文章 曰科業 而所謂學問自處以一等人 亦名而已 … 近世以來 冒名於格 致專事乎口耳 曰理 曰氣 說心 說性 支離破碎 都不干自家本分上事 支於涵養省察之工 倚閣一邊 吾未知所格所致者 果是甚箇 而將何所致用也

43) 河百源, 『圭南文集』, 「顧氏畵譜跋」, 375쪽. '展帖寓目默以神會使飛潛動植流峙之象森列于前怳若有以開滌靈襟發舒精神者畵之助也 … 讀書者與之余謂苟明乎畵之法而得畵之助者亦可以悟道'

절은 그 뜻을 탐색하여 반복해서 무르익도록 읽되 그 말이 모두 내입에
서 나오는 것처럼 해야 한다. 이어 반드시 마음을 가라앉히고 반복해서
정밀히 연구하고 깊이 사색하여 어려운 곳을 탐구하되 융회관용하여
저절로 체득함이 있기를 기다려 비로소 집주와 장구를 보아 내가 아는
것이 혹 어긋나는가를 증험하고 끝으로 또 소주를 참고하여 여러 학설
의 동이와 실득을 상세히 고찰한 뒤에 성인의 말이 비로소 내 마음에서
나오는 것처럼 해야 한다[44]고 하였다.

그림도 여러 가지 그림을 자유자재로 분방하게 그려내기보다는 자
신에게 주어진 범본이나 화보를 수차례 충실하게 모사하고 익숙해질
때까지 그렸을 것으로 추정된다. 문집에 의하면 그는 『고씨화보』를 소
장하고 있었다. 하백원은 1810년에 쓴 「顧氏畵譜跋」에서

"이 화보 4책은 武林顧炳이 편찬한 것이다. 晉代에서 시작하여 皇
明에 이르기까지 모두 106家의 작품으로 임모에 털끝만큼도 틀림이 없
다. 대추나무에 새겨서 심히 정묘하고 붉은 채색을 베풀었으니 六法이
모두 갖추어져 참으로 기이한 물이다. 晦翁이 郭叔瞻의 그림을 평하여
말하기를 '그 정신과 의취를 아울러 다 얻었다.' 하였으니 내가 고씨의
모각에 또한 그렇게 말할 수 있겠다. 내가 비록 그림을 못그리나 오히
려 좋아하는 바에 대해서는 알고 있다. 근일에 남의 집에 쫓아가 이
화보를 보고 그 가치를 중하게 여겨 취하여 가져왔다 … 들여다보니
등본이 끊어지고 삭아서 가히 오래갈 수 없을까 두려웠다. 마침내 배장
을 하여 새롭게 하고, 때때로 펴놓고 구경을 하니 족히 옛것을 좋아하
는 기호를 도울 수 있겠다."[45]

---

44) 河百源, 『圭南文集』, 「答李士剛遇正」, 188쪽.
45) 河百源, 『圭南文集』, 「顧氏畵譜跋」 374~378쪽. '右畵譜四册武林顧炳所輯也
起晉代至皇明凡百六家臨摹無毫髮爽繡之棗甚精妙以丹彩施之六法具焉儘奇
玩也晦翁評郭叔瞻畵曰竝與其精神意趣而盡得之余於顧氏之摹刻亦云爾余雖
不能畵猶知好畵近從人家見是譜重其直取之 … 顧藤本斷爛恐不可久遂褙粧而
新之有時展玩足以佐嗜古之癖也'

고 쓰고 있다. 하백원은 그림은 잘 그리지 못하지만 그림을 좋아하여 다른 사람의 집에서 『고씨화보』를 보고, 그 가치를 알아보고는 구입하였다. 낡고 떨어진 책들을 보수하여 때때로 펴놓고 보았는데, 『고씨화보』에는 붉은 채색이 되어있다고 한 것으로 보아 판본위에 채색이 되어 있었던 것으로 보인다.

　『고씨화보』는 명말 궁정화가를 지낸 顧炳이 1603년에 편찬한 것으로 육조시대부터 명말까지 중국의 화가 106명의 그림을 선별하여 실은 판화집이다. 이 화보는 산수, 인물, 화조, 동물 등 모든 장르를 적절하게 분배하여 실고 있어서 중국의 그림을 총체적으로 감상할 수 있다.46) 『고씨화보』는 17세기 초에 우리나라에 전래되었는데 여러 가지 본이 들어와 있었다.47) 17세기에 우리나라에 처음 들어온 『고씨화보』는 현재 여러 본이 전해지고 있는데, 공재 윤두서가 수집한 해남윤씨소장 『고씨화보』와 국립중앙도서관소장 오세창의 기증유물 『고씨화보』 채색본이 있다. 이들은 모두 17세기에 제작되었을 가능성이 크다고 보고 있다.48)

　규남의 『고씨화보』도 채색본으로 이들과 같이 17세기에 제작된 화보집일 가능성이 크다. 『고씨화보』는 우리나라에 전래된 뒤에 많은 문인들과 화가들에게 영향을 미쳤다. 그들은 화보 속에 수록된 그림들을 모사하거나, 자신들의 그림에 부분적으로 『고씨화보』의 표현들을 빌려 쓰기도 하였다. 집안에 전래된 하백원의 산수인물화들은 화보의 여러 부분을 취해 그린 것으로 보인다. 그가 그림공부를 많이 한 것 같지는 않지만, 주로 화보그림을 보고 반복해서 그렸을 것으로 생각된다. 실제로 그가 그림 그림들은 지도나 실경산수를 그린 그림이나 매화그림이

46) 김홍대, 「322편의 시와 글을 통해 본 17세기 전기 『고씨화보』」 『온지논총』 제9집, 2003, 151쪽.
47) 김홍대, 앞의 글, 154쪽.
48) 김홍대, 앞의 글, 150~178쪽.

나 대체로 빠르게 변해가는 당시 그림양식보다는 전통적인 양식을 취하고 있다. 『고씨화보』는 그의 그림공부에 범본이 되었을 것으로 파악된다.

여러 종류의 작품을 제작하는데 있어서 그의 생각은 문집에 수록된 「고씨화보발」에 의하여 살펴볼 수 있는데 '그림은 무릇 종류에 따라 형태를 읊어 마음이 손의 응함을 얻어 형사곡직으로 하여금 각각 그 취미를 극진히 한 것이 그림의 법이다.'[49] 라고 하였다. 그가 해유시화첩이나 묵매화, 동국지도나 자승차도해도를 모두 각각의 종류에 따라 극진하게 그 용도에 맞게 달리 그렸음을 알 수 있다.

4. 하백원의 인장과 소장서 『一刀萬像』

하백원은 상당히 많은 인장을 직접 각하여 사용하였다. 그 중 일부가 집안에 전해 내려오는데 간행된 문집의 앞부분에 수록되어 있다.(도판 15) 인장들은 원형, 사각형, 타원형, 나뭇잎 모양 등 형태도 다양하고 그 안에 쓰인 글귀도 호인, 장서인, 집안인, 귀중한 글귀를 새긴 成語印 등 다양하다. 또 새겨놓은 글씨체도 주문 백인, 예서·전서 형상을 본뜬 추상문자 등 다양하게 있다. 현재 전해오는 것만도 이 정도인데 해유시화첩에는 다른 도장들이 찍혀있어서 도장이 더 많이 있었을 것으로 생각된다.

인장의 역사는 오래되어 桓因이 그의 아들 桓雄에게 천하를 다스리고 인간세상을 구함에 있어 天符印 세 개를 주어 보냈다는 단군고사에서 비롯되고 있다. 중국에선 商周時代로부터 신빙의 공구로 쓰였으며

---

49) 『圭南文集』, 「顧氏畵譜跋」, 374쪽. '夫隨類賦形得心應手使橫斜曲直各極其趣者畵之法也'

후대에는 신분에 따라 크기와 모양을 달리사용하기도 하였다.

인장은 관직을 표시하고 구분하기 위한 수단으로 만들기도 하고, 재산이나 사물의 소유를 확실하게 표시하기 위한 수단으로 또는 확인, 서명하기 위한 수단으로 만들어 지기도 하고, 서화작품에 낙성관식으로 또는 표현예술 사용되기도 하는데 제한된 공간 안에서 다양한 표현방법을 통하여 미감을 표출하려는 예술적인 측면 그리고 문자를 매개로 하여 문자에 내재한 의미의 전달을 목적으로 하는 문자적인 측면을 지니고 있다.[50]

하백원은 자신의 인장들을 모두 스스로 각을 하여 사용하였는데, 인장을 새기는 것을 篆刻이라고 한다. 전각은 넓은 의미로는 고대에 청동기나 옥, 돌에 전서로 글을 새겼기 때문에 전각이라고 하고, 좁은 의미로는 어디에 찍을 것을 목적으로 여러 가지 재료에 전서로 글씨를 새긴 것을 말한다. 요즈음은 전서를 사용하지 않더라도 어디에 찍기 위해 글씨나 여러 가지 형상을 새기는 것을 전각이라고 한다.

전각은 시인 묵객들의 각인 취미와 더불어 발전을 이루었고 원대 말에 와서는 석재를 사용하게 되면서 자유자재로 재료를 구하고, 그 형태를 변화시켜 독창적이면서 개성미 넘치는 작품을 만들게 되었다. 전각자들은 전대에 있었던 형식을 본받아 새롭고 특이한 인장을 만들었고 많은 전각자들이 늘어나면서 예술의 한 장르로 인정받게 되었다.

전각을 하는 사람들이 많아지면서 고금역대의 인장을 수집하고 정리하여 印簿에 押印한 뒤에 책으로 간행하는 印譜가 많이 나타났다. 唐代의 張彦遠의『歷代名畵記』에는 唐太宗의 貞觀印을 비롯한 49方의 印文이 募錄되어 있다. 원, 명, 청대에 이르면 전각자들이 고대의 인장을 수집하고 분류하여 인보를 만들기도 하고 한편으로는 자기가 새긴

---

50) 金基東,『篆刻의 理論과 技法』, 이화문화출판사, 1999, 9~10쪽.

전각의 인보를 엮어 정리하려는 기풍이 일어났다. 그 결과 현대에 이르기까지 수많은 인보가 간행되었다. 오늘날까지 전해오는 인보의 수는 대략 1400여 종에 달한다고 한다.[51]

하백원은 일본에서 간행된 印譜『一刀萬像』을 소유하고 있었다. 『一刀萬像』은 일본의 池永榮春이 1709년에 자신이 刻한 千字文 印章을 엮어 묶은 印譜이다. 이 책은 上, 中 두 권이 남아있는데, 천자문은 중권에서 끝나지만 下권이 더 있었을 것으로 저자도 3책으로 만들었다고 서문에 쓰고 있다.[52] 현재 우리나라에는 이 판본은 없고, 1894년에 宮城利介가 새로 편집 발행한 『一刀萬像』 天, 地, 人 3권이 국립중앙도서관에 소장되어있다. 제3권인 人卷은 池永榮春이 사용한 여러 가지 인장이 수록되어 있다.

池永榮春은 江戸時代의 사람으로 字는 道雲이고 號는 一峰, 市隱, 山雲水月主人으로 선조는 相州小田原의 토호이다. 그의 집안은 대대로 약을 만들어서 팔았는데 지영영춘은 글에 능통하고 전서에 정통하여 가업을 이어 약을 팔면서도, 여가에 글을 쓰고 철필을 운용하고 인장을 각하고 비파를 희롱하며 자적하였다. 50세에 가업을 아들에게 맡기고 『一刀萬像』을 비롯하여 18종 50여 권의 책을 저술하였다. 1737년에 73세로 생을 마쳤다.[53]

池永榮春이 수많은 형태와 글자체로 천자문의 전문을 전각하여 도장으로 만든 것은 천자문이 세상에 널리 알려져 있었기 때문으로 생각된다. 千字文은 梁나라 周興嗣가 무제의 명을 받아 지은 것이다. 모두 鍾繇와 王羲之가 쓴 글자에서 나왔는데 四字一句로 총 250句이므로 천

---

51) 金基東, 『篆刻의 理論과 技法』, 이화문화출판사, 1999, 394쪽.
52) 『一刀萬像』「自序」, "今印之一書彙爲三册不敢自私傳之"
53) 宮城敏, 「池英一峯先生傳」『一刀萬像』, 天卷 明治26년(1894) 1~8쪽(국립중앙도서관, 고서 9-69-106)

자문이라 하였으며 또 주씨가 하루 밤 사이에 만드느라 머리카락이 모두 하얗게 되었다하여 白首文이라고도 칭한다. 이 책은 위로는 천지의 이치부터 아래로는 역대의 고사에 이르기까지 두루 포함하지 않은 것이 없었다. 池永榮春은 서문에서

"도서라고 하는 것은 본래 선왕이 지은 바인데 벼슬자리의 순서와 높고 낮음의 분간과 성명의 기록과, 문장과 사람의 법이 이로 인하여 바르게 선즉 그것을 좋아하는 것이 또한 가깝고 떳떳한 일이다. 세상에는 어찌 좋아하는 사람이 많지 아니한지 참으로 가히 애석하다. 이제 한 책을 인쇄하여 모아서 3책을 만들어서 혼자 사적으로 보지 아니하고 좋아하는 사람에게 전한다. 살며시 두려운 것은 즐거움은 함께 하지 않으면 군자의 도가 아니라고 한 것으로, 대개 나의 종신토록 즐거워함이 다 이 책에 붙여놓았다. 바라건데 옛사람의 남긴 뜻에 뜻을 둔자는 이 글씨를 보고 내 즐거움을 살피는 것이 가능할 것이다."[54]

고하여 인장이 중요함에 비추어 좋아하는 사람이 많지 않아서, 자신의 좋아하는 바를 함께 즐기도록 책을 발간하였다고 쓰고 있다.
　池永榮春의 인보가 어떻게 하백원의 수중에 들어왔는지 확인할 수는 없지만 萬卷宅이라고 불리던 집안 내력처럼, 하백원도 『고씨화보』나 『일도만상』과 같은 귀한 책들을 수집하였기 때문으로 보인다. 하백원이 사용한 인장들 중에는 일도만상에 나오는 형태(도판 16,17)와 비슷한 나뭇잎모양의 인장도 있고 글씨체가 유사한 모습인 것, 도장의 글씨 배열이 유사한 것들도 있어서 인장을 새기는데 많은 영향을 받은 것으로 생각된다.

---

52) 『一刀萬像』「自序」 "圖書者本先王之所制而爵位之敍尊卑之分姓名之紀人文之範由此而立焉則其好之也亦邇乎雅矣世何好者之不衆也眞可惜已今印之一書彙爲三册不敢自私傳之同好者竊恐樂之不公非君子之道也蓋予終身之樂盡寓此書冀有志古之遺意者乃觀此書以察予樂可也"

5. 맺음말

규남 河百源(1781~1844)은 18세기 유학자로써 호남실학의 대표적인 인물이다. 조선후기의 많은 실학자들이 그러하듯이 하백원도 유학은 물론이고 천문, 지리, 율력, 전각, 산술, 예술, 조각 등 다양한 분야에 관심을 지니고 있었다. 그의 다양한 관심은 그림과 인장으로도 드러나 여러 종류의 그림을 남기고 있다.

그의 그림은 만년에 유배지였던 보령에서 그 지방의 문인들과 배를 타고 여행하면서 그린 『海遊詩畵帖』처럼 서화가 결합된 시화첩도 있고, 문인화의 대표적인 항목인 매화그림도 있으며, 도면을 충실히 따라 그린 세계지도나 동국지도, 자승차도해도, 그리고 관심이 가는 꽃이나 동물을 그린 원숭이그림과 화조화 등도 남아있다. 뿐만 아니라 그는 다양한 인장을 스스로 새겨서 사용하였는데, 일본의 대표적인 전각서 『一刀萬像』을 소유하고 탐구한 것으로 보인다.

그는 그림을 유학적 관점에서 파악하고 있었는데, 그림의 용도는 눈으로 집중하여 묵묵히 바라보며 정신을 모으면, 날고 잠기고 움직이고 세우고 흐르고 멈추는 기상으로 하여금 앞에 삼연이 펼쳐있어서 신령한 옷깃을 열어주고 정신을 밝히고 넓게 할 수 있는 것이라고 하였다. 그리하여 유학자들이 여러 가지 방법으로 도를 이룰 수 있다고 생각한 것처럼 그림도 또한 진실로 그리는 법에 밝아 그림의 도움을 얻는다면 도를 깨달을 수 있다고 생각하였다.

또 그림을 그리는 방법은 그림은 종류에 따라 형태를 읊어 마음이 손의 응함을 얻어 형사곡직으로 하여금 각각 그 취미를 극진히 한 것이 그림의 법이다. 라고 하였다. 그는 해유시화첩이나 묵매화, 동국지도나 자승차도해도를 다 각각의 종류에 따라 극진하게 그 용도에 맞게 그렸는데, 해유시화첩은 실제풍경을 사실적으로, 묵매도는 문인의 의취에 맞게, 지도는 정확하고 알아보기 쉽게, 자승차도해도는 투시원근법을 잘 활용하여 제작에 용이한 도면이 되도록 그렸음을 알 수 있다.

하백원의 회화는 전체적으로 새로운 양식보다는 전부터 내려오던 전통적인 방식을 따르는 경향이 있다. 매화그림도 18세기 후반부터 들어온 중국의 나빙 등 청대의 매화도 양식을 수용한 복잡한 구성에 매화꽃이 흐드러지게 핀 19세기 양식보다는, 그 이전 시기의 문인화가들이 그리는 매화형식을 따르고 있다. 『해유시화첩』에 수록된 실경산수화도 진경산수가 유행하던 18세기의 양식보다는 더 고식의 지도를 그리는 양식을 채택하고 있다. 그러나 『해유시화첩』은 17, 18세기에 유행하던 산수기행과 기유도, 서화합벽, 계회도와 같이 여러 벌을 제작하는 등 복합적인 미술문화현상이 19세기 전반에 지방으로까지 확산되어 나타나는 것을 잘 보여주고 있다.

하백원은 많은 인장을 직접 각하여 사용하였다. 그 중 일부가 집안에 전해 내려오는데 원형, 사각형, 타원형, 나뭇잎 모양 등 형태도 다양하고 그 안에 쓰인 글귀도 호인, 장서인, 집안인, 귀중한 글귀를 새긴 成語印 등 다양하다. 또 새겨놓은 글씨체도 예서, 전서, 형상을 본뜬 추상문자 등 다양하게 있다. 하백원은 일본에서 간행된 印譜 池永榮春의 『一刀萬像』을 소유하고 있었다. 하백원이 사용한 인장들 중에는 일도만상에 나오는 형태와 비슷한 나뭇잎모양의 인장도 있고 글씨체가 유사한 모습인 것, 도장의 글씨 배열이 유사한 것들도 있어서 인장을 새기는데 많은 영향을 받은 것으로 생각된다.

〈도 판〉

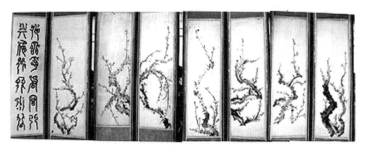

1. 하백원, 「묵매화병풍」 종이에 수묵, 각 폭 28.5x97.5cm, 개인소장

2. 어몽룡, 「묵매화」, 비단에 수묵, 20.3x13.5cm, 간송미술관소장

3. 심사정, 「매화도」, 종이에 수묵, 47.1x27.5cm, 간송미술관소장

4. 하백원, 「까치매화도」, 종이에 수묵, 33x43.3cm, 하씨가소장

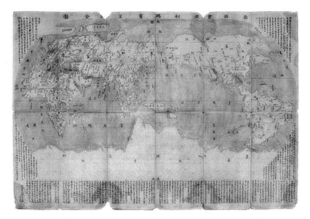

5. 하백원, 「만국전도」, 종이에 수묵담채, 132x80.5cm, 하씨가소장

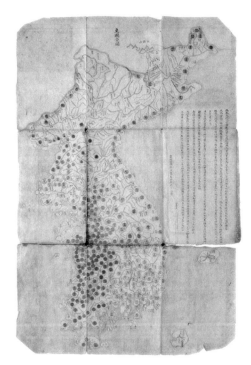

6. 하백원, 「동국전도」, 종이에 수묵담채, 하씨가소장

畓 竪 二 枝 軸

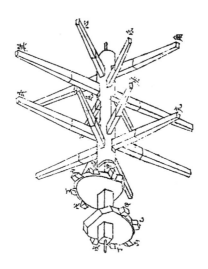

7. 하백원, 「자승차도해도」『규남문집』中

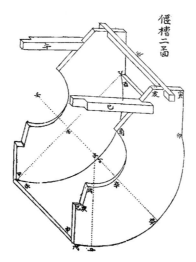

8. 하백원, 「자승차도해도」『규남문집』中

9. 『해유시화첩』 표지, 종이에 묵서, 15.8x46.7cm, 하씨가소장

10. 하백원, 글씨 '서호기관', 종이에 묵서, 31.9x24.4cm, 『해유시화첩』 中

11. 하백원, 「송호도」, 종이에 수묵담채, 31,9x24,4cm, 『해유시화첩』 中

12. 하백원, 「황학루」, 종이에 수묵담채, 31,9x24,4cm, 『해유시화첩』 中

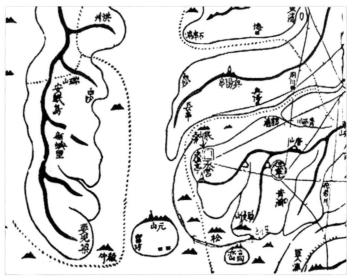

13. 김정호 『대동여지도』, 보령군

14. 하백원, 「영보정」, 종이에 수묵담채, 31.9x24.4cm, 『해유시화첩』中

先生께서 親히 彫刻해 쓰시던 圖章.

15. 하백원, 인장, 『규남문집』에 수록

16. 池永榮春, 『일도만상』의 인장   17. 池永榮春, 『일도만상』의 인장

〈참고문헌〉

『규남문집』
『一刀萬像』明治26년(1894) (국립중앙도서관, 9-69-106)
『해유시화첩』
『新增東國輿地勝覽』보령군, 관방조.

안진오, 「규남 하백원의 생애와 사상」『전남(호남)지방의 인물사연구』-유학자를
　　　중심으로-, 전남지역개발협의회, 1983.
문중양, 「조선후기의 수차」『한국문화』15호, 서울대 한국문화연구소, 1994.
안진오, 「규남의 성리학과 실학사상」『호남유학의 탐구』, 이회문화사, 1996.
백제문화개발연구원, 『충청지역의 문화유적』제11집, 보령시편, 1997.
김기동, 『전각의 이론과 기법』, 이화문화출판사, 1999.
충청남도, 『문화유적분포지도』, 보령시편, 1999.
고연희, 『조선후기 산수기행예술 연구』일지사, 2001.
이해준, 「호남의 정신사와 조선후기 호남실학」『나는 호남인이로소이다』, 사회
　　　문화원, 2002.
김홍대, 「322편의 시와 글을 통해 본 17세기 전기『고씨화보』」『온지논총』제9
　　　집, 2003.
이선옥, 『조선시대 매화도 연구』, 한국학대학원 박사논문, 2004.
안동교, 「규남하백원의 학문관과 실학정신」『동양철학연구』제41책, 2005.
양보경, 「圭南 河百源의 萬國全圖와 東國地圖」『全南史學』제24집, 2005.
유미나, 『중국시문을 주제로 한 조선후기 서화합벽첩 연구』, 동국대 박사논문,
　　　2005.
이종범, 「조선후기 동복지방 진양하씨가의 학문과 전승」『전남사학』24집, 2005.
정동찬 외, 「自升車의 復元 및 實驗研究」『全南史學』제24집, 2005.
이영숙, 「규남 하백원의『海遊詩畵帖』고찰」『文化史學』제27호-초우 황수영
　　　박사 구순송축 논총-, 한국문화사학회, 2007.

조선후기 同福 지방 晉陽 河氏家의 學問과 傳承

이 종 범*

〈논문요약〉

16세기 중반부터 19세기 전반까지 동복지방 하씨가의 학문과 활동을 살폈다. 이 기간 정국상황은 붕당정치−탕평정치−세도정치로 이행하였으며, 학계는 國定敎學인 성리학의 틀을 벗어나지는 않았지만 '춘추의리학' 위주에서 '경제사공학'으로 주된 관심 분야가 이동하는 경향을 보였다.

이러한 추세에서 경화사족이 학술과 정치 방면에서 절대 우세를 차지하게 된 반면에 지방학인의 입지는 좁아졌다. 그러나 동복 지방 하씨가의 사례를 통하여 볼 때 비록 경화학계의 분위기와 같지 않지만 시대의 변화와 학술계의 추이에 따라 변모하는 모습을 보여 주었다. 즉 17세기 하윤구의 천명론과 의리론에 기반으로 한 비판적 개혁론이나 18세기 하영청의 실용주의 학문 중시, 그리고 19세기 전반 하백원의 이용후생론의 적극 수용 등을 볼 때, 조선후기 학술계의 사회대응의 방향과

---

* 조선대학교 인문대 사학과 교수

크게 다르지 않음을 확인할 수 있는 것이다. 특히 하백원의 수리기구의 개량 노력이나 자명종의 실용화, 나아가 지도의 제작 등은 최고 수준은 아니라고 하여도 당대로서도 손색이 없는 실험과 실용의 성취였다. 또한 이에 앞서 홍대용의 교류를 통하여 나경적이 제작한 '璣衡渾天儀'가 이 마을의 산품이었다는 사실은 특기할 만하다.

한편 이 가문이 당대의 정치와 학술에 대한 비판의식도 가볍게 평가할 수 없는 부분이다. 병자호란을 겪은 하윤구가 북벌론을 표방하며 진행된 근기 본위의 부국강병책이 야기한 민생침해를 신랄하게 비판하며, 이러한 사업을 추진한 정치권력이 '君弱臣强'의 오류를 범하고 있음을 규탄하였던 것이다. 그리고 18세기 주류학계인 畿湖學派의 湖洛論爭에 참여한 하영청은 이들의 논쟁이 공허로 흐르고 있음을 비판하며 '일상의 실천'을 강조하는 曹植, 즉 기호학파와는 다른 계통의 학풍의 가치를 새삼 일깨우기도 하였다. 이러한 경향은 하백원에 이르러 보다 선명하게 드러났다. 즉 義理學 중심의 성리학을 거의 포기하였다고 평가해도 좋을 만큼, 심성 및 이기논쟁에 치중하는 학풍을 비판하면서 이용후생과 실용주의를 제창한 것이다. 이렇듯 동복지방 하씨가는 학계의 흐름을 받아들이면서도 시대비판의식을 놓치지 않았던 것이다.

따라서 경화사족이 18·9세기 학술계의 변화를 주도하기는 하였지만, 지방 학계의 분위기와 경향을 '침체와 고루'의 차원에서 재단할 수는 없음도 자명하다고 생각된다. 지성사의 지역적 지평을 담보할 수 있는 지방학인의 사례 발굴이 더욱 요청되는 소이가 여기에 있다.

주제어: 규남 하백원, 하윤구, 하윤청

1. 머리말

16세기에 들어 사림파는 天理와 公論의 왕도정치를 구현하기 위한 '君臣共治論'을 제기하였다.[1] 권신 외척에게 국정 문란과 민생 침탈의 책임을 물으면서 국정을 책임지고자 하는 정치운영론이었다. 그러다가 정국 주도권을 장악하면서 '국왕은 어떤 신하와 함께 할 것인가'를 두고 內訌을 거치다가 분열하였다. 일방의 독주와 전제가 허용되지 않는 상호 비판과 견제의 붕당정치가 열린 것이다.

붕당은 사림의 국왕을 견인하기 위한 사림의 정치세력화의 소산이면서 동시에 외척 권신의 정치개입을 방지하기 위한 公論場－輿論網이었다. 따라서 붕당은 공론을 생산하고 전파할 사족의 수혈을 필요로 하였고 이 과정에서 지방 사족의 중앙 진출이 늘어났고 중앙과 지방의 소통도 활발하였다. 7년에 걸친 일본과의 전쟁이라는 미증유의 국난을 극복하고 국가를 재건할 수 있었던 동력이 여기에서 나왔다.

그러나 인조반정 이후 청의 침략 때에는 달랐다. 오랑캐에 굴복하였다는 치욕적 정신공황은 쉽게 치유될 성질이 아니었다.[2] '對明義理論'과 '對淸復讐論'을 제창하며 조선이 중화를 계승한다는 '朝鮮中華主義'적 명분을 바탕으로 추진 된 北伐의 명목성과 허구성을 지적하는 여론이 일어났다. 이 과정에서 近畿 본위의 부국강병책도 많은 문제를 야기하였다.[3] 두 차례의 '禮訟'은 붕당갈등을 조장하였고 이후 '君弱臣强'이라는 첨예한 문제로 서로 격돌하였다. 18세기 초에는 왕위 계승 문제

1) 김정신, 「조선전기 사림의 '公'認識과 君臣共治論」 『學林』 21, 연세대학교 사학연구회, 2000.
2) 정옥자, 『조선후기 조선중화사상연구』, 일지사, 1988.
3) 이태진, 「中央五軍營制의 성립과정」 『韓國軍制史－近世後期篇』, 육군본부, 1977.

를 둘러싸고 붕당은 상호 공존이 용납되지 않는 보복과 숙청을 주고 받
았고 영조 4년(1728)에 '戊申亂'이 일어났다. 이로서 정치동향은 일변하
였으니 붕당들이 추진하였던 지방과 소통하고 인재를 수혈하며 외연을
확장한다는 붕당의 역할은 부정되었다. 이른바 탕평책이었다. 그러나
실상은 '近畿·時務·緩論'의 인재등용책으로 결말이 났다.[4] 이렇게 하
여 이른바 京華士族이 정치문화의 주도세력으로 등장하였다.

이러한 과정을 거치면서 지방 학계는 침체되었고 山林의 영향력도
거의 소멸되었다. 정치적 영향력이나 활동 폭은 말할 것도 없고 학술문
헌과 정보, 학문 활동의 수준에서 京畿學人 내지는 경화사족과 상대할
수 없는 처지가 된 것이다.

지금까지 조선 후기 지성사 연구는 경기학인 위주였다.[5] 중심이 거
기에 있었던 것이다. 그러나 최근에 지방학인의 사유와 학술을 연구할
필요성이 되고 있어 반가운 일이다.[6]

이 글은 17세기부터 19세기 전반에 동복에서 살았던 河潤九(1570~
1646)·河永淸(1697~1771)·河百源(1781~1844)의 현실의식과 향촌활
동의 시기적 변천을 살피고, 이들의 공부방법과 학문 방향을 어떻게 잡
아갔는가를 재구성하려고 한다. 그동안 自升車와 自鳴鐘을 제작하고『東
國地圖』와『萬國全圖』를 그린 하백원에 대해서 이미 몇 편의 글이 나
와 있어 그의 학문 경향이나 활동은 알 수 있지만,[7] 여기에 더하여 그
의 직계 선대인 7대조 河潤九와 증조인 河永淸의 공부와 경륜, 가업과

4) 이태진 편,『개정판 조선시대 정치사의 재조명』, 태학사, 2003.
5) 유봉학,『연암일파의 북학사상연구』, 일지사, 1995 ; 유봉학,『조선후기 학계와
   지식인』, 신구문화사, 1999 ; 김문식,『조선후기 경학사상 연구』, 일조각, 1996 ;
   정옥자 외,『정조시대의 사상과 문화』, 돌베개, 1999.
6) 김문식, 앞의 책, 252쪽.
7) 안진오, 「규남의 성리학과 실학사상」『호남유학의 탐구』, 이회문화사, 1996 ; 안
   진오, 「규남 하백원」『한국인물유학사』4, 한길사, 1996 ; 이해준, 「실학시대의
   과학자 발명가, 하백원」『나는 호남인이로소이다』, 사회문화원, 2002.

교유관계까지 검토한다면 하백원의 학술적 성취와 학문경향의 연원과
형성 과정을 보다 구체적으로 확인할 수 있다고 생각한다.

또한 가학과 가풍이 비록 가문의 독특한 산물이라도 하여도 사회변
화에 대한 대응의 결과이며 동시에 가문과 지역을 넘어선 교류와 소통
의 소산임을 유념한다면 하씨가를 통하여 지방 학인의 존재와 위상이
어떠한 것인가를 살필 수 있을 것이고, 이를 바탕으로 경화사족과 차별
되는 지방학인의 위상을 가늠할 수 있다고 생각한다. 아울러 학계와 정
계의 경향분기의 실상을 지역에서 확인하면서 지성사의 지역적 지평이
확장되기를 기대한다.

2. 17세기 河潤九의 의병활동과 경세론

1) 하씨가의 동복 정착과 의병활동

하백원의 본관은 진양으로 본래 진주에 뿌리를 두었다. 여말 선초에
중앙정계에 진출하여 태종대의 명신 河崙과 세종 조의 河演 등을 배출
하였다. 그러다가 세조의 즉위에 즈음하여 하연의 동생이던 河潔이 정
읍의 楚山으로 은거하였고 그 후손의 일부가 동복으로 옮겨 살았으니
대략 16세기 중반이었다. 그러다가 임진왜란 이후 17세기 초반에 河潤
九가 무등산 동편 아래에 터를 잡았다. 오늘날의 화순군 이서면 야사
리다.

계곡수가 모여 이루어진 동복천이 흐르는 동복지방은 예로부터 비
경으로 꼽히던 '赤壁'이 있고 이를 마주 보는 자리에 16세기 들어 '勿
染亭'이 세워졌다. 바로 '己卯四學士' 혹은 '湖南三傑'의 칭호가 있던
崔山斗가 기묘사화로 동복으로 유배를 와서 강학처로 삼으면서 당시
청년사림이 출입하며 공부를 하던 곳이었다. 최산두 생전에 宋純·金麟

厚·柳希春이 왔고 이후에는 朴淳·梁應鼎·奇大升·高敬命·鄭澈·李潑과 李洁 형제 등이 이곳을 다녀갔다. 당대 호남에 뿌리를 내린 명류이며 사림정치의 지도자들이었다. 또한 동복에 부임한 지방관은 물론이고 인근 지방의 수령들도 이곳을 자주 찾았다.

이렇게 보면 동복의 적벽과 물염정은 보성·나주·담양·광주·옥과·곡성·순창·남원 등의 사림이 타지 출신 지방관들과 서로 만나는 교류와 소통의 공간이었던 셈이다.[8]

이곳에 자리 잡은 하씨 문중도 자연히 물염정을 찾은 당대의 사림 명사와 교유하였다. 河彦漑(1516~1551)가 최산두의 문하를 출입하였고, 김인후·송순 등을 從遊하였다. 쉰 살이 넘어 진사가 된 河大鵬(1533~1605)도 물염정을 찾은 당대 문장 梁應鼎과 知遇관계를 맺었다.[9] 이즈음에 문중에서 문과 합격자가 나왔다.

하백원의 직계로 8대조가 되는 河大豹(1550~1622)도 퇴계의 문인 鄭逑와 金富倫이 동복현감으로 부임하자 종유하였다. 선조 16년(1583) 동인 퇴조의 신호탄이 된 '癸未三竄'으로 동인계가 축출되던 시절이었다. 이후 광주로 이사를 하였던 하대표는 임진왜란이 일어나자 곧바로 義州의 行在所를 찾았고, 이어 명나라 李如松 군대의 평양진군 시에 兵車를 이송하는 都差使員의 직무를 수행하여 漢城府 叅軍이 되었다. 御駕의 한양 귀환 때 호위를 맡기도 하였다.[10]

하대표의 아들 하윤구는 정구에게『小學』을 익히고 김부윤에게『心

___

8) 동복은 호남정맥의 한 갈래인 무등산(해발 1187m)의 동쪽에 솟은 백아산·안양산·북산 등의 여러 산에 둘러 쌓여 둔병재·갈두재·묘치재 등을 넘어야 갈 수 있는 내륙 분지로서 무척 외진 곳이다. 그러나 동복은 순천과 보성·담양·광주·옥과·곡성·순창·남원 등을 잇는 미묘한 요지이기도 하였다. 오늘날에도 전남 내륙을 잇는 가장 짧은 길이 바로 이곳을 통과하고 있다.
9)『錦沙遺集』卷2,「仲祖進士公行狀」과「傳先錄」
10)『錦沙遺集』卷1,「述先君行狀」

經』을 배웠다. 그리고 40세가 되던 광해군 2년(1610)에 司馬試에 들고 성균관에 진학하였다. 그러나 대과에 응시하지 못하였다. 鄭仁弘과 李爾瞻의 廢母論을 흉론으로 규정하며 폐모를 반대한 이원익을 풀어주어야 한다는 상소를 올리고, 승정원에서 이를 왕에게 올리지 않자 성균관 담벼락에 "母子大人倫 猶天有日月 日月有時更 人倫終不缺"이라는 시를 적어 停擧를 당한 것이다.[11]

하윤구는 인조 11년(1633) 64세가 되어 문과에 합격하고 栗峰察訪·成均館 典籍 등을 역임하였지만 연로하여 귀향하였다. 그리고 병자호란을 만났다.

召募使의 關文을 받은 하윤구는 먼저 校生 5명과 승려 3명을 義陣으로 보내고, 자신의 家僮 중에서 4명을 관병으로 삼게 하였다. 자신은 군량을 마련하고 羸弱하지만 14필이나 되는 말을 願納하였으며 破弓이라도 20여 張을 구하고 箭竹 20부를 준비하고 창 23 柄을 제조하였다. 그리고 67세의 노구이었음에도 장정 12명을 인솔하여 義廳으로 출두하여 청주까지 진격하였다. 여기에서 항복 소식을 듣고 내려왔다.[12]

2) 하윤구의 현실비판과 경세론

고향에 돌아온 하윤구는 인조 21년(1643)에 「請敬天勤民疏」, 이듬해에 「因災異陳五事疏」를 올렸다.[13] 여기에서 하윤구는 시국을 "反正한 지 20년이 되었지만 治化는 펼쳐지지 못하고 世道는 날로 추락하여 … 사직은 존재하지만 국가는 이미 망했다"고 극언하였다. 그러면서 '天人合一的 人格天觀'의 관점에서 "天文은 군주의 거울"이라고 하고

---

11) 『錦沙遺集』 卷2, 「請宥完平府院君李元翼仍斥凶黨疏」과 卷1, 「大人倫詩」
12) 『錦沙遺集』 卷2, 「答地主李侯逈」
13) 『錦沙遺集』 卷2, 「請敬天勤民疏」과 「因災異陳五事疏」. 이하 다른 언급이 없으면 이에 따른다.

임금의 格物致知와 誠意正心이 부족하여 하늘이 화내고 백성이 원망하게 되어 자연재해가 자주 일어난 현실을 개탄하였다.[14] 그러나 현실의 어려움이 모두 국왕 탓일 수는 없었다. 그래서 "君弱臣强"을 야기한 훈신과 붕당의 책임이 크다는 것을 주장하였다. 이들이 정치를 잘못하여 "군자가 물러나고 소인이 진출하는" 인사의 난맥이 벌어지고 "군주와 신하 모두가 치욕을 잊고 목전의 逸樂에 탐닉하는" 풍조가 생기게 되었다는 것이다.

어떻게 하면 이러한 난국을 타개할 수 있는가? 하윤구는 모든 것이 임금의 마음에 달려 있음으로 임금부터 '存天理遏人欲'할 것을 건의하였다. '사람의 일[人事]'이 '하늘의 명령[天命]'을 따르자면 먼저 마음이 '公·明'에 있어야 하는데, 군주부터 사리와 인욕에 사로잡혀 있으면 덕치의 요체는커녕 하늘의 이치를 구현하는 實質에 도저히 다가설 수도 없다는 것이다.[15]

이러한 전제를 세운 하윤구는 먼저 "훈신의 裁抑과 붕당 調劑"를 주문하였다. 이렇게 하여야 '君弱臣强'을 마감할 수 있고, 공정한 인재등용 여건이 조성이 되어 賢才가 정사에 참여할 수 있다는 것이다.

그리고 민생안정책을 제안하였다. 먼저 조세제도의 운영이 크게 잘못되어 있음을 고발하였다. 田稅制가 토지의 肥瘠과 起陳 그리고 豊凶을 반영하지 못하고 공납제는 토산이 아닌 물종을 부과하여 防納이 발생하고 民食을 잠식한다는 것이다. 그리고 身役도 문제가 많았다. 신역의 隣徵·里徵·疊徵으로 민간에서는 '아들을 낳지 말아야 한다[愼勿生子]'는 말이 퍼지고 있다는 사실도 전하였다. 하윤구의 대안은 다음이

---

14) 구만옥, 「조선후기 尊君卑臣論의 災異觀」『한국실학의 새로운 모색』, 경인문화사, 2001.
15) 『錦沙遺集』 卷2, 「請敬天勤民疏」 "公與明 雖爲人主修德行政之要 而捨箇一實者何以哉"

아니었다. 즉 조세제도의 운영을 일대 쇄신하고 조세를 감면 및 경감하
자는 것이었다. 그러면서 빈궁민을 구제하고 농민을 자의적으로 징발하
여 농시를 빼앗는 일이 없도록 하자는 것이다. 나아가 국가의 재정계획
과 운영에서 적용을 항상 염두에 둘 것도 첨가 하였다.

　이렇게 하였을 때 邦本이 굳건하고 人心은 화해하며 民食을 유족하
게 되며 武備를 갖추어 邊圉를 공고하게 할 수 있다는 희망을 전했다.
그러나 하윤구는 옛 정치가 민생을 보장하였고 근래에도 토지 개혁 등
으로 번번히 제기된 井田法을 제안하지 않았다. 오히려 정전법은 오늘
날에는 맞지 않는 제도라고 하였다.

　이렇게 보면 그의 민생안정책이 소극적 운영개선안 내지는 조세경
감론에 머물고 있는 것이다. 그러나 이러한 수준의 정치도 집권세력의
변화가 없으면 추진하기가 쉽지 않았다.

　더구나 하윤구는 대명의리론과 대청복수론의 명분을 부정하지 않았
지만, 당대 집권세력의 부국강병책에 대하여 무척 부정적이었다. 그들
의 정책이 민생에 손해를 끼친다고 보았기 때문이다. 특히 당대의 훈신
과 산림의 정치운영을 신권이 왕권을 포위하는 '君弱臣强'으로 규정하
면서 이들에 의한 서정으로는 결코 '민본'의 정치도 기대할 수 없다고
생각하였다. 따라서 하윤구의 서정개혁론을 집권층의 서정쇄신론과 같
은 차원에서 재단할 수만은 없을 것이다.

　물론 하윤구도 임금을 초월적 절대자로 보지는 않았다. '백성이 위
대한데 임금이란 億兆蒼生의 으뜸 되는 백성이다'라고 하였을 뿐아니
라, 임금이 임금으로서 권위를 갖게된 까닭은 '오직 백성을 위하라는
뜻으로 임금을 세운 하늘의 뜻'에 있다고 하였다. 즉 '天人相與의 理'[16]
이렇듯 하윤구의 왕권강화론은 민본주의를 바탕에 깔고 있었다.[17]

---

16) 『錦沙遺集』 卷2, 「因災異五事疏」 "天之所以命之爲君 … 只是爲斯民"과 "惟
　　民爲大 君亦兆民中一人之首出者"

3. 18세기 河永淸의 향촌활동과 務實論

1) 문중사업과 향촌활동

문과에 합격하고 관료를 지낸 하윤구의 활동으로 하씨가는 중앙 정계에 이름을 알리고 향촌사회에서도 안정된 기반을 갖출 수 있게 되었다. 이후 하씨가는 河聖龜(1654~1706)가 서인계 산림 종장 宋時烈과 안동 김씨 문중의 학자 金昌協의 문하에 출입하였다는 기록이 있을 뿐 두드러진 흔적을 남기지 않았다. 그러다가 河永淸대에 이르러 더욱 가산이 늘고 문중기반도 공고해졌으며 나아가 향촌의 유력 가문으로 성장하였다.

어린 나이에 부친을 잃고 두 형까지 세상을 떠나자 일가의 가업을 주관하지 않을 수 없었던 하영청은 과거 응시를 단념하고 家事에 힘을 쏟아 중년에 이르러 贍足하다 할 만큼 가업을 반석 위에 올려놓았다.

또한 문중사업에 많은 힘을 쏟았다. 정읍·태인 등지에 흩어져 살피지 못한 先山을 찾기 위하여 山訟까지 마다하지 않았다. 또한 도처의 조상 묘를 수호할 位土를 마련하고 많은 나무를 심어 묘택 수호에 유리하고 경제적 이익이 나올 수 있도록 하였다. 그리고 세상을 떠난 해까지 영남과 호남 각처에 흩어져 있는 문중을 전부 아우르는 大同合譜 발간에 힘을 다하였다.[18] 한편 가난한 종족을 구휼할 목적으로 종중 재산을 확충하기도 하였으니 문중 화합을 도모하기 위함이었다.[19]

---

17) 이러한 사유는 柳馨遠를 비롯한 실학자들에게 공통된 모습으로 나타나고 있다. 정호훈, 「磻溪隨錄의 理念과 法制認識」『한국실학의 새로운 모색』, 한국사연구회, 2001 및 「조선후기 실학의 전개와 개혁론」『동방학지』124, 연세대 국학연구원, 2004.
18) 이 결과 하영청은 진양 하씨 大門中 내의 屛巖公派의 中始祖가 되었다.
19) 『屛巖遺稿』卷2, 「相恤稧序」

하영청은 향촌 운영에도 적극 관여하였다. 먼저 관청에 마을에 부과
된 군역 및 잡세 등을 변제할 수 있는 기금을 창설하였다. 신분에 따라
개인이나 가호가 부담하는 세금을 마을에서 공동으로 납부하도록 한
것이다. 이것은 신분법에 따라 부과하고 징수하는 차별과세를 빈부에
따라 나누어 내면 되었기 때문에 일면 조세 부과와 부담의 균평 즉 均
賦均稅를 추구한 셈이 되는 것이다.[20]

한편 마을에 자제 교육을 위한 마땅한 시설이 없음을 안타까워 하영
청은 이웃에 사는 羅景績(1690~1762)과 상의하여 강당을 마련하였다.
나경적은 폐가가 된 집터를 기부하고 하영청은 장정 70여 명을 고용할
비용을 냈다. 그리고 이를 洞契에 기부하여 책임지고 운영하도록 하였
다. 이곳에서 하영청은 매월 동네 자제를 모아 놓고 강학을 하였는데,
부녀에게도 『小學』이나 『女誡』 등에서 중요한 부분을 가려 諺解하여
가르쳤다.

2) 日用과 務實

하영청은 돈을 아끼지 않고 서적을 구입하는 한편 親塋 옆에 屛巖精
舍를 짓고 공부하였다. 물론 자연의 법칙과 인간의 마음을 헤아리기 위
한 理氣와 心性을 위주로 하는 성리학 공부였다. 따라서 湖論과 洛論
사이에 신행된 '人物性同·異' '未發心體本善·有善惡'·'明德分殊有·
無' 등의 논쟁 추이도 잘 파악하였음은 물론이다.

하영청은 그러한 논쟁에 직접 들어가지는 않았지만 李縡(1680~
1746)·尹鳳九(1683~1768)·兪最基(1689~1768)·金元行(1702~1772)·
宋明欽(1705~1768) 등 당대의 학자와 교류하며 서신을 교환하는 기회

---

20) 『屛巖遺稿』 卷2, 「雜錄」. 회갑에 즈음하여 회상을 빌어 家道 유시를 자리에서
정리한 글이다. 이하 강당 신축 교육활동도 이와 같다.

를 통하여 자신의 견해를 피력하기도 하였다.

하영청은 '人物性論'의 논쟁을 '인간과 사물의 사이에 性과 道의 같고 다름을 판단하는 기준은 理와 氣를 합하여 보는가 나누어 보는가에 달려 있는데 巍巖(李柬의 호)은 지나치게 그 分殊를 무시하여 인성과 물성은 같다고 하고 南塘(韓元震의 호)은 지나치게 地位를 나누어 보기 때문에 같지 않다고 하였다'고 평가하였다.[21]

'未發心體'에 대한 견해는 '마음이 생겨나기 이전에 理만을 기준으로 보면 선악이 없지만 理와 氣를 아울러 가리키면 선악이 공존한다고 하여야 氣質至性을 올바로 함양하는 근거가 되지 않는가' 하면서, 한원진이 대표하는 호론이 내세우는 바의 '未發心體有善惡說'에 동조하였다.[22] 즉 '발현하기 전의 마음이 湛然虛明하다고 하여도 氣稟本色의 清濁 粹駁이 존재하므로 氣質之性이라 하니 선악이 공존한다고 보아야 한다'는 것이다.

그러면서 '明德分殊'에 대해서는 낙론을 지지하였다. "성인과 범인 사이에 분수는 결코 있을 수 없다"고 단언한 것이다.[23]

이렇듯 하영청은 人·物性 및 心性論爭이 활발하게 전개되는 상황에서 절충설을 내기도 하고 호론 혹은 낙론의 견해를 지지하였다. 그러나 더 이상 그 분위기에 끌려 들어가지 않았다.

그는 성리학 이외에도 象數學이나 星曆·甲兵·錢穀·陰陽 등에 많은 공부를 하고 일상의 실천을 강조하였다. 그래서 陶庵 李縡(1680 ~1746)

---

21) 『屏巖遺稿』附錄 「家狀」(河百源 撰) 및 「屏巖處士墓誌銘」(宋秉珣 撰). 이하 특별한 주석이 없으면 이에 따른다. 한편 훗날 하백원은 이러한 절충설을 계승하지만 "理와 氣의 각각의 지위를 인정하지 않으면 氣質이 大本인 것처럼 오해하게 되는 우려가 있다."고 하여 湖論에 가까운 입장이었다. 사상계가 대체로 主理論으로 통일되는 분위기가 반영되고 있었다고 하겠다.

22) 『屏巖遺稿』 卷2, 書 「答楊季達應秀」(1742)

23) 『屏巖遺稿』 卷2, 「考巖書院大學講義問目」

에게 "세상의 학자가 章句에 매몰되어 實得이 없으니 南冥(曺植의 호)
은 일찍이 손으로 빗자루 들고 청소할 줄도 모르면서 입으로는 天理를
말하니 실로 時流의 弊端이 아닐 수 없다고 하였다"는 내용을 적어 보
낸 적도 있었다. 朱子純正主義 입장을 견지하는 학자들의 관점에서 결
코 달가울 수 없는 조식의 말을 구태여 인용한 것이다. 그만큼 조식의
'일상적 실천 중시'의 학풍에 공감한 것이다.

또한 하영청은 우리의 유가는 중국 청담파를 계승한 학문과 처세가
아니라고도 하였다. "금세의 학자들이 冗務를 擺脫하여야 高致라고 여
길지 모르지만 우리 유가의 家計가 晉·宋의 淸談者와는 같지 않으니,
위로 조상과 부모를 모시고 자제를 양육하는 물자를 어찌 생각하지 않
겠는가!" 그만큼 일상의 실천을 중시한 것이다. 일찍이 주자가 겉으로
는 청담하지만 貪慾과 名利를 포장하였음을 비판한 바가 있었다. 그래
서 한말 대유학자인 송병순이 하영청의 글을 보고 감탄하였다. '날마다
쓰임새가 있는 일을 하는데 실질에 힘쓰지 않음이 하나도 없었다.' 하
영청의 독특한 면모를 '日用과 務實'로 파악한 것이다.

3) 교유와 성취

일찍이 水車를 주제로 한 책문에서 實事求是와 利用厚生의 경륜을
유감없이 발휘하여 세간에 이름을 널리 알린 申景濬(1712~1781)은 하
영청의 먼 친척이었는데 영조 30년(1754)에 직접 방문한 적이 있었다.
이때 하영청은 신경준을 만나 얼마나 즐거웠고 돌아가니 얼마나 아쉬
웠는지 '북두칠성 같은 고명을 들은 지 오래된 터에 이리 만나니 꿈과
같았다'는 시로 전송하였다.[24] 15세 연하이지만 신경준의 학문적 성취

---

24) 『屛巖遺稿』卷1, 詩「屛巖洞贈別申注書景濬」 "斗仰高名已有年/ 暮雲春樹夢
依然/ 窮山偶爾成奇會/ 伊後相思必倍前". 어쩌면 하영청은 자신의 무실론이 관

와 경향을 존중하였던 것이다.

하영청은 마을 강당을 짓는 일을 같이한 나경적과 社宴이나 山齋講會는 물론이고 煮花之遊 등의 玩賞도 함께 하며 친밀하게 지냈다.25) 또한 洪大容(1731~1783)이 부친의 임지인 나주에 왔다가 적벽에 들렀을 때에도 함께 만났다. 이를 계기로 홍대용이 적지 않는 비용을 내고 나경적에게 천문기구 제작을 의뢰하게 되었다. 그렇게 하여 나경적이 보성의 제자 安處仁과 함께 만든 기구가 바로 '璣衡渾天儀'였다.

이때 하영청도 적극 성원하며 완성의 기쁨을 "오랜 궁리가 있고 비용이 생겨 만들어진 璣衡渾天儀는 오래도록 세상에 유용한 밑천이 될 것이며 그 이름이 오래 남을 것이다"고 노래하였다.26) 영조 36년(1760), 나경적 나이 71세, 하영청 64세, 그리고 홍대용이 30세 때의 일이었다. 이때 하영청의 아들 河廷喆(1727~1771)도 곁에서 혼천의 제작을 지켜보면서 '古法에 비하여 훨씬 정밀한' 기구가 나타난 것을 탄복하였다.27)

이후 홍대용과의 교유 소통은 하정철의 몫이었다. 나경적은 물론이고 하영청까지도 古稀를 넘긴 노인이기 때문이었다. 이후 홍대용은 "기계가 너무 큰데 작게 제작할 수는 없겠는지"를 물어오는 편지를 보냈고, 서울에서 나경적의 부음을 듣고 조의를 전하는 편지를 보냈는데 수

넘으로 머물고 있던 데에 따른 부채의식을 이렇게 발로했을 수도 있겠다.

25) 『屛巖遺稿』卷1, 詩「瑞東村社宴次羅仲集韻」. 중집은 나경적의 字다.

26) 『屛巖遺稿』卷1, 詩「新制璣衡」. 첫 首가 "重成古器幾沈思/ 篤學平生有此知/ 水激簫橫鐲舊制/ 天行曜運輔新儀/ 圖傳往跡陳無用/ 鑄繼前功活不虧/ 安得發揮如晦老/ 千秋詔作致治資"라고 하고, 두 번째는 "董庭昔日創璣衡/ 箕域千秋有此成/ 妙製雙賢窮理久/ 奇功太守費財輕/ 贊參天地元和意/ 陶鑄唐虞大理情/ 不有斯人焉有此/ 明知後世幷流名"이라고 되어 있다. 이 앞에 "璣衡羅仲集所造 而錦城倅洪櫟之子大容 捐數百金而共成"이라고 기형의 제작경위가 간략하게 적혀있다.

27) 『屛巖遺稿』卷1,「次璣衡韻」. "同心二士斷金思/ 一器鍊成共致知/ 祖述南薰齊七制/ 旁通西漾賈三儀/ 比諸古法今加密/ 賴得新功舊不虧/ 閱數千年能獨覺/ 世人誰識出天資". 하영청의 「新制璣衡」에 딸려있다.

취인이 바로 하정철이었다.[28]

이렇듯 18세기 후반 동복의 야사리에서는 홍대용과의 만남이 계기가 되어 경비가 마련되자 기형혼천의와 같은 천문기구를 제작할 수 있는 실사구시와 이용후생을 추구하는 기운이 넘쳐나고 있었던 것이다. 이러한 분위기를 이어갈 몫은 하정철에게 넘겨졌다. 그러나 영조 47년(1771) 하영청이 세상을 떠나고 한 달이 못되어 44세의 나이에 부친을 뒤따랐다. 그리고 10년 후, 정조 5년(1781)에 하백원이 태어났다.

4. 19세기 전반 하백원의 實驗世界와 學問觀

1) 수학과 실험·실용

하백원의 부친 河鎭星(1754~1799)은 평생 동복 밖을 나가지 않았다. 오로지 가계와 마을 운영에 정성을 다하였다. 정조 18년(1794)에는 社倉法을 본받아 社穀을 창설하였는데 조부 하영청이 설립한 鳩財錢을 면 단위로 확대하여 각종 잡역세를 공동 책임으로 마련하기 위한 것이었다. 이후에도 착실하게 운영되어 순조 29년(1829)에는 본전이 200斛을 넘어섰다고 한다.[29]

---

28) 「古簡札」(河氏家 所藏). 원문은 다음과 같다. "① 庚辰六月初三日 大容 頓 浹月相守 一別甚夐懷悵 須俾書承慰之至 日所慪不添喜幸 何言比炎 侍傃更何似 容 依澤昨狀爲幸 機衡諸具幷此送上 須細心努力俾至有成如何 小機之計 果不可爲耶 今此所造糜而且大 全無金器規模 先爲此而更爲商確別小件 以副此望如何 從近當一就 姑不宜式 ② 壬午六月初七日 大容 頓 卽問 羅丈遽尒不淑 驚慟 夫復何言 承誨雖晚 慕仰實深 作此永訣 悲廓 無以爲懷 機衡修改 終未得奉正 一進亦未及遂計 悠悠此恨 何以忘之耶 初終凡百 窮家荒世 何以拮据否 此中宜當賑政賻儀亦未稱情 可歎 日前答書 果已傳去否 極炎 侍履何似 容 卽欲馳往一哭 而適有故故 無由抽身 抵可悲恨 喪禮當在那間否 伊時當掃萬 往會 須因便示之忙甚 不宜狀式".

하백원은 가세가 넉넉하고 선대가 구해놓은 많은 서책 덕분에 어린 시절부터 공부에 매진할 수 있었다.[30] 12·3세 경부터 과거를 보기 위하여 '時文'도 익혔다. 그러다 17세에 향시에 처음 나갔다가 "과거장이 소란하고 威儀가 없음에 실망하여 과거 공부에 흥미를 잃었다"고 한다.[31]

부친상을 지내고는 宋煥箕(1728~1807)의 문하에 들어갔다. 부친의 유명에 따른 것이었다. 송환기가 한원진의 학문을 이었으니 구태여 말하면 湖論系로 입문한 셈이었다. 이때 호론은 정계는 물론이고 학계의 주도권을 거의 상실한 때였다. 그래도 송시열의 5세 직손이며 당대의 학자를 스승으로 삼았으니 감격하였다. '이 땅의 광명이 계신 곳에 있으니 저에게 가르쳐주신 길을 훗날 사람도 따를 것입니다.'[32] 이 즈음에 송시열의 묘소도 참배하였다. 고조가 그 문하에 출입한 사실을 회고하면서 읊었다. '程朱의 도를 누가 전할까, 천년이 흐른 뒤에 우리 동방에 宋夫子가 있었네.'[33]

하백원은 송환기의 문하에 들고 2년이 되어 진사시에 합격하여 성균관에 입학하였다. 지방출신 사족으로는 쉽지 않는 일이었다. 순조 3년(1803) 23세 때였다. 그러나 대과에 응시하지 못하였다. 조모의 병환으로 시험을 놓쳤다고 한다.

이후 하백원은 점차 과거공부와 멀어졌다. 송환기의 從叔인 宋能相(1710~1758)에 대한 세간의 비난에 맞서 오해를 풀어내는 일에 몰두하였던 것이다.[34] 그러던 차에 實弟 繼源과 조모와 모친이 연이어 세상

---

29) 『圭南文集』 卷6, 「先君社穀立議後」.
30) 『圭南文集』 卷6, 「守拙軒藏書錄序」. 당시 하백원의 집은 만 권의 책이 있다고 하여 세칭 '萬卷宅'이라고 하였다.
31) 『圭南文集』 卷2, 「上洪崇判覡周」.
32) 『圭南文集』 卷1, 詩 「謁心齋先生」.
33) 『圭南文集』 卷1, 「謁尤菴先生墓」.
34) 『圭南文集』 卷, '遜巖院儒通文辨' 및 '四學儒生疏辨'.

을 떠나자 고향을 떠날 수가 없었다.

하백원은 과거공부대신 탐구분야를 天文·地理·律曆·算數·水車 등으로 넓혀 갔다. 이때 포부는 컸다. "문장은 眞儒의 사업이 될 수 없으며 우주의 모든 일을 모두 나의 기량 안에 두겠다."[35]

하백원은 사물의 이치를 자세히 살피는 窮理에 머물지 않고 실험과 실용을 추구하였다. 먼저 '물은 아래에서 위로 가지만 또한 빈 곳을 향해 움직인다'는 원리에 착안하여 自升車를 제작하였다. 순조 10년 (1810) 30세였다. 이때 "우리나라는 옥토를 가지고도 지세가 높아 십 일만 가물어도 백성들이 失農할까 염려하고 탄식이 안타까울 따름이다"는 문제의식이 있었다.[36]

이듬해에는 우리나라의 지도를 그렸다. 한 장에 全圖를 그리고 각각의 도는 따로 나누어 1장에 그렸다. 바로 『東國地圖』였다.[37] 하백원은 이 지도에 "단군과 기자의 유풍을 오늘에 되살리고 땅이 기름지고 농사는 풍년이 계속되는 나라가 되었으면 하는 염원"을 담았다.[38]

이외에도 실험과 실용은 계속되었다. 自鳴鐘·紡績器·缸吸器·臥輪·戒盈盂 등을 제작하였는데 이 중에서 자명종은 나경적이 만든 자명종을 개량한 것으로 마을에서 실제 사용되었다고 한다.[39]

이렇듯 외부세계와 별다른 교류가 없이 실사의 공부와 실험·실용의 성취를 이룰 수 있었던 것은 집안에 많은 서책이 있었고 또한 선대의 학문경향과 경험이 이어진 때문이었다.

여기에 더하여 좋은 벗이 있었다. 과거에 합격하여 注書를 지낸 吳

---

35) 『圭南文集』卷2, 「上洪參崇判兢周」.
36) 『圭南文集』卷5, 「自升車圖解說」.
37) 양보경, 「圭南 河百源의 萬國全圖와 東國地圖」(본서 수록). 하백원은 1787~1795년에 제작된 鄭尙驥의 지도를 저본으로 삼아 모사하였다.
38) 『圭南文集』卷1, 詩「東國地圖成與吳大彦拈韻共賦」.
39) 안진오, 앞의 논문, 이회문화사, 1996.

夏哲이 근방으로 이사를 왔던 것이다. 일찍이 성균관에서 함께 지낸 인연이 있었다. 서로 "책상을 붙이고 무릎을 맞대며 공자와 주자를 강론하고 경제를 토론하였다."[40] 즉 '春秋義理之學'만이 아니라 '經濟事功之學'을 함께 공부하였던 것이다. 이렇게 여러 해를 함께 지냈다. 이때 서울 학계의 분위기에 대한 정보를 얻었을 것이다.

이렇듯 하백원은 실사와 실험, 그리고 벗과의 토론공부를 하면서 삼십대를 보냈다.

2) 교류와 비판

하백원은 "벼슬은 生民의 이익을 보장하고 빈궁을 구휼하는 일"이라고 생각하였다. 그래서 供仕를 위하여 서울로 가는 오하철에게 "上世의 벼슬은 오로지 풍속을 이롭게 하는데 뜻을 두었는데 中世에 이르러 애써 명예를 구하게 되었다가, 下世에 이르러 資級의 높고 낮음, 俸廩의 많고 적음에만 몰두하여 이를 구실로 삼고 있다"고 하면서 "벼슬의 도리[仕之道]는 仁愛와 利人에 있으니 醫와 같다"는 점을 당부하였다.[41]

그리고 자신도 순조 16년(1816)에 한강을 건넜다. 진사 합격 후 14년 만인 36세 때였다. 宦路에 생각이 있었던 것이다. 그러나 아니었다. 뜻을 이루지 못하고 귀향하며 이런 시를 남겼다. "십 년 만에 거듭 한강을 건넜건만 뒤집어쓴 먼지로 망건만 채웠구나." 그러나 못내 아쉬웠다. 그래서 "荊園에 나서 배척을 당하고 돌아왔다"는 감정을 숨기지 않았다. '중국에서 湖南·湖北·廣西省 사람은 옛날 楚에 속하였다고 하여 배

---

40) 『圭南文集』卷1, 詩「贈吳大彦」및「吳注書大彦夏哲來寓南隣以詩見贈因次其韻」앞에 "聯榻而講孔朱 促膝而談經濟"라고 하였다. 그는 옷을 걸치기 어려울 정도로 몸이 약하였다고 하는데 혹시 요양을 왔는지 모르겠다.

41) 『圭南文集』卷6,「送吳大彦夏哲入洛序」.

척 당한 것처럼' 자신도 그런 처지가 아닌가 하며 탄식한 것이다.[42] 경화사족의 우월주의 앞에서 지방학인은 설 자리가 없었음을 깨달았을 것이다.

그러나 한양행은 헛걸음이 아니었다. 洪奭周(1774~1842)·吳熙常(1763~1833)·兪星柱·李羲甲 등을 교유할 기회를 얻었던 것이다. 홍석주는 하백원이 진사에 합격할 때 掌試官으로 만난 인연이 있던 터였다.

하백원은 이들과의 서신 교환을 통하여 자신의 공부방법과 실험·실용의 성취를 솔직하게 전달하였다.[43]

홍석주에게는 "夫婦 居室과 같은 데에 시작하여 나아가 錢穀·甲兵 등에 이르기까지 일용에 충실한 공부가 바로 爲己之學이다"고 하면서 "지리·기계·천문 심지어 圖章까지 힘을 드리는 자신이야말로 하늘이 정한 분수를 다하고 있다"고 자부하였다.[44]

유성주에게도 "日用常行과 應事接物이 바로 학문이다"고 하면서, "손수 灑掃할 줄 모르면서 입으로만 천리를 담는 것이 폐단이다"는 조식의 발언을 새삼 인용하기도 하였다.[45] 증조부 하영청도 그런 적이 있었다.

한편 당대 호락논쟁에 대해서도 의견을 내놓았다. 유성주에게 "理氣는 나누어 보기[離看]도 하고 합해서 보기[合看]도 하여야 하니, 理만을 떼어놓고 보면 인성과 물성은 같다고 할 수 있고, 합해서 보면서 기를 볼 것 같으면 인성과 물성은 서로 다르다고 해야 한다"고 하였다.

---

42) 『圭南文集』 卷1, 「自嘲詩」. 이를 지으면서 "僕性懶散 自分棄置 不赴試 京師 已十四年 今年秋復入 莉園見擠而歸"라고 하였다.
43) 하백원이 어떻게 이들에게 편지를 보내고 또한 이들이 답장을 하였는지는 알 수 없다. 어쩌면 이들이 '식견과 기량을 글을 통하여 확인하려는 의도'가 있었을지 모른다.
44) 『圭南文集』 卷2, 「上洪祭判奭周」.
45) 『圭南文集』 卷2, 「與兪金化星柱書」.

즉 보편적 理를 위주로 보면 인간과 사물의 본성은 같지만 구체적 氣에서 보면 인간과 사물의 성질에 차이가 나는 바, 즉 '본성은 같지만 성질은 다르다'는 것이었다. 당시 人物性同異論을 절충하여 정리한 것이다.[46]

그러면서 당대의 학문풍토를 강하게 비판하였다. 먼저 두 이론의 한계를 지적하였다. "人物性同論이 본성과 기질의 차이를 무시하고 기질을 인정하지 않은 경향이 있고 人物性異論은 이기와 선악을 혼동하는 경향은 있다." 그러나 이러한 차이에 대하여 서로 "이단사설을 공격하고 배격하는 것 같이 하고 있는 풍조"가 아쉬웠다.[47] 즉 학설의 차이가 상호 분란으로 이어지고 있다는 것이다. 16세기 퇴계 이황과 고봉 기대승의 논쟁을 반추하였다. "퇴계와 고봉 사이의 四端七情論爭은 매우 치열하여 서로 합치하지는 않았지만 晴誼는 더욱 돈독해졌음"을 환기하였다. 그런데 금세의 학풍은 "血氣로 譏弄하고 배척하여 여러 문파를 분열시키는 말세의 풍조가 아닐 수 없다"고 비판하였다.[48]

이러한 학계의 지리한 논쟁과 상호비방은 '章句와 訓詁'만을 숭상하는 공부가 전부이라고 생각한 士習의 문제에서 오는 것이라고 판단하였다. 그래서 공부의 본래 목표인 '尊德性道問學'에 다가서지 못하고 세상을 병들게 하는 '病世之學'으로 추락하고 말았다고 하였다. 근래 공부 수준은 "禪家의 頓悟漸修나 陸九淵의 本源涵養에도 미치지 못한다"고 혹평하는 것도 주저하지 않았다.[49]

이렇듯 당대의 학풍에 실망하였던지 중국을 보고 싶었다. 그래서 순조 20년(1820)에는 燕行使가 된 李羲甲에게 "연행을 수행할 수 있도록

---

46) 『圭南文集』 卷2, 「與兪金化星柱書」.
47) 『圭南文集』 卷2, 「與兪金化星柱書」. "合看處雖或些沒分殊 不應認氣質而爲大本 離看處雖或過占分界 未必混善惡而論本體 何至互相詆毁 有若攻異端闢邪說之爲哉 …"
48) 『圭南文集』 卷2, 「與兪金化星柱書」.
49) 『圭南文集』 卷2, 「上洪祭判奭周」 및 「上吳老洲熙常」.

추천을 바란다"는 편지를 보냈다.[50] "삼대에 미치지 못하고 중화에 살
지 못함을 한탄해서가 아니라 힘닿는 대로 천하를 크게 보고 智慮와 역
량을 키우고 싶다"는 취지를 설명하였다. 즉 실사·실용의 현장을 견학
하게 된다면 "중국 황제의 정통이 끊기고 동방일역이 천하에 예의의 나
라로 이름을 떨치게 되었다"는 조선중화주의를 제대로 구현할 수 있는
방안을 마련할 수 있을 것이라고 한 것이다. 그러나 뜻을 이루지 못하
였다. 대신 넓은 세상에 대한 여망을 『萬國全圖』에 담았을 것이다.[51]

3) 벼슬과 신념

하백원은 51세에 이르러 학문과 행의 즉 '經明行修'로 감사의 천거
를 받았다. 그러나 벼슬이 내려오지는 않았다. 그리고 3년 뒤 전라감사
徐有榘(1764~1845)의 편지를 받았다.

> 자승차는 물을 끌어들이는 吸法을 祭用하였으니 泰西의 水利法과
> 같으며 물을 올리면 바로 樞가 均衡을 이루게 되어 있어 제조공법도
> 簡易할 뿐 아니라 물자 또한 어렵지 않게 조달할 수 있으니 시골 들녘
> 의 鈍工이라도 이 方式라면 제조할 수 있을 것입니다.[52]

서양식 수차에 대하여 지식이 있었던 서유구가 하백원의 『自升車圖
解』를 구해보고 비용이 얼마 소용되지 않고 제작도 용이할 것으로 판단
하여 자승거의 제작을 의뢰한 것이다. 혹심한 가뭄이 들었던 순조 34년
(1834)이었다. 서유구는 동복현에서 경비를 조달하게 하고 우선 3개를

---

50) 『圭南文集』 卷2, 「上李尙書羲甲書」.
51) 李羲甲에 편지를 보낸 것이 1820년이었고 『萬國全圖』는 이듬해인 1821년에 모
   사한 것에서 추정한 것이다. 또한 양보경, 「앞의 논문」에 의하면 저본은 마테오
   리찌의 지도가 아니라 후임 선교사인 엘레니의 지도라고 한다.
52) 「古簡札」(河氏家 所藏).

제조하도록 하였다. 그리고 일주일 후에 가뭄이 더욱 심해지자 제작을 재촉하는 편지를 다시 보냈다.[53]

그러나 하백원은 감사의 요청에 바로 부응하지 못하였다. 먼저 '여러 책의 도해를 漫筆하였을 뿐 실제 일용에 시험해 보지 않았기 때문에 관청의 힘을 번거롭게 하기 전에 먼저 개인적으로 제조하여 溪澗에서 시험해 본 이후 보급하면 좋겠다'는 답장을 보냈던 것이다.[54]

이러한 일이 있은 후 하백원은 '理才'로 천거되었고, 이후 昌陵의 참봉을 거쳐 禁府都事·順陵直長·司饔院의 主簿를 형조의 佐郎·宗廟令·慶基殿令을 지냈다.[55]

그렇게 7년 가까이를 보내고 헌종 7년(1841), 61세의 나이로 석성현령으로 부임하였다. 그는 세금이 면제된 災結에서 세금을 거두어 官用으로 삼는 관행을 타파하였으며, 隱結을 찾아내고 향리가 착복한 세금을 몰수하여 농민의 부담을 줄이는 용도로 운용되고 있던 抹弊錢의 재원으로 삼기도 하였다.[56] 자연히 實結을 숨겨 세금을 내지 않던 토호와 은결의 세금을 나라에 내지 않고 가로챈 향리의 반발을 샀다.

---

53) 위와 같음.

54) 『圭南文集』卷3, 「答徐監司有榘」. 이후 실제 제작하여 보급하였는지는 불분명하다.

55) 처음 천거되었을 때 심사를 맡은 홍석주가 '왜 經明行修로 하지 않았는가'고 하자, 서유구는 '經行으로 하면 벼슬에 나서지 않을 것 같아 그랬다'고 한다(『圭南文集』附錄, 「家狀」). 또한 형조좌랑 때에 刑獄 심리를 위하여 부여를 갔는데, 이때 「扶餘懷古」「洛花岩」「唐碑」「皐蘭寺」「江流作怨聲」등의 시를 남겼다. 하백원은 온조의 위업을 찬미하고 금강에 비친 古國 백제를 회상하면서 "정월 보름 술 한 잔을 올리며 천년 영웅의 한을 삭였다"고 하면서 그 멸망을 아쉬워하였다(『圭南文集』卷1, 詩). 이 시들은 '백제는 사라졌지만 위업까지 잊을 수 없다'는 의식이 드러난 중요한 예라고 생각한다. 다음 기회를 빌어 하백원을 포함하여 19세기 지방 학인의 논설과 작품에 나타난 '국토와 역사인식'과 같은 주제를 다루고자 한다.

56) 『圭南文集』附錄, 「家狀」.

이듬해 암행어사가 하백원을 論劾 하였다. "작년에 재결을 80결이나 많이 보고하여 승인받고서 그 중에서 32결을 민간에 나누어 주고 나머지 48결을 그대로 두었다가 세금을 다 거둔 후에 세금을 감면하는 명령을 내려놓고서 결민(結民)에게 혜택을 주려고 그리하였다.[57] 재결을 바로 배분하지 않고 전체 농민의 세금을 줄여주는 재원으로 삼았기 때문에 불법이라는 것이다.

물론 하백원의 민정은 '재결은 바로 토지에 따라 분표(分俵)한다'는 원칙에 어긋났다. 그러나 재결을 바로 나누면 경작지가 많은 토호에게 이익이 될 뿐이고, 가난한 농민에게는 혜택이 돌아가지 않는 상황을 감안하면 재결 일부를 전체 농민의 세금 경감 밑천으로 삼은 조치는 혜택을 골고루 나눈다는 의도에서 나온 것임을 알 수 있다. 그래서 암행어사도 '구차하다'고 하였지만 '誠則圖治' 즉 다스림을 도모한 성의만은 인정하지 않을 수 없었다.

하백원은 보령에서 거의 1년 동안 유배생활을 하였다. 그리고 고향에 돌아오자 배우겠다는 요청이 들어왔다. 세상을 떠나기 한 해 전까지 이렇게 설파하였다.

> 옛 선비는 오직 하나였으니 바로 학문이었는데 독서만을 지칭하지 않았으니 農工商賈가 모두 학문이었던 것이다 … 지금의 선비는 세 가지가 있으니 하나가 학문이요 둘은 문장이며 셋은 科業이니 소위 학문으로 일등인을 자처하는데 이름 뿐이라 … 근세 이래 거짓으로 格物致知에 이름을 올려놓고 오로지 입으로만 理氣와 心性을 말하는 것을 일삼고 있는데 支離하고 破碎할 따름이라, 모두 자신들의 본분과 관계된 일이 하나도 없고, 涵養과 省察의 공부에 의지한다고 하지만 一邊에 치우치고 기대고 있으니 그러한 격물치지로 과연 하나라도 장차 유용한데 쓰일 수 있을지 알 수 없다.[58]

---

57) 『日省錄』 卷104, 憲宗 8년 7월 3일(53冊 436쪽).
58) 『圭南文集』 卷3, 「答李士剛遇正」.

290 규남 하백원의 실학사상연구

이렇듯 '農工商도 학문'이라고 규정하며 '이용후생을 모르는 격물치지는 거짓이다'고 힘써 강조하였던 것이다. 하백원의 실사와 실용을 중시한 학문관은 세상을 떠날 때까지 시들지 않았던 것이다.

5. 맺음말

지금까지 16세기 중반부터 19세기 전반까지 비교적 장기간에 걸쳐 동복지방 하씨가의 학문과 활동을 살폈다. 주지하듯이 이 기간 정국상황은 붕당정치－탕평정치－세도정치로 이행하였으며, 학계는 國定敎學인 성리학의 틀을 벗어나지는 않았지만 '춘추의리학' 위주에서 '경제사공학'으로 주된 관심 분야가 이동하는 경향을 보였다. 이른바 사회개혁을 주장하는 실학이 발흥하고 이와 궤를 약간 달리한 북학론이 유행한 것이다.

이러한 추세에서 경기를 기반으로 한 경화사족이 학술과 정치 방면에서 절대 우세를 차지하게 된 반면에 지방에 근거를 두고 있던 지방학인의 입지는 현저히 좁아졌다. 이러한 현상을 두고 지방학인은 사회의 변화에 적극 대응하며 학문발견에 무심하거나 혹은 한 발짝 앞서나간 청대의 고증학적 실사구시의 학풍수용에 무관심하였으며, 전통적 성리학 공부에 매몰되었다고 단정하는 경향이 없지 않았다. 그러나 동복 지방 하씨가의 사례를 통하여 볼 때 비록 경화학계의 분위기와 같지 않지만 시대의 변화와 학술계의 추이에 따라 변모하는 모습을 보여 주었으니 17세기 하윤구의 천명론과 의리론에 기반으로 한 비판적개혁론이나, 18세기 하영청의 실용주의 학문 중시, 그리고 19세기 전반 하백원의 이용후생론의 적극 수용 등을 볼 때, 특히 하백원의 수리기구의 개량 노력이나 자명종의 실용화, 나아가 지도의 제작 등은 최고 수준은 아니라고 하여도 당대로서도 손색이 없는 실험과 실용의 성취였다. 또한 이에 앞서 홍대용의 교류를 통하여 나경적이 제작한 機衡渾天儀가 이 마을 의 산품이었다는 사실은 특기할 만하다.

한편 이 가문이 당대의 정치와 학술에 대한 비판의식도 가볍게 평가 할 수 없는 부분이다. 병자호란을 겪은 하윤구가 복벌론을 표방하며 진 행된 근기 본위의 부국강병책이 야기한 민생침해를 신랄하게 비판하며, 이러한 사업을 추진한 정치권력이 君弱臣强의 오류를 범하고 있음을 규탄하였던 것이다. 그리고 18세기 하영청은 주류학계인 기호학파의 湖洛논쟁에 참여한 하영청은 이들의 논쟁이 공허로 흐르고 있음을 비 판하며 '일상의 실천'을 강조하는 曺植, 즉 기호학파와는 다른 학풍의 가치를 새삼 일깨우기도 하였다.

이러한 경향은 하백원에 이르러 보다 선명하게 드러났다. 즉 義理學 중심의 성리학을 거의 포기하였다고 평가해도 좋을 만큼, 심성 및 이기 논쟁에 치중하는 학풍을 비판하면서 이용후생과 실용주의를 제창한 것 이다. 이렇듯 동복지방 하씨가는 학계의 흐름을 받아들이면서도 시대비 판의식을 놓치지 않았던 것이다.

따라서 경화사족이 18·19세기 학술계의 변화를 주도하기는 하였지 만, 동복지방 하씨가의 사례를 보면, 지방학계의 분위기와 경향을 '침체 와 고루'의 차원에서 재단할 수 없음도 자명하다고 생각된다. 지성사의 지역적 지평을 담보할 수 있는 지방학인의 사례 발굴이 더욱 요청되는 소이가 여기에 있다.

한편 지방학인이 새로운 학문경향을 수용하며 경화학계와 교류하였 다고 해도 그에 편입되기가 어려웠고 더구나 경화사족의 권력담론에는 거의 참여할 수 없었다는 점을 하씨가를 통하여 확인할 수 있다. 특히, 하백원의 경우, 늦게나마 官階에 따라 지방수령으로 나갔지만 머지않아 파직을 당하게 된 것으로 보면, 중앙정계에 거의 기반이 없는 현실의 일면을 그대로 보여준다고 하겠다. 이점은 하백원 자신도 충분히 자각하였듯이 사족의 京鄕分岐를 반증하는 것이면서 동시에 붕당이 이미 존재할 수 없는 상황과 연결이 되는 문제였다. 향후 지방학인의 학문과 경화사족과의 관계를 보다 구체적으로 살피기 위해서는 붕당과 학파를 시야에 넣으면서 문중의 분화 문제도 함께 천착할 필요가 있을 것이다.

마지막으로 지방학인 연구는 18·9세기 지성사와 지방사를 해명하는 차원에서 머물지 않는다는 점을 부연하고자 싶다. 왜냐하면 개항기·한말 시기를 거친 일제 강점기, 그리고 해방에 이은 분단과 전쟁의 시기 사상과 노선의 분열과 대립을 거치는 격동의 경험을 겪었던 집단기억의 저편에 조선후기 생활과 교육, 납세와 저항의 공동체인 마을에 서려 있는 흔적이 있고 이때 지방학인의 의식과 태도가 그 실마리를 제공하고 있기 때문이다.

〈참고문헌〉

『圭南文集』(河百源), 서울: 경인문화사, 1977.

『錦沙屛巖遺集』(河潤九·河永淸), 서울: 경인문화사, 1977.

구만옥, 「조선후기 尊君卑臣論의 災異觀」『한국실학의 새로운 모색』, 경인문화
　　사, 2001.

김문식, 『조선후기 경학사상 연구』, 일조각, 1996.

김정신, 「조선전기 사림의 '公'認識과 君臣共治論」『學林』21, 연세대학교 사학
　　연구회, 2000.

안진오, 「규남 하백원」『한국인물유학사』4, 한길사, 1996.

안진오, 「규남의 성리학과 실학사상」『호남유학의 탐구』, 이회문화사, 1996.

유봉학, 『연암일파의 북학사상연구』, 일지사, 1995.

유봉학, 『조선후기 학계와 지식인』, 신구문화사, 1999.

이태진 편, 『개정판 조선시대 정치사의 재조명』, 태학사, 2003.

이태진, 「中央五軍營制의 성립과정」『韓國軍制史－近世後期篇』, 육군본부,
　　1977.

이해준, 「실학시대의 과학자 발명가, 하백원」『나는 호남인이로소이다』, 사회문
　　화원, 2002.

정옥자 외, 『정조시대의 사상과 문화』, 돌베개, 1999.

정옥자, 『조선후기 조선중화사상연구』, 일지사, 1988.

정호훈, 「조선후기 실학의 전개와 개혁론」『동방학지』124, 연세대 국학연구원,
　　2004.

정호훈, 「磻溪隨錄의 理念과 法制認識」『한국실학의 새로운 모색』, 한국사연구
　　회, 2001.

※출전 : 『全南史學』제24집, 전남사학회(현 호남사학회), 2005.6

규남 하백원 유적의
교육·문화관광 자원화 방향

이 해 준*

⟨논문요약⟩

규남 하백원은 실학자이자 과학자로 호남실학의 삼걸(三傑)로 불려지며, 자승차와 동국지도를 비롯한 여러 발명품으로 알려진 인물이지만 연구가 많이 이루어지지 못했고 일반인이나 학생들에게 널리 알려지지 못한 아쉬움이 많은 인물이기도 하다. 따라서 우선 규남의 학문과 사상을 정확히 규명하고 알리는 기초적인 자료 정리와 연구. 그리고 홍보 작업이 우선되어야 함을 강조하였다.

이러한 규남 하백원에 대한 기본 연구, 그리고 학술사·역사적 가치와 의의에 대한 공감대 확산과 지속적, 체계적 연구와 함께, '과거-현재-미래'를 연계시키면서 그 정신과 유산이 보존되고 전승하는 측면도 매우 중요하다. 현재 규남의 학문과 사상, 업적에 대하여 학계나 일반인들이 주목하지 않는 것은 바로 그동안 그러한 노력을 게을리하였기 때문이라고 생각할 수도 있기 때문이다.

---

* 공주대학교 인문대 사학과 교수

　그리고 문화자원이 활용될 때, 우선은 그 문화를 대하는 수요층의 기호와 흥미, 목적과 부합되어야만 다양한 문화 체험 이벤트 개발, 패케지 구축, 비교문화 관점의 소프트웨어 개발이 가능해질 것이다. 그리하여 특성과 내용성이 강조되어 "해당 지역에서만 체험할 수 있고, 집중성 있는" 콘텐츠로 특화되어야 한다. 하드웨어, 건축중심의 복원·정비 사업, 그리고 인물선양 사업에서 보여지는 보수적인 형태의 사업들에 대하여 문제점을 제시하고, 이를 극복하고 차별화하는 방법으로 교육과의 연계와 교육자료의 개발을 강조하였다.

1. 머리말

규남 河百源(1781～1844)은 전남 화순군 이서면 야사리[당시 전라도 동복현]에서 태어난 조선후기 실학자이자 과학자이다. 존재 魏伯珪(1727～1798), 이재 黃胤錫(1729～1791)과 함께 호남실학의 三傑로 호칭되며, 錦沙 河潤九(1570～1646)－屛巖 河永淸(1697～1771)으로 이어지는 동복 하씨가의 학문 전통을 계승 완성시킨 인물이다.

규남 하백원은 30세에 자승차를 제작하였으며, 31세에는 동국지도를 제작하였고, 이어서 만국지도와 천문도, 자명종, 계영배, 홍흡기, 방적기, 와륜을 발명하였다. 그리고 고려청자에 이르기까지 다방면에 실사구시적 관심을 가졌으며, 특히 직접 제작한 자명종을 사랑에 걸어두고 동리인들에게 시간생활을 하도록 하는 등 과학정신을 생활화한 분으로 알려진다.

규남 하백원의 가계는 비록 호남의 동복고을에 편벽되게 살았지만, 일찍부터 실학정신이 충만하였고 새로운 풍물과 지식을 지닌 인사들과의 교유를 계속하였다. 특히 錦沙 河潤九(1570～1646)는 경세가로서 많은 저술을 남겼고, 정두원과의 친교가 있었으며, 증조 屛巖 河永淸(1697～1771)은 주위에서 '萬卷宅'으로 불릴 정도로 장서가였고, 여암 신경준, 이재 황윤석, 석당 나경적, 담헌 홍대용과 교류가 활발하였다 규남은 이런 가계의 전통을 이어받아 호남 실학, 조선후기 과학사에 큰 획을 그었다.

그럼에도 이러한 규남 하백원의 학문과 사상, 역사적 의의가 전문연구자의 논문으로 본격 연구된 바는 거의 없다. 한마디로 아직은 크게 주목받지 못한 상태[1]이며, 하성래에 의하여 규남의 문집이 영인 발간되

---

1) 안동교는 "유학사에서 철저히 배제되었고, 실학자들을 소개한 책자에도 들지 못

면서 나온 이현종의 「규남문집 해제」(경인문화사, 1977)가 첫 번째 소개
의 글이었고, 이후 안진오의 「규남 하백원의 생애와 사상」(『전남(호남)지
방인물사연구』, 전남지역개발협의회, 1983) ; 「규남의 성리학과 실학사상」
『호남유학의 탐구』, 이회문화사, 1996)과 문중양의 「조선후기의 수차」(『한
국문화』15호, 서울대 한국문화연구소, 1994) 등이 그나마 규남의 학문을
소개한 글로 손꼽혀 진다.[2]

그런 가운데 규남 하백원의 인물과 사상에 대하여 전남사학회와 규
남 하백원 기념사업회가 "규남 하백원 선생 실학사상 학술대회"를 주최
하여 총체적 규명을 시도한 것은 참으로 주목할 만한 일이었다. 2004년
12월 10일 개최된 이 학술회의에서는 규남 하백원의 학문관과 실학정
신(안동교), 동복 하씨가의 전승과 학문(이종범), 자승차의 복원 및 실험
연구(정동찬), 규남 하백원의 만국전도와 동국지도(양보경), 규남 하백원
의 태생지에 대한 지리와 지도활용 방안(김경수) 등의 논문이 발표되었
다. 이 자리에서도 지적된 바처럼 이 학술대회는 규남에 대한 학계의
관심이 처음 표출된 것이며, 분야별 전문연구자에 의하여 연구 발표된
첫 학술회의였다. 1970년대 하성래 선생에 의하여 『규남문집』이 학계
에 영인 소개된 이후 거의 30년 만에 이루어진 첫 성과였던 것이다.

따라서 우선 규남의 학문과 사상을 정확히 규명하고 알리는 기초적
인 자료 정리와 연구작업이 우선되어야 한다. 그러나 이와 더불어 우리
가 생각해야 할 일은 이러한 규남의 학문이나 저술에 대한 분석이 연구
나 논의로만 머물러서는 한계가 있다는 것이다. 물론 규남 하백원에 대

했다"고 지적하면서, 그 이유를 그의 저술이 너무 늦게 세상에 유포된 때문이라
하였다(『규남 하백원의 학문과 실학정신』, 규남 하백원선생 실학사상 학술대회
발표, 2004)

2) 평전으로 ① 남성숙, 『호남사상 호남문화』, 도서출판 민, 1995 ; ② 송광룡, 『역
사에 지고 삶에 이긴 사람들』, 풀빛, 2000에서 규남 하백원을 다른 인물들과 함
께 간략하게 다루고 있다.

한 기본 연구, 그리고 학술사적·역사적 가치와 의의에 대한 공감대 확산 및 지속적·체계적 연구가 먼저 이루어져야 하지만, '과거-현재-미래'를 연계시키면서 그 정신과 유산을 보존하고 전승하는 측면도 매우 중요하다. 현재 규남의 학문과 사상, 업적에 대하여 학계나 일반인들이 주목하지 않는 것은 바로 그러한 이해·계승의 노력을 하지 않았기 때문이라고도 할 수 있다.

본고는 규남 하백원의 사상과 학술, 그리고 과학정신을 효율적으로 전승, 활용하려면 어떠한 과정과 준비가 필요한 지를 논의한 시론적인 글이다. 그리하여 제1절에서 역사문화 자원의 자원화와 관련된 몇 가지 전제를 먼저 다루고, 인물관련 유적 정비와 자원 활용의 문제점과 향후 방향을 논의하였다. 이 부면에서 일부 퇴행적이고 보수적인 인물 선양의 문제점을 지적하여 대안을 모색하고자 하였다. 그리고 제2~5절에서는 각론으로 본고의 구체적 목표인 규남 하백원 유적의 복원과 활용에 대한 논의를 하고자 한다. 이 글의 기본 틀과 방향이 향후 규남 하백원 선생을 기리는 여러 사업들에 도움이 되는 사전논의로 의미를 부여받기를 기대한다.

2. 규남 하백원 유적자원 활용의 기본 방향

1) 역사·문화자원의 활용 필요성

흔히 21세기는 문화 경쟁 시대가 될 것으로 전망한다. 국가 간 경쟁도 한 나라가 국가 이미지를 바탕으로 창출하는 문화적 부가가치에 의해 크게 좌우되고 지역간·국가간 교류 및 협력도 경제중심에서 사회, 문화분야 등 다방면으로 확대되고, 특히 이중 문화 부면의 중요성이 더욱 증대되어가고 있다. 바야흐로 문화산업, 문화 경쟁사회가 도래한 것이다.

문화와 역사는 인간이 환경에 적응하고 극복하는 과정에서 나타난 결과물이다. 또 전통문화란 "그 시대에 그 지역에서 그들만이 만들어 낼 수 있었던 특수한 내용"이라고 할 수 있다. 그런 점에서 문화는 자신들의 역사 진행과정에서 선택하여 자기화한 '가치관'인 동시에 '생명력'이다. 역사 문화전통들의 토양과 속성은 문화 주체들의 확실한 '밑뿌리'이자, 온축된 가능성의 예시라고도 할 수 있다.

그리고 그것을 과연 어떠한 시각에서 어떻게 보느냐에 따라 가치는 크게도 작게도 보이게 되어 있다. 나아가 이를 '가꾸고 다듬는' 정성에 의해 본연의 가치가 되살아 날 수도, 반대로 사장될 수도 있는 것이다. 다시 말하면 '알고와 모르고의 차이', '있고와 없고의 차이', '활용하고 안하고의 차이'가 이러한 문화경쟁에서 승패를 가름할 것으로 전망된다.

이런 점에서 문화의 시대, 문화산업이 활발하게 전개될 미래사회에서 우선 필요한 작업이 바로 전통문화자료(기초 데이타, 콘텐츠)를 철저하게 수집하고 정리하는 일이다. 솔직히 말하면 나는 정확한 기초 데이타가 준비되지 못한 상태에서 이루어지는 보물찾기 식의 문화산업 추진이나 정책 개발에 대하여 의구심이 크며, 또 실제로 그것이 얼마나 경쟁력과 가치가 있을지 걱정이다. 즉 기초 데이타의 철저한 수집과 분석과정에서 문화의 특수한 형성 조건과 배경, 차별성이 규명되고 설명될 수 있으며, 그에 토대한 활용이 진전되어야 객관성과 경쟁력이 있다는 것이다.

이 같은 위기와 현실에 대응하기 위하여 우리는 과연 어떻게 하여야 할까? 필자가 주장하고 싶은 핵심은 대개 몇 가지 의식적 노력을 전제로 한다. 그 첫째는 문화를 가치 있게 보고, 현재의 삶과 연결시켜 유용하게 재창조하는 노력이 필요하다는 점, 둘째는 이제 자료의 수집과 정리에서 진일보하여 적극적으로 이들 자료를 포장하고 활용(상품화)하는 일에 나서야 할 때가 왔다는 점이 바로 그것이다.

2) 바람직한 인물유적 정비·복원 방향

전라남도와 화순군, 그리고 규남 하백원선생 기념사업회에서는 규남
에 대한 학술연구 및 관광자원 활용의 목표를

- 이제까지 학계의 연구 미비로 알려지지 않은 실학자 규남 하백원을
  재조명하고
- 수많은 과학기기를 발명했던 규남 하백원의 과학정신을 재조명하여
  젊은이들에게 과학정신을 심어 주고,
- 규남 하백원에 관련된 귀중한 문화재를 지정, 홍보 공개하여 散佚을
  막고,
- 이를 통하여 전남(화순)의 자랑스런 인물 홍보 및 교육자원으로 활용
  함은 물론, 도민(군민)의 자긍심과 지역문화 정체성 고양, 새로운 문
  화 관광, 문화교육 자원 개발에 이바지 한다.

라고 설정하여 준비하는 것으로 알고 있다.[3] 기본적으로 이러한 방향
설정은 매우 충분한 것이라 생각된다.

그런데 현재까지 이루어진 문화유적 정비, 복원에서 가장 어렵고도
문제점이 많은 분야가 바로 '인물유적' 분야라고들 말한다. 그러한 부
정적인 평가가 만연된 이유는

① 고증과 자료 정리의 과정 미흡, 생략
② 후손과 연고자 중심의 권위 과시형(?) 사업
③ 대규모, 성역화, 추모 중심 논리가 아직도 강함
④ 조경, 건축 외형 중심의 유적 복원(H/W 중심)
⑤ 비석, 사당, 동상, 전시관, 관리사, 편의시설 등 천편일률적 복원
⑥ 효율적 활용과 자원화의 아이디어 창출 노력부족

---

3) 규남 하백원선생 기념사업회 사업계획안(2005년 자료, 유인물) 참조.

때문이 아니었나 판단된다. 규남 하백원 관련 복원 정비계획도 이러한 한계를 극복하지 못한다면 문제일 것이다.

이와 아울러 인물유적을 포함하여 모든 문화유산 복원과 활용에 앞서서 좀더 면밀히 생각하여 볼 일이 바로 '기본 방향과 의식'에 대한 것이다. 즉

- 왜 복원정비를 하는가?
- 누구를 위하여 하는가?
- 무슨 의미가 있는가? 과연 어떤 평가를 받을까?
- 무엇을 어떤 방향으로 복원하나? 어떻게 활용할 것인가?

에 대한 철저한 답을 우리 스스로가 가지고 일을 추진해야 한다는 점이다.

여기에 더하여 인물유적은 다른 유적에 비하여 "靜的, 교육적"이라는 강박관념이 강하다. 그런 까닭에 인물유적은 지루하며 재 방문율이 가장 적은 문화자원이라는 평가를 받는다. 향후 이러한 문제점과 한계를 극복하기 위하여는 첫째로 수요와 가치를 정확히 판단하여 복원과 정비, 활용방안을 마련하는 것이 필요하다. 다시 찾고 계승할 주체들이 늘어나고, 그래서 규남의 학문과 사상을 후대에 올바로 계승하려면 유적 복원 보다 몇배의 정성과 노력과 철학이 준비되어야 하는 것이다. 복원은 돈으로 가능하지만, 이 계획과 의지는 머리와 가슴으로 준비하여야 한다.

두 번째 이러한 목표를 효율적으로 달성하기 위하여 "연구자-활용자(수요자)-설계자"의 역할이 서로 상생적으로 연계되어야 한다. 대체로 연구자의 생각과, 이를 실행하는 행정가, 교육가, 안내자의 의도가 다른 경우도 많고, 또 아무리 좋은 연구라도 수요자나 활용의 방법에서 적용이 곤란한 경우도 있을 수 있다. 이를 극복하고 해소하기 위해서는

연구자와 교육가, 자원 활용전문가가 항상 함께 모여 연계하고, 역할을 분담하여야 한다. 그리하여

① 충실한 관련자료의 체계적 수집과 정리(연구)
② 차별성과 경쟁력 있는 교육 체험 프로그램 개발(활용)
③ 새로운 마인드의 유적 정비 복원(정비)

이 짝을 이루는 모습이기를 기대하며, 다음 절에서 그와 관련된 필자의 짧은 견해를 요약하여 보고자 한다.

3) 규남 하백원 유적자원 활용의 기본방향

규남 하백원 선생의 유적은 아직까지 널리 알려지지 않았다. 그의 실학사상이라든가, 귀중한 발명품 및 저술들, 특히 그것이 화순지역과 관련된다는 사실에 대해서는 일부의 학자와 후손들만 알고있을 뿐이다.

따라서 우선은 규남 하백원의 업적과 정신을 연구하고 정리하여 홍보하는 일이 필요하다. 그리고 다음으로는 다른 유적들과의 차별성과 특성을 확보하는 일이 필요한데, 이는 다양한 활용분야의 모색과 아이디어의 개발을 통해서 달성이 가능하다. 마지막으로 볼 것, 느낄 것의 보완문제도 남은 과제이다. 이는 단순한 건물위주의 하드웨어 개념이 아니라 소프트웨어와 연계된 교육적, 의도적 시설의 부가가 이어져야 한다.

이러한 기본방향에 따라서 효율적인 준비체계가 필요하다. 필자는 이를 위하여 다음과 같은 추진사업의 구분과 집중도, 비중, 인력동원을 고려하는 것이 어떨까 생각한다.

〈규남하백원 기념사업계획 총괄표〉

구 분	사 업 내 용	기간(년차)	비중	동원인력 외
사업계획	연구·홍보계획	1~2년차	30%	군, 기념회, 전문기관
	교육·관광프로그램 개발		30%	교사, 이벤트, 연구소
	유적 복원·정비계획		40%	전문연구기관
사업운영	연구사업	계 속	30%	전문연구기관
	교육·체험관광사업		40%	교사, 이벤트, 연구소
	홍보·교사연수		15%	군, 교육청, 문화원
	기타 사업		15%	군, 기념회
복원정비	생가 및 주요유적 정비	1~3년차	50%	도, 군, 전문기관
	자료관·체험관(초교) 정비		35%	도, 군, 기념회
	기념물, 기타 편의시설		15%	도, 군, 기념회

3. 규남 하백원 관련 연구와 기초자료 정리

1) 현황과 과제

현재까지 규남 하백원에 대한 연구와 자료 정리의 수준은 매우 미진한 형편이다. 예를 들어 문집의 영인 간행, 그리고 실학자와 발명가로서의 단편적인 소개가 그 전부라고 해도 과언이 아니다. 그러나 이러한 후손 중심의 행적 정리, 동류 중 한 인물로 단편적인 소개, 특별한 발명품을 거론한 정도로서 규남에 대한 연구와 정리가 이루어졌다고 보기는 힘들다. 그리고 그 정도의 연구 성과와 자료를 가지고 차세대와 타지역인, 나아가 규남의 학문을 차별적으로 알리고 선양한다는 것은 무리이다.

규남의 경우도 마찬가지이지만, 기초 콘텐츠의 발굴·정리문제[4]는 정체성 확보의 기초 작업으로 지역문화의 차별성, 경쟁성, 자원화 가능성을 결정하는 기본 요소이며, 후속되는 문화자원 활용의 방향 결정, 정

---

4) 이해준, 「지역문화 콘텐츠·소프트웨어개발과 문화관광」『한국관광학회 52차 국제학술심포지움 논문집』, 2002.

책대안의 근거자료이기도 하다. 이 작업이 소홀하면 개발할 문화의 특성, 경쟁력의 수준도 함께 저하될 수 있다. 그리하여 문화자원 활용에서 본질과 외형이 서로 상충·갈등하는 모습을 왕왕 발견하게 되고, 나아가 지역 정체성 확인보다는 보물찾기식으로 일부 자료를 토대로 다른 지역의 성공사례나 외국의 사례를 엿보면서 포장하는 '무차별과 획일화', '아이템 선점 경쟁', '프로그램 베끼기' 등과 같은 경향도 생기게 된다. 좀더 부연하면,

① 문화콘텐츠 발굴에 소홀
→ ② 자원화 가능한 지역문화 형상화 부진
→ ③ 자기 식의 문화자원 활용 방향 없이 결국 타 지역 모방
→ ④ 경쟁력 감소, 지역민의 자긍심 저하

라는 악순환이 계속된다. 규남기념사업에서 이러한 우가 범해져서는 안 될 것이다.

2) 기본 방향

따라서 이 기회에 종합적이고 본격적인 규남 하백원에 대한 연구와 정리가 먼저 이루어져야 한다. 화순이라는 지역에서 그러한 과학적 발명사상과 실학적 정신이 배태될 수 있었던 배경, 다시 말하면 규남의 학맥이라든가 유물 유적 등의 기초자료가 철저히 조사되었으면 한다.

그러기 위하여 우선은 규남 하백원의 행적을 세밀하게 정리해 가면서 1차 자료를 모으는 작업이 필요하다. 저서와 유물, 유품, 유적 자료나 행적 기록 등에 대해서 수집을 해야 한다. 기존에 알려졌거나 정리된 자료도 기록물의 일괄관리 차원에서 재정리할 필요가 있다. 원본자료의 원형 유지와 출처에 대한 정보가 필요하기 때문이다.

3) 주요 예상사업 예시

① 문집의 번역 및 관련 기록의 수집 : 규남의 문집은 영인되었으나, 이를 번역한다든가 세부 분야별로 새롭게 정리를 하는 작업은 전무하다시피 하다. 따라서 후학들이 이해하기 쉽게 정리하는 작업이 우선 이루어져야 한다. 그런가 하면 두 가지의 보완 자료가 정리될 필요가 있는데, 그 하나는 규남의 학문과 사상이 배태되는데 있어서 결정적 영향을 미쳤다고 사료되는 가계의 자료로서 [금사]와 [병암]의 문집에 대한 것이고, 다른 하나는 동일 성향의 호남실학자로 지목된 [존재]와 [이재], 과학사 부면의 전통을 이룬 [나석당] [여암] [담헌] 들의 자료를 연계하여야 한다는 것이다. 특히 이들 학맥이나 연계된 인물들의 문집 속에서 규남 관련 기록을 찾아 총 정리하는 의지가 계획 속에 포함되어야 한다. 이런 작업은 궁극적으로 규남 하백원의 사상을 보다 풍부하게 살찌우는 밑바탕이자, 후일 자료관이나 교육 프로그램을 마련하는 중요한 근거자료가 되어 줄 것이다.

② 유물 및 유적자료의 일괄 조사와 문화재 지정 : 다음으로는 문화유산으로서 규남과 관련된 모든 유물, 유품을 일괄 정리하여 소개하는 일이다. 이 과정에서 각개 자료가 연구자료로 다양하게 활용되는 계기를 마련할 것이고, 이 중 중요자료의 경우는 문화재로 지정하는 일이 필요하다. 정리 및 지정이 필요한 유물은 ⓐ 친필문집, 자승차도해, 해유시화, 서예병풍, 서간찰 같은 고전적류와 ⓑ 만국전도, 동국지도, 천문도 등의 고지도, ⓒ 그리고 전각 인장 등의 유품이다.[5]

한편 전라남도 지원으로 목포대학교박물관에서 조사한 화순 하상래가 문서(고문서, 전적류)[6]도 사실은 이 작업에 포함되거나, 확대·활용되

---

[5] 이 가운데 만국전도와 동국지도는 전라남도 유형문화재 제285호로 지정되었다.(2005. 12. 27)

어야 할 자료들이다. 필자가 규남 가계의 문집류 자료를 열람하면서 주
목한「養正齋上梁文」,「沙村居第上梁文」,「相恤契」,「奉先契帖」,「河
氏門事事實」,「書先君社穀立議後(동복현 외서방 사창곡)」등은 고문서
형태로 전승되었을 가능성이 많은 자료들이다. 물론 이들도 수집 정리
가 된다면 향후 자료관 운영에서나, 학생들의 전통문화 체험과정에서
좋은 자료로 활용이 가능할 것이다.

규남 관련 유적의 일괄 조사와 함께 문화재 지정도 필요하다. 현재
복원의 대상으로 모두가 생각하는 圭南古宅(生家)을 포함하여, 강학과
학문 교류의 공간이었던 養正齋와 錦沙亭, 屛巖精舍 등이 복원 정비를
염두에 두어야할 유적들이다. 특히 산사마을에 있었다고 전해지는 나경
적의 고택도 이 기회에 함께 정비하여 그 교류의 실상을 증거하는 자원
으로 활용하여야 한다. 이밖에 다소 거리가 떨어져 있더라도 규남의 행
적과 관련되는 유적들을 함께 정리하고 연계하기를 권한다. 때로 그것
들이 유인 동기가 되거나 체험의 다양성을 기획하는 과정에서 매우 유
용할 수도 있기 때문이다.

③ 심화(테마별) 연구와 학술총서 발간 : 규남 하백원의 학문과 사상
은 대개 행적, 실학사상, 과학사 측면에서 특성과 차별성을 부각하여야
한다. 이들 특화된 주제에 대한 연구를 심화시키는 기획이 필요하리라
생각된다. 이 경우 [금사－병암－규남]으로 이어지는 家學의 배경을
보다 철저하게 규명한다든가, 아예 고지도나 과학발명품에 대한 집중
연구, [여암－담헌－석당－규남]으로 연결되는 호남지역 과학사상가
들과 연계한 연구, [존재－이재]와 함께 호남실학자로서의 성격을 연
구하는 것 등이 이에 해당될 듯하다.

이들 심화된 테마별 연구는 매년 1회의 학술회의를 통하여 성과가

---

6) 소장문적은 간찰 794매를 포함한 고문서류 889건, 전적류 18건, 서화류와 지도,
유물 33건 등 모두 940건이 조사되었고, 이에 대한 기본 목록이 작성된 바 있다.

홍보되어야 하고, 그 결과를 학술총서로 발간할 수 있도록 체계화한다면 그 효과는 극대화될 것이다. 예컨대

- 조선후기 과학발명과 규남 하백원
- 고지도와 규남 하백원
- 조선후기의 생활과학과 규남 하백원
- 호남실학과 규남 하백원
- 규남 하백원의 철학사상
- 규남 하백원 과학사상의 계승 방안

등의 주제를 가지고 과학사학회, 실학연구회, 호남문화연구소, 문화역사지리학회, 광주·전남 역사교사모임, 향토사전국협의회·문화원연합회 전남지회 등 연계되는 학술단체와 공동으로 학술회의를 개최하면 그 기대효과는 더욱 커질 것이다.

4. 규남 하백원 관련 홍보와 교육자료 개발

1) 현황과 과제

전제한 것처럼 규남 하백원에 대해서는 본격적인 연구가 진전되지 못했고, 그 뛰어난 과학자로서의 생애에도 불구하고 아직은 전문연구자들만이 알고 있는 미지의 인물이다. 따라서 앞 절에서 제기한 자료를 발굴하고 재정리하는 일을 강조하지 않을 수가 없었던 것이다.

또 현재 규남 하백원선생 기념사업회·사단법인 규남 실학사상연구회가 결성되어 규남 선생의 업적을 기리고 있지만, 주체와 대상이 주로 후손들이나 화순지역에 한정되는 정도이다. 그리고 어쩌면 다른 가문이나 인물 선양사업에서 흔히 보듯 '재실'이나 '공적비', 혹은 '사당 건립'

정도의 사업을 목표를 하고 있다면, 학계나 전문연구자들이 구태여 간여할 이유가 거의 없을 듯하다. 필자는 문제의 핵심이 그것이 아니라고 본다. 즉 규남의 평생 공부가 그 정도로 계승될 것이 아니라는 점을 잘 알고 있기 때문이다.

2) 기본 방향

따라서 앞 절에서 제기한 자료 발굴 및 재정리와 동시에, 아니 그보다 더 중요하게 그의 생애와 학문·업적을 제대로 알리고 교육하는 일이 필요하다. 즉 규남의 선진적 사상과 그 업적들이 현재의 우리들에게 전해줄 내용이 무엇이고, 어떤 방향으로 정리되어야 보다 많은 사람들에게 알려지고 전승될 것인가를 염두해 두어야 한다. 특히 몇 명의 지역 명망가에 의한 기획보다도 관련 여러 분야의 인력들이 공동으로 모색한 사업계획들이 구체적으로 귀결되는 과정이 있어야 할 것이다.

그러기위하여 가장 필요한 것이 바로 규남의 생애와 학문을 국가적으로 인정받고 기리게 하는 것이라고 본다. 그리하여 필자는 문화관광부나 과학기술부가 주관하는 이달의 문화인물 지정이나, 전통과학자 지정, 그리고 과학교과서에 규남 하백원을 수록하는 일이 매우 필요하고, 계획적으로 이를 추진하여야 한다고 본다. 그리고 다음으로는 학계의 심회된 연구성과를 교육·홍보하는 학술회의를 매년 개최하고 이를 학술총서로 간행하므로써 관심을 유도하는 것이 중요하다고 본다. 사실 복원과 관광자원화도 이러한 연구와 홍보, 교육이 가능해져야 빛이 나는 것이다. 그리고 마지막으로 가장 중시할 것이 바로 규남의 사상과 발명품을 알기 쉽게 학생들에게 전달할 교육 자료를 개발하는 일이라고 생각한다.

3) 주요 예상사업 예시

① 국가적 인정의 계기 마련 : 이 사업은 곧바로 기념사업회, 화순군, 전라남도가 공동으로 기초자료를 정리하여 해당 중앙부서에 제출하여야 한다고 생각한다. 문화관광부에서 지정하는 이달의 문화인물에 선정될 경우에는 화순군이나 기념사업회에서 3~4년 노력하여 이룰만한 전국적 홍보와 교육의 기회가 마련되고 학술행사 및 인물소개 책자간행비 등 일정 지원금도 주어진다. 과학기술부와도 연계한다면 전통과학 인물로 규남을 지정하는 일이 결코 어렵지 않다고 생각되는 바 이 부분도 적극 노력해야 한다.

또 하나 유념할 부면이 과학교과서나 국사교과서에 화순 출신의 하백원을 수록하는 일과, 초등학교용 3학년(화순군), 4학년(전라남도) 지역교과서에 규남 하백원의 업적을 수록하려는 노력이다. 이 작업은 교육 및 홍보와 함께 규남 유적을 찾아오게 하는 매우 중요한 계기를 만들 것이다.

다음으로는 가능하다면 전라남도교육청(혹은 과학교육원)과 협조하든가, 아니면 화순군(교육청), 기념사업회 등에서 직접 '규남 하백원 과학자 상'을 제정하여 교사, 학생들을 매년 선발 시상하는 방안도 홍보사업으로서 권장할 만하다.

② 연례 정기 학술대회 개최 : 년차 계획으로 매년 주제를 설정하여 규남 하백원의 학문과 사상, 과학정신을 공동연구, 발표하는 학술대회를 개최하는 사업도 필요하다. 앞 절에서도 지적한 바처럼 주제별 연구의 결과가 이 학술대회에서 발표되어 홍보와 교육을 동시에 할 수 있도록 해야 한다. 매년 1회로 개최하되 주제선정과 관련연구자 동원은 앞의 ③ 심화(테마별) 연구와 학술총서 발간에서 계획한 바대로 추진한다.

③ 교육·홍보자료 개발(인물평전과 만화, 발명품 관련) : 규남의 인

물행적과 사상, 발명의 대중적 이해를 위해서 평전의 편찬이 필요하다. 누구든 쉽게 규남 하백원을 접할 수 있는 계기는 학술대회나 전문연구와 별도로 대중적, 전기적 평전(청소년용 교양서 『발명왕 하백원』 등)이어야 가능하다.

평전은 단순한 업적의 나열이 아닌 당 시대의 모습과 그 시대를 살아가는 고뇌하는 인간의 삶이 진지하게 드러나야 한다. 인물들의 생애뿐만 아니라 그 사상, 철학, 일화까지 함께 녹아 있어야 한다. 분량은 200면 내외로 평이한 문체에 많은 삽화와 보조자료를 첨가한 것이어야 하고, 규남을 현대의 젊은 세대들이 가까이 할 수 있도록 기획하면 좋을 것이다.

평전과 동시에 규남의 정신과 사상, 발명품을 빨리 일반인이나 학생들에게 알리는 데는 만화[7]나 사진, 그림 등을 통한 활용이 중요하다. 물론 이 작업은 앞의 기초연구의 진행과 정확한 고증을 바탕으로 해야 할 것이고, 또한 문집의 번역이 선행되어야 한다는 점을 염두에 두어야 한다.

아울러 규남관련 유적의 해설 책자나, 유물, 발명품에 관한 교육용 해설책자도 발간되어야 한다. 현재까지 규남을 소개한 홍보물은 규남 하백원선생 기념사업회에서 만든 1건이 유일하다. 유적을 탐방하거나 체험학습으로 하는 학생들, 그리고 일반 관광객을 겨냥한 다양한 홍보 팜프렛과 교육 자료의 체계적 개발이 계획되어야 한다.

④ 종합적 자료관리 시스템구축 : 조사 정리된 자료, 계승된 문화유산의 보존관리, 새로운 연구와 교육 자료의 개발, 문화교육 프로그램의 홍보, 학생 및 교사의 질의와 응답, 연구자료의 제공 등이 상시적으로 이루어지도록 체계적이고 종합적인 자료관리 시스템이 필요하다. 온라인 상태에서 규남의 학문과 사상이 일반인에게 제공되려면 이러한 종

---

7) 우리나라 역사인물 29명(최무선, 위백규, 홍대용 등이 수록)과 함께 소개한 책이 발간(최달수 글 구성 그림, 『톡톡 튀는 한국의 위인들』, 능인, 2002)된 바 있다. 평전은 독자의 수준(연령별 등)에 맞도록 단행본으로 간행 보급이 필요하다.

합적인 관리 시스템이 도입되어야 한다.

이를 위하여 공공기관, 특히 박물관 등 연구기관을 활용(학술용역 조사, 위탁 보관 전시 등)하거나 아니면 자료관에 그러한 시설과 운용체계가 포함되도록 기획할 수 있다. 두 가지 모두 장단점이 있긴 하지만, 자료관의 기능에 부속시켜 두는 것이 바람직하다고 본다. 해당 지역에서 현장의 문화 향기를 느낄 수 있도록 전시관이나 기념관을 두되 가급적이면 기존 시설을 활용하는 방안을 강구해야 할 것이다. 바로 이 자료전시관에 부속하는 방안이 필요하다. 자료관은 단순한 전시 기능만이 아니라, 전문인력을 배치하여 조사·연구·전시·교육·홍보가 동시에 이루어지는 공간으로 자료전시관, 체험교육관, 그리고 자료실(정보실)이 모두 있어야 할 것이다.

5. 규남 하백원 유적의 정비·복원

1) 현황과 과제

전남지역에서는 우리 역사상 참으로 기라성같은 많은 인물들이 배출되었다. 이들 인물들은 지역민들의 가슴 속에 자부심과 문화, 역사의 실체를 각인하는 자원들이다. 이들 역사적 인물의 정신과 업적을 바로 알고 이를 교육적으로 활용하고, 나아가 미래의 지역발전이나 문화발전과 관련시켜 관련유적의 문화자원화 방안을 모색하는 것은 아주 당연한 것이다. 화순군에서 추진하는 규남 하백원 선생을 기리는 작업도 바로 그러한 것의 하나이다.

다만 규남 하백원 선생의 선양이 한편으로 과거 지향적·퇴영적 모습으로 전개될 가능성에 대한 염려가 없지 않다. 예컨대 대규모 개발사업 중심, 그리고 그에 따라 본질인 정신과 역사의 올바른 계승이 축소된 모습들이 재현되지 않기를 바란다. 그리하여 다른 인물유적들이 범한 愚를 다시 따라하지 않고 모범적이며, 올바른 계승의 방향을 찾기를 바라는 것이다. 정비 복원과 함께 이들을 교육적으로 개발, 활용, 계승하기 위한 종합적이고도 철저한 준비 논의가 있었으면 하는 것이다.

2) 기본 방향

인물관련 문화유적을 정비하거나 복원하기 위해서 앞에서 누누이 강조한 것처럼 현재까지 나타난, 그리고 지적된 문제점 예컨대 고증 미흡, 후손과 연고자 중심의 권위 과시형 사업, 하드웨어 중심의 계획을 넘어서야 한다. 그리고 효율적 자원 활용을 위한 아이디어 창출의 적극적인 노력이 요구된다. 아울러 왜, 누구를 위하여, 무엇을 어떤 방향으로 복원하고 활용할 것인가를 총체적으로 점검하여야 한다.

3) 주요 예상사업 예시

① 유적 정비·복원 기본계획 작성 : 규남 선생 관련 문화유적의 복원 정비는 반드시 필요하고 1차적인 사업이라고 생각되지만, 앞에서 제기한 문제점들을 극복하기 위하여 좀더 면밀하고 철저한 기본계획(방향)을 수립하여야 한다. 예를 들면 복원 정비의 대상, 복원 정비 후 활용 가능성과 실용도, 향후 관광자원화의 연계성 등은 기본적으로 점검되어야 한다.

이를 위하여 화순군이나 기념사업회는 복원 정비 기본계획(활용방안 포함)을 위한 세미나를 개최(3~4월 중, 제안자 3명[기관] 정도, 분야별 전문가 토론회)하는 것도 필요하다고 본다. 그리하여 여러 층위의 여론을 수렴하고, 가장 이상적인 안을 만들어 기본계획서를 작성하고 이를 구체적으로 추진하는 것도 좋을 것이다.

이와 관련된 필자의 생각을 미리 요약하면 다음과 같다. 복원정비의 대상은 모든 것을 욕심껏 복원 정비하면 좋겠지만, 예산과 활용도에 따라 우선 순위와 투자 순위가 먼저 결정되어야 한다. 필자는 그 대상의 선정 순위가

① 규남 선생 고택 복원 정비
② 자료전시관 '건립'(초등학교 활용 리모델링＝유물관, 전시관, 체험 교육관)
③ 규남의 실학정신 과학정신의 산실인 양정재(금사정), 나경적 고택 복원 정비
④ 상징 및 기념 시설(발명품 모형, 기념비 등)
⑤ 기존 문화유적을 포함한 마을의 전통시설, 편의시설 정비

정도가 아닐까 생각한다.

② 규남 하백원 고택 복원 : 규남 하백원의 고택 복원정화는 상징적 유적으로써 무엇보다 최우선적으로 시행되어야 할 사업이다. 현재 화순군, 후손, 그리고 기념사업회에서는 규남 선생과 관련된 모든 유적의 복원 정비를 희망할 수 있지만, 현행 문화재법 상으로 국가의 지원을 받으려면 문화재로 지정되어야 한다. 현재로써 우선적으로 필요한 것은 부지의 매입과 지표상 원형의 보존, 그리고 현재의 상태로 변형되기 이전의 고택에 대한 고증과 역사성을 자료로 만들어 문화재(기념물)로 지정받는 일이다. 예산배정 여건 상 단순 관광개발이나 지역개발사업보다 문화재 관련사업으로서의 의미가 크고 유리하기 때문이다. 물론 기왕에 지정된 유물과 관련시켜 이를 좀더 확대 해석하여 유물과 관련 있는 인물의 고택(생가)이나 유적이 복원될 수도 있겠으나, 문화재 지정과정이 선행된다면 더욱 유용할 것이다.[8]

고택의 복원에서도 일단은 원형대로 복원하는 것이 우선이지만, 먼저 어느 시점을 기준으로 하느냐의 문제와 어느 수준까지 복원하느냐의 문제가 고려되어야 한다. 예컨대 규남 당대로 할 것인가와 현재로 변형되기 이전(19세기 말)을 기준으로 할 것인가를 잘 생각해 보아야 한다. 여기서 당대의 모습이 얼마나 연구 정리될 수 있겠는가의 문제가 우려되며, 이 점은 고택을 문화재로 지정하는 과정에서도 문제가 될 가능성이 크다. 또한 둘째의 범위 문제도 필자가 생각하기에는 현재의 야사리 193번지 4필지(193,193-1, 193-3, 193-4번지, 193-2번지는 학교부지로 편입)가 고택의 범위로 추정되고 있으나, 정작 그것도 일부일 가능성이 크다. 따라서 전통시대의 본모습 전체를 복원하기는 어렵겠지만 적어도 당시의 상황을 연상할 '축소모형'이나 양정재, 금사정, 나경적고택 같은 '마을 내 건물간의 상관성'을 고려한 사전 연구와 조사가 필요할 것이다.[9]

③ 자료관(전시, 교육, 체험) 건립과 운영 : 따라서 현재 상태에서는 규남 선생 유물이 지정문화재가 되었으므로 그 유물의 보존과 관리를 위한 자료관(유물관) 건립이 우선 거론되게 된다. 다행히 고택과 아주 인접하여 자료관, 유물관, 전시관, 체험교육관으로의 활용이 가능한 폐교(동면중학교 부설 초등학교)가 있다. 자료관(유물관)은 과거처럼 단순한 전시공간이 아니라 여러 기초 자료의 정리, 연구, 수집, 교육체험 프로그램의 준비를 연계할 기구이다. 이 폐교를 리모델링하면 예산 절약 및 전

---

8) 규남 관련 유적의 일괄 지정도 고려해 봄직하다. 圭南古宅(生家)를 포함하여, 강학과 학문 교류의 공간이었던 養正齋와 錦沙亭, 屛巖精舍, 산사마을의 나경적의 고택 등이 바로 그러한 유적들이다.

9) 예를 들어 병암 하영청이 자재와 기금을 대고, 나경적(1690~1762)이 폐가를 기증하여 자제교육을 위하여 마을에 서재(강당)를 설립하여 동계에 기부한 일이 있다. 가능하다면 이러한 전통과 정신이 살아 있는 건물들도 유서가 연구 정리되어 복원 정화되면 좋겠다.

시·교육·체험 공간으로서의 활용도도 크게 높일 수 있다고 본다.

특히 자료전시관(교육체험관)의 경우 전시주제를 규남 하백원의 생애와 업적, 발명품(1안), 조선후기 실학 및 과학사와 규남(2안), 기타 안 등으로 정하고, 이에 맞는 전시내용물들을 수집, 전시하여야 할 것이다. 그리고 풍부한 자료들이 수시로 교체 및 보완 가능하도록 하고, 반드시 유품만이 아니라 복제, 축소모형, 사진, 기록화 등과 연구자료를 망라하여 자료실의 기능을 다하도록 하였으면 한다. 전문인력 배치로 지속적인 자료수집과 교육매체 개발이 이루어져야 하고, 규남 관련 동영상물 (5~10분)도 준비하여야 할 것이다.

그리고 이어 연차적으로 ③, ④, ⑤의 사업들을 추진하는 것이 바람직 할 것 같다. 여건이 허락한다면 규남 실학사상과 과학 발명의 산실이자 교류의 장이었던 양정재와 금사정, 나경적 고택(야사리 2구 산사) 복원 정비는 이번 기회에 이루어진다면 더욱 바람직하겠다.

그리고 관련유적으로 屛巖先生遺墟碑(1983년 柳洪烈 찬), 石塘羅景績紀蹟碑(1986년 羅光琛 찬, 도석리 당뫼[石林])을 비롯하여 마을에 소재한 전통문화유적으로 鄭氏雙烈門, 忠奴木山碑, 천연기념물 303호로 지정된 은행나무(당산제)와 전라남도 기념물 235호로 지정된 야사리 느티나무(당산제) 등도 함께 정비하여 문화관광자원으로 활용할 수 있을 것이다.

6. 교육 프로그램 개발, 관광자원화 방안

1) 현황과 과제

인물유적은 후손들에게는 절대적 가치를 지니는 유산이지만, 관광자원화 과정에서는 다른 어느 유적보다도 어렵고 문제점이 많은 분야로 알려져 있다. 인물유적은 "靜的, 教育的"이라는 강박관념 때문에 재미 없고 다시 가고싶지 않은 문화자원이 되어 있다.

그러나 이러한 문제점과 한계를 극복하기 위해서는 철저한 계획과 준비, 투자를 하여야 한다. 수요자의 기대와 요구를 정확히 알고, 규남 하백원의 어떠한 역사적 가치를 계승, 확인하여 느끼게 할 것인가에 대 한 철저한 분석이 필요한 것이다. 누가 주로 찾아올 것인가? 무엇을 보 여주고 느끼게 할 것인가? 차별화된 프로그램과 준비만이 이러한 과제 를 극복하는 요체이다. 앞서도 말한바와 같이 복원은 돈으로 가능하지 만, 이 계획과 의지는 머리와 가슴으로 준비하여야 한다.

한편 경제발전에 따른 삶의 질 추구 경향은 문화적 수요를 증대시키 고 있다. 게다가 과거와 다르게 보다 다양화·고급화하고 있다. 과거와 같은 전통문화나 문화재 중심의 대상이 이제는 점차 생활문화 전반으 로, 그리고 현재적 가치와 체험 중시의 방향으로 바뀌는 추세이고, 전 통·과거지향보다는 현재·미래적 관점의 문화가치가 부각되고 있다. 이 러한 수요에 맞추어 준비되어야 할 것이 소프트웨어의 개발이다.

관광자원화의 경우도 지리상 인접자원이나 관광벨트화가 가장 먼저 거론되는 경향이다. 그런데 규남 하백원 유적은 '야사마을'이라는 공간 적 특성과 '규남 하백원의 실학 및 과학사상'이라는 관념적 특징을 동 시에 지니고 있다. 따라서 단순한 지리적 인접성을 고려한 백화점식 구 성보다는 테마가 있는 연계 관광자원개발이 고려되어야 한다.

2) 기본 방향

21세기 문화가 H/W보다 S/W·C/W가 중심이라는 인식은 거의 일반 화되고 있다. 그러나 문화관광 정책이나 행정, 계획분야에서는 아직도 그에 대한 기초적 노력이나 투자가 매우 부족한 상태이다. 콘텐츠 정리

없는 하드웨어 중심의 투자나 정책이 앞서서 이루어졌고, 이를 활용하고 응용할 소프트웨어 개발은 아직도 미비한 실정이다. 그리하여 필자는 항상

       ① 1,000개의 콘텐츠 확보
→ ② 5~10종의 소프트 개발
→ ③ 1~2개소의 하드웨어 구축

이라는 분명한 단계적 노력이 관철되어야 하며 그 과정에서 기초자원 조사정리와 분석, 나아가 활용의 방안까지도 고려하는 일관성 있는 자세가 요청됨을 주장한다. 아마도 이 과정에서 객관성이나, 상징성·정체성·경쟁성·투자효율성 등도 점검이 가능할 것이고, 여러 유형별, 그리고 수요층의 수준별, 나아가 활용 방향을 감안한 콘텐츠 발굴과 소프트웨어 개발이 준비될 수 있을 것이다.

    소프트웨어의 개발도 수요층의 요구와 기대가 폭발적으로 증대하는 현실을 감안한 대응이 필요하다. 범위, 대상, 수요층의 수준과 요구를 고려하지 않은 획일적 관광개발은 실패 확률이 그만큼 높다. 수요의 정확한 예측과, 그에 적합한 수준별, 목적별 차별화가 가능하여야 할 것이다(홍보 팜프렛, 홈페이지의 문화관광정보).

    규남 하백원의 유적을 교육 및 관광자원화하는 데에는 무엇보다도 차별화된 교육프로그램, 수요자의 수준과 기대를 부응한 맞춤형 프로그램일 때 성공가능성이 높다고 생각한다. 과거처럼 건물복원이나 기념물 건축등의 판에 박힌 계획으로는 경쟁력이 매우 적다. 특히 과학사 체험, 지역의 사상과 정신관련 종합 교육은 우리의 노력여하에 따라 기대 이상의 차별성과 경쟁력을 지닐 수도 있다는 것이 필자의 생각이다. 나아가 단순한 자료전시나 눈에 보이는 것만으로 이루어지는 탐방 방식을

지양하여 체계화된 교육프로그램에 입각한 자료수집과 전시, 교육매체의 개발 등이 필요하다고 본다.

또 하나의 경쟁력 강화를 위한 요건은 '규남 하백원 선생만의'라는 하백원 중심 사고에서 탈피하는 것이다. 규남과 규남 사상이 배태된 배경이자 상관요소로 호남지역 실학, 조선후기 과학사, 전통생활과학 등을 이곳에서 체험하고 느끼게 한다면 더욱 바람직할 것이다. 예컨대 규남 하백원 자료(40~50%)에 규남과 연결되는 테마관련 자료(50~60%)를 종합하는 기획이 유효하다고 보는 것이다.

3) 주요 예상사업 예시

① 차별화된 교육프로그램 개발 : 문화자원이 활용될 때 우선은 그 문화를 대하는 수요층의 기호와 흥미, 목적과 부합되어야 한다. '억지로 먹인다'가 아니라 '골라서 먹게 하는' 개발이 되어야 하며 그런 인식이 바탕이 되어야 한다. 그리고 개발 방향은 문화특성과 내용성이 강조되어 "해당 지역에서만 체험할 수 있는 차별성 있고, 집중성 있는" 프로그램으로 특화하여야 할 것이다.

예를 들어 '야사리와 규남 하백원'을 연상하면서 필자가 예상하여 보는 특화된 교육프로그램(테마)으로는 대개

- 규남의 생애, 저술, 유품 활용 프로그램
- 규남과 호남실학
- 조선후기 과학사와 규남
- 규남의 생활과학 발명품

등이 어떨까 생각한다. 물론 이는 향후 철저한 점검과정을 거쳐 설정될 특성화 주제이지만, 만약 이러한 주장이 타당한 것이라면 이에 맞는 자

료수집과 자료 정리·연구, 전시, 그리고 교육과 체험 프로그램 개발, 홍
보가 하나의 종합적인 체계로 이루어져야 한다. 이 과정에서 가장 기본
적이고 밑바탕이 되어야 할 것이 교육프로그램 개발이다. 왜냐하면 그
것이 바로 모든 사업을 추동하고 실행하는 아이디어의 결집체이기 때
문이다.

② 관광자원화 계획 : 다음으로 관광자원으로의 활용방안인데, 여기
에서는 문화상품 개발, 축제 및 이벤트(전통생활과학), 그리고 주변 관
광자원연계 방안 등이 해당될 수 있을 것이다. 문화상품 개발의 경우는
자승차의 복원[10]이라든가 계영배의 복원제작 같은 사례가 해당될 수
있을 것이고, 앞의 다양한 자료와 특화된 자원을 최대한으로 홍보 활용
할 축제(이벤트) 방안이 이에 해당될 수 있다. 다만 다른 지역에서 경쟁
적으로 성행하는 이벤트와 차별화하여 교육, 체험, 관광, 연수를 종합
패키지화한 교사연수 같은 집약적인 이벤트가 구상되면 더욱 바람직하
겠다.

관광자원 연계는 규남 하백원 유적의 성격이 '규남 하백원의 실학
및 과학사상'이라는 특징을 지니고 있으므로, '호남지역 인물 정신사'
'과학사'에 초점을 둔 테마 중심의 연계 코스가 최우선일 것이고, 다음
으로 구상되어야 할 것이 규남 하백원 가계와 학맥, 그리고 그들의 유
적을 연계하는 개발, 끝으로 화순지역의 인접 유적을 벨트로 연계하는
방안이 있을 것이다.

③ 교육·관광 프로그램 개발 공모(세미나) : 이상의 교육·관광프로
그램을 이상적으로 개발하는 방법으로써 이를 제안한다. 이 사업은 앞
에서 제시된 다양한 교육 체험, 관광 프로그램과 관련하여 ⓐ 관련 전
문연구자나 이벤트회사, 교육자 등을 참여시켜, ⓑ 아이디어 공모 및

---

10) 정동찬 외, 「자승차의 복원 및 실험연구」 『규남 하백원 선생 실학사상 학술대회
    발제문』, 2004(본서 수록)

발표회를 개최하고, 선정된 프로그램에는 ⓒ 시험운영비를 지원(1년-2
년)하고, ⓓ 실적과 성과를 평가하여 인센티브를 지급, 프로그램을 보완
추가하는 방안이다.

　이 방법은 교육 및 관광 수요층의 수준이나 기호에 따른 소프트웨어
를 개발하기 위한 적극적인 방법이자, 규암 하백원 홍보의 수단이 될
수 있다. 공모제로 사업을 제안하게 할 수도 있고, 전문기관에게 의뢰하
여 시안을 발표하게 하는 세미나도 방법이다.[11] 내용은 각종 교육 문화
체험 프로그램(과학기기 제작 체험, 연계유적지 기행 등) 교육자료집,
교재개발 등[12]으로 하여

　　① 프로그램 내용은 규남 하백원 이해하기, 알리기, 체험하기
　　② 일정은 1박2일, 1일, 4시간, 2시간
　　③ 대상은 학생(중고, 초, 유아), 대학생답사, 일반시민, 기타 관광객
　　④ 예산은 선정심사비, 발표회, 사업운영 지원비

를 마련했으면 좋겠다. 이 사업은 교육청이나 대학연구소와 연계하면 좋
을 듯하고, 지역축제 및 이벤트의 한 행사로 특화하여도 가능할 것이다.

7. 맺음말

　이상에서 필자는 규남 하백원의 사상과 학술, 그리고 과학정신을 효
율적으로 전승, 활용하기 위해 어떤 과정과 준비가 필요한지를 논의하

---

11) 규남 하백원 학술회의에서 발제한 「자승차의 복원 및 실험연구」(정동찬 외), 「규
　　남 하백원의 태생지에 대한 지리와 지도활용 방안」(김경수) 등의 발표가 유사한
　　성과물일 수 있다고 본다.
12) 예들 들어 규남 하백원과 실학 과학사상, 발명왕 규남 하백원 바로 알기, 규남의
　　생애·학맥·일화·유적(인물사), 발명품 제작 체험, 자료관 활용프로그램. 문화상
　　품 개발, 테마관광 계획 등등.

여 보았다.

규남 河百源(1781~1844)은 화순군 이서면 야사리에서 태어난 조선 후기 실학자이자 과학자로 호남실학의 三傑로 불려지며, 자승차와 동국 지도를 비롯한 여러 발명품을 제작한 인물이다. 그러나 연구가 많이 이루어지지 못했고 일반인이나 학생들에게 널리 알려지지 못한 아쉬움이 많은 인물이기도 하다. 따라서 본고에서 필자는 우선 규남의 학문과 사상을 정확히 규명하고 알리는 기초적인 자료 정리와 연구, 그리고 홍보 작업이 우선되어야 함을 강조하였다.

그리고 이와 더불어 우리가 생각해야 할 일은 이러한 규남의 학문이나 저술에 대한 분석이 연구나 논의로만 머물러서는 한계가 있다는 것이다. 물론 규남 하백원에 대한 기본 연구, 그리고 학술사적·역사적 가치와 의의에 대한 공감대 확산과 지속적, 체계적 연구가 먼저 이루어져야 하지만, '과거-현재-미래'를 연계시키면서 그 정신과 유산이 보존되고 전승하는 측면도 매우 중요하다고 본다. 현재 규남의 학문과 사상, 업적에 대하여 학계나 일반인들이 주목하지 않는 것은 바로 그동안 그러한 노력을 게을리하였기 때문이라고 생각할 수도 있기 때문이다.

그리고 문화자원이 활용될 때, 우선은 그 문화를 대하는 수요층의 기호와 흥미, 목적과 부합되어야 한다. '억지로 먹인다'가 아니라 '골라서 먹게 하는' 개발이 되어야 하며 그런 인식이 바탕이 되어야 다양한 문화 체험 이벤트 개발, 패키지 구축, 비교문화 관점의 소프트웨어 개발이 가능해질 것이다. 그리하여 특성과 내용성이 강조되어 "해당 지역에서만 체험할 수 있고, 집중성 있는" 콘텐츠로 특화되어야 한다. 하드웨어, 건축중심의 복원·정비 사업, 그리고 인물선양 사업에서 보여지는 보수적인 형태의 사업들에 대하여 문제점을 제시하고, 이를 극복하고 차별화하는 방법으로 교육과의 연계와 교육자료의 개발을 강조하여 보았다.

모쪼록 규남 하백원 기념사업이 수요자를 정확하게 보고 그들의 수요에 맞는 흥미와 관심을 고려한 소프트웨어의 내용 구성으로 가장 모범적이고 교육적인 문화자원으로 활용되기를 기대해본다.

〈참고문헌〉

이현종, 「규남문집해제」『규남문집』(영인본), 경인문화사, 1977.

안진오, 「규남 하백원의 생애와 사상」『전남(호남)지방 인물사연구』-유학자를 중심으로-, 전남지역개발협의회, 1983.

문중양, 「조선후기의 수차」『한국문화』15, 서울대 한국문화연구소, 1994

안진오, 「규남의 성리학과 실학사상」『호남유학의 탐구』, 이회문화사, 1996.

이해준, 「백제문화권의 지역축제를 통한 문화관광상품개발방안 연구」, 문화정책 개발연구원, 1997.

이해준, 「지역박물관과 지역사자료정리」『박물관학연구』2집, 대전보건대 박물관학연구소, 1997.

이해준, 「한국지역문화정보화의 방향과 과제」『98세계문화엑스포국제학술회의 발표논문집』, 1998.

이해준, 「지역축제와 문화관광자원의 연계방안」『백제문화』27집, 백제문화연구소, 1998.

이해준, 「서남해 도서지역 문화자원의 가치와 활용방안」, 목포대 도서문화연구소, 2000.

이해준, 「순창 성황제의 복원과 활용방안」, 전북전통문화연구소, 2000.

이해준, 「생활사연구의 역사민속학적 모색」『역사민속학』13집, 한국역사민속학회, 2001, 31~48쪽.

이해준, 「지역사연구의 이론과 체계시론」『한국사론』32집, 국사편찬위원회, 2001, 197~223쪽.

이해준, 『지역사와 지역문화론』, 문화닷컴, 2001.

후 기

이제야 규남 하백원 선생의 실학사상 연구논문집이 간행된다. 선생께서 돌아가신 지 157년만이며, 『규남문집』이 영인 간행된 지 31년만이다. 이것은 후손으로서의 기쁨보다도 앞으로 호남 실학 연구의 발전을 위해 기쁜일이 아닐 수 없다. 또 30년 전 내가 호남 실학 연구의 기초를 마련하고, 그 자료를 제공하기 위해 『존재전서』, 『이재전서』, 『여암전서』, 『규남문집』을 영인 간행하였는데, 이제야 그 결실을 보는 것 같아 후학으로서의 기쁨이 더 크다고 하겠다. 참으로 경하해 마지않는다.

규남선생에 관한 연구는 『전남(호남)지방 인물사연구』 『다산학보』에 발표된 안진오 교수의 「圭南의 성리학과 실학사상」으로부터 시작하였다. 그후 문중양의 「조선 후기의 水車」, 양보경의 논문 등에서 단편적으로 논급이 되었으나, 본격적으로 연구되기는 2004년 12월 10일 규남 하백원선생 실학사상 연구 학술발표대회 때부터다. 이 학술 발표대회는 전남사학회 [현 호남사학회] 주최, 규남 하백원선생기념사업회 주관, 전라남도·화순군·진주하씨대종회 후원으로 600여 명이 참석한 가운데 화순군민회관에서 성대하게 개최되었다.

이 학술 대회의 성과는 크게 세 가지를 들 수 있다.

첫째는 규남 선생의 유학사상에 대한 전반적인 재조명이다. 안동교 교수는 이날 발표한 「圭南 河百源의 학문관과 실학정신」에서, 규남 선생의 體用俱全의 학문관과 당대 주자학적 사유의 반성적 검토, 尊德性과 道問學에 대한 재검토, 주체적 사고와 실천 중시의 독서론, 실용적 학문으로의 전환 등 규남 선생의 유학 사상에 대하여 전반적인 재조명

을 하면서 규남 선생의 "사상적 특성은 주자학에 기반을 두고 있으면서
도 성리설의 이론적 천착으로 나아가는 방향을 벗어나 현실의 구체적
실천을 추구하는 실학정신을 발휘하는 데" 있다고 밝히고, "하백원의
이러한 학문적 입장은 주자학 자체에 대한 비판이 아니라, 현실로부터
유리된 관념을 극복하여 주자학과 실제를 일관시키는 주자학내에서 방
향전환"이었다고 밝히었다.

둘째로는 자승차에 대한 본격적인 연구를 들 수 있다. 국립중앙과학
관 과학기술사연구(실장 정동찬) 팀이 이 날 발표한 「自升車의 復元 및
실험연구」에서는 자승차의 장치에 대하여 하나하나 구체적으로, 또 과
학적으로 분석하고 복원을 시도하였다. 이 연구에서 과학기술사 연구팀
은 규남 선생의 자승차에 대하여 "규남의 자승차는 오늘날의 양수기라
할 수 있는 자동기계장치로, 규남이 30세 되던 해인 1810년 자승차를
발명, 가뭄에 시달리던 농촌에 큰 도움을 주었다. 이 자승차는 조선 세
종대에 발명한 自擊漏 이후 시도된 자동화기기라는 점에서 그 의의가
매우 크다. 규남의 자승차 작동원리의 핵심은 강물의 유속을 이용하여
수삽(터빈)을 돌리고, 이 수삽의 회전력으로 수저를 들어 올림으로써 물
을 퍼 올리는 것이다. 자승차는 다양한 과학원리를 활용한 높은 수준의
양수과학 장비이며, 본 장비를 제작하기 위해서는 제작자가 유체역학에
대한 해박한 지식이 있어야 가능한 고도의 기술을 필요로 하는 장비"라
고 평가하였다. 과학기술사연구팀은 자승차를 축소 복원하여 국립중앙
과학관에 보관하고 있다.

셋째로는 『泰西會士利瑪竇萬國全圖』에 관한 연구를 들 수 있다. 그
동안 이 「만국전도」는 표제에 기록된 것을 근거로 예수회 중국 선교사
이마두(Matteo Ricci)가 그린 세계지도를 모사한 것으로 알려져 왔었다.
그러나 양보경 교수는 이 날 발표한 「규남 하백원의 「만국전도」와 『동국
지도』」에서, 지도에 사용된 지명을 낱낱이 고증하고, 지도의 형태를 비

교하여, "규남이 제작한 『泰西會士利瑪竇萬國全圖』는 지도의 제목으로 인해 그 동안 利瑪竇[마테오리치]가 제작한 『坤與萬國全圖』의 필사본으로 추정되어 왔다. 그러나 지도의 형태와 내용을 분석한 결과 마테오리치의 『곤여만국전도』를 바탕으로 그린 지도가 아님이 확실하다. 그것은 지도에 수록된 지명의 숫자가 반 정도에 불과하며, 지명의 내용·지도의 윤곽과 형태, 지도 여백의 주기 등에서 두 지도가 상이한 부분이 많기 때문이다. 『泰西會士利瑪竇萬國全圖』는 오히려 마테오리치가 사망한 해에 중국에 도착한 선교사 艾儒略(Giulio Aleni, 1582~1649)이 1623년에 간행한 『職方外紀』에 실린 「만국전도」를 바탕으로 하여 그린 지도로 추정된다. 특히 청 나라 건륭제의 명으로 1784년에 완성된 『四庫全書』「地理類」에 수록된 '職方外紀'의 내용과 거의 일치하여, 규남의 세계지도는 알레니의 원본 지도에 유사한 것으로 생각된다. 알레니가 제작한 지도는 한국에 거의 현존하지 않고 있어 규남이 제작한 세계지도는 귀중한 가치를 지닌다." 고 평가하였다.

또 『동국전도』에 대해서는 "규남의 『동국전도』와 팔도분도는 조선 후기의 위대한 지도학자 농포자 鄭尙驥가 제작한 「동국지도」 유형의 지도로서, 지도의 윤곽과 정밀함, 아름다움과 조화 등에서 매우 뛰어난 지도이다. 규남본 「동국지도」와 팔도분도는 정상기가 제작한 원도와 4대에 걸쳐 수정해 간 수정본 모습의 과도기적 형태의 지도로 보인다. 지도에 반영된 지명으로 파악해 보면 1787~1795년에 제작된 정상기형 지도를 저본으로 하여 제작했던 것으로 추정된다." 고 하고, "규남이 바탕으로 삼았던 지도는 정항령의 수정본 지도였을 것으로 추정된다." 고 하였다.

이 외에도 이 논문집에는 박호석 교수의 「자승차의 기구학적 구조와 성능에 대한 고찰」과 박명희 교수의 「圭南 河百源의 시에 나타난 情懷의 변모양상」, 이영숙 교수의 「圭南 河百源의 회화와 전각」, 이해준 교수의 「규남하백원유적의 교육·문화관광지원화 방향」등을 수록하였다.

학술대회 후 규남 하백원 선생의 유물에 대한 조사가 두 가지로 나뉘어 진행되었다. 첫째는 「동국지도」와 「만국전도」에 대한 문화재 지정을 위한 조사였다. 2005년에 화순군에서 전라남도에 지방문화재 지정신청을 하여 김정호(전라남도 문화재위원, 향토문화진흥원장)·양보경(성신여대)·이영숙(전라남도 문화재전문위원, 전남대)·고석규(전라남도 문화재전문위원, 목포대) 교수가 조사를 하여 2005. 12. 27일자로 전라남도 유형문화재 제285호(지정명칭 : 하백원의 만국전도와 동국지도)로 지정되었다. 2007년에는 문화재청에서 옛 지도에 대한 국가지정문화재(보물) 검토를 위한 자료 제출요청이 있어 전라남도에서 신청서를 제출하였다.

둘째 조사는 전라남도에서 지원하여 목포대학교박물관에서 실시한 일반동산문화재조사이다. 이 조사는 문화재청에서 국가 계획으로 전국에 소장한 일반동산문화재를 연차적으로 조사하는 것에 포함된 것이라 한다. 이 조사를 통하여 규남 선생의 유물 외에 우리 집 소장家傳遺物에 대한 전체 목록이 작성되었다. 낱낱이 사진을 촬영하고, 카드를 작성하여 책자로 제본, 관리가 쉽도록 하였다. 이 조사 결과 소장문적은 간찰 794매를 포함하여 고문서류 889건, 전적류 18건, 서화류와 지도, 유물 33건 등 모두 940건이 조사되었다.

그 동안 쌓인 논문이 15편에 이르렀다. 이에 연차적인 발간계획을 세우고 창간호에 9편의 논문과 연보, 문집해제 등을 곁들여 출판한다.

이 논문집이 간행되기까지 규남하백원선생기념사업회 장두석 회장을 비롯하여 많은 분들의 협조와 수고가 계셨다. 논문을 집필하신 연구자 여러분과 문화재 지정 심사를 맡으신 문화재 위원들과 서문을 써 주신 平村 李元淳교수님, 여러 가지로 도움을 주신 김희태 문화재전문위원, 호남문화연구소 학술총서로 간행을 하도록 협조해준 전남대학교 호남문화연구소 김신중 소장께 깊이 감사를 드리며, 불편한 몸을 이끌고 동분서주하며 선조 현창과 숭모사업에 남다른 정열을 쏟는 동생 상래에게도 고마운 뜻을 전한다. 그리고 『규남문집』 영인본 발간을 계기로 본 논문집 간행까지 2대에 걸쳐 인연을 맺게 된 경인문화사 한상하 회장과 한정희 사장께도 감사드린다.

끝으로 논문을 집필해주신 여러 교수님께 감사드리며, 이 연구 논문집의 발간을 계기로 규남 하백원 선생에 대한 연구가 보다 활발하게 진행되고, 규남 선생의 발명정신, 과학정신이 청소년에게 널리 전파되어 많은 발명가, 과학자가 배출되기를 기원하며, 호남 실학의 연구가 지속되어 제3의 호남학문의 꽃이 만발하기를 기원한다.

6대손 문학박사(전 안양대 교수) 聲來 삼가 씀

규남 하백원선생 연보

1.

한 인물의 年譜는 결코 그 인물의 출생으로부터 시작되는 것은 아니라고 생각한다. 그 인물이 태어나기 이전 그 집안의 家風, 家學, 交遊의 영향을 고려하지 않을 수 없다. 그런 의미에서 屛巖公(河永淸) 이후 이 집안과 관계가 있는 학자들, 그 중에서도 후일 圭南 선생의 利用厚生學的 實學思想을 형성하는 데 직간접적으로 영향을 끼쳤으리라고 생각되는 분들과의 교유 관계 기록들을 연보 앞에 삽입하였다.

2.

圭南선생이 태어나기까지에는 圭南선생의 증조 屛巖 河永淸(1697~1771)公의 영향이 컸었다. 이 집안은 당시 "萬卷宅"이라고 불릴 만큼 많은 장서를 가지고 있었다. 屛巖公은 陶庵 李縡(1680~1746)의 문인으로 屛溪 尹鳳九(1681~1767), 渼湖 金元行(1702~1772), 櫟泉 宋欽大, 山水軒 權震應 등과 교유하며 만 권 장서의 기틀을 마련하였다.

▫ 1754년(甲戌) : 旅菴 申景濬(1712~1781)이 屛巖精舍를 찾아왔다.

屛巖洞贈別申注書景濬　　甲戌 (屛巖公)

斗仰高名已有年　　　　暮雪春樹夢依然
窮山偶爾成奇會　　　　伊後相思必倍前

▫ 1760년경 : 石塘 羅景績(1690~1762)이 自鳴鐘을 제작하자, 屛巖公
　　　　　　(1697~1771)과 그 아드님 廷喆公(1727~1771)公이 次韻
　　　　　　하였다.

次璣衡韻 (璣衡羅仲集所造　而錦城倅洪櫟之子大容　捐數百金
而共成焉)　　　　　　　　 (屛巖公)

重成古器幾沈思　　　　　　篤學平生有此知
水激簫橫鐲舊制　　　　　　天行曜運輔新儀
圖傳往跡陳無用　　　　　　鑄繼前功活不虧
安得發揮如晦老　　　　　　千秋詔作致治資

董庭昔日創璣衡　　　　　　箕域千秋有此成
妙製雙賢窮理久　　　　　　奇功太守費財輕
贊參天地元和意　　　　　　陶鑄唐虞大理情
不有斯人焉有此　　　　　　明知後世幷流名

次璣衡韻　　　　　　　　　廷喆公

同心二士斷金思　　　　　　一器鍊成共致知
祖述南薰齊七制　　　　　　旁通西漾賈三儀
比諸古法今加密　　　　　　賴得新功舊不虧
閱數千年能獨覺　　　　　　世人誰識出天資

▫ 1760년(庚辰) : 圭南선생 조부 廷喆公에게 보낸 湛軒 洪大容(1731~
　　　　　　　1783)의 편지.

　　「浹月相守, 一別甚覺依悵. 頃便書承慰之至. 且所愼不添, 喜

幸何言? 比炎, 侍候更何似? 容, 依保昨狀爲幸. 機(璣)衡諸具,
幷此送上, 須細心努力, 俾至有成如何? 小機之計, 果不可爲
耶? 今此所造, 麤而且大, 全無金器規模, 幸先爲此, 而更爲商
確, 別造小件, 以副此望如何? 從近當一就, 姑不宣式.
庚辰 六月 初三日 大容 頓.」

　　※ 편지 본문 중에 "侍候"라는 말이 있는 것으로 보아 屛巖公에
게 보낸 서한이 아니라, 그 아드님 廷喆公에게 보낸 것이 틀림없다.
廷喆公은 홍대용보다 5살 연상이셨다.
　　이 편지 속에 "지금 만든 이것은 너무 커서 쇠붙이로 만든 器機
의 규모가 전혀 없다"는 말로 미루어 보아 석당께서 처음 만드신
자명종은 너무 컸던 것 같다. 그래서 홍대용은 다시 작은 것을 만들
어 달라고 부탁한 듯하다.

▫ 1762년(壬午) : 圭南先生 조부 廷喆公에게 홍대용이 보낸 편지

「卽聞
羅丈遽尒不淑, 驚慟夫復何言, 承誨雖晚, 慕仰實深, 作此永訣,
悲廓無以爲懷, 機衡修改終未得奉正, 一進亦未及遂計, 悠悠此
恨, 何以忘之耶, 初終凡百, 窮家荒勢, 何以拮据否, 此中方當
賑政, 賻儀亦未稱情, 可歎, 日前答書, 果已傳去否, 極炎侍履
何似, 容, 卽欲馳往一哭, 而適有祀故, 無由抽身, 極可悲恨, 襄
禮當在那間否, 伊時當掃萬往會, 須因便示之, 忙甚不宣狀式.
壬午六月初七日大容 頓.」

　　※ 이 편지로 보아 나 석당이 1762년에 돌아가신 것을 알 수 있다.

▫ 1771년(辛卯) 10월 10일 : 증조부 屛巖公 逝世.

　　　　11월 15일 : 조부 廷喆公 逝世.

==============================

▫ 1781년(辛丑) 1월 11일 : 和順郡 二西面 野沙里[당시는 전라도 동복
　　　현 외서면 야사리] 193번지(현재의 193, 193-1, 193-3, 193-4
　　　번지이고, 193-2번지는 학교부지로 편입)에서, 아버지 鎭星公
　　　(1754~1799)과 어머니 長興 高氏 사이에서 태어났다.
　　　"孝百行之源"의 뜻에서 이름을 "百源"이라 짓고, 字 역시 처
　　　음에는 "孝一"이라 하였으나, 그 후 "穉行"으로 바꾸고, 號를
　　　圭峰山 남쪽에 산다 하여 "圭南"이라 하였다.
　　　타고난 재질이 순수하고 아름다웠으며, 얼굴은 볼이 풍만하고
　　　안광이 총명하게 빛났다.
　　　어린 나이에도 여러 아이들과 어울려 장난하지 않고 글 읽기
　　　를 부지런히 하였다.

▫ 1786년(丙午) 6세 : 못가에 핀 봉선화를 보고 "봉선화가 물에 비치니
　　　물까지 붉게 취하려한다.(有照水 水欲醉)"는 글을 지어 주위
　　　를 깜짝 놀라게 하였다.

▫ 1787~1788년(丁未, 戊申) 7, 8세 : 악성 종기로 크게 앓았다. 여러
　　　달 동안 침을 맞고 뜸을 뜨는 괴로움 속에서도 손에서 책을
　　　놓지 않으며 학구에 대한 정열이 조금도 식지 않았다. 이 무렵
　　　松沙 鄭在勉이 선생을 처음 보고서 원대한 그릇이 될 것이라
　　　고 칭찬하였다.

▫ 1791~1792년(辛亥, 壬子) 12, 3세 : 학업이 일취월장하여 周·張·程·
　　　朱의 四子書를 다 읽고 詩文을 지음에 세상 사람들을 경탄케

하였다.

▫ 1793년(癸丑) 14세 : 濟州 梁氏 부인(戊戌생)과 결혼

▫ 1795, 1796년(乙卯, 丙辰) 15, 6세 : 文詞가 숙성하고 해박한 지식으로 고금 사적에 통달 하였다.

▫ 1797년(丁巳) 17세 : 17세의 어린 나이로 「養正齋上樑文」을 지었는데, 이미 이 글에서 문장의 노성함을 보여 주고 있었다(양정재 소재지: 현재의 야사리 185,511번지).

▫ 1799년(己未) 19세 : 부친 鎭星公 逝世. 家禮에 따라 장사를 엄숙하게 지내며 喪禮의 모범을 보여 주었다.

2월 「上季父書」

▫ 1800년(庚申) 20세 : 장자 澋 출생帖, 「奉先契帖敍」를 지음.

▫ 1801년(辛酉) 21세 : 3년상을 마치자 遺命에 따라 性潭(心齋) 宋煥箕(1728~1807)선생을 찾아가 뵙고 그 문하에서 수학하였다. 당시 性潭 선생 문하에는 이미 노성한 큰 학자들이 많이 모여 있었으나, 經書와 禮書에 관한 質疑와 解釋에 있어서 그 論辨이 뛰어나 性潭 선생은 늘 선생을 세상에 드문 英才라고 칭찬하였다.

「宿松廣寺次尊湖安丈壽祿韻」 五言絶句

「道源書院重修上樑文」 지음

▫ 1802년(壬戌) 22세 : 10월 「上心齋宋先生書」

11월 「答安尊湖壽祿書」

▫ 1803년(癸亥) 23세 : 增廣 進士試에 합격.

性潭 문하의 선후배들이 모두 대성하리라 하며 과거를 권하였으나 조모 李氏께서 춘추가 높으시어 집을 멀리 떠나 있을 수 없으므로 과거를 보러 가지 못했다.

▫ 1804년(甲子) 24세 : 8월 「與金尙書達淳書」

　　「道源書院講堂重修上樑文」

▫ 1805년(乙丑) 25세 : 「赴雪山試圍道中偶吟」 七言絶句

▫ 1806년(丙寅) 26세 : 1월 「上心齋先生書」

▫ 1807년(丁卯) 27세 : 性潭先生 逝世.

　　性潭선생의 從叔이며 스승인 雲坪 宋能相(1709～1758)선생이
　　禮論으로 士林의 탄핵을 받아 削逸의 禍를 입게 되자, 性潭선
　　생께서는 항상 이것이 한이 되었다. 그러나 性潭선생께서
　　이를 論辨하지 못하고 세상을 뜨시자, 圭南선생께서 雲坪선
　　생을 위하여 「遜巖院儒通文辨」, 「四學儒生疏辨」 등을 지어
　　雲坪선생을 변호, 후일 雲坪선생을 復逸할 때 이 辨說이 큰
　　도움이 되었다.

　　5월에 성담선생 문하에서 동문수학한 선배 尊湖 安壽麟공이
　　45세로 卒하자, 그 슬픔을 「挽尊湖安公」, 「尊湖安公哀辭 幷
　　序」로 표현하였다.

▫ 1808년(戊辰) 28세 : 동생 繼源 卒. 「憶亡弟而善繼源」 五律

　　11월 「與外弟安養直命集書」

　　「送遷窩金丈通海序」

　　「夢橋齋上樑文」

▫ 1809년(己巳) 29세 : 2월 初配 濟州梁氏 卒

　　4월 「答尹和順行澈大學問目書」

　　7월 「答尹和順大學問目書」

　　8월 「祭心齋先生文」, 「與安汝必壽祿書」

▫ 1810년(庚午) 30세 : 知己 吳大彦夏哲(1783년 계묘생)이 이웃으로 이
　　사옴.

　　「吳注書大彦夏哲來寓南隣以詩見贈因次其韻」 七律 2수를 지

어 그 기쁨을 나누고 이후 많은 시를 주고받았다.

여름에 『自升車圖解』 저술.

이 자승차는 가뭄에 고지대의 논과 밭에 물을 대기 위한 자동 양수기로서, 한국農政水利史上, 科學技術史上 획기적인 發明이며 동시에 선생의 利用厚生學的 實學思想의 한 단면을 보여준다.

국립중앙과학관 과학기술사 연구실(실장 정동찬) 연구팀은 논문[본서 참조]에서 "자승차는 세종대에 발명한 자격루(自擊漏) 이후 시도된 자동화기기라는 점에서 그 의의가 매우 크다"고 평가하고, "자승차는 다양한 과학원리를 활용한 높은 수준의 양수과학 장비이며, 본 장비를 제작하기 위해서는 제작자가 유체역학에 대한 해박한 지식이 있어야 가능한 고도의 기술을 필요로 하는 장비"라고 하였다.

12월 「與安汝必書」

▫ 1811년(辛未) 31세 : 조모 李氏 逝世.

『東國地圖』 완성.

양보경 교수는 선생이 제작한 『東國地圖』는 "농포자 鄭尙驥(1678~1752)가 제작한 「동국지도」 유형의 지도로서, 지도의 윤곽과 정밀함, 아름다움과 조화 등에서 매우 뛰어난 지도"라고 평가하고, 정상기의 손자 정항령의 수정본 지도를 바탕으로 그렸을 것이라고 추정하였다.

또 현재 이와 같은 「동국지도」가 국내에 몇 편 전하고 있으나 刊寫者와 刊寫 年代가 불분명한 데 반해 선생의 「동국지도」는 간사자, 간사 연대가 분명하여 한국 지도의 발전 과정을 연구하는 데 귀중한 자료로 평가된다.

「東國地圖成與吳大彦拈韻共賦」

「與宋金山煥章書」,

10월 「答宋奉事欽大書」

全州 崔氏 부인과 再婚.

▫ 1812년(壬申) 32세 :

▫ 1813년(癸酉) 33세 : 어머니 高氏 逝世.

▫ 1814년(甲戌) 34세 : 次子 湅 出生

▫ 1815년(乙亥) 35세

▫ 1816년(丙子) 36세 : 「偶得近體寄李伯善翼在」7律 4수를 짓다.

▫ 1817년(丁丑) 37세 : 「上洪僉判㦿周書」

三子 潩 出生

▫ 1818년(戊寅) 38세 : 10월 「曆象箋錄」

▫ 1819년(己卯) 39세 : 1월 「答朴丈宗說書」

▫ 1820년(庚辰) 40세 : 「上李尙書羲甲書」

7월 「胡玉齋夆閏註說辨」

▫ 1821년(辛巳) 41세 : 『泰西會士利瑪竇萬國全圖』 模寫

『태서회사이마두만국전도』는 그 동안 표제에 '泰西會士 利瑪竇'라고 기록된 것 때문에 마테오 리치(Matteo Ricci, 利瑪竇)의 세계지도를 모사한 것으로 알려졌으나 양보경 교수의 연구[본서 참조]로 알레니(Alleni, 艾儒略)의 『職方外紀』를 저본으로 하여 모사한 것으로 밝혀졌다. 양보경 교수는 "알레니가 제작한 지도는 한국에 거의 현존하지 않고 있어 규남이 제작한 세계지도는 귀중한 가치를 지닌다." 고 평가하였다.

「答鄭在明書」

▫ 1822년(壬午) 42세

▫ 1823년(癸未) 43세 : 「溫陵齋舍次李伯善韻」7律 1수를 짓다.

▫ 1824년(甲申) 44세 : 「敬次肅廟大報壇韻詠今上親祀」7律 1수 짓다.

▫ 1825년(乙酉) 45세 :「和贈宗人文伯性圭」7絶 1수

　　　　1월「與安汝必書」

　　　　「上吳老洲熙常書」

▫ 1826년(丙戌) 46세 :「和贈文中立」7律 1수와 5絶 1수

　　　　「曾祖屏巖府君家狀」

▫ 1827년(丁亥) 47세 :

▫ 1828년(戊子) 48세 :「追和夢隱子崔士會濟郁」7律 1수를 짓다.

▫ 1829년(己丑) 49세 : 12월「與兪金化星柱書」

▫ 1830년(庚寅) 50세 : 10월「與鄭僉奉在勉別紙」

　　　　「祭從弟聖來孝源文」

▫ 1831년(辛卯) 51세 : 經明行修로 道臣이 천거하다.

▫ 1832년(壬辰) 52세 : 3월「答崔進士重集書」

　　　　「禱達川文」

▫ 1833년(癸巳) 53세 :「唱酬韻見示忘拙和呈非敢言詩聊續舊契」를 짓다.

▫ 1834년(甲午) 54세 : 道臣이 "理才"로 천거하였다.

淵泉 洪奭周가 銓衡하며 "이 사람은 백 리 안에서는 볼 수 없
는 인재인데, 왜 經行으로 천거하지 않았느냐?" 고 도신에게
힐문하자, 전라 감사는 "이 사람이 경행으로 천거하면 벼슬길
에 나오지 않을 것 같아서 국가에서 필요로 하는 인재라는 뜻
에서 이렇게 천거하였다" 고 하였다. 그러나 홍석주는 그 천
거의 조목이 경행이 아닌 것을 애석해 하였다. 蔭補로 昌陵
參奉에 제수되었다.

齋室을 지키는 때에는 誠敬을 다하였고, 동료들과 항상 도의
를 강마하였다. 한 번은 권세 있는 집안에서 능의 경계지점에
경계의 밖이라고 표를 세우고 돌아갔다. 이 때 선생께서는 군
인을 시켜 그 표석을 파버렸다. 모두 위험한 일이라고 걱정하

였다. 그러나 선생은 아무 두려움 없이 옳지 않은 일에는 이
처럼 대처하였다.

1월 「答李季問學在書」
5월 10일 全羅監司 徐有渠(1764~1845)가 『自升車圖解』를
보고 다음과 같은 편지를 보내왔다.

「河上舍 丌下
叔向, 執手皭明, 聞其言也, 褚衰, 識認孟嘉, 把其貌也. 僕於足
下, 未曾有半面之雅, 一言之契, 而南來以後, 數聞聲華. 曩者,
和順使君, 投示自升車圖解一卷, 剪燭疾讀, 睪睪乎鬢眉之可
接, 而纚纚乎精思妙詮之可聽也, 此所謂神會耶? 古人取水之
器, 有括過盤吸四法, 若農書所載, 翻車筒車龍骨龍尾等車之用
輪軸運水者, 皆盤之法也. 僕每謂, 龍骨, 魏晉以來 最重是器,
而但恨槽板凹凸相啣, 以鐵木簪合, 隨軸屈折之際, 易致缺裂,
不可用矣. 龍尾, 後出愈巧, 而法密制精, 易失多差, 泥沙渾入,
螺道輒窒. 僕之金陵山庄, 舊置此車, 而迄不用以漑田, 誠以野
農鈍樸, 用之不得其方也. 今此自升車, 又似參用吸法, 如泰西
水法恒升玉衡之制, 而工制旣甚簡易, 物料亦不難辦, 雖鄉野鈍
工, 亦可按式製造. 苟使田高水低, 仰視尋丈, 莫之引漑之處,
家置一器, 旱則陞水, 澇則洩水, 蘆嶺南北, 庶可無凶年矣, 其
爲利用厚生, 豈云淺尠哉? 木料工本, 並令本縣措備, 以俟指敎,
毋靳口授. 式樣先造兩三車, 分送諸邑, 作爲粉本, 轉相流布,
則南民之受賜也多矣, 如何如何? 顧今夏至節屆, 秧苗盈握, 而
祇緣高亢乏水, 移插腕晚, 夙宵憂惱, 如焚如惔. 水旱之可以人
力强捄者, 唯有戽水蓄洩而已. 諺有之, 五月思築塘, 謂其無遠

慮也. 今僕此言, 固知其後時無及, 而視諸亡羊而補牢, 尙不爲
甚晚耶? 有委勿外, 不宣, 統希亮照.
甲午 五月 旬日 徐有榘 拜.」

5월「答徐監司有榘書」
5월 18일 全羅監司 徐有渠로부터 다음과 같은 두 번째 서신
오다.

「河上舍 亣下
拜覆於鹽水恭俟之中, 慰浣之極, 如熱而濯. 水車之制, 圖式瞭
然, 縱令粗有手巧者, 按圖製造, 尙可以適用, 而況心得其妙,
口授其制, 則有何辟戾之患耶? 慮之誠過矣. 今欲先造小樣, 試
可後, 推而廣之, 則自然多費日月, 只可作來歲之備, 而不得爲
目下實用矣. 見今夏至已逼, 秧役漸晚, 而無邑不惜乾, 圭璧將
擧, 苟有弭捄之道, 豈容晷刻虛徐? 工本與匠手, 藉得官力, 然
後可以速完, 故玆更知委本邑, 俾爲一聽指使之地, 幸爲我勿淹
始役, 不日成之, 則縱未及博施全省, 猶可以傳播隣近, 如何如
何? 圖解依敎還瓻, 而鄙著海東叢書中, 切欲收入矣. 幸望更加
釐訂, 俾成完本, 不靳惠擲, 則當繕寫一通, 旋卽奉完耳. 爲此
耑候不備.
甲午 五月 十八日 徐有榘 拜.」

7월 9일 全羅監司 徐有渠로부터 다음과 같은 세 번째 편지
오다.

「河僉奉 經案

覆牘遠墜, 慰釋沒量. 至於決難出脚之教, 誠是萬萬意慮之外.
今番道剡與銓注, 意豈徒然哉? 誠以民窮財竭, 漸就莫可收拾
之境, 而一分矯捄之方, 惟擇守令三字而已. 苟欲擇守令, 先從
初仕撿擬, 搜訪才諝, 而近來初仕, 每每不越京華石竇之中, 而
鄕外草澤, 雖有龔黃杜召之才, 莫之一展其蘊抱, 仕路之狹窄如
是, 而人才何由而進? 民生何由而少紓其浚剝之苦哉? 僕曾於
數十年前, 送賑邑守令序, 有曰方今化理休明, 法令纖具, 上自
宰相, 下至百執事, 無不循循然遵矩蹈轍, 雖有奇才異能, 無以
自顯, 惟有任百里之責者, 或遇凶年饑歲, 流亡日聞, 剽賊竊發,
其濟捄支吾之策, 一守令之關於得失, 可什佰于無所事之宰相,
區區平日持論如此矣. 守令之責, 課農爲先, 而課農之方, 水利
最急. 向見自陞車圖說, 深服精思妙悟之今世所罕, 如欲推廣其
制, 則其勸相興起之方, 豈固守東岡之陂而所可爲哉? 幸賴此
銓長之恢公搜才, 有此早晚展布之期, 此心欣滿, 不啻若十里齎
糧. 不意逡巡難進, 若是其違料也. 聖人云不仕無義, 此箇事理,
幸須更加裁量也. 秋夕受香, 只隔數十日矣. 及今啓程然後, 始
無後時之歎, 一謝恩命, 更議去就, 未爲甚晩, 如何如何? 過此
時, 可以一挹淸儀, 不備書禮.

甲午 七月 初九日 記末 徐有榘 拜.」

9월 「上季父書」

▫ 1835년(乙未) 55세 : 「和明寢郞李好能學愚贈張省伯韻」 5絶 1수
「祭松沙鄭公在勉文」

▫ 1836년(丙申) 56세 : 禁府都事.
「次明寢李好能述懷韻」 7律 1수를 짓다.

▫ 1837년(丁酉) 57세 : 順陵直長

　　「暮渡錦江」 7律

　　6월 「寄子濬書」

▫ 1838년(戊戌) 58세 : 司饔院 主簿, 刑曹 佐郞.

　　이 때 선생은 訟事에 公明正大하여 억울한 자들이 모두 河佐
　　郞에게 송사받기를 원하였다. 그 때 西學이 대치, 만연하여 날
　　마다 잡혀 오는 죄수가 옥에 가득하였다. 선생께서는 斥邪에
　　엄격하였으나 濫刑하지 않고 상세하게 조사하여 억울함이 없
　　게 하였다.

　　1월 「寄子濚, 澋書」

▫ 1839년(己亥) 59세 : 「次水館主人韻」 7律

　　「答李景熙承穆書」

　　「祭牛峯安公壽永文」

▫ 1840년(庚子) 60세 : 宗廟令, 慶基殿令

　　「與金進士肯肯淵舟到廣倉士肯有韻求和」 7律

　　「祭李公象泰文」

▫ 1841년(辛丑) 61세 : 石城縣監 제수.

　　石城縣은 다스리기 어려운 곳으로 이름나 있었다. 公納 稅를
　　여러 해동안 내지 않을 뿐만 아니라, 아전들이 隱結을 官用인
　　양 숨겨두고 있었다. 이것을 모두 바로 잡고, 아전들이 마구
　　거둬들인 100여 석의 곡식을 백성들에게 나누어 주었다. 그
　　때 순찰사로 내려온 金英淳은 선생의 선정을 칭송하였다.
　　그러나 그 고장 土豪 尹氏가 선생을 꺼려하여, 어사로 내려온
　　鄭基世(1814～1884)를 사주하여 모함하는 상소를 올렸다. 이
　　로 인해 선생께서는 保寧으로 유배되었다.

　　1월 「答朴子益應壽書」

▫ 1842년(壬寅) 62세 : 「石城縣社稷壇祈雨祝文」

「發保寧配所之行」 7絶

▫ 1843년(癸卯) 63세 :

2월 「答李士剛遇正書」

4월 : 선생께서는 보령에 유배 와 계시면서 보령의 선비 平泉 李秉中翁을 비롯하여 光軒 李遇明, 醉竹 趙淳榮, 居晦 李遇正(자 士剛), 菊隱 沈思叔 등과 교유하며 주고 받은 시문이 많은데, 4월 15일에는 이 분들과 함께 배를 타고 松湖(솔섬), 高巒을 거쳐 黃鶴樓를 완상하고 寒山寺에서 일박한 후 永保亭까지 선유하였다. 이 때 여섯 분이 시를 짓고 선생께서 그림을 그려 만든 시화집이 바로 『海遊詩畵』다.

5월 : 선생께서는 보령에 유배 와 계시면서 보령의 성리학자 蘭菊齋 李禮煥의 문집을 교정하고 그 발문을 지으셨다. 이 난국재집 발문을 발견하게 된 것은 2005년 6월 11일 동생 상래, 명래와 함께 보령 1차 답사를 다녀온 후 金孝冀(전 보령고 교장) 선생님의 배려로 발견하게 되었다. 난국재집 발문은 『규남문집』에 수록돼 있지 않기 때문에 여기에 그 전문을 실어 둔다.

* 蘭菊齋集 跋

「余夙聞蘭菊齋李公隱居行義於湖海間 願一就正焉 山川落落 人事不可常 公已九原矣 余甚恨之. 今年春 公胤子基鑣訪余於 新城累舍 泫然語曰 吾先子見子之文 恨不見其人也. 因以公遺 稿若干卷示之 願有以訂正之 余謹受而讀之 果是有德之言也. 一字一句無非從義理上說來. 或自警焉 或勉人焉. 嘐嘐尙古之 志 眷眷服善之誠 眞實心地 刻苦工夫 吁可敬也. 世之訛公者

或曰過矜 或曰近怪 今讀其文而想其人 質直好義 無怪乎流俗
之脈牾也. 彼鄕人之善者好之 不善者惡之 從古然矣. 世道日
薄 風俗益頹 剛者不可見 余於是益恨夫不及見公也. 雖然聲氣
之應 以心不以面 余幸見公於書得其心 不啻面焉 古語云 不見
其山 願見其木 余雖不見公 見其書得其心 猶足以少償疇 昔之
願也. 於是乎追感神交之誼 忘其固陋 刪定爲四卷. 君子一言
可爲天下法 焉用多爲 公於文章初非留意者 專不事彫琢 詩寫
性情 文止辭達而已. 卽此亦可以知公也. 編末仍書所感而歸之.
無統癸卯孟夏上澣 晉陽河百源謹書」

「나는 일찍이 난국재 이공이 호서 해안에 은거하며 行義하며
오로지 바른 길로 나아가기를 원하는 사람이었다고 들었다.
산천은 견고하여 옛 그대로인데, 사람의 일은 항상 할 수 없
어서 공은 이미 저승에 가시었으니, 나는 이를 심히 한탄한다.
금년 봄에 공의 큰 아들 기표가 나를 신성 누추한 집으로 찾
아와 눈물을 흘리면서 '우리 선군께서 선생의 글을 보시고 그
사람을 만나보지 못하는 것을 한스러워하시었습니다.' 하고
말하였다. 그리고는 유고 몇 권을 내보이며 정정하여주기를
원하였다. 나는 그 책을 삼가 받아 읽어보니 과연 有德한 분
의 말이었다. 한 글자 한 구절이 의리상에서 오고간 말 아닌
것이 없었다. 혹 어떤 것은 스스로를 깨우치고 혹 어떤 것은
남을 권면하는 글이었다. 공의 원대한 뜻은 옛것을 숭상함이
요 마음속에 간직한 것은 선에 복종하는 정성이니, 공의 진실
한 마음과 각고의 공부는 아, 공경할 만하도다! 세상에서 공을
잘못 이해한 사람들이 혹 말하기를 자신을 지나치게 뽐낸다
하기도 하고 혹은 괴상한 데 가깝다고 하기도 하나, 지금 그

글을 읽어보고 그 인품을 상상해 보니, 質直하고 好義하여, 세상에 유행하는 풍속의 맥에 거역함이 결코 괴상한 것이 아니었다. 그 고장 사람들의 善을 좋아하고 선하지 않은 것을 미워한 것은 성인의 옛 도를 따랐기 때문이다. 세상에서 성인의 道가 날로 엷어지고 풍속이 갈수록 퇴폐하여 강직한 사람을 볼 수가 없으므로, 나는 이에 공을 미처 만나보지 못한 것을 더욱 한탄한다. 비록 그럴지라도 聲氣가 서로 통하는 것은 마음으로써 하는 것이지 얼굴로 하는 것이 아니다. 그런데 나는 다행히 공의 글에서 공의 마음을 이해하였으니 얼굴을 보지 못한 것쯤이야 어떠랴? 옛말에 그 산은 보지 못하였을지라도 그 산에서 나온 나무를 보기를 원한다는 말이 있다. 내 비록 공은 보지 못하였을지라도 그 글을 보고 그 마음을 알았으니, 이로써 옛날의 원하던 바를 조금이나마 보상하며 오히려 만족한다. 이에 공을 추모하여 정신적으로 교유한 情誼로 나의 고루함을 잊고 문집을 4권으로 산정한다. 군자의 한 마디는 천하가 법 받을 만한 것이니, 어찌 많은 글을 지으랴? 공은 문장을 짓는 일에는 처음부터 유의하지 않았고, 오로지 문장을 수식하고 다듬는 일도 하지 않았다. 시는 자신의 성정을 그대로 표현하고 글은 뜻을 전달할 따름이었다. 곧 이것 역시 공을 알만한 것이다. 책 끝에 느낀 바를 써서 붙인다.
무통 계묘(1843)년 5월 10일 진양 하백원 삼가 쓰다」

7월 「答申生昌發書」
10월 「答趙生大成書」
「醉竹說」 지음

* 이 외에도 보령 유배지에서 여러 편의 시문을 남기셨다. 「到新城拈益齋韻」, 「酬李景昭遇明見贈」, 「酬趙一汝淳榮」, 「次平泉李聖庸秉中韻」, 「酬金景殷箕烈」, 「聖住山紀行」, 「答李景昭遇明大學問目」, 「答李士剛遇正」, 「答蔡元德東奭」, 「答趙舜元允榮」, 李秉中의 「敎兒新書序」, 「李景昭詩稿序」, 「光軒記」, 「居晦室記」 등이 그것이다.

* 선생에게 光軒 李遇明이 보낸 시가 『光軒詩集』에 4편이 있어서 참고 자료로 여기 소개해 둔다.

「次呈圭南河石城 百源」

恩譴於公賜鏡湖	幸余德隣未云孤
竄鴻自在雲邊水	放鶴誰尋月下蘆
經史講疑餘力賴	江山赴約勝遊俱
慇懃吾道相傳意	一幅華陽九曲圖

「呈圭南丈」

歲暮從蘭室	餘香尙襲留
奔忙皆世路	歇泊是安流
講易今涪水	和陶古惠州
奇緣由此得	恩譴未云愁

「謝圭南丈手刻圖石惠寄」
　　(圭翁刻光明正大四字惠我以剛齋先生命號故也)

一片石而木	天圓又地方

人功參造化   心畫象陰陽

正大光明字   經緯繪寫章

是爲君子寶   十襲我家藏

「謹次圭南寄韻」

匪所養閒亦聖恩   爲公晚節臥江村

圖書復得光明寶   詩律猶看佔畢言

師教有人吾道托   工程無力此心存

須從再見歸吟弄   風月增淸滿我軒

* 나라에 경사가 있어 사면령으로 유배가 풀려 고향으로 돌아오시다.

▫ 1844년(甲辰) 「河氏門中事實」을 지음(운명하기 10일 전에 병중에 있어 從姪 沃에게 구술하여 쓰도록 하였고 동년 11월 하순(臘月下澣)에 기록으로 정리함. 『금사병암유집』 영인본 수록).

▫ 1844년(甲辰) 8월 17일 巳時 사랑채에서 향년 64세로 세상을 떠나시다. 병세가 악화되자 자손들이 "정신이 혼미해 지시기 전에 자손에게 경계할 말씀을 유언으로 남겨 주시라"고 청하였으나 고개를 흔드시며 "사람이 죽을 때 자손에게 유언을 남기는 것은 도시 쓸 데 없는 일이다. 자손이 현명하면 비록 한 마디 말이 없을지라도 아버지가 행하던 도를 고치지 아니하나, 자손이 불초하면 비록 수천 마디의 말을 남길지라도 장차 끝이 어찌될지 알랴?" 하시었다.

부음이 들리자 일가 종친은 "울타리가 넘어졌다" 하고, 士林

들은 "栟櫋을 잃었다" 하며, 부녀자에 이르기까지 눈물을 흘리었다.

11월 10일 攬轡院(화순군 북면에 있었던 驛院, 속칭 남재) 동쪽 기슭 丑坐에 안장.

1 ▫ 860년(戊午) 仲冬 : 三子 瀷이 家狀을 지음

==============================

- 1937년(丁丑) : 5대손 泰永(1917~1996)이 문집 발간을 계획하고 진주 河謙鎭에게서 「서문」을 받아옴.
- 1942년(壬午) : 宋洛憲에게서 「서문」을 받아옴
- 1944년(甲申) 겨울 : 경제학자 白南雲과 金時中이 학술답사차 5대손 泰永家를 방문, 문집과 유물을 조사함.
- 1946년(丙戌) : 5대손 泰永이 遺集을 刪定하여 7권 3책, 石版本으로 刊行. 이 때 傍孫 應律이 血誠을 다해 石版本 글씨를 씀. 金文鈺(1901~1960), 방손 應雲, 應律, 5대손 泰永이 발문을 씀
- 1960년대 : 향토사학자 양동주가 「전남일보」에 연재한 '호남인물사'에 선생을 청백리로 소개함
- 1971년 4월 5일 : 5대손 泰永의 주관하에 선생의 묘소를 화순군 북면 남재에서 광주광역시 동구 月南洞 후록(산77번지)으로 이장하고 묘비 건립. 이 때 6대손 성래(1935년생)가 「追慕辭」를 낭독하고, 광주문화방송에서 취재 방송함.
- 1972~1973년 : 6대손 성래가 「전남매일」에 『태서회사이마두만국전도』를 소개하고, 아울러 「동아일보」, 「중앙일보」, 「한국일보」, 「조선일보」등에 대서특필하여 소개 됨. 그 후 『月刊中央』에

　　6대손 성래가 또 「만국전도」를 소개함

▫ 1974년 1월 15일 : 모선계 설립

▫ 1977년 : 6대손 성래가 석판본 『圭南文集』에 하겸진의 「서문」과 『해
　　　　　유시화』와 「만국전도」와 「동국지도」, 국사편찬위원회 편사실
　　　　　장 이현종의 「해제」를 붙여 경인문화사에서 영인 간행함.

▫ 1980년 4월 26일부터 5월 3일까지 「전남일보」에서 기획기사 『野人』
　　　　　에 5회에 걸쳐 선생의 생애와 사상, 학문을 상세히 보도

▫ 1983년 : 안진오 교수 「규남 하백원의 생애와 사상」 논문발표, 『전남
　　　　　(호남)지방의 인물사연구』-유학자를 중심으로-(전남지역개
　　　　　발협의회).

▫ 1986년 : 안진오 교수 「규남 하백원의 성리학적인 실학」 발표, 『다산
　　　　　학보』, 8집(다산학연구원).

▫ 1994년 : 문중양 교수 「조선후기의 수차」 중 '河百源의 水車' 발표.
　　　　　『한국문화』 15호(서울대 한국문화연구소).

▫ 1994년 : 『儒學思想-年譜集成』(광주고전국역총서 철학 2)에 규남
　　　　　하백원 연보 실림.

▫ 1994년 12월 23일까지 「광주매일」에서 선생의 생애와, 사상, 학문을
　　　　　기획기사로 3회에 걸쳐 보도(남성숙 기자)-후에 『호남인물
　　　　　100인』으로 간행

▫ 1996년 : 『한국인물유학사 4』(한국인물유학사편찬위원회, 한길사)에
　　　　　규남 하백원[안진오 글] 실림

▫ 2001년 7월 8일 : 호남역사문화인물기행 답사-실학시대의 과학자·
　　　　　발명가, 규남 하백원-(조선대학교박물관 주최, 관장 이종범)

▫ 2002년 : 조선대학교 박물관 '역사문화인물기행' 『나는 호남인이로
　　　　　소이다』에 '실학시대의 과학자, 발명가, 하백원' 수록 (이해준
　　　　　집필).

▫ 2003년(癸未) 7월 17일 : 紀蹟碑建立, 祠宇創建, 生家復元, 紀念館建
　　　立 등을 위해 圭南河百源先生記念事業會를 결성하고, 그 위
　　　원장에 張斗錫이 선출됨

▫ 2004년 4월 10일 : 안진오 교수, 장두석 회장, 이기순, 이규형, 조주
　　　환 등 이 고장의 선비와 후손들이 모여 墓祭를 올림.

▫ 2004년 12월 10일 : 화순군민회관 대강당에서 全南史學會 主催, 圭
　　　南河百源先生記念事業會 主管으로 『圭南河百源先生實學思
　　　想學術發表會』를 儒林, 學者, 郡民 600여 명이 참석한 가운데
　　　성대하게 개최

▫ 2005년 :『전남사학』특집 논문 발간 (전남사학회)

▫ 2005년 : 규남선생유물과 하씨가전유물 일반동산문화재 목록 조사
　　　(940점, 전라남도, 목포대박물관)

▫ 2005년 6월 11일 : 선생의 유배지 보령 蟹浦를 찾기 위해 두 아우
　　　상래(1946년생), 명래(1950년생)와 함께 보령을 1차 답사하였
　　　으나 찾지 못하고, 돌아오는 길에 선생께서 집무하셨던 부여
　　　石城縣 관아를 답사하였다. 석성현 관아는 깨끗하게 잘 보존
　　　돼 있었다.

▫ 2005년 7월 1일 :「동아일보」에 "200년전 조선에 … 자동양수기 있
　　　었다"는 제목으로 다음과 같은 기사가 실렸다.

　　"조선시대에 제작된 대표적인 자동장치는? 자격루(自擊漏)다. 세종
대왕의 지시로 장영실 등이 1434년에 만든 자격루는 물을 일정하게 흘
려보내 북과 징을 울려 시간을 알려주는 '자동물시계'다. 현재 1만 원
권 지폐에 세종대왕과 함께 그려져 있어 일반인에게도 익숙한 과학문
화재다.
　　그런데 조선 시대에 또 하나의 뛰어난 자동장치가 설계됐다는 사실
은 잘 알려져 있지 않다. 1810년 호남 실학자 규남 하백원(圭南 河百

源, 1781~1845)이 도면상에 제작한 자승차(自升車)다. 현대 개념으로 '자동 양수기'에 해당한다. 설계 목적은 가뭄 때 논과 밭에 물을 대 흉년을 막는 일. 비록 당시에 실물로 만들어지진 못했지만 설계도가 매우 정교해 학계에서는 '자격루 다음 가는' 조선 시대 자동장치로 손꼽히고 있다.

　○ 부품 크기 등 꼼꼼히 … 30% 크기로 재현 성공

　23일 정동찬 국립중앙과학관 과학기술사연구실장은 "하백원의 설계도를 바탕으로 2년간 연구한 끝에 컴퓨터 시뮬레이션과 실물 형태로 양수기를 복원했다."고 밝혔다. 하백원의 후손들이 그 동안 보관해 오던 '자승차도해'(표지 포함 28쪽)를 공개하며 과학관에 복원을 의뢰한 결과였다. 이 연구 성과는 국내 학술지『전남사학』여름호에 게재됐다.

　설계도는 앞면 밑면 등에서 본 100여 개 부품들에 대한 그림이었기 때문에 전체 윤곽은 물론 어떻게 작동하는지 알 수 없었다.

　연구팀은 설계도에 따라 부품을 하나씩 제조해 나갔다. 길이, 두께, 구멍크기 등이 당시 쓰이던 척도인 리(0.03cm) 단위까지 상세히 소개됐고, 부품별 나무의 재료도 명시돼 있었다. 하지만 부품끼리 어떻게 연결되는지 알 수 없어 수많은 시행착오를 겪어야 했다.

　연구 여건상 이번에 만든 실물은 실제의 30% 크기로 가로 세로 60cm를 넘지 않았다. 그래서일까. 처음 봤을 때 그리 대단해 보이지 않는 느낌이었다.

　하지만 정 실장은 "조선 시대의 농기구를 떠올리면 생각이 달라진다."고 말했다. 당시까지 주로 사용된 양수기는 답차(무자위)였다. 사람이 발로 밟아 돌리는 물레바퀴로 지금도 염전에서 바닷물을 대는 용도로 이용되고 있다.

　하백원은 자연의 힘(강물)을 동력원으로 이용한 자동 양수기를 떠올렸다. 먼저 강물의 직선운동으로 물레바퀴를 돌려 회전운동으로 변환시킨다. 이 회전력으로 톱니 모양의 '기어'가 돌면서 기다란 피스톤 2개를 다시 직선(상하)운동으로 바꾼다. 피스톤이 아래로 떨어지면 물이 별도의 통로로 밀려 올라간다. 설계도에는 물살이 셀 경우 속도를 줄이는 '감속기어'도 제시돼 있다.

○ 자동차 – 수력발전소 원리 적용

정 실장은 "동력이 전달되는 과정을 보면 자동차나 수력발전소의 핵심원리가 발견된다."고 말했다.

하지만 아직 과제는 남아 있다. 정 실장은 "실제 크기로 만들어 강물에서 직접 구동을 시켜 봐야 진정한 평가가 이뤄질 것"이라고 말했다. 무엇보다 강물의 속도나 피스톤의 무게, 그리고 퍼올려지는 물의 양 등에 관한 기계공학적 접근이 추가돼야 '실용성'이 증명된다.

그럼에도 사람의 힘이 필요 없이 자동으로 움직이는 양수기를 만들겠다는 발상은 흥미롭다. 사실 하백원은 자명종, 스스로 헤엄치는 거북 인형, 술이 잔의 70%까지 차오르면 저절로 술이 새어 나간다는 계영배 등 독창적인 장치를 많이 설계했다고 전해지는 '신비의' 인물이다. 하백원의 6대손 하성래(전 안양대 국문학과 교수)씨는 "어린 시절 문집에서 다양한 설계도를 본 기억이 난다" 면서 "자승차를 제외하고 다양한 자동장치 설계도가 6·25 전쟁 때 모두 소실됐다" 며 안타까워했다. (김훈기, 동아사이언스 기자)

▫ 2005년 10월 8일 : 선생의 유배지 蟹浦를 답사하기 위해 두 아우 상래, 명래와 함께 보령을 2차 답사, 金孝冀(전 보령고 교장) 선생의 안내로 해포를 찾고, 보령문화회 회원들과 함께 선생이 보령에서 교유하였던 청라면 申直長 在晉의 고택을 답사하였다.
이때 김효기 선생님을 통해 「난국재집 발문」과 『光軒詩集』을 수집
6대손 성래가 「保寧文化」 14집에 「보령답사기」, 「光軒 李遇明의 詩世界」 발표
▫ 2005년 12월 27일 : 『泰西會士利瑪竇萬國全圖』와 『東國地圖』가 全羅南道 有形文化財로 제285호로 지정됨(지정명칭 : 하백원의 만국전도와 동국지도)
▫ 2007년 11월 28일 : 규남 실학사상연구회 사단법인 설립 인가(전라

남도지사, 제139호)

▫ 2007년 : 『규남 하백원의 실학사상 연구』 발간 예정.

2007년 12월 15일

6대손 聲 來 삼가 엮음

『圭南文集』해제

이 현 종*

　　『圭南文集』은 圭南 河百源선생의 문집이다. 규남선생은 正祖 五年 (一七八一년)부터 憲宗 十一年(一八四五년)까지 六十四歲를 살았던 조선후기의 실학자의 한 분이다. 규남선생은 전남 화순군 이서면 야사리에서 태어났으며 瑞石山 圭峰의 남쪽에 산다는 데서 圭南이란 호를 지었다.

　　어려서부터 재능이 뛰어난 圭南先生은 창의력도 뛰어났다. 여섯 살 때는 벌써 글을 짓기 시작하여 뜰 앞의 봉선화를 두고 「有照水하니 水欲醉之」라 지어 "봉선화 꽃이 물에 비치니 물이 취하고자 한다"는 시를 읊어서 선학들로 하여금 감탄케 하는 일도 있었다는 것이다.

　　圭南先生은 古今의 人物, 事變, 義理의 연구로부터 天地, 星辰, 律曆, 算數, 篆隷, 圖章, 候鐘, 水車類에 이르기까지 통달한 분이다. 그는 전통적인 주자학에서 벗어나 利用厚生하려는 실학에 눈을 돌렸으며 石城縣監으로 있을 때는 부정을 파헤치다가 반대지로부터 정통적인 학문을 버리고 실학을 연구한다는 구설과 모함을 받는 고충도 당하였다.

　　圭南先生의 실학연구에 있어서 대표작이라 할수 있는 것은 水車이다. 自陞車라고 불리는 수차의 제작의도를 보면 沃野膏壤인데도 지세가 조금만 높아 十日만 가물면은 백성들은 탄식을 하므로 이를 감안하여 해소하려는 목적에서 여러 가지 서적을 참고하여 自陞車라는 水車

---

* 국사편찬위원회 편사실장

를 만들었음을 밝히고 있다. 자승차는 方筒이 있고 水輪이 있고 架가 있는 三個物로 이루어진 것임을 自陞車解說에서 밝히고 있다. 圭南先生은 수차가 고대로부터 중국에서 만들어진 것과 변천되어 온 내용을 말하고 또 西洋으로부터 전해온 수차는 중국 것보다는 정교하나 역시 불편하므로 우리에게 알맞고 편리한 자승차를 만든다는 뜻을 밝히고 있는 것이다.

이와 같은 일런의 내용들은 모두 圭南先生의 문집인『圭南文集』자세히 밝혀져 있다.

『圭南文集』은 모두 七卷 三册으로 되어있다.

卷一은 詩의 부문으로 松廣寺, 茂朱赤裳山城, 尤庵先生墓, 서울의 廣津, 松坡碑, 錦江舟中, 扶餘懷古, 海印寺 등 명소와 名賢墓를 찾아보고 지은 시와『東國地圖』를 이룩하고 나서 기뻐하며 吳大彦과 나눈 시 등으로 되어 있다.

卷二와 卷三은 圭南先生이 지은 書와 答으로 되어있다. 남에게 보내는 글과 徐有渠 監司에게 회답하는 내용과 大學問目에 관한 답서 등이 포함되어있다. 특히 '農工商賈가 無非學也'라고 한「答李士剛」書는 선생의 확고한 실학사상을 보여주는 것으로 매우 주목되는 바가 있다.

卷四는 雜著로서 遯巖書院의 院儒通文辨, 四學儒生疏辨이 들어있고 卷五에는 역시 雜著로서 胡玉齋의 莽閏註說辨을 비롯하여 대나무 기르는 醉竹說, 그리고 가장 힘을 기울인 自陞車圖解說과 圖解 등이 들어있다.

卷六은 학술서 등의 序와 題跋이 들어있고 卷七은 銘, 上樑文, 祝文, 祭文, 哀辭, 家狀, 그리고 부록으로 墓碣銘, 墓誌銘 등으로 이루어져 있다.

圭南先生은 호남출신 실학자의 한 분으로 선생의 생애는 대략 修學期와 실학사상과 학문의 발전기, 그리고 말년의 仕宦期의 三期로 크게 나누어진다.

먼저 第一期라 할 수 있는 유년기에서 청년기로 넘어가는 二十歲 남
짓이 되기까지 규남선생은 性潭 宋煥箕선생의 문하에 드나들며 학문을
닦던 시기이다. 이 무렵 우리나라에 있어서 實學이 한참 무르익던 때로
서 학문에 精力하던 圭南先生에게 커다란 영향을 주었으리라 여겨진
다. 국내에서는 유명한 실학자들이 무수하게 대두 하였으며 燕京을 왕
래하는 使節便에 의하여 새롭게 소개되든 서구문물의 영향도 컸으리라
여겨진다. 선생의 이 같은 일련의 연구는 호남곡창을 보다 더 윤택하게
하려는 사명감에서 성리학에 치우치지 않고 이론과 실천을 통한 학문,
즉 실학을 연구하는데 주력한 것이라 보며 이 같은 충정이 自陞車를
제작케 한 동기와 원인이 된 것으로 여겨지기도 한다. 그것만이 이용후
생을 학문으로 증진 시키고 또 성리학 때문에 과학분야 연구가 뒤떨어
져가는 실학을 연구하는데 도움이 되리라는 생각으로 활동한 실학최후
시기의 학자로서 활동한 것이다.

이 같은 실학연구의 본격적인 활동은 圭南先生이 二十歲가 넘는 청
년기에서 장년기에 해당하는 시기라 할 것이다. 다시 말해서 第二期라
할 수 있는 시기는 오로지 학문연구에 전력하며 실학자로서 발전하며
정리되어가는 기간인 동시에 학문적으로 가장 빛나는 개화기라 할 것
이다. 十九歲에 親喪을 당하고 삼년상을 치른 뒤 先親의 遺命에 따라
마음에 없는 과거시험에 응하여 二十三歲 때에 進士試에 합격하였다.
이를 본 주위에서는 규남선생에게 升堂入室하도록 종용했으나 과거시
험을 단념하고 오직 학문의 길을 택하여 실학자로서 『圭南文集』에서
볼 수 있는 바와 같이 학문적인 큰 업적을 남기게 된 것이다.

圭南先生이 農政과 水利를 이용하기 위한 揚水機로서의 自陞車를
제작 한 것은 三十歲 되던 純祖 十年(一八一○年)이었다. 수차로서 自陞
車의 조립 원리와 그 圖解는『圭南文集』의「自陞車圖解」에 자세히 밝
혀 놓았다. 이 자승차는 물의 力學을 잘 이용하여 사람의 손을 빌리지

않고 물을 뿜어 올릴 수 있도록 만들어진 것이다. 당시의 고루한 유교의 전통사회에서 유교사상에 얽매이지 않고 학문의 과학화와 사상의 근대화를 위한 생활 추구의 실천 정신은 확실히 선각자적인 것을 보여주고 있는 것이다. 이 같은 自陞車의 발명은 당시의 실학자들에게도 큰 영향을 주었을 것 같다. 뒷날 全羅監司로 부임한 徐有渠는 圭南先生의 자승차 발명을 감탄하였으며 그 제작을 서둘러서 농정과 수리에 이용케 하려고 하였으나 뜻을 이루지 못하고 말았다. 李圭景도 그의 저서 『五洲衍文長箋散稿』에서 자승차의 제조법을 논하기까지 하고 있다.

이뿐만 아니라 純祖 十一年에는 우리나라 지도인 『東國地圖』를 이룩하고 그 기쁨을 시로서 읊기까지 하였다. 이 『東國地圖』는 九幅으로 되어 있으며 그 첫머리에 朝鮮全圖가 있고 그 다음에 각 도별로 되어있다. 오늘날에 지도와 거의 같이 자세하고 특히 凡例에는 百里尺이 쓰이고 있다는 평이다. 지도제작은 農圃 鄭尙驥의 『東國地圖』가 그 처음이기는 하나 규남선생의 지도 제작은 古山子 金正浩의 『大東輿地圖』보다는 五十一年이나 앞서는 것으로서 제작의 노고 등을 엿볼 수가 있는 것이다.

뿐만 아니라 圭南先生은 우리나라에서는 처음으로 세계지도를 그리기도 하였다. 그 지도의 이름은 『耶蘇會士利瑪竇萬國地圖』이다. 「萬國地圖」는 이태리 사람 마테오릿치가 그린 것으로 현재 우리나라에서는 弟二版에서 第四版까지는 모두 전해오고 있으나 오직 圭南先生이 그린 第一版이 전해오지 않고 있어서 實物을 볼 수 없음을 참으로 유감된 일이라 할 것이다. 이때 圭南先生이 그린 「萬國地圖」는 그 명칭이 보여주는 바와 같이 마테오릿치의 第一版을 보고 그린 것으로 國內 唯一本이며 또 우리나라 사람의 손으로 이루어진 최초의 세계지도라 할 것이다.

이외에도 圭南先生은 남극과 북극으로 나타낸 天文圖를 그렸으며 星座까지도 상당히 자세히 그려져 있다는 것이다. 이외에도 圭南先生

은 自鳴鐘, 戒盈盃, 缸吸器, 紡績機, 臥輪등을 제작 연구하였고 심지어 高麗靑瓷까지 연구 하였다는 것이다. 그러나 이것들은 불행히도 오늘 날 전해 오지 않고 있다.

自鳴鐘은 중국 使行에서 鄭斗源이 北京으로부터 가지고 왔으나 제작법이나 사용법 등을 알 수 없었다. 그 뒤 많은 실학자들에 의하여 그 제조법과 사용법이 연구되어 왔으며 영조 때는 湛軒 洪大容, 羅石塘과 安處仁의 연구로 제작되기는 하였으나 실생활에 활용되지는 못하였다. 그 뒤를 이은 圭南先生은 석당이 제작한 자명종의 미비점을 보완하여 자명종을 만들어 사랑방에 걸어두고 동리 사람들로 하여금 時間 生活을 하게 하였던 것이다. 규남선생이 만든 자명종은 일본 침략하에서 淳昌郡 東溪面 龜尾里 楊文洙씨 집에 있었는데 일본인 서장이 가져 간 뒤 없어져 버렸다고 한다.

圭南先生이 만든 또 다른 하나는 戒盈盃로서 淳昌郡 東溪面 槐亭里 洪恩杓씨 집에 있었으나 그 뒤를 알 수가 없다는 것이다. 계영배는 통나무를 파서 만든 일종의 술잔인데 그 조각의 정교 섬세함은 圭南先生의 조각 예술을 엿볼 수 있는 것으로 목격자인 洪淳炫씨의 말에 의하면 일정량까지 술을 부어도 넘지 않다가 어느 한계점에 이르면 잔의 표면에 조각한 용의 비늘과 입사이로 흘러버리는 묘하게 제작한 것으로 수압을 이용한 기구라고 할 것이다.

위에서 본 바와 같이 第二期는 天文, 地理, 律曆, 候鍾, 篆隸, 圖章, 水車類, 算數, 彫刻, 藝術에 이르기까지 多藝하였던 학자로서 과학자로서 활약하였음을 알 수가 있는 것이다.

第三期라 할 수 있는 시기는 五十歲에 官界에 진출한 이후부터라 할 것이다. 만일 관계로 나가지 않고 계속해서 실학을 연구하였더라면 보다도 더 큰 실학자로서 대성할수 있었지 않을까 하는 애석한 마음도 없지 않다. 그 당시는 純祖末에 해당하는 시기로서 실학의 학문적인 연

구는 사라지고 변태적인 세도정치로 인한 국가기강의 혼란, 사회정의
몰락 등에서 온 영향이 아니었던가 싶기도 하다. 어떻든 五十歲에 道伯
의 천거를 받아 蔭仕로서 昌陵 叅奉, 順陵 直長, 司饔院 主簿, 刑曹 佐
郞을 거쳐 石城縣監 등을 역임 하였다. 石城縣監 시에 모략으로 유배를
당했으나 詩作과 독서로 지내다가 일 년 뒤에 풀려나 향리로 돌아왔다.
그 뒤 司憲府 持平으로 부름을 받았으나 稱病코 사양하였으며 憲宗 十
一年 八月 十七日에 세상을 떠났다.

위에서 본 바와 같이 湖南 四大 實學者의 한 분으로서 크게 활약한
圭南先生의 문집을 간행하게 되었음을 참으로 그 의의가 큰 것이며 본
影印本은 圭南先生의 六代孫인 國文學者 聲來의 소장본을 바탕으로
이룩 되었음을 밝혀두는 바이다(一九七七年 一月 十五日).

『錦沙遺集』 해제*

　『錦沙遺集』은 조선 인조때의 문신 錦沙 河潤九(1570~1646)선생의 2권 1책 시문집이다.

　선생은 선조 4년에 전남 화순군 이서면 야사리[당시 전라도 동복현 외서면 야사리] 鄕第에서 漢城府 叅軍 石峯 河大豹(1550~1622)의 아드님으로 태어나 자를 汝沃 호를 錦沙 당호를 養拙堂이라 하시었다. 아버지 석봉공은 임진왜란 때 선조를 扈駕하시었고 어머니는 慶州裵氏이셨다. 仲祖 進士公(彦기)은 "亡羊賦"로 文名이 振世하였고 伯母 吳氏夫人과 堂姑母 河氏夫人(李春得의 妻)은 정유란에 烈死하고 그 종 木山이 忠義死함에 方伯 黃愼이 啓하여 忠烈門을 세우고 기리었다. 이를 선생은 "南征行"에서 "吳河兩烈女 玉碎千尋絶"이라고 읊고 있다. 忠義家에서 자란 선생은 어려서부터 聰明·穎悟하여 5·6세에는 글을 지을 줄 알아서 裵南平의 명에따라 말을 두고 "嘶風萬里 踏月八荒(시풍만리 답월팔황)"이라 作詩함에 모두 깜짝 놀랐었다 한다. 15세에는 당시 동복 현감이었던 寒岡 鄭逑(1543~1620)의 문하에서 글을 읽었다. 23세에 임진왜란이 일어나자 석봉공께서 호가 하시게 됨에 선생은 집을 지키고 전란이 가라앉은 광해 3년(1610)에야 司馬試에 응시하여 澤堂 李植(1584~1647), 白洲 李明漢(1595~1645)과 同榜으로 합격하였다. 이러한 인연으로 선생은 白洲의 아버지 月沙 李廷龜(1564~1635)선생을 종유하게 되었다.

---

　*『錦沙遺集』은 을유년 金寗漢의 서문, 병진년 10세손 應炤의 발문이 있다. 권1은 시이며, 권2는 疏 3편, 書 3편, 행장 2편, 부록 등으로 구성되어 있다. 1977년에 『屛巖遺集』과 함께 『錦沙屛巖遺集』으로 영인 간행하였다. 「해제」는 聲來, 발문은 南坡 泰永이 썼다. 당시의 「해제」를 전재한다.

광해 8년(1615) 선생은 漢城試에 응시하기 위해 金浦縣館 泮村에 들렀다가 西宮 廢母論을 듣고 분개하여 壁上에 "母子大人倫 猶天有日月 日月有時更 人倫終不缺"이라는 大人倫詩를 써놓고 그 밤으로 避出하시어 끝내 과장에 나가지 않다가 인조반정 뒤 1633년에야 문과에 등제, 成均館 典籍을 제수 받으시었다.

1636년 병자호란이 일어나 大駕가 남행함을 듣고 선생은 "北馬晨侵 先聖域 東都風沒小華名"이라 탄식을 마지 않으며 66세의 노구를 이끌고 의병을 일으켜 청주에 이르렀다. 그러나 그때는 이미 강화가 이루어졌었다. 이에 선생은 「去邪歎」을 지어 "袖裏龍泉猶未試 南城和事己堪悲"라고 통곡하며 파병 귀환하게 되었다. 그때 선생은 도백 李時昉 형제와 청주에서 헤어지면서 "春推掃地恨無獜 北天雨雪吾安適 相別臨崎 淚滿巾"이라며 눈물을 흘리시었다. 향리에 돌아온 선생은 錦沙亭을 짓고 은거하시면서도 항상 비분함을 이기지 못해 "有時悲憤知何事 撫劒 登高倚北風"하시며 나날을 보냈다. 선생은 노경에 접어들수록 丙子胡亂의 悲憤함을 이기지 못해 "南漢城頭未死身"한 것을 恨스러이 여기고 "胡塵未掃身先老 酒後痛哭長江濱"하며 여생을 보내시다가 인조 24년 향년 77세로 졸하시었다.

오늘날 거의 逸失되고 片片이 전하는 시문이건만 선생의 시를 보면 숙연히 옷섶을 여미지 않을 수 없으니 선생은 천성적으로 훌륭한 시인이셨고, 불의와 타협을 모르는 義氣人이셨고, 우국의 忠誠人이셨다. 선생의 생애와 사상은 한마디로 義와 忠에 집약되며 "以實心 行實事"로 귀결한다. 선생은 壬·丙 양란 후 극도로 피폐한 조국의 현실에 눈을 돌리어 經世策을 강구하시고 공론을 중시하시었다. 이 같은 선생의 사상은 詩에서 보다도 疏에서 더 잘 나타나고 있다.

을유(1615)년에 올린 「斥凶黨疏」에 보면 "公論은 천하 국가의 元氣"라 하여 공론을 지극히 중시하고 있다. "천하에 道가 있으면 공론은

廟堂에 있고 朝野가 맑으면 공론은 臺諫에 있는 것이다. 그러나 기강과
법도가 폐하면 공론은 草茅에 있는 것이다. 그런데 오늘날 공론은 묘당
에도 대간에도 있지 아니하고 겨우 草茅之間에 한 둘 있을 뿐이다". 이
렇게 공론이 죽은 당시의 현실을 비판하신 선생은 耘夫耘婦에 이르기
까지의 공론을 들어 西宮 廢母論을 극력 반대하고, 언론의 바른길을 잡
도록 상소하시었다. 인조 21년(1643) 4월에 선생은 民生의 艱難함을 보
고 "終夜不寢"한 나머지 憂國之誠에서 "請敬天勤民疏"를 올려 壬·丙
亂 이후 피폐한 조국을 구제키 위한 경세책을 펴시었다. 거기에 보면
선생은 節用을 주장 하신다. 곧 "愛民之道 在於節用" 이라 하고 "上者
가 財用에 無節하면 下者가 無藝하고, 위에 있는 자가 재물만을 모으면
백성은 흩어지는 것이 그 勢"라 하시었다. 그리고 성상은 "以實心 行實
事"로 至公至明하고 無偏無私해야 하며, 堯舜禹湯의 道를 實心求之 實
心行之한다면 宦官이나 宮妾이 나라를 좀먹을 수 없다"고 주장하였다.
"지금 나라는 丁丑 이후 社稷이 비록 있기는 하나 국가는 이미 망한
지경에 이르러 군신 상하가 모두 분발하여 南漢之恥를 설욕해야 함에
도 불구하고 벌써 국민은 지난날의 치욕을 잊고 다만 눈앞의 逸樂만을
貪한다"고 당시 조국의 현실을 냉철하게 비판 진단하였다. 선생은 이
위기에 처한 현실을 극복하는 가장 중요한 요건으로 ① 本尤不可不固,
② 人心尤不可不和, ③ 民食尤不可不裕, ④ 武備尤不可不修, ⑤ 邊圉
尤不可不鞏, ⑥ 賢才尤不可不擇 등을 들고 만인이 모두 "以實心 行實
事"해야 한다고 주장하시었다.

　이 같은 선생의 사상은 인조 22년(1644)에 올린 장편의 상소 "因災
異陳五事疏"에서 더욱 굳건하게 나타나고 있다. 곧 근년이래로 地震之
變과 霜雹之災로 가뭄과 흉년이 든 데다가 전염병마저 겹치고 북쪽 오
랑캐는 이리와 승냥이 같은 마음을 지니고 있는 이 때 선생은 국사의
위태로움과 生靈의 곤고함을 憐憫한 나머지 "中夜不寐 終朝忘食"하며

今日之當務者로 ① 학문의 진흥(聖學不可不免), ② 인재양성과 적재적소의 배치(賢才之不可不任), ③ 백성의 구휼과 생활의 안정(民隱之不可不察), ④ 물자의 절약(財用之不可不節), ⑤ 국방의 강화(武備之不可不講) 등 5조목을 들어 당시의 현실을 고발하고, 이의 구제책을 낱낱이 논강하였다. 그 중에서도 특히 우리의 주목을 끄는 것은 ③의 民隱之不可不察과 ④財用之不可不節과 ⑤武備之不可不講이다. 이것은 뒷날 조국의 현실에 눈을 돌리고 이용후생과 실사구시의 학에 몰두한 실학자들의 경륜에 앞서는 바가 있는 것이다.

"以實心 行實事"를 주장한 선생은 "民隱之不可不察에서" "民惟邦本으로서 無民이면 無國君인데, 井田法이 廢하여 民은 恒產이 없고, 四民 중 農民이 가장 困苦한데다 賦稅가 重하고 軍役이 無節하여 더욱 심하다"고 농민의 困苦한 까닭을 밝히었다. 선생은 "臣生長田野 亦農民中一也"라고 스스로 농민임을 자처하시고 생민의 困苦함을 보고 옥과·동복 等 소읍과 광주·나주 등 대읍을 비교하여 부세의 불균형함을 예리하게 지적한 뒤 "호남이 이러하거든 타도는 가히 알만하다. 수령으로 하여금 백성을 안정케하고 감사로 하여금 백성의 병을 다스리게 하여 민생을 안정하라"고 하였다.

다음 節財用에 관하여는, 우리나라는 본디 땅이 편소한데다 不食之士가 10중 7이나 되어 물산이 풍부하지 못하므로 마땅히 절약하지 않으면 안 된다. 더욱이 여러 차례 병란을 격은 뒤 기근이 계속되고 癘疫이 돌아 백성은 곤궁하고 재물은 다 하였으니, 국가의 경비는 물론 필요한 경비 이외의 虛用을 막고 사치를 嚴防하여야 한다 하였다. 그러나 선생은 "節用은 당연히 써야 할 곳에 쓰지 않는 것이 아니라 당연히 쓰지 않을 것을 쓰지 않은 것뿐"(節用非不用於當用 乃不用於不當用而已)이라고 節用의 개념을 분명히 규정하였었다.

마지막으로 선생은 국방의 강화에 관하여 매우 치밀하게 논급하고 있다. 곧 율곡의 십만양병설을 적극 지지하고, 임란때 "惟李舜臣所創船制 最爲完"이라 말하고 남도의 兵使로 하여금 수전을 연습케 하여 禦倭之策을 강구토록 하고 서북의 兵使로 하여금 馳驅를 연습케 하여 보병전과 기병전에 대비하고 국방력을 강화하여야 한다고 주장하였다.

이처럼 조국의 현실을 냉철히 파악하고 그 구제의 경륜을 밝히신 선생은 오로지 "臣讀書六十年 忠君憂國之心"이라고 하였다. 선생의 독서 60년 忠君 憂國之心에서 우러나온 조국의 현실파악과 그 역사의식, 그리고 "以實事 行實事"등의 사상은 앞에서도 언급한 바 있지만 뒷날 호남지방 실학의 발생과 연관지어 생각할 때 매우 선구적이며 깊은 의의를 지닌다. 특히 선생의 후손 중 정·순조조에 이르러 규남 하백원 선생과 같은 훌륭한 실학자가 나타나 自陞車를 발명하여 農政과 水利의 개혁을 꾀한 것은 결코 우연한 일이 아닌 듯하다. 이에 관하여 앞으로 또 다른 연구가 뒤따라야 하리라 생각한다.

1977.1.20.

後孫 聲 來 謹識

『屛巖遺集』 해제*

『屛巖遺集』은 나의 9대조 병암 하영청(1697~1771)선생의 문집이다. 선생의 휘는 永淸, 자는 千期, 당호를 守拙軒이라 하셨다. 선생은 학문적으로 대성한 학자나 문인은 아니다. 그러나 낮에는 밭을 갈고, 밤에는 책을 읽고 시를 읊는 조선시대 향촌 지식인의 전형적 선비, 處士이시다. 우리는 선생의 유고를 통해 조선시대 향촌 지식인, 처사의 모습을 재발견할 수 있지 않을까 생각한다.

선생의 고조가 錦沙 河潤九 선생이시다. 선생은 1697년(숙종 23, 丁丑) 전라남도 화순군 이서면 야사리[당시 전라도 동복현 외서면 야사리]에서 아버지 河聖龜(호는 伴鶴)와 어머니 咸陽朴氏 부인 사이에서 셋째 아드님으로 태어나셨다. 아버지 반학공은 우암 宋時烈과 농암 金昌協의 문인으로 학식과 덕망으로 원근의 존경을 받았으며, 어머니 박씨 부인은 규방의 예의범절이 엄격한 분이셨다.

병암선생은 어려서부터 총명하고 천성이 순수하셨다. 그러나 가운이 불행하여 10세 되었을 때 아버님 伴鶴公께서 돌아가시고, 13세 때에 어머님마저 돌아가시어, 큰 형님의 가르침을 받으며 성장하였다. 부모님께서 돌아가시자 어린 나이임에도 불구하고 두 형님을 받들어 어른과 같이 예를 다해 장례를 모시고, 장례가 끝난 뒤에는 낙담하지 않고 더

---

* 『屛巖遺集』은 2권 1책으로 단기 4309년(병진, 1976) 外裔 坡平 尹丁鎭 서문이 있다. 권1은 시이며 권2는 書 12편, 記序 6편, 잡저 3편, 贊銘 3편, 제문 5편과 부록(수졸당기, 묘지명, 가장)과 교류인사들의 글을 모은 附輯으로 구성되어 있다. 1977년 경인문화사에서 『금사유집』과 함께 『금사병암유집』으로 영인 간행하였다. 이때 同刊錄序(丙辰, 族後孫 應雲), 同刊錄名單, 奉先稧帖(庚申[1840], 百源序, 명안, 조약) 河氏門中事實(位土, 奉先稧, 禁養, 甲辰[1844] 百源書), 赤壁三遊錄 등을 합편하였다.

욱 분발하여 학업에 열중하며 종조부 月潭公(휘 禹자 文자)에게 『사략』
과 『통감』을 배우며 선비로서 행동을 예의 바르게 하기 위해서는 다른
책보다도 먼저 『소학』을 배우고 싶다고 말하자, 월담공께서 그 사려 깊
음을 크게 기특하게 여기었다. 침식을 잊고 학업에 열중하므로 두 형님
께서는 혹 병이 나지 않을까 염려하기도 하였다. 성장함에 문장과 행동
이 노성하고, 붓글씨를 쓸 때 종이가 없으므로 나무 판에 글씨를 쓰는
데, 한 점 한 획도 흐트러지지 않았다 한다. 선생께서는 독서하는 틈틈
이 집안의 크고 작은 일을 돌보았다. 그러나 가운이 불행하여 선생께
서 33세 때 큰 형님(휘 一자 淸자)마저 48세의 젊은 연세로 작고하고
무후하자, 중형(휘 五자 淸자)의 아드님(휘 廷자 益자)을 양자로 들여 대
를 잇게 하고, 두 형님이 모두 일찍 돌아가신 뒤에는 집안의 자질들을
훈도하며, 집안 살림을 경영하였었다. 선생께서는 일찍이 말씀하시기를
"세상에 학문하는 사람으로 이름이 난 사람들은 세속의 일을 벗어나서
높은 경지에 이르는 것이지만, 우리 유학자의 집안은 저 중국 진 나라
나 송나라 때의 죽림칠현과 같이 청담이나 하는 것과는 다르다. 위로는
부모님을 섬기며 아래로는 자녀들을 교육하고 기르는 것이니, 깊이 생
각하고 생각해야 할 일이다"라고 하시며, 가정경제의 부흥을 꾀하였었
다. 그러나 하루도 독서를 하지 않는 것을 보지 못하였다고 한다.

선생께서는 집안의 자질들을 가르치는 데만 열성적인 것이 아니라,
사회적으로도 상부상조의 정신을 심어주기 위하여 鄕約을 시행하고, 봄
과 가을에 지방의 선비들을 초청하여 鄕飮鄕射禮를 행하며, 초하루와
보름이면 마을 자제들을 모아 글 배운 것을 講問하며, 마을에 아름다운
전통과 풍속을 심으시었다. 집안의 예의범절은 부녀자들의 교육 여하에
있다고 하며 『內則』, 『小學』, 『女誡』와 같은 책에서 부인들이 반드시
알고 행해야 할 부분은 한글로 번역하여 할머니에게 주고 자녀들에게
가르치고 암송하게 하였었다. 그리고 족보를 만들어 집안 일가의 돈목

을 도모하고, 책을 보면 값을 불문하고 사들이었다. 일찍이『朱子語類』
라는 책을 구하려 하였으나 구할 수가 없었는데, 마침 어떤 사람이 그
책을 팔겠다고 하자, 밭 갈던 소를 끌고 가서 주고 그 책을 사왔었다.
그리하여 마침내 만권의 서적을 모으게 되어 세상 사람들은 선생의 집
을 "萬卷宅" 이라고 부르게 되었다. 이처럼 돈을 아끼지 않고 만 권의
서적을 모았기에 뒤에 규남선생 같은 훌륭한 실학자가 증손자로 태어
난 것이다.

선생께서는 당호를 守拙軒이라고 하였었는데, 이것은 고조 錦沙公
의 당호 養拙堂의 뜻을 이어받은 것이다. 守拙이란 말은 "전원으로 돌
아가 천명을 지키며 살리라(守拙歸田園)" 고 한 陶淵明의 시『歸田園居』
에서 온 말로 생각되는데, 小岳樓散人 李樑는 병암선생에게『守拙堂記』
를 지어 주면서, 못날 "拙"자의 뜻을 "拙於外而不拙於內, 拙於人而不
拙於天, 곧 겉으로는 못나 보이지만 마음은 못나지 않은 사람, 사람에
게는 못나 보이지만, 하늘에게는 못나지 않은 사람" 이라고 풀이하였
다. 병암선생의 당호 수졸헌은 글자 그대로 하늘을 우러러 한 점 부끄
럼 없이 살려는 지조 높은 선비의 삶, 그 삶의 뜻을 담은 것이었다. 지
조를 헌신짝처럼 버리는 현대인에게 선생의 이러한 지조 높은 삶을 지
향하는 정신은 하나의 약석이 되지 않을까 생각한다. 지금도 우리 집
현관에는 영조 때 서예가 綺園 兪漢芝 선생이 주먹 만한 예서로 써 주
신 "守拙軒"의 당호가 가보로 걸려 있다.

병암선생은 57세 때인 1753년(癸酉, 영조 29) 무등산 중턱에 있는
병풍암에 屛巖精舍를 짓고, 거기 은거하시며 독서를 하였는데, 책이 사
방 벽에 가득하였다고 한다.

선생은『屛巖精舍原韻』에서 "병암은 일찍이 경치가 아름다운 곳으
로 으뜸이었는데, 거기에 정사를 새로 지으니 내가 살기에 알맞네. 세상
의 명리를 탐하는 것은 무익한 일, 세속 밖의 산과 물에 노니 즐거움이

넉넉하고, 한가한 마음으로 돌아와 도연명처럼 손으로 거문고를 어루만
지며, 주자의 글을 읽으며 사색하노니, 세상 사람들아, 이 늙은이의 삶
이 재미없다고 말하지 말라. 나물 뿌리를 씹을지라도 달기가 사탕같구
나” 하고 시로 읊었었다. 그리고 병암 주변의 아름다운 풍경 열 두 곳을
가리어 “屛巖十二景”을 경영하며 시로 읊었다.

이 병암정사는 당시 선비들이 모여 학문을 토론하고 또 사색하는 장
소이었다. 송강의 후손으로 지곡리에 살던 鄭敏河 籬隱공과 그 아드님
鄭棹와 鄭枋이 모두 이곳을 찾아 왔으며, 한 마을에 살던 지기 石塘 羅
景績(?~1762)은 『병암정사 원운』과 『병암십이경』에 차운을 하였고,
석당을 찾아온 湛軒 洪大容(1731~1783)도 이곳을 찾아왔을 것이며, 旅
菴 申景濬(1712~1781)은 이곳을 찾아와 시를 남겼다.

석당 나경적이 홍대용의 도움으로 자명종을 만들 때에는 선생과 더
불어 연구하며 사색함이 많았고, 또 자명종이 완성되자 그 기쁨을 함께
시로 읊었다.

선생의 학문과 사상은 存心養德에 있었다. 존심양덕은 인간의 본성
선(善)을 보존하며 덕을 닦는다는 뜻이다. 공리공론이 아니라 실생활에
서 유용한 인격수양을 학문의 지표로 삼은 것이다. 당시 참의 벼슬을
지낸 無愁翁 兪最基는 곧을 直자를 써 주었었다. 이 한 가지만 보아도
선생의 인격이 얼마나 정직하고 곧고, 바른 것이었나를 짐작할 수 있다.
당시는 巍巖 李柬과 南塘 韓元震의 人物性同異論의 논쟁으로 호론과
낙론으로 분파되어 논쟁이 심각하였는데, 선생은 이에 흔들리지 않고
오로지 務實에 힘쓰시었다. 이러한 務實의 정신이 후일 규남선생의 실
학정신으로 승화한 것이라고 볼 수 있다.

선생께서 從遊하신 渼湖 金元行(1702~1772), 櫟泉 宋明欽(1705~
1768), 屛溪 尹鳳九(1681~1767), 陶菴 李縡(1680~1746), 旅菴 申景濬,
山水軒 權震應, 退漁 金鎭商(1684~1755), 小岳樓散人 李柡 등은 모두

당대의 명현들이었다. 이분들과의 학문적 교유와 그 축적, 특히 만 권의 장서와 학문적 축적이 후일 규남선생의 실학사상을 낳게 한 것이라고 생각된다.

　선생께서는 평생을 순후하게 사시다가 1771년(영조 47) 10월 10일 돌아가시었으니, 향년이 75세이시었다.

　　　　　　　　　　　　　　　　　　　9대손 聲來 謹識.

찾아보기

필자(집필순)

안 진 오 (전남대학교 철학과 명예교수)
안 동 교 (전남대학교 철학교육센터 전임연구원)
정 동 찬 (국립중앙과학관 과학기술사 연구팀장)
윤 용 현 (국립중앙과학관 학예연구관)
윤 광 주 (문화재복원전문가)
박 호 석 (농촌문화연구소장)
양 보 경 (성신여자대학교 지리학과 교수)
박 명 희 (전남대학교 국어국문학과 강사)
이 영 숙 (전남대학교 인류학과 BK21 계약교수)
이 종 범 (조선대학교 인문대 사학과 교수)
이 해 준 (공주대학교 인문대 사학과 교수)
김 용 우 (화보 사진 촬영)

전남대학교 호남문화연구소 호남문화연구총서 12

규남 하백원의 실학사상연구   값 20,000원

| 2007년 12월 23일 | 초판 인쇄 |
| 2007년 12월 31일 | 초판 발행 |

편   자 : 규남실학사상연구회
발 행 인 : 한 정 희
발 행 처 : 경인문화사
편   집 : 신학태, 김경주
        서울특별시 마포구 마포동 324-3
        전화 : 718-4831~2, 팩스 : 703-9711
        이메일 : kyunginp@chol.com
        홈페이지 : www.kyunginp.co.kr
              : 한국학서적.kr
등록번호 : 제10-18호(1973. 11. 8)

ISBN : 978-89-499-0553-2   93910
ⓒ 2008, Kyung-in Publishing Co, Printed in Korea
* 파본 및 훼손된 책은 교환해 드립니다.

※규남실학사상연구회
  전남 화순군 이서면 야사리 371
  전화: 061-371-9060